高校转型发展系列教材

U0682357

统计学计算机实验教程

——基于Excel软件

侯振明　主　编

邵　杰　高利军　副主编

清华大学出版社

北　京

内 容 简 介

《统计学计算机实验教程》是将现代信息技术引入统计学教学过程中，通过计算机实验手段训练并提高学生应用现代信息技术解决实际统计问题能力的教材。

《统计学计算机实验教程》的主要内容包括：统计资料收集、整理与显示实验；总量指标和相对指标实验；平均指标实验；抽样分布与参数估计实验；统计假设检验实验；相关与回归分析实验；时间序列分析实验；统计指数分析实验。

通过统计学计算机实验的训练，有助于学生更好地掌握统计学基础理论、基本方法，有助于提高学生应用计算机和现代信息技术处理统计业务的动手能力，更有助于缩短学生毕业后进入工作角色的时间。

《统计学计算机实验教程》是为本科经济、管理类各专业学生学习统计学课程而设计的基于 Excel 的统计学课程，本教材还可以作为经济、管理等领域工作者的参考书，以及职业技术教育相关专业课程的教学用书。

图书在版编目(CIP)数据

统计学计算机实验教程——基于Excel软件 / 侯振明 主编. —北京：清华大学出版社，2017（2020.1重印）
（高校转型发展系列教材）
ISBN 978-7-302-46012-1

Ⅰ. ①统…　Ⅱ. ①侯…　Ⅲ. ①统计学—高等学校—教材　Ⅳ. ①C8

中国版本图书馆 CIP 数据核字(2016)第 316338 号

责任编辑：施　猛　马遥遥
封面设计：常雪影
版式设计：方加青
责任校对：牛艳敏
责任印制：杨　艳

出版发行：清华大学出版社
　　　　　网　　　址：http://www.tup.com.cn，http://www.wqbook.com
　　　　　地　　　址：北京清华大学学研大厦 A 座　　　　邮　　编：100084
　　　　　社 总 机：010-62770175　　　　　　　　　　　邮　　购：010-62786544
　　　　　投稿与读者服务：010-62776969，c-service@tup.tsinghua.edu.cn
　　　　　质 量 反 馈：010-62772015，zhiliang@tup.tsinghua.edu.cn
印 装 者：北京九州迅驰传媒文化有限公司
经　　销：全国新华书店
开　　本：185mm×260mm　　　印　　张：22　　　字　　数：508 千字
版　　次：2017 年 2 月第 1 版　　　印　　次：2020 年 1 月第 3 次印刷
定　　价：49.80 元

产品编号：070379-02

前　言

统计学是系统介绍如何测定、搜集、整理和分析客观现象总体数量特征的方法论科学，是经济、管理类各专业学生必须掌握的专业基础课程。

统计实践工作和统计学教学工作中最经常、最基本的工作是搜集、整理、分析、表述和解释数据，但从搜集数据到最终科学地解释这些数据，这中间必须经过搜集、整理、传输、汇总、分析、表述等环节。这些工作，在互联网出现之前，是通过笔和纸张等传统工具完成的，采用这样的工作方式费时、费力，工作效率低。如今，在统计实践工作和统计学教学工作中，应用现代信息技术搜集、整理、分析、表述和解释数据，已成为统计工作和统计教学的重要方式。因而，将现代信息技术引入统计学的教学过程中，通过计算机实验手段来提高学生应用现代信息技术解决实际统计问题的能力，便成为当前经济、管理类各专业统计学课程教学的最佳手段。

统计学是经济、管理类各专业学生必须掌握的专业基础课程。在统计学的教学中引入相关业务的计算机模拟实验教学，有助于学生在毕业后很快地适应在各个工作岗位运用现代信息技术完成统计业务的需要，有助于缩短学生毕业后进入工作角色的时间，也有助于学生更好地掌握统计学基础理论、基本方法和实际操作，提高学生应用计算机和现代信息技术处理统计业务的能力。这也正是我们编写这本反映统计学知识体系并与统计软件结合的统计实验教程的目的。

目前，可以应用于统计学教学的大型统计软件很多，但由于数据处理的原理和过程都是不公开的，给统计学的授课老师、学生和其他相关从业人士带来许多不便。因此，本教程在设计实验课题时，选择了通用性较好的Excel软件，每个实验课题均有详细的操作步骤介绍和参考答案，各章在实验前都有相关统计基础知识和基本方法的介绍，各章都安排一定数量的模拟练习题和参考答案，供学生课后练习使用。

本书是在为满足本校经济、管理类各专业学生统计学课程计算机实验需要而编写的教案的基础上形成的。原教案广泛搜集并参考了许多相关专家学者所编写的教材的相关内容，在形成本书的过程中又精心挑选，保留了具有实际应用价值、适合课堂计算机实验操作的成功实验课题。本书中的各项实验课题的设计，立足于统计学计算机实验课堂教学的需要，着重培养学生结合常见的统计业务，运用现代信息技术解决实际统计问题的能力。有助于学生回顾和把握统计基础理论和基本方法，有助于学生掌握常用的统计分析软件，有助于提升学生综合分析能力，有助于在经济、统计、管理等领域从事定量分析的工作者提升工作能力。

本书是为本科经济、管理类各专业学生学习统计学课程而设计的基于Excel的统计学课程计算机实验教程，也可以作为经济、管理等领域从事定量分析的工作者的参考书。

编者在编写原教案和本书的过程中参考了相关专家学者编写的教材的相关内容，在此一并表示衷心的感谢！

由于编者水平有限，书中疏漏、错误及缺点在所难免，敬请各位读者批评指正，以便不断修改完善。反馈邮箱：wkservice @vip.163.com。

编者

2016年6月

目　录

第一章　Excel及其在统计学实验中的应用简介

第一节　Excel及其基本操作简介

■ 一、Excel及其启动与退出

(一) Excel简介

美国微软公司拥有目前全世界使用频率最高的计算机系统——Windows系统，它在该系统内提供了一个软件包——Microsoft Office，它是目前应用最广泛的软件包，即便用"风靡全球"来形容也不过分。在这个软件包内有一个软件对统计工作、统计教学非常适用，它就是公认的功能最强大、技术最先进、使用最方便的软件之一——Excel软件。

Excel软件是一种功能强大的表格式数据综合管理与分析系统，它以"表格"方式处理数据，工作方便、直观，特别适合非计算机专业人员使用。它提供了丰富的函数，可以进行各种统计数据分析。它具有强大的制图制表功能，实现了数、表、图、文4者之间的完美结合。它还提供了经济预测、多方案模拟等经济数学模型以及宏功能，可以方便地实现日常工作的自动化。它对从事统计、保险、税务、审计、财务、金融、财政、生产、贸易、农业、医疗、旅游、交通运输、科研、经济和行政管理等行业工作的人们的帮助更为明显。名目繁多的表格、烦琐的数据计算曾经让很多人觉得困难，而今只要借助Excel软件向计算机中输入原始数据，一切要求便都能快速、准确、及时地达成。如果有需要还可以把计算机中的电子表格变为印刷精美的印刷品表格。Excel的很多功能是一般的制表人员根本做不到的。总之，利用Excel工作可谓"多、快、好、省"。

Excel有多种版本，不同版本的界面和功能有所不同，不同使用者在使用中有不同的版本选择。由于不同版本的Excel在装机运行等各方面存在方便性的区别，用户可以按自己的个人偏好选择2007、2010或2013版本。

由于Excel和Windows操作系统的良好结合，使其具有普及面广、易于操作的特点。作为一款通用的电子表格软件，Excel还具有如下一些特性，使其适用于完成一般的统计分析任务。

1.分析工具库

Excel专门提供了一组数据分析工具，只需提供必要的数据和参数，该工具就会输出相应的结果。这一特性使Excel具备了专业统计分析软件的某些功能。

2. 图表功能

Excel具有强大的图表功能，使用者可以方便地画出各种统计图形，如直方图、散点图等。

3. 公式与函数

Excel具有很强的公式功能，以及丰富的数学、统计函数。对于没有现成分析工具的统计分析任务，可以综合应用Excel的公式和函数来完成。

4. VBA编程

在Excel中可以使用VBA进行编程，为特定的统计分析任务制定解决方案，如可以用VBA编写求加权平均的函数。用户要利用这一特性需要掌握编程技能。

此外，作为办公自动化软件的组件之一，Excel能与Office中的其他软件相结合，便于制作教学多媒体课件。

(二) 启动Excel

启动Excel通常使用以下三种方法。

1. 常规启动法

初学者可用此方法启动Excel，具体步骤：用鼠标单击"开始"按钮，从"开始"菜单中选择"程序"项，再从打开的子菜单中选择"Microsoft Excel"，即可启动Excel软件。

2. 快捷图标启动法

如果经常使用Excel可在桌面上设置Excel快捷方式，双击快捷方式图标即可启动。具体步骤：首先，单击"开始"按钮，打开"程序"选项，进入"Windows资源管理器"。其次，在资源管理器左侧列表中选择"Program Files"文件夹，在右侧列表中选择"Microsoft Office"文件夹，在右侧列表中选择"Office"文件夹，再在"Office"文件夹右侧列表中找到"Excel"程序。再次，将鼠标指向"Excel.exe"图标，并按住鼠标左键将图标拖至最右边文件夹列表框的桌面图标位置放开。最后，单击桌面图标，Excel图标即呈现在桌面上。

3. 已存在文件启动法

假如已经创建了Excel文件，则直接打开这个文件就可以启动Excel。具体步骤：假如已经创建了Excel文件，并将它存储在C盘的"我的文档"中，文件名叫"Bookl.xls"，可首先双击桌面上"我的电脑"图标，然后双击C盘图标右侧列表中的"My Documents"文件夹，用鼠标左键双击该文件夹后会出现文件名叫"Bookl.xls"的文件，双击该文件图标，就可以启动Excel文件。

(三) 退出Excel

退出Excel通常使用以下两种方法。

1. 常规退出法

如果使用者在使用Excel过程中想退出，初学者可用常规方法退出。具体步骤：在Excel"文件"菜单中，选择"退出"选项即可。

2.常用退出法

如果使用者在使用Excel过程中想退出，使用者可按常用方法退出。具体步骤：单击Excel窗口右上角的关闭图标即可。

(四) Excel 2013功能简介

Excel 2013有着全新的界面。它更加简洁，其设计宗旨是帮助用户快速获得具有专业外观的结果。Excel 2013新增大量功能，能帮助用户远离繁杂的数字，绘制更具说服力的数据图，从而指导用户制定更好、更明智的决策。在Excel 2013中，用户可以通过新方法更直观地浏览数据。只需单击一下，即可直观展示、分析和显示结果。当用户准备就绪后，就可以轻松地分享新得出的见解。

Excel 2013版软件有以下几项新功能。

1.模板迅速开始

打开Excel 2013时，用户可看到预算、日历、表单和报告等。

2.即时数据分析

使用新增的"快速分析"工具，用户可以在两步或更少步骤内将数据转换为图表或表格。还可以预览使用条件格式的数据、迷你图或图表，并且仅需单击一次即可完成选择。

3.瞬间填充整列数据

"快速填充"像用户的数据助手，当检测到需要完成的工作时，"快速填充"会根据从数据中识别的模式，一次性输入剩余数据。

4.为数据创建合适的图表

通过"图表推荐"，Excel可针对用户的数据推荐最合适的图表。通过"快速一览"可查看数据在不同图表中的显示方式，然后选择能够展示用户想呈现的概念的图表。

5.使用切片器过滤表格数据

切片器作为过滤数据透视表数据的交互方法在Excel 2010中被首次引入，它现在同样可在Excel表格、查询表和其他数据表中过滤数据。切片器更加易于设置和使用，它显示当前的过滤器，用户可以准确找到正在查看的数据。

6.一个工作簿，一个窗口

在Excel 2013中，每个工作簿都拥有自己的窗口，用户能够更加轻松地同时操作两个工作簿，当操作两台监视器的时候也会更加轻松。

7.Excel新增函数

Excel 2013版中新增了数学和三角函数、统计函数、工程函数、日期和时间函数、查找和引用函数、逻辑函数以及文本函数类别中的一些函数。此外，还新增了一些Web服务函数，以引用与现有的表象化状态转变(REST)兼容的Web服务。

8.联机保存和共享文件

Excel 2013版可以更加轻松地将工作簿保存到自己的联机位置，比如免费Sky Drive或用户组织的Office服务。还可以更加轻松地与他人共享用户的工作表。无论用户使用何种设备或身处何处，都可以使用最新版本的工作表，甚至可以实现实时协作。

9. 网页中的嵌入式工作表数据

用户要在Web上共享部分工作表，只需将其嵌入网页中，然后其他人就可以在Excel Web App中处理数据或在Excel中打开嵌入数据。

10. 在联机会议中共享Excel工作表

无论用户身处何处或使用何种设备——可能是智能手机、平板电脑或PC，只要安装了Lync，就可以在联机会议中连接和共享工作簿。

11. 保存为新的文件格式

Excel 2013版可以用新的Strict Open XML电子表格(*.xlsx)文件格式保存和打开文件。

12. 图表功能区更改

"插入"选项卡上新增"推荐的图表"按钮，可以从多种图表中选择适合数据的图表。散点图和气泡图等相关类型图表都在一个伞图下。还有一个用于组合图(用户要求添加的一种受欢迎的图表)的全新按钮。当用户单击图表时，会看到更加简洁的"图表工具"功能区。其中只有"设计和格式"选项卡，可以更加轻松地找到所需的功能。

13. 快速微调图表

3个新增图表按钮便于用户快速选取和预览图表元素(比如标题或标签)、图表外观和样式或显示数据的更改情况。

14. 更加丰富的数据标签

在Excel 2013版中，可以将来自数据点的可刷新格式文本或其他文本包含在用户的数据标签中，使用格式和其他任意多边形文本来强调标签，并可以任意形状显示。数据标签是固定的，即使用户切换为另一种类型的图表。用户还可以在所有图表(并不仅仅是饼状图)上使用引出线连接数据标签和数据点。

15. 查看图表中的动画

在对图表源数据进行更改时，可查看图表的实时变化。这不仅增加了趣味性，还让用户的数据变化更加清晰。

16. 创建适合数据的数据透视表

选取正确的字段并在数据透视表中汇总数据可能是项艰巨的任务，Excel 2013版的这项功能可以为用户提供一些帮助。当用户创建数据透视表时，Excel 2013版会推荐一些方法来汇总数据，并为用户显示字段布局预览，用户可以选取那些展示了所寻求的概念的字段布局。

17. 在数据分析中使用多个表格

新的"Excel数据模型"让用户可以发挥以前仅能通过安装PowerPoint加载项实现的强大分析功能。除了创建传统的数据透视表以外，现在可以在Excel中基于多个表格创建数据透视表。通过导入不同表格并在其之间创建关系，用户可以分析数据，其结果无法在传统数据透视表中获得。

18. 连接新的数据源

要使用"Excel数据模型"中的多个表格，可以连接其他数据源并将数据作为表格或数据透视表导入Excel。例如，可连接数据馈送，如OData、Windows Azure Data Market和

SharePoint数据馈送；还可以连接来自其他OLE DB提供商的数据源。

19. 创建表间的关系

当从"Excel数据模型"的多个数据表中的不同数据源获取数据时，可在这些表之间创建关系，用户无须将其合并到一个表中即可轻松分析数据。通过使用MDX查询功能，可以进一步利用表的关系创建有意义的数据透视表报告。

20. 使用日程表来显示不同时间段的数据

日程表可以更加轻松地对比不同时间段的数据透视表或数据透视图数据，不必按日期分组，用户只需单击一次，即可交互式地轻松过滤日期，或在连续时间段中移动数据，就像滚动式逐月绩效报表一样。

21. 创建独立数据透视图

数据透视图不必再和数据透视表关联。通过使用新的"向下钻取"和"向上钻取"功能，独立或去耦合数据透视图可让用户通过全新的方式导航至数据详细信息。同时，复制或移动去耦合数据透视图也变得更加轻松。

▌二、Excel的工作界面

第一次启动Excel时，应用程序工作区中会显示一个新的空白工作簿，主要包括如下几项内容：标题栏、功能区、快速访问工具栏、编辑栏、工作表、活动单元格、工作表标签、滚动条和状态栏等，如图1-1所示。

图1-1　Excel工作界面图

(一) 标题栏

标题栏显示正在运行的程序名称和正在打开的文件名称。标题栏显示"Book1-

Microsoft Excel"表示此窗口的应用程序为Microsoft Excel，在Excel中打开的当前文件的文件名为"工作簿1.xls"。

(二) 功能区

Excel 2007中首次引入功能区的概念。在Excel 2010中，功能区得到进一步扩展。功能区旨在帮助用户快速找到完成某一任务所需的命令，是Microsoft Office Fluent用户界面的一部分。利用功能区，用户可以轻松地查找以前隐藏在复杂菜单和工具栏中的命令和功能。

在Microsoft Office 2007及后续版本中，对用户与Word，PowerPoint，Excel，Access和Outlook等的交互方式进行了重新设计，使用户能够更轻松地找到和使用程序功能。这些应用程序的总体外观简洁明快，并通过引入新技术向用户提供可能的选择结果，用户只需浏览、选取并单击，而无须再面对复杂的对话框。它的设计宗旨是帮助用户快速获得具有专业外观的结果。此外，大量新增功能可帮助用户远离繁杂的数据，绘制更具说服力的数据图，从而指导用户制定更好、更明智的决策。

Excel功能区由"文件""开始""插入""页面布局""公式""数据"等选项卡组成。每个选项卡都与一种类型的活动(如页面布局)相关，包括完成相应任务的各种命令。命令按逻辑组的形式组织，逻辑组集中在选项卡下，如"开始"选项卡包括最常见的一些操作命令，分为"剪贴板""字体""对齐方式"等不同的逻辑命令组，其中的"剪贴板"组下，则包括与完成复制、剪切、粘贴等相关的各种命令按钮。下面简单介绍一下主要的选项卡。

1. "文件"选项卡

"文件"选项卡用于设置Excel选项以及进行文件相关操作，如打开、关闭、保存文件以及打印等。

2. "开始"选项卡

"开始"选项卡包括一些最常见的操作命令，分为"剪贴板""字体""对齐方式""数字""样式""单元格"和"编辑"等不同的逻辑命令组。

"剪贴板"命令组包括复制、剪切、粘贴(选择性粘贴)和格式刷等命令。"字体"命令组则包括设置字体的各种命令。"对齐方式"命令组可设置文本的水平和垂直对齐方式、文本的缩进与自动换行以及单元格的合并等。"数字"命令组可设置单元格的数字格式。"样式"命令组可设置条件格式、表格以及单元格样式。"单元格"命令组可进行插入或删除单元格、插入或删除工作表、设置行高与列宽、设置单元格格式以及工作表的相关操作。"编辑"命令组则可插入一些常见函数或打开"插入函数"对话框，进行自动填充、清除内容或格式、排序和筛选以及查找替换和定位等操作。

3. "插入"选项卡

"插入"选项卡用于插入图表、图片、自选图形等，它所包含的逻辑命令组有"表格""插图""图表""迷你图""筛选器""链接""文本"和"符号"。

"表格"命令组可以将单元格区域转换成表格，也可以创建数据透视表或数据透视图。"插图"命令组可以插入图片、剪贴画、自选图形，创建SmartArt图形，也可以直接进行屏幕截图。"图表"命令组可以插入各种统计图形，如柱形图、折线图、饼状图和散点图等。"迷你图"是工作表单元格中的一个微型图表，可提供数据的直观表示，包括折线图、柱形图和盈亏图。"筛选器"中的切片器用来筛选数据，如可以筛选数据透视表数据。"链接"用于插入网站或其他文件等的超链接。"文本"命令组可以插入文本框、页眉和页脚、艺术字等。"符号"命令组可插入各种符号以及类似"A=r2"这样的公式(作为对象插入，不可计算)。

4. "页面布局"选项卡

"页面布局"选项卡用于进行页面设置、主题设置以及对象操作。它包括"主题""页面设置""调整为合适大小""工作表选项"和"排列"等命令组。

文档主题是一套统一的设计元素和配色方案，是为文档提供的一套完整的格式集合，其中包括主题颜色(配色方案的集合)、主题文字(标题文字和正文文字的格式集合)和相关主题效果(如线条或填充效果的格式集合)。利用文档主题，可以非常容易地创建具有专业水准、设计精美、美观时尚的文档。"主题"命令组包括设置主题的各种命令。"页面设置""调整为合适大小"和"工作表选项"这三个命令组用于页面设置，实际上均属"页面设置"对话框中最常用的功能。"排列"命令组用于对浮动对象的操作，如调整层次关系、对象的对齐等。

5. "公式"选项卡

"公式"选项卡主要涉及公式的操作，包括"函数库""定义的名称""公式审核"和"计算"4个逻辑命令组。

"函数库"命令组可以直接打开"插入函数"对话框，插入几个最常用的自动求和函数(包括求和，求平均值、最大值、最小值)以及最近使用过的函数。"函数库"命令组还分类列出了Excel的函数(Excel共有13个函数类别，这里只列出11个类别，数据库函数和自定义函数未列出)，可以单击相应类别，然后在弹出的函数列表中选择某个函数，打开"函数参数"对话框。"定义的名称"命令组用于设置区域的名称。"公式审核"命令组用于对公式进行审核，如在显示公式和显示公式计算结果之间进行切换，追踪引用或从属单元格，错误检查等。在Excel中，计算指的是在包含公式的单元格中显示结果值的过程。在默认情况下，Excel对公式自动计算，比如更改公式中引用的单元格时，公式会立即自动重新计算并显示新的结果。当然，也可以手动重新计算。"计算"命令组则可完成自动计算与手动计算的选择，并在手动模式下完成工作表或工作簿的计算。

6. "数据"选项卡

"数据"选项卡主要涉及对数据的排序筛选、审核、分类汇总以及使用"分析工具库"进行分析等。

"获取外部数据"和"连接"命令组主要用于获取其他数据源的数据。"排序和筛选"命令组的功能是显而易见的。"数据工具"命令组可以进行数据分列、删除重复数据，进行有效性审核，将多个区域的值合并到一个新区域，进行单变量求解以及模拟运算等。"分级显示"命令组可以创建分类汇总。

"分析"命令组包括"规划求解"和"数据分析"两个命令。这两个命令以加载宏的方式提供，在默认情况下，它们并不出现在"数据"选项卡中。为了使用这两项功能，需要先加载规划求解或分析工具库。单击"文件"选项卡中的"选项"打开"Excel选项"对话框，再单击对话框中的"加载项"，确保右侧的"管理"下拉列表中是"Excel加载项"(默认)，然后单击"转到"按钮，弹出"加载宏"对话框。在对话框中，选中"分析工具库"和"规划求解"加载项，最后单击"确定"按钮即可，见图1-2。

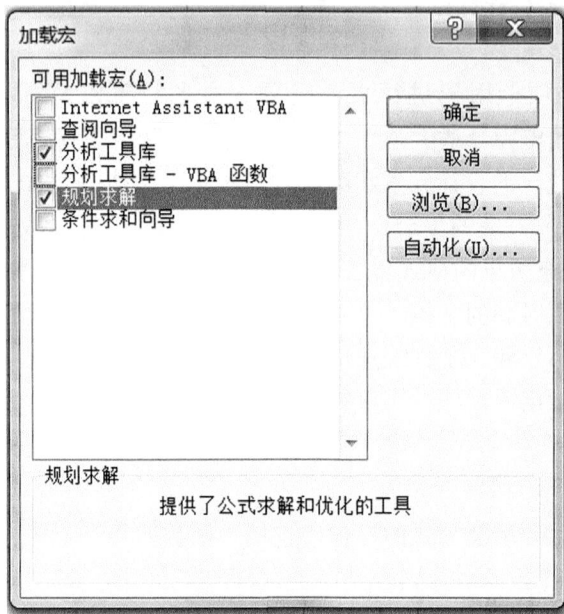

图1-2 加载宏

如果没有"分析工具库"或"规划求解加载项"，则单击"浏览"进行查找。如果出现一条消息，指出计算机上当前没有安装分析工具库或规划求解加载宏，则单击"是"进行安装。

7. "审阅"选项卡

"审阅"选项卡的主要功能包括：拼写检查、批注、保护工作表或工作簿以及修订等。

8. "视图"选项卡

视图决定了工作表的特定显示设置。使用"视图"选项卡可以设置三种工作簿视图：普通、页面布局和分页预览。默认是普通视图，通常就是打开Excel所看到的样子；使用页面布局视图可以看到每一页的起始与结束位置，并可看到页眉和页脚；分页预览视图可以预览到打印时的分页位置，在该视图模式下，可以很方便地设置分页符。此外，还可以设置自定义视图，并设置在任一种视图下是否全屏显示。"显示"命令组可以设置是否显示网格线、行列标题、编辑栏等。"显示比例"命令组可放大或缩小显示工作表。"窗口"命令组可以拆分或冻结窗口。"宏"命令可以录制或查看VBA宏。

为了使界面更为整洁，某些选项卡只在需要时才显示，并且功能区可以最小化。在

Office 2010版本中，用户还可以创建自定义选项卡和自定义组来包含一些常用命令。

(三) 快速访问工具栏

快速访问工具栏是一个可自定义的工具栏，包含一组独立于当前显示的功能区上的选项卡的命令。该工具栏可以放在功能区上方，也可以放置于功能区下方，并且可以向快速访问工具栏中添加用户常用的命令按钮。在默认情况下，快速访问工具栏的4个按钮分别是"保存""撤消""恢复"和"自定义快速访问工具栏"。

(四) 名称框和编辑栏

名称框和编辑栏为用户提供活动单元格的信息。在编辑栏中，用户可以进行输入和编辑操作。编辑栏左边是名称框，显示活动单元格的坐标。

编辑栏左半部分有3个按钮，从左至右分别是："×"——取消按钮，"√"——输入按钮，"f_x"——插入函数按钮。只有当用户使用编辑栏输入数据或编辑活动单元格的内容时，取消和输入按钮才会出现。

(五) 工作表

新的工作簿默认包含3个工作表，名称为Sheet1、Sheet2和Sheet3。当前活动工作表为Sheet1。

工作表是一个由行和列组成的表格。行号和列号分别用字母和数字表示。行由上自下，范围为1～1 048 576；列则由左到右，采用字母编号，范围为A～XFD。因此，每张表为16 384列×1 048 576行。若从Excel导入的数据超过以上范围，则会被Excel自动截去。每一个行、列坐标所指定的位置称为单元格，如列A和行1的交叉点的单元格称为单元格A1。单元格名称也叫单元格地址。在单元格中，用户可以键入符号、数值、公式以及其他内容。

若要在现有工作表之前插入新工作表，可选择该工作表，在"开始"选项卡上的"单元格"命令组中，单击"插入"，然后单击"插入工作表"；若要删除工作表，则右键单击该工作表标签，然后单击"删除"。

(六) 工作表标签

工作表标签通常用Sheet1、Sheet2等名称来表示，用户也可以用鼠标右击标签名，选择弹出菜单中的"重命名"命令来修改标签名。Excel一般同时显示工作表队列中的前3个标签。利用标签队列左边的一组标签滚动按钮可显示队列中的后续工作表的标签。工作簿窗口中的工作表称为活动工作表，当前工作表的标签为白色，其他为灰色。

如果工作表数量过多，以致无法同时显示，那么就要用左下角的4个标签滚动按钮。使用标签滚动按钮可以在工作簿的工作表标签之间进行滚动，并查看工作表的内容。不过，这些标签滚动按钮不会激活工作表。要想激活工作表，必须先滚动到所需的工作表，再单击要激活的工作表的标签。此外，单击"插入工作表"按钮，可以新建一个工作表。

(七) 滚动条

当工作表很大时，如何在窗口中查看表中的全部内容呢？可以使用工作簿窗口右边及下边的滚动条(包括滚动框和滚动箭头等)，在整张表上移动查看窗口，也可以通过"视图"选项卡中的"显示比例"扩大整个工作表的显示范围。

(八) 状态栏

状态栏位于Excel窗口底部，它显示程序运行的某些信息。比如，在默认情况下，最左端显示的是单元格的模式。当单元格准备接受命令或输入数据时，显示"就绪"；当输入数据时，显示"输入"；当单元格处于编辑状态时，显示"编辑"。当单击功能区的某些命令按钮时，可能会显示关于此命令用途的简要提示。状态栏的右侧依次是"视图快捷方式""显示比例"和"缩放滑块"，不仅显示当前的工作表视图信息，还可以通过它们调整视图方式和显示比例等。当选择包括数字的单元格区域时，状态栏上会显示这些数字的平均值、求和以及计数等信息。此外，右键单击状态栏可对状态栏进行自定义设置。

■ 三、Excel的数据输入

(一) 直接输入

一般来讲，在Excel中输入数据，要先选择单元格，然后输入数据并按Enter键，输入的数据同时显示在相应的单元格和编辑栏中。如要编辑已输入的数据，可单击编辑栏进行编辑。编辑时，单击"×"(取消)按钮，可放弃编辑；单击"√"(输入)按钮，可接受一个已修改的项。也可双击相应的单元格或选定相应的单元格并按功能键F2，在单元格中移动插入指针进行编辑。用户可以在Excel工作表中输入下列形式的信息。

1. 数值

数值可以是整数、小数、整分数或以科学计数法表示的数字(如2E+9)。可以在数字中使用一些数学符号，包括加号(+)、减号(-)、百分号(%)、分号(/)、指数符号(E)和货币符号。默认情况下，数值靠单元格的右端对齐。

2. 文本

文本可以是任意文字、数字字符的组合，包括大小写字母、数字和符号。默认情况下，文本靠单元格的左端对齐。如想要将数值、日期一类的数字保存为文本，可在数字前加一个单引号。

3. 日期和时间

要在单元格中保存日期和时间，必须使用预定义的日期和时间格式中的一种，如"2016年6月6日""2016-6-6"或"8:00AM"。

4. 公式

公式是一个通过现有数值计算出一个新值的方程式。它包括数字、数学运算符、单元格引用和称为"函数"的内部方程式，如"=SUM(A5：A8)"。

5. 其他

其他信息包括超链接、批注以及图片等。

(二) 与其他软件交换数据

除了直接输入数据外，Excel还可通过复制、公式、与其他软件交换等渠道取得数据。这里主要介绍如何与其他软件交换数据。

用户在Excel中可以打开其他类型的数据文件，如文本文件、Access数据文件等，具体操作方法如下所述。

(1) 在"文件"选项卡中选择"打开"命令。

(2) 在"打开"文件对话框中选择所要打开的文件类型，即其所在的目录。

(3) 用鼠标双击该文件名，然后按Excel提示步骤操作，即可打开该文件。

四、Excel工作表编辑

(一) 选定单元格和区域

一些Excel命令是针对单个单元格或单元格区域的。活动单元格总是处于选定状态。要使用鼠标选择一定区域的单元格，可执行下列步骤。

(1) 用鼠标单击要选定的第一个单元格。

(2) 按下鼠标左键，然后将鼠标拖过选定区，最后放开鼠标左键。被选定的单元格以淡蓝色突出显示，并且外边框为加粗边框。

(3) 如要选定不相邻的单元格区域，可按住Ctrl键，然后重复步骤(1)和(2)直到选定所有的区域。选定后，放开Ctrl键。

用户还可以通过单击想要选定行的行标，选定一行单元格，或通过单击列标选定一列单元格。通过按下鼠标左键，并拖曳鼠标指针经过希望选定的列或行，则可以选定多个行或列。最后，按下"全选"按钮允许用户在一次操作中选定工作表中的所有单元格，如图1-3所示。

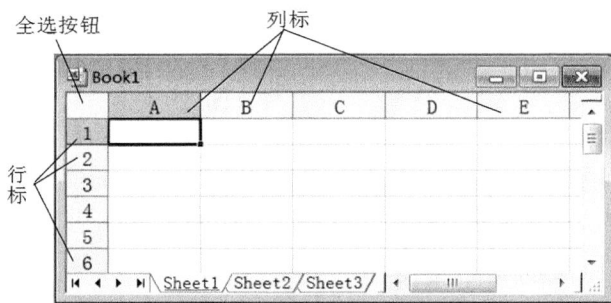

图1-3　选定单元格和区域

要使用键盘选择一定区域的单元格,可执行下列步骤。

(1) 使用箭头键,将其移动到要选定的第一个单元格上。

(2) 按Shift键,然后按相应的箭头键选定其余部分,最后放开Shift键。

要选定不相邻的单元格区域,选定一个区域后,按下Shift+F8组合键(此时状态栏上出现"添加到所选内容"),重复上述步骤再选择另一个区域。

另外,使用Shift+Ctrl+箭头键,可以快速选定一个连续的数据区域,大大提高操作效率。

(二) 编辑和清除单元格内容

要想编辑一个存在数据的单元格,可以先进入编辑该单元格的状态,然后进行修改,最后确认即可。进入编辑状态有两种方法:双击相应的单元格;选定相应的单元格,然后按F2键或单击编辑栏。确认修改结果时,可以直接按Enter键,也可以单击编辑栏上的"√"(输入)按钮。

要清除活动单元格的内容,按Delete键;或者右击该单元格,然后从弹出的菜单中选择"清除内容"即可。用户还可以选择一定区域的单元格,然后以同样的方式清除它们的内容。注意单元格内容并未被完全删除。清除单元格与删除单元格不同。清除单元格只是清除单元格的值,单元格的格式信息仍然保留;而删除单元格则是将单元格从电子表格中删除,并用其他单元格来替换该单元格。

(三) 插入和删除单元格

要将一个单元格或单元格区域插入电子表格中,可以选定与要插入新单元格的位置相邻的单元格区域,右键单击这个单元格,然后在弹出菜单中选择"插入"。如果Excel不能确定如何处理其他单元格,则会提示用户是否将单元格下移或右移。它还会让用户选择是插入新行还是插入新列。

删除单元格区域的情况相同,只是单元格按相反的方向移动。用户可以将单元格左移或上移,或者删除受影响的行或列。如果用户在选择"插入"或"删除"命令之前,选定了一行或多行(或列),那么Excel将不会向用户提示额外信息,它只是继续执行所需的操作。

(四) "撤销"和"恢复"命令

用户如果不小心删除了不该删除的区域,可以通过快速访问工具栏中的"撤销"命令来恢复被删除的内容。"撤销"是Excel中较常使用的操作,如果不小心实施了错误的操作,那么可以通过"撤销"操作使工作表恢复原样。该命令的键盘快捷键是Ctrl+Z。

在使用"撤销"命令后,用户可以使用快速访问工具栏中的"恢复"命令将刚才撤销的操作恢复。"恢复"命令具有与"撤销"命令相反的功能。该命令的键盘快捷键是Ctrl+Y。

(五) 使用"剪切"和"粘贴"命令移动数据

当使用"剪切"命令剪切某个单元格区域时,该区域周围显示闪动的虚线矩形框,表示这是要移动的单元格，然后将该单元格区域的内容(包括批注和格式)存放在一个临时的存储空间中，该存储空间就是Windows剪贴板。当选定放置数据的新位置并执行"粘贴"命令时，单元格及其格式将从剪贴板复制到新的位置上，同时原始单元格区域的数据和格式将被清除。如果在出现矩形框后要取消移动，可按Esc键。

具体的操作步骤如下所述。

(1) 选定要移动的单元格区域。

(2) 单击"开始"选项卡"剪贴板"组中的"剪切"命令，也可按快捷键Ctrl+X。

(3) 选定要移动数据的目的单元格。

(4) 单击"开始"选项卡"剪贴板"组中的"粘贴"命令，也可按快捷键Ctrl+V。

(六) 使用"复制"和"粘贴"命令复制数据

如果只是要复制工作表中的单元格区域，而不是移动它们，可用"开始"选项卡"剪贴板"组中的"复制"命令。这个命令将选定的单元格副本保存到剪贴板中，然后使用"粘贴"命令可以将这些单元格任意多次地粘贴到工作表中。相关操作步骤基本上与"剪切"和"粘贴"命令相同，只是第(2)步应改为：执行"复制"命令，也可按快捷键Ctrl+C。

(七) 使用自动填充功能创建序列

Excel中最有用的特性之一就是它具有自动完成一个序列的能力。一个序列可以是一组数字(如"1，2，3"或"2，4，6")，也可以是一组日期(如Jan-99，Feb-99，Mar-99或工作日)，用户甚至可以定义自己的序列(Excel已有的自定义序列有11个)，Excel将自动填充。

自动填充功能通过将填充柄拖过新单元格产生作用。填充柄是位于活动单元格或选定单元格区域右下角的小黑框。当指针停留在填充柄上时，指针形状变成加号(+)，这表明自动填充功能已经启用。

要使用自动填充功能，可以按下列步骤进行。

(1) 在电子表格中输入序列的前几个值。

(2) 用鼠标选定这些值。

(3) 将指针移动到选定区域的填充柄上，然后等待指针变为加号。

(4) 按下鼠标左键，拖动填充柄覆盖希望填充的单元格区域。

(5) 释放鼠标左键。

在"文件"选项卡中，单击"选项"可以打开"Excel选项"对话框。在对话框"高级"类别的"常规"下，单击"编辑自定义列表"，可打开"自定义序列"对话框创建自己的序列。

■ 五、Excel的公式和函数

Excel具有很强的公式功能，在数据分析处理过程中，使用公式和函数主要有以下几方面优点。

(1) 公式的复制功能可适应大批量数据处理，大大加快运算速度。

(2) 利用Excel公式，可以记住分析的具体步骤，便于检查和修改。

(3) Excel具有自动更新功能，如修改公式引用的单元格，公式可立刻重新计算并显示结果。

(4) 利用Excel函数，可以省去众多手动计算时的中间步骤，提高运算效率。

Excel在内部保存公式(可以在编辑栏上看到公式)，在放置公式的单元格中显示公式的计算结果。Excel中的所有公式都以一个等号"="开头，后面跟上由各种运算符连接在一起的一系列数据、单元格引用、单元格区域名称或函数等。

(一) 创建公式

选择要输入公式的单元格，输入公式(公式一定以一个等号开头)，按Enter键完成公式并显示结果。有两种方式输入公式：一是直接在单元格中输入公式；二是使用"插入函数"对话框。要调出该对话框，可单击编辑栏上的"f_x"按钮。

数组公式的输入步骤如下所述。

(1) 如果数组公式返回一个结果，单击需要输入数组公式的单元格；如果数组公式将返回多个结果，则选定需要输入数组公式的单元格区域。

(2) 输入数组公式。

(3) 按Ctrl+Shift+Enter组合键。

在输入数组公式时，Excel自动在大括号"{ }"之间插入公式。

(二) 在公式中使用单元格引用

单元格引用指的是在公式中包含单元格的名称。要在公式中引用单元格，有两种方法。例如，要将单元格B5和C5的内容相加，将结果放在D5中，可创建公式"=B5+C5"，这时可采用如下两种方法。

(1) 通过键盘输入创建。选择单元格D5，输入"=B5+C5"，按Enter键。

(2) 用鼠标创建。选择单元格D5，输入等号"="，单击单元格B5，然后按加号键"+"，再单击单元格C5，最后按Enter键。

Excel有三种方式表示单元格的引用，即冒号、逗号和空格。冒号表示连续区域的引用，即引用一个矩形区域内的单元格；逗号表示联合引用，即引用若干个单元格或单元格区域，这些单元格或单元格区域并不一定在一起；空格表示交叉引用，即引用两个单元格区域的公共部分。例如，SUM (A1：B5)表示对A1到A5以及B1到B5单元格求和；SUM (A1，A3，B1：B4)表示对A1，A3以及B1到B4单元格求和；SUM(A1：B4 A2：B5)表示对A2到A4以及B2到B4单元格求和。

(三) 公式的复制

公式复制是进行Excel数据成批计算的重要操作方法。用户可以使用自动填充功能来实现公式的复制，也可以用"复制"和"粘贴"命令来实现公式的复制。

如果公式中包含单元格引用，必须了解单元格引用的方式，即绝对引用和相对引用。如果公式中引用的单元格的地址的行标和列标前都加上"$"符号，表明使用的是绝对引用；反之，如果未加"$"符号，则表示是相对引用。

之所以要区分绝对引用和相对引用，是因为在复制公式时，Excel会根据引用方式的不同，自动调整公式中的单元格引用。这一特性是Excel非常重要的功能之一，它使数据的成批计算成为可能。比如，使用复制公式这一功能，在Excel中可以根据一个数列产生一个新的数列。

如果用户希望将公式复制到其他区域时，公式中引用的单元格地址不会随之相对变动，那么必须在公式中使用单元格的绝对引用。如果用户希望将公式复制到其他区域时，公式引用的单元格地址也会随之相对变动，那么必须在公式中使用单元格的相对引用。有时，在复制公式时，要求仅仅保持引用单元格的行标或列标不变，这种情况下要使用混合引用，即只在引用单元格地址的行标或列标前加上"$"符号。

下面举例说明绝对引用与相对引用的区别。在单元格A1和B1中已输入数值数据，在C1单元格输入公式"=A1+B1"，该公式使用的便是相对引用；C1中有公式，公式引用的单元格与公式所在单元格C1在同一行，但是分别在C1的左边1列和左边2列，此时将C1中的公式复制到其他单元格，则公式引用的单元格地址和公式所在单元格地址保持相对不变。比如，将C1中的公式复制到D2的单元格，则D2中的公式引用的单元格就不是A1和B1了，而是与D2在同一行，分别在D2左边1列和左边2列的两个单元格，即B2和C2单元格，因此D2中的公式是"=B2+C2"。如果将该公式复制到单元格F100，同理F100中的公式将变为"=D100+E100"。因此，"相对"的概念指的是，公式所在的单元格位置和该公式引用的单元格位置是相对固定的。

在复制包含绝对引用的公式时，不论将公式复制到何处，公式的内容都不会发生变化。比如，若C1中的公式是"=\$A\$1+\$B\$1"，则将该公式复制到F100单元格时，F100中的公式仍是"=\$A\$1+\$B\$1"。

在复制包含混合引用的公式时，如果单元格地址的行标前加"$"，则保持"行"不变动，但"列"会随着公式位置的变化而变动；如果单元格地址的列标前加"$"，则保持"列"不变动，但"行"会随着公式位置的变化而变动。例如，将单元格C1中的公式"=A\$1+B\$1"复制到单元格F100，那么公式将变为"=D\$1+E\$1"。

在复制公式时，可以做这样的归纳：公式中"$"符号后面的单元格坐标不会随着公式位置的变化而变动，而不带"$"符号后面的单元格坐标会随着公式位置的变化而相对变动。

(四) 复制公式的计算结果

如用户只想将公式的计算结果复制到目标区域，并不复制公式本身，可通过选择性粘贴来实现，操作步骤如下所述。

(1) 选定待复制区域，并执行"复制"命令。

(2) 用鼠标右击目标区域，执行"选择性粘贴"命令。出现"选择性粘贴"对话框，选定"数值"选项。也可在弹出的右键菜单中单击 123 按钮。

(五) 使用函数

函数是一些预定义的公式,利用函数不仅能提高效率,而且可以减少由人为原因导致的错误,同时还能减少工作表占用的内存空间,提高Excel工作速度。

1. 函数的语法

函数名(参数1,参数2,参数3…)

其中,参数是函数中用来执行计算的数值。参数可以是数字、文本、单元格引用或名称,也可以是常量或其他函数。具体到特定的函数,其参数类型与参数个数等由函数自身决定,因此在使用函数前应了解函数的具体语法。

2. 函数的输入

在Excel中使用函数,必须将它们输入工作表的公式中。

(1) 几个常用求和函数的输入。在"开始"选项卡的"编辑"命令组和"公式"选项卡的"函数库"命令组中,单击"∑"(自动求和)按钮可以输入几个最常用的自动求和函数(包括求和,以及求平均值、最大值、最小值)。

(2) 输入最近使用过的函数。在"公式"选项卡的"函数库"命令组中,有一个"最近使用的函数"按钮,单击该按钮,可以弹出用户最近使用过的函数列表。

(3) 使用"插入函数"对话框输入函数。单击"公式"选项卡"函数库"命令组中的"f_x"(插入函数)按钮或单击编辑栏上的"f_x"按钮,可调出"插入函数"对话框。

Excel中的函数共分为13个类别,与本课程关系密切的有:统计函数、数学和三角函数、日期和时间函数、查找和引用函数、文本函数等。

如果用户对Excel的函数比较了解,可以先浏览"选择类别"框中的分类,然后在"选择函数"列表中选择所需的函数。选中某个函数后,在对话框的下部会显示这一函数的简单介绍和语法。比如,想要求算术平均数,可以先选择"统计"类别,则会列出所有的统计函数,然后选中"AVERAGE"函数,再单击"确定"按钮,见图1-4。

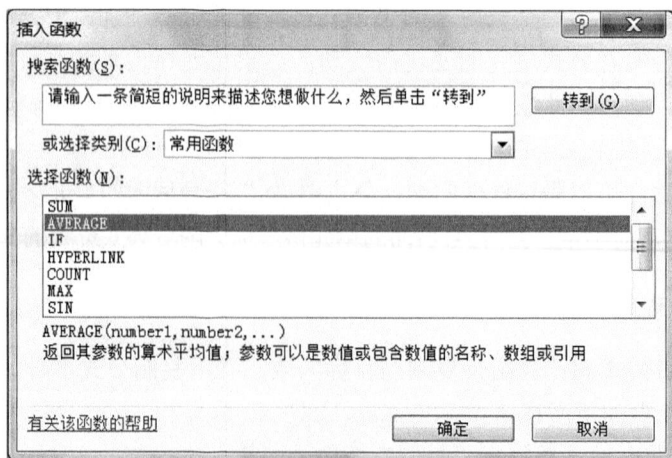

图1-4　插入函数对话框

如果不确定要使用哪个函数，则可在"搜索函数"框中输入关键字词来搜索函数，以加快输入函数的速度。比如，想要求算术平均数，但又不知道应该用哪个函数，则可以在"搜索函数"框中键入关键字"求平均"，然后单击"转到"按钮，则会在"选择函数"列表中列出相关的平均数函数，然后逐一单击相关的函数，查看每个函数的说明，就可以知道求算术平均值应该使用AVERAGE函数，见图1-5。

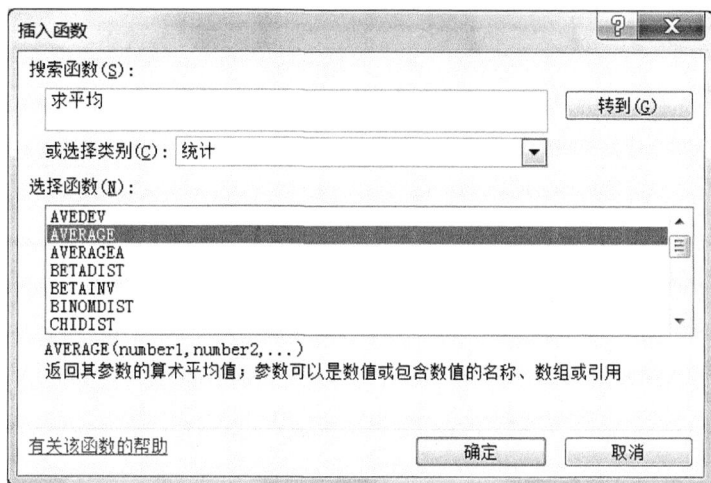

图1-5　搜索函数

选择函数并单击"确定"按钮后，会打开"函数参数"对话框，图1-6是AVERAGE函数的参数对话框。

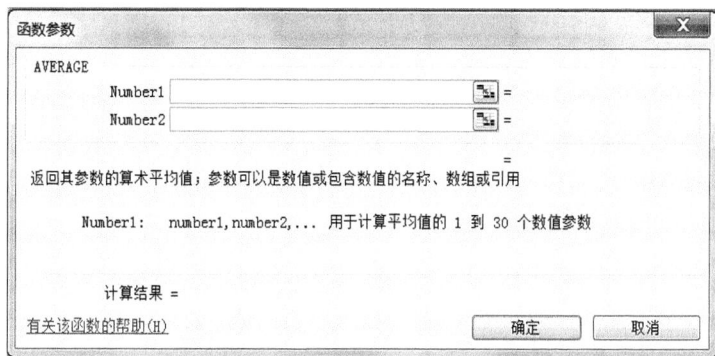

图1-6　AVERAGE函数参数对话框

若要将单元格引用作为参数输入，则单击"压缩对话框"按钮以临时隐藏对话框，在工作表上选择单元格，然后按"展开对话框"按钮。参数输入后，按"确定"按钮即可。

(4) 使用"函数库"命令组输入函数。"公式"选项卡的"函数库"命令组分类列出了Excel的函数(Excel共有13个函数类别，这里只列出11个类别，数据库函数和自定义函数未列出)。单击某个类别后，会弹出该类别中的函数列表。当鼠标悬停在某个函数名上时，将显示该函数的简单说明。找到所需的函数后，单击该函数，将打开"函数参数"对话框。

(六) 公式与错误值

如果公式不能正确计算结果，Excel将显示一个错误值。常见的错误值如表1-1所示。

表1-1　Excel中常见的错误值

错误值	对错误值的说明
#DIV/0!	公式中出现0为除数的情况
#N/A	某个值不可用于函数或公式
#NAME?	公式中使用了Excel不能识别的文本
#NULL!	试图为两个不相交的区域指定交叉点
#NUM!	公式或函数中包含无效数值
#REF!	公式包含的区域无效
#VALUE!	公式所包含的单元格有不同的数据类型
#####	计算结果太宽，无法在单元格中显示

(七) 在公式中使用区域名称

要使公式和函数更具有可读性和易于输入，可以在工作表中命名一个单元格区域，然后在公式和函数中使用该区域名称代替此区域的单元格引用。

1. 指定区域名称

选中要命名的区域，选择区域应包括行或列的标题以定义名称。如图1-7所示，选择区域包含要用于指定区域名称的文字标签"企业利润"，然后右键单击选定的区域，在弹出的菜单中单击"定义名称"，或单击"公式"选项卡"定义的名称"组中的"定义名称"，弹出"新建名称"对话框。在该对话框的"名称"文本框中已经自动输入名称"企业利润"，最后单击"确定"按钮。

图1-7　指定区域名称

如果使用低版本的Excel，为指定区域命名的方法：将光标移到工作表B1单元格，向下拉黑至B11单元格，单击"插入"菜单，选择"命名"或"名称"菜单命令，在弹出的二级菜单中选择"指定"，在弹出的对话框中选择"首行"，按"确定"按钮，即完成名称的指定，如图1-8所示。

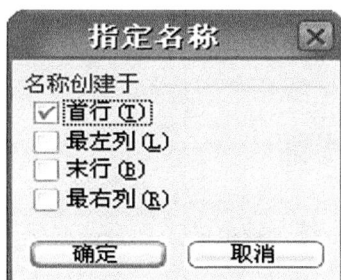

图1-8　指定区域名称

指定了名称后，还要单击"插入"菜单，选择"命名"或"名称"菜单命令，在弹出的二级菜单中选择"应用"，在弹出的对话框中选择要应用名称的字段，系统才会将字段以名称的方式表示，计算公式也会以名称的方式表示，便于使用者对公式的理解。

如果之前选定的区域不包括文字标签，则需要自行输入一个新的名称，见图1-9。

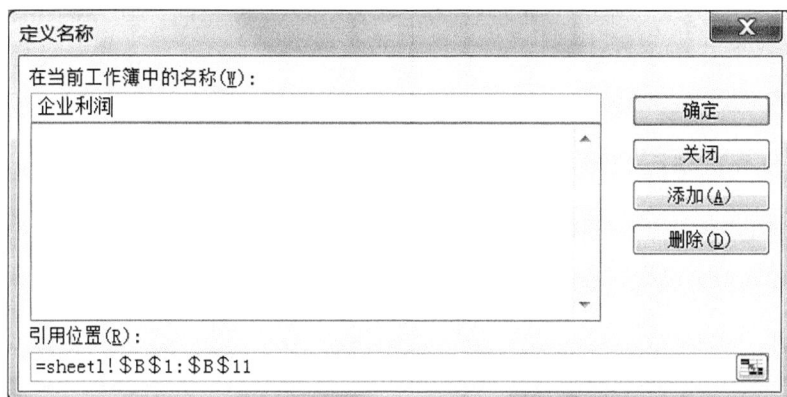

图1-9　定义名称

2. 使用区域名称

用户可以在公式和函数中使用区域名称。如要计算单元格B2到B11的企业利润平均值，可以采用公式"=AVERAGE(企业利润)"。

3. 修改名称所指定的单元格区域

具体的步骤如下所述。

(1) 单击"公式"选项卡"定义的名称"组中的"名称管理器"，弹出"名称管理器"对话框。

(2) 选择要修改的区域名称，再单击"编辑"，弹出"编辑名称"对话框(与"新建名称"对话框基本相同，只是对话框中的"范围"不可选)。

(3) 在"引用位置"文本框中修改单元格引用，也可以直接在工作表中选择新的单元格区域。

(4) 单击"确定"按钮保存所做的修改。

当修改区域时，Excel将自动更新所有与此名称相关的公式。

4. 删除区域名称

调出"名称管理器"对话框，单击要从工作表中删除的区域名称，再单击"删除"按钮。

六、Excel工作表的修饰

要想制作一张清晰、美观、符合规范的工作表，必须对工作表进行修饰。

(一) 数字修饰

Excel可以对工作表内的数字进行各种修饰，具体的操作步骤如下所述。

(1) 打开Excel找到工作簿中的修饰目标表格。

(2) 选择要进行修饰的单元格区域，单击"格式"菜单，选择"单元格"选项，屏幕上弹出"单元格格式"对话框。

(3) 选择对话框中的"数字"页面，从"分类"列表中选择合适的数字格式类型。

(4) 如果对所选数字格式类型满意，则单击"确定"按钮，完成对目标表格数字的修饰。

(二) 修改列宽与行高

在新创建的Excel工作表中，所有单元格都具有相同的宽度和高度，太长的数据在单元格中可能会显示不完整。对文字类型的数据而言，超长的数据显示不完整；对数值类型的数据而言，则会显示为"######"，表示数值超过显示宽度。因此，有时需要改变行高和列宽。

1. 改变列宽

1) 改变列宽的第一种操作步骤

(1) 鼠标指向工作表中某两列的坐标的垂直线上(如A列和B列之间的垂直线)。

(2) 当鼠标形状变为十字时，拖动该边界垂直线左右移动。

2) 改变列宽的第二种操作步骤

(1) 单击鼠标所在列的任意单元格。

(2) 在"格式"菜单中，选择"列"，从下拉列表中选择"列宽"，出现"列宽"对话框，输入新的列宽值，就可以改变列宽。

2. 改变行高

1) 改变行高的第一种操作步骤

(1) 用鼠标指向工作表中某两行的坐标水平线上。

(2) 当鼠标形状变为十字时，拖动该边界垂直线上下移动。

2) 改变行高的第二种操作步骤

(1) 单击鼠标所在行的任意单元格。

(2) 在"格式"菜单中，选择"行"，从下拉列表中选择"行高"，出现"行高"对话框，输入新的行高值就可以改变行高。

(三) 改变对齐方式

在使用Excel时，如果没有设定格式，输入单元格内的数据都将按照默认的格式显示，即文字左对齐，数字右对齐。根据需要，可以改变上述设置。常用的对齐方式有4种，即左对齐、右对齐、居中、合并及居中。

1. 左对齐

数据在单元格内靠左端放置。

2. 右对齐

数据在单元格内靠右端放置。

3. 居中

数据放置在单元格中间。

4. 合并及居中

将所选范围内的单元格合并，形成一个"大"的单元格，数据放置在此单元格中间。

5. 设置对齐方式的操作步骤

设置数据的对齐方式，操作步骤如下所述。

(1) 选择要改变对齐方式的单元格区域。

(2) 单击"格式"菜单，选择"单元格"选项，弹出"单元格格式"对话框，单击"对齐"图标。

(3) 在"文本对齐方式"的"水平对齐"及"垂直对齐"选择框内，可以按实际需要，选择左对齐、右对齐、居中方式中的某一种；在"文本控制"内，可以按实际需要，选择自动换行、合并单元格等操作。

全部选择完成后，单击"确定"按钮，改变对齐方式的操作就完成了。

(四) 边框和颜色

在编辑Excel工作表时看到的浅色表格线，是Excel为了便于操作设置的，打印时不会出现。在一般的报表中，需要把报表设计成各种各样的表格形式，使表格内容更加清晰、直观。利用边框和颜色设置可以突出工作表上重要的信息。

1. 设置单元格边框

设置单元格边框的操作步骤如下所述。

(1) 选择需设置边框的单元格区域。

(2) 单击"格式"菜单，选择"单元格"选项，弹出"单元格格式"对话框，单击"边框"图标。

(3) 对线型进行设置(注意：可以设置斜线)，单击"边框"按钮，然后在边框区域中进行设置。

2. 设置单元格颜色

颜色设置包括文字颜色、单元格背景色等。通过工具栏中的有关按钮可以设置颜色。

(1) 选择需设置颜色的单元格区域，单击工具栏中的"填充颜色"按钮(或"字体颜色"按钮)，弹出调色板对话框。

(2) 选择对应颜色即可完成背景颜色的填充(或字体颜色的改变)。

第二节　Excel常用分析工具与统计函数简介

一、Excel常用分析工具

Excel提供了一组数据分析工具，称为分析工具库。在进行复杂的统计分析时，使用现成的数据分析工具可以节省很多时间。用户只需为每一个分析工具提供必要的数据和参数，该工具就会自动使用适宜的统计或数学函数，并在输出表格中显示相应的结果。其中的一些工具在生成输出表格时，还能同时产生图表。如果要浏览已有的分析工具，可以单击"数据"选项卡"分析"组中的"数据分析"。

如果"数据分析"没有出现在选项卡上，则必须先加载该分析工具库。具体参见"熟悉Excel工作界面"部分的介绍。如果使用低版本Excel，加载该分析工具库的过程是：到工具栏中找到加载项，选中分析工具，单击"确定"按钮，然后回到工具栏中选择数据分析项。

使用各项分析工具的操作步骤如下所述。

(1) 打开相应的Excel文件。

(2) 单击"工具"或"数据"→"数据分析"，在调出的"数据分析"对话框中双击相应的数据分析工具选项，如"描述统计""相关系数"等，如图1-10所示。

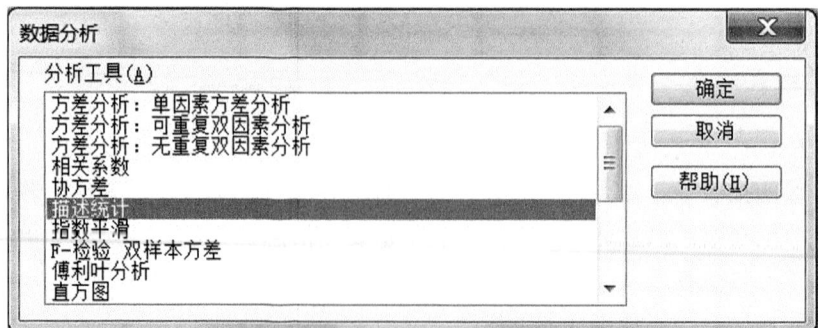

图1-10　"数据分析"对话框

(3) 在打开的各种分析工具的对话框中，按各种分析工具的要求填写相应的信息，最后单击"确定"按钮。

Excel主要的数据分析工具见表1-2，具体的使用方法将在相关实验中说明。

表1-2　Excel主要数据分析工具一览表

分析工具名称	对分析工具的简单说明
F检验： 双样本方差	此分析工具可以进行双样本F检验，用来比较两个样本总体的方差
t检验： 平均值的成对双样本分析	此分析工具及公式可以进行成对双样本t检验，用来确定样本均值是否不等。此t检验并不假设两个总体的方差是相等的
t检验： 双样本等方差假设	此分析工具可以进行双样本t检验。此t检验先假设两个数据集的平均值相等，故也称为齐次方差t检验。可以使用t检验来确定两个样本均值实际上是否相等
t检验： 双样本异方差假设	此分析工具及公式可以进行双样本t检验。此t检验先假设两个数据集的方差不等，故也称为异方差t检验。可以使用t检验来确定两个样本均值实际上是否相等
z检验： 双样本平均差检验	此分析工具可以进行方差已知的双样本均值z检验。此工具用于检验两个总体均值之间存在差异的假设
抽样	此分析工具以输入区域为总体构造总体的一个样本。当总体太大而不能处理或绘制时，可以选用具有代表性的样本。如果确认输入区域中的数据是周期性的，还可以对一个周期中特定时间段的数值进行采样。例如，如果输入区域包含季度销售量数据，可以4为周期进行取样，将在输出区域中生成某个季度的样本
回归	此工具通过对一组观察值使用最小二乘法直线拟合，进行线性回归分析。此工具可用来分析单个因变量是如何受一个或多个自变量影响的
描述统计	此分析工具用于生成对输入区域中的数据的单变量分析，提供有关数据趋中性和易变性的信息
排位与百分比排位	此分析工具可以产生一个数据列表，在其中将给定数据按大小次序排位和相应的百分比排位，用来分析数据集中各数值间的相互位置关系
随机数发生器	此分析工具可以按照用户选定的分布类型，在工作表的特定区域中生成一系列独立随机数字。可以通过概率分布来表示主体的总体特征
相关系数	此分析工具及其公式可用于判断两组数据集(可以使用不同的度量单位)之间的关系。可以使用相关系数分析工具来确定两个区域中数据的变化是否相关
协方差	此分析工具及其公式用于返回各数据点的一对均值偏差之间的乘积的平均值。可以使用协方差工具来确定两个区域中数据的变化是否相关
移动平均	此分析工具及其公式可以基于特定的过去某段时期中变量的均值，对未来值进行预测
直方图	在给定工作表中的数据单元格区域和接收区间的情况下，计算数据的个别和累计频率，用于统计某个数值元素的出现次数
指数平滑	此分析工具及公式基于前期预测值导出相应的新预测值，并修正前期预测值的误差。此工具将使用平滑常数α，其大小决定了本次预测对前期预测误差的修正程度
单因素方差分析	此分析工具通过简单的方差分析，对两个以上样本均值进行相等性假设检验(抽样取自具有相同均值的样本空间)。此方法是对双均值检验(如t检验)的扩充
可重复双因素分析	此分析工具是对单因素方差分析的扩展，即每一组数据包含不止一个样本
无重复双因素分析	此分析工具通过双因素方差分析(但每组数据只包含一个样本)，对两个以上的样本均值进行相等性假设检验(抽样取自具有相同均值的样本空间)。此方法是对双均值检验(如t检验)的扩充

二、Excel常用统计函数

在Excel中，函数就是预定义的内置公式，它使用参数并按照特定的顺序进行计算。函数的参数是函数进行计算所必需的初始值。使用者把参数传递给函数，函数按特定指令对参数进行计算，把计算的结果返回给使用者。函数的参数可以是数字、文本、逻辑值或者单元格引用，也可以是常量公式或其他函数。每个函数都有它需要的参数类型，无论是什么类型的参数都必须能产生有效数值。Excel提供大约80个统计函数，下面列出这些统计函数按照功能进行分类，具体见表1-3。

表1-3　Excel中常用统计函数一览表

函数名称	函数说明	语法形式
AVEDEV	返回一组数据与其均值的绝对偏差的平均值，即离散度	AVEDEV(number1，number2，…)
AVERAGE	返回参数算术平均值	AVERAGE(number1，number2，…)
AVERAGEA	计算参数清单中数值的平均值(算数平均值)，文本和逻辑值(如TRUE和FALSE)也将计算在内	AVERAGEA(value1，value2，…)
BETADIST	返回Beta分布累积函数的函数值。Beta分布累积函数通常用于研究样本集合中某些事物的发生和变化情况	BETADIST(x，alpha，beta，A，B)
BETAINV	返回BETA分布累积函数的逆函数值，即如果probability=BETADIST(x，…)，则BETAINV(probability，…)=x。BETA分布累积函数可用于项目设计，在给定期望的完成时间和变化参数后，模拟可能的完成时间	BETAINV(probability，alpha，beta，A，B)
BINOMDIST	返回一元二项式分布的概率值	BINOMDIST(number_s，trials，probability_s，cumulative)
CHIDIST	返回 r 2分布的单尾概率。r 2分布与 r 2检验相关。使用 r 2检验可以比较观察值和期望值	CHIDIST(x，degrees_freedom)
CHIINV	返回 r 2分布单尾概率的逆函数	CHIINV(probability，degrees_freedom)
CHITEST	返回独立性检验值。函数CHITEST返回 r 2分布的统计值及相应的自由度	CHITEST(actual_range，expected_range)
CONFIDENCE	返回总体平均值的置信区间。置信区间是样本平均值任意一侧的区域	CONFIDENCE(alpha，standard-dev，SIze)
CORREL	返回单元格区域array1和array2之间的相关系数。使用相关系数可以确定两种属性之间的关系	CORREL(array1，array2)
COUNT	返回参数的个数。利用函数COUNT可以计算数组或单元格区域中数字项的个数	COUNT(value1，value2，…)
COUNTA	返回参数组中非空值的数目。利用函数COUNTA可以计算数组或单元格区域中数据项的个数	COUNTA(value1，value2，…)
COVAR	返回协方差，即每对数据点的偏差乘积的平均数，利用协方差可以决定两个数据集之间的关系	COVAR(array1，array2)

(续表)

函数名称	函数说明	语法形式
CRITBINOM	返回使累积二项式分布大于等于临界值的最小值。此函数可以用于质量检验	CRITBINOM(trials，probability_s，alpha)
DEVSQ	返回数据点与各自样本均值偏差的平方和	DEVSQ(number1，number2，…)
EXPONDIST	返回指数分布。使用函数EXPONDIST可以建立事件之间的时间间隔模型	EXPONDIST(x，lambda，cumulative)
FDIST	返回F概率分布。使用此函数可以确定两个数据系列是否存在变化程度上的不同	FDIST(x，degrees_freedom1，degrees_freedom2)
FINV	返回F概率分布的逆函数值	FINV(probability，degrees_freedom1，degrees_freedom2)
FISHER	返回点x的Fisher变换。该变换生成一个近似正态分布而非偏斜的函数	FISHER(x)
FISHERINV	返回Fisher变换的逆函数值。使用此变换可以分析数据区域或数组之间的相关性	FISHERINV(y)
FORECAST	根据给定的数据计算或预测未来值	FORECAST(x，known_y's，known_x's)
FREQUENCY	以一列垂直数组返回某个区域中数据的频率分布	FREQUENCY(data_array，bins_array)
FTEST	返回F检验的结果。F检验返回的是当数组1和数组2的方差无明显差异时的单尾概率。可以使用此函数来判断两个样本的方差是否不同	FTEST(array1，array2)
GAMMADIST	返回伽马分布。可以使用此函数来研究具有偏态分布的变量。伽马分布通常用于排队分析	GAMMADIST(x，alpha，beta，cumulative)
GAMMAINV	返回伽马分布的累积函数的逆函数	GAMMAINV(probability，alpha，beta)
GAMMALN	返回伽马函数的自然对数$\Gamma(x)$	GAMMALN(x)
GEOMEAN	返回正数数组或数据区域的几何平均值	GEOMEAN(number1，number2，…)
GROWTH	根据给定的数据预测指数增长值	GROWTH(known_y's，known_x's，known_x's，const)
HARMEAN	返回数据集合的调和平均值。调和平均值与倒数的算术平均值互为倒数	HARMEAN(number1，number2，…)
HYPGEOMDIST	返回超几何分布	HYPGEOMDIST(sample_s，number_sample，popuLation_s，number_population)
INTERCEPT	利用已知的x值与y值计算直线与y轴的截距	INTERCEPT(known_y's，known_x's)
KURT	返回数据集的峰值	KURT(number1，number2.…)
LARGE	返回数据集里第k个最大值。使用此函数可以根据相对标准来选择数值	LARGE(array，k)
LINEST	使用最小二乘法计算，对已知数据进行最佳直线拟合，并返回描述此直线的数组	LINEST(known_y's，known_x's，const，stats)

(续表)

函数名称	函数说明	语法形式
LOGEST	在回归分析中，计算最符合观测数据组的指数回归拟合曲线，并返回描述该曲线的数组	LOGEST(known_y's, known_x's, const, stats)
LOGINV	返回x的对数正态分布累积函数的逆函数	LOGINV(probability, mean, standard_dev)
LOGNORMDIST	返回x的对数正态分布的累积函数	LOGNORMDIST(x, mean, standard_dev)
MAX	返回数据集中的最大数值	MAX(number1, number2, …)
MAXA	返回参数清单中的最大数值	MAXA(value1, value2, …)
MEDIAN	返回给定数值集合的中位数。中位数是在一组数据中居于中间的数	MEDIAN(number1, nmnber2, …)
MIN	返回给定参数表中的最小值	MIN(number1, number2, …)
MINA	返回参数清单中的最小数值	MINA(value1, value2, …)
MODE	返回在某一数组或数据区域中出现频率最大的数值	MODE(number1, number2, …)
NEGBINOMDIST	返回负二项式分布	NEGBINOMDIST(number_f, number_s, probability_s)
NORMDIST	返回给定平均值和标准偏差的正态分布的累积函数	NORMDIST(x, mean, standard_dev, cumulative)
NORMINV	返回给定平均值和标准偏差的正态分布的累积函数的逆函数	NORMINV(probability, mean, standard_dev)
NORMSDIST	返回标准正态分布的累积函数，该分布的平均值为0，标准偏差为1	NORMSDIST(z)
NORMSINV	返回标准正态分布累积函数的逆函数。该分布的平均值为0，标准偏差为1	NORMSINV(probability)
PEARSON	返回Pearson(皮尔生)乘积矩相关系数r，这是一个范围在-1.0~1.0(包括-1.0和1.0在内)的元量纲指数，反映了两个数据集合之间的线性相关程度	PEARSON(array1, array2)
PERCENTILE	返回数值区域的K百分比数值点。可以使用此函数来建立接受阈值。例如，可以确定得分排名在90个百分点以上的检测候选人	PERCENTILE(array, k)
PERCENIRANK	返回特定数值在一个数据集中的百分比排位。此函数可用于查看特定数据在数据集中所处的位置。例如，可以使用函数PERCENTRANK计算某个特定的能力测试得分在所有的能力测试得分中的位置	PERCENIRANK(array, x, significance)
PERMUT	返回从给定数目的对象集合中选取的若干对象的排列数。排列数可以为有内部顺序的对象或事件的任意集合或子集。排列与组合不同，组合的内部顺序无意义。此函数可用于计算彩票中奖概率	PERMUT(number, number_chosen)
POISSON	返回泊松分布。泊松分布通常用于预测一段时间内事件发生的次数，如一分钟内通过收费站的轿车的数量	POISSON(x, mean, cumulative)

(续表)

函数名称	函数说明	语法形式
PROB	返回一个概率事件组中落在指定区域内的事件所对应的概率之和。如果没有给出upper_limit，则返回x_range内值等于lower_limit的概率	PROB(x_range，prob_range，lower_limit，upper_limit)
QUARTILE	返回数据集的四分位数。四分位数通常用于在销售额和测量值数据集中对总体进行分组。例如，可以使用函数QUARTILE求得总体中前25%的收入值	QUARTILE(array，quart)
RANK	返回一个数值在一组数值中的排位。数值的排位依据数据清单中其他数值的相对大小(如果数据清单已经排过序，则数值的排位就是它当前的位置)	RANK(number，ref，order)
RSQ	返回根据known_y's和known_x's中的数据点计算得出的Pearson乘积矩相关系数的平方。有关详细信息，请参阅函数REARSON。R平方值可以解释为y方差与x方差的比例	RSQ(known_y's，known_x's)
SKEW	返回分布的偏斜度。偏斜度反映以平均值为中心分布的不对称程度。正偏斜度表示不对称边的分布更趋向正值。负偏斜度表示不对称边的分布更趋向负值	SKEW(number1，number2，…)
SLOPE	返回根据known_y's和known_x's中的数据点拟合的线性回归直线的斜率。斜率为直线上任意两点的垂直距离与水平距离的比值，也就是回归直线的变化率	SLOPE(known_y's，known_x's)
SMALL	返回数据集中第k个最小值。使用此函数可以返回数据集中特定位置上的数值	SMALL(array，k)
STANDARDIZE	返回以mean为平均值、以standard-dev为标准偏差分布的正态化数值	STANDARDIZE(x，mean，standard_dev)
STDEV	估算样本的标准偏差。标准偏差反映相对于平均值(mean)的离散程度	SIDEV(number1，number2，…)
STDEVA	估算基于给定样本的标准偏差。标准偏差反映数值相对于平均值(mean)的离散程度。文本值和逻辑值(如TRUE或FALSE)也将计算在内	STDEVA(value1，value2，…)
STDEVP	返回以参数形式给出的整个样本总体的标准偏差。标准偏差反映相对于平均值(mean)的离散程度	STDEVP(number1，number2，…)
STDEVPA	计算样本总体的标准偏差。标准偏差反映数值相对于平均值(mean)的离散程度	STDEVPA(value1，value2，…)
STEYX	返回通过线性回归法计算y预测值时所产生的标准误差。标准误差用来度量根据单个x变量计算出的y预测值的误差量	STEYX(known_y's，known_x's)
TDIST	返回t分布的百分点(概率)，t分布中数值(x)是t的计算值(将计算其百分点)。t分布用于小样本数据集合的假设检验。使用此函数可以代替t分布的临界值表	TDIST(x，degrees_freedom，tails)

(续表)

函数名称	函数说明	语法形式
TINV	返回作为概率和自由度函数的t分布的t值	TINV(probability, degrees_freedom)
TREND	返回一条线性回归拟合线的一组纵坐标值(y值)，即找到适合给定的数组known_y's和known_x's的直线(用最小二乘法)，并返回指定数组new_x's的值在直线上对应的y值	TREND(known_y's和known_x's, new_x's, const)
TRIMMEAN	返回数据集的内部平均值。函数TRIMMEAN先从数据集的头部和尾部除去一定百分比的数据点，然后求平均值。当用户希望在分析中剔除一部分数据的计算时，可以使用此函数	TRIMMEAN(array, percent)
TTEST	返回与学生t检验相关的概率。可以使用函数TTEST判断两个样本是否可能来自两个具有相同均值的总体	TTEST(array1, array2, tails, type)
VAR	估算样本方差	VAR(number1, number2, …)
VARA	估算基于给定样本的方差。数字、文本值和逻辑值(如TRUE和FALSE)都将计算在内	VARA(value1, value2, …)
VARP	计算样本总体的方差	VARP(number1, number2, …)
VARPA	计算样本总体的方差。数字、文本值和逻辑值(如TRUE和FALSE)都将计算在内	VARPA(value1, value2, …)
WEIBULL	返回韦伯分布。使用此函数可以进行可靠性分析，比如计算设备的平均故障时间	WEIBULL(x, alpha, beta, cumulative)
ZTEST	返回Z检验的双尾P值。Z检验根据数据集或数组生成x的标准得分，并返回正态分布的双尾概率。可以使用此函数返回从某总体中抽取特定观测值的似然估计	ZTEST(array, x, sigma)

从表1-3中可以看出Excel函数是以如下形式表示的：函数名(参数 1，参数 2，……)

从表1-3中的函数名称中可以发现有些函数的名称是类似的，只是在名称末尾多了一个字母A，如AVERAGE与AVERAGEA，COUNT与COUNTA。一般来说，名称中带A的函数在统计时不仅统计数字，文本和逻辑值(如TRUE和FALSE)也将计算在内。另外，一些以INV结尾的函数名称一般为逆函数，如CHEIST和CHIINV，NORMSDIST和NORMSINV等。此外，扩展的Excel函数中还有一类结尾加IF的函数，表示按条件计算或处理，如COUNTIF是条件计数函数，SUMIF 是条件求和函数等。

在Excel运行过程中调用统计函数主要采用两种方法。其一，在工作簿的单元格中直接输入统计函数的函数名称(必须在统计函数名称前加"="符号)，就会立即弹出该函数的初始值输入对话框，只要在有关的参数选项内输入确定的参数就能得到函数的计算结果值。或者，在工作簿的单元格中输入"="后，查找工作簿左上方的"名称"显示格内出现的函数选择表，选择某个函数名称，同样会得到该函数的初始值输入对话框。其二，利用粘贴函数按钮"f_x"调用统计函数，单击粘贴函数快捷按钮，就会弹出一个Excel函数选择表，选择其中的"统计"选项；再单击，又会弹出一个Excel统计函数的选择表，选定需要调用的统计函数名称，同样会弹出该函数的初始值输入对话框，在有关选项内输入确定的参数就能得到函数的计算结果值。

下面举例说明统计函数的直接调用方法。

[例1-1] 调用FDIST(计算F概率分布)函数计算两个样本方差之比的F分布值。假设第一个样本的自由度为6，第二个样本的自由度为20，两个样本方差之比X=1.6，求$P(X=1.6)$的值是多少。

解： 打开Excel建立一个新工作簿，用第一种方法，在B1单元格输入两个样本方差之比1.6，在B2单元格输入第一个样本的自由度6，在B3单元格输入第二个样本的自由度20，在B4单元格输入函数的公式"=FDIST(B1，B2，B3)"，其中括号内的"B1，B2，B3"是参数的单元格引用。按Enter键后就能在B4单元格显示其F概率分布值"0.1989"，具体见图1-11、图1-12。

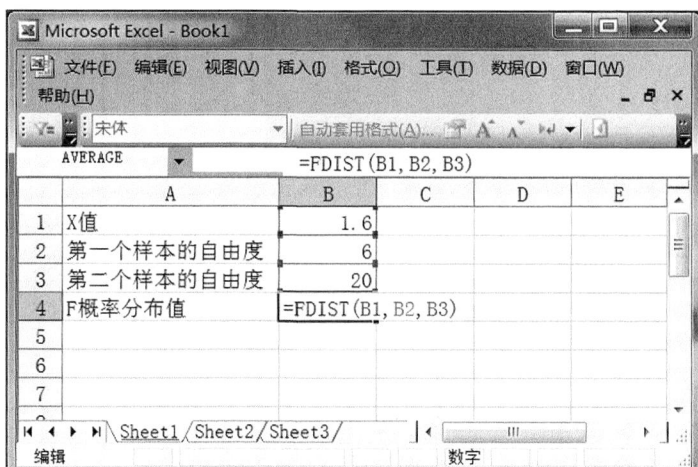

图1-11　计算表

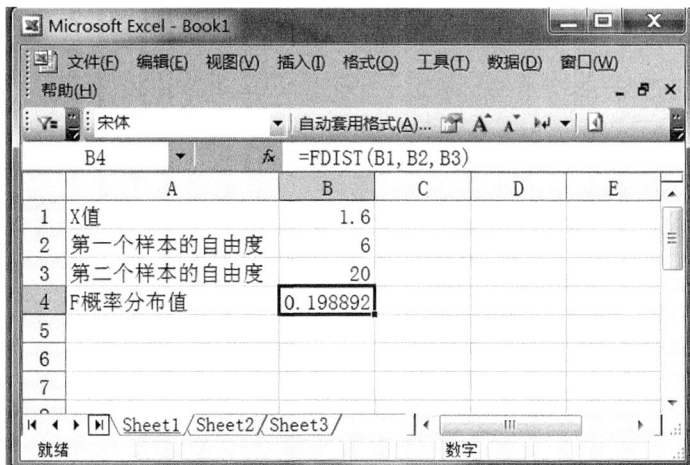

图1-12　计算结果表

用第二种方法，在B4单元格输入"="，单击"插入"会弹出一个Excel函数选择表，选择其中的"统计"选项，在统计函数的选择表中选定要调用的统计函数"FDIST"，弹出该函数的初始值输入对话框，在有关选项内填入确定的参数。其中，参数X为两个方差的比值，这里输入参数1.6；参数Deg-freedom 1为分子(第一个样本)的自由度，这里输入参数6；参数Deg-freedom 2为分母(第二个样本)的自由度，这里输入参数20。按Enter键后也能在B4单元格中得到函数的计算结果值"0.1989"，具体过程见图1-13、图1-14。

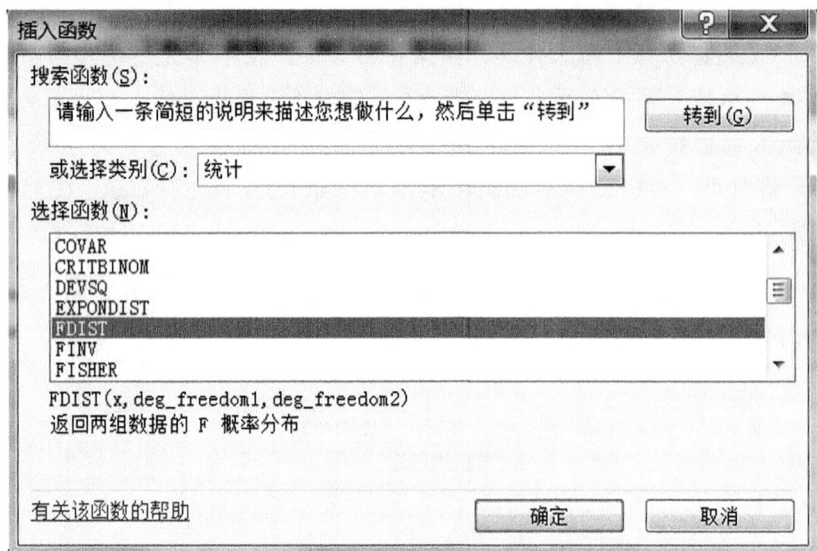

图1-13　插入函数对话框

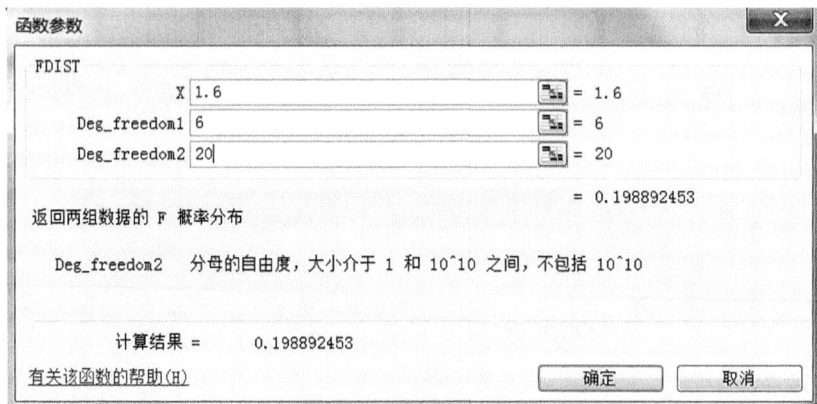

图1-14　函数参数对话框

[例1-2] 调用POISSON(计算泊松概率分布)计算泊松概率分布的值。假设某国家过去5年中平均每年调整利率2次，现计算调整利率3次的概率。

解： 泊松概率分布常见的应用是单位时间内某个事件发生的次数，以上事例符合泊松概率分布。

在B1单元格输入关心事件的次数，这里参数为3；在B2单元格输入平均数，这里参数为2；在B3单元格处输入泊松函数的公式"=POISSON(Bl，B2，FALSE)"。其中括号内的

"B1，B2"是参数的单元格引用，"FALSE"为逻辑值中的点值(TRUE为逻辑值中的累积值)。按Enter键后就能在B3单元格显示其泊松概率分布值"0.18"，具体见图1-15、图1-16。

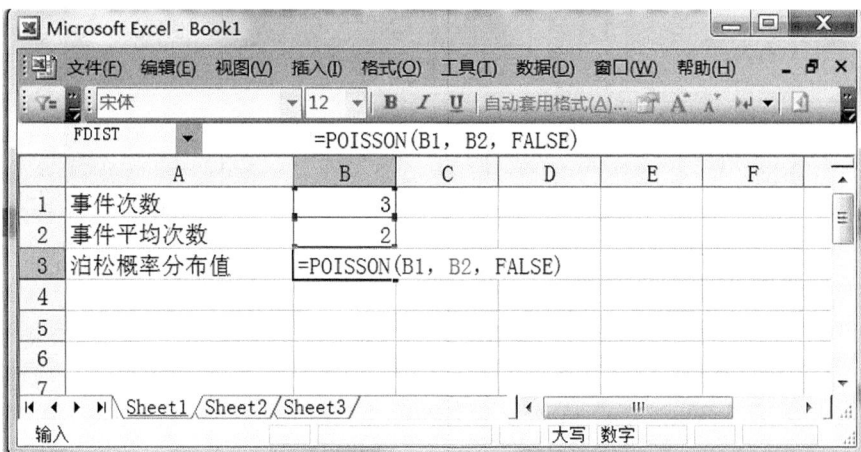

图1-15 计算工作表

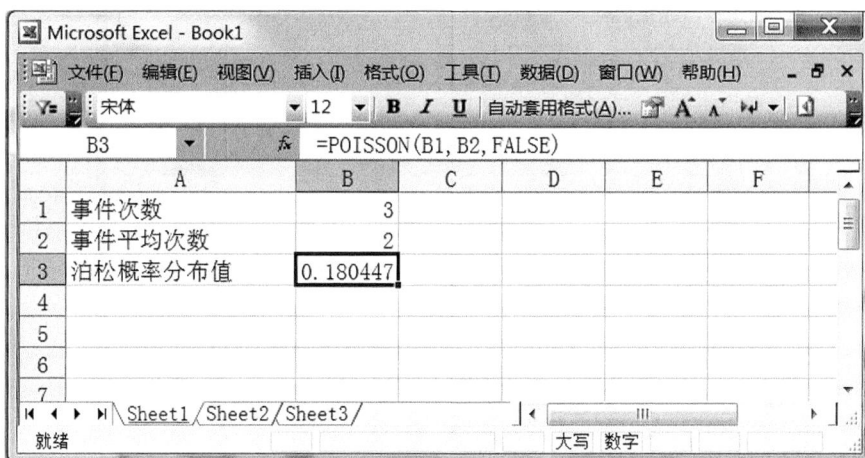

图1-16 计算结果表

[例1-3] 调用MINVERSE(计算数组所代表的矩阵的逆矩阵)函数进行矩阵求逆运算，对

矩阵 $\begin{bmatrix} 1 & 2 & 3 \\ 2 & 2 & 1 \\ 3 & 4 & 1 \end{bmatrix}$ 求逆。

解： 计算数组所代表的矩阵的逆矩阵要用到组合键，具体计算步骤如下所述。

(1) 输入数据矩阵；

(2) 选中指定的逆矩阵所占的空单元格；

(3) 在函数向导中选择MINVERST函数；

(4) 同时按Ctrl+Shift+Enter组合键；

(5) 输入Array的数据矩阵的单元格地址引用；

(6) 显示所求的逆矩阵。

在Excel工作表中输入矩阵，并选中指定的逆矩阵所占的空单元格，见图1-17。

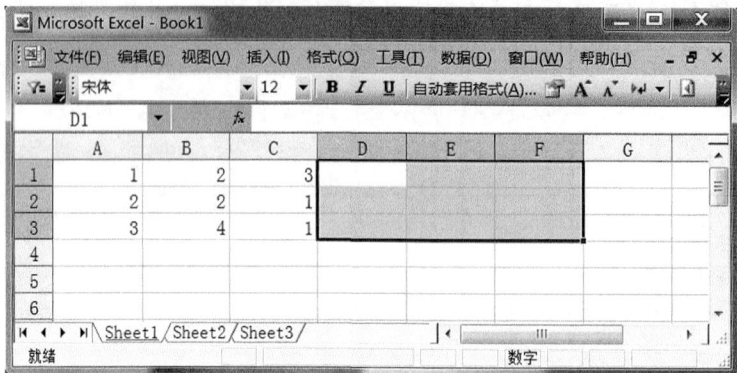

图1-17 计算工作表

在函数向导中选择MINVERST函数，见图1-18。

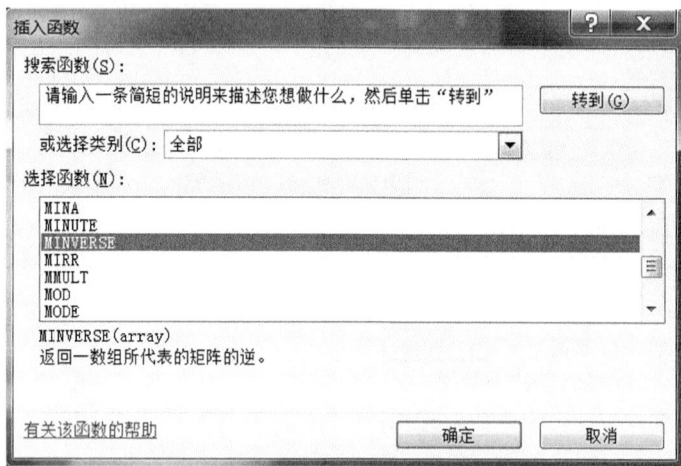

图1-18 插入函数对话框

同时按下Ctrl+Shift+Enter组合键，在MINVERST函数的对话框中输入Array的数据矩阵的单元格地址引用，这里Array是指原始矩阵数组的单元格地址(A1：C3)，见图1-19。

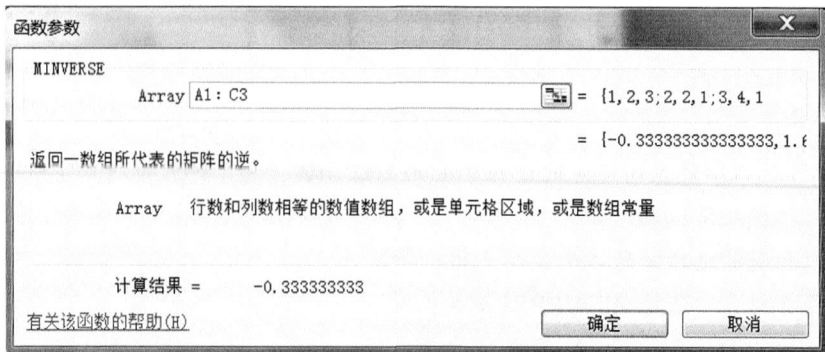

图1-19 函数参数对话框

同时按下Ctrl+Shift+Enter组合键，显示所求的逆矩阵，见图1-20。

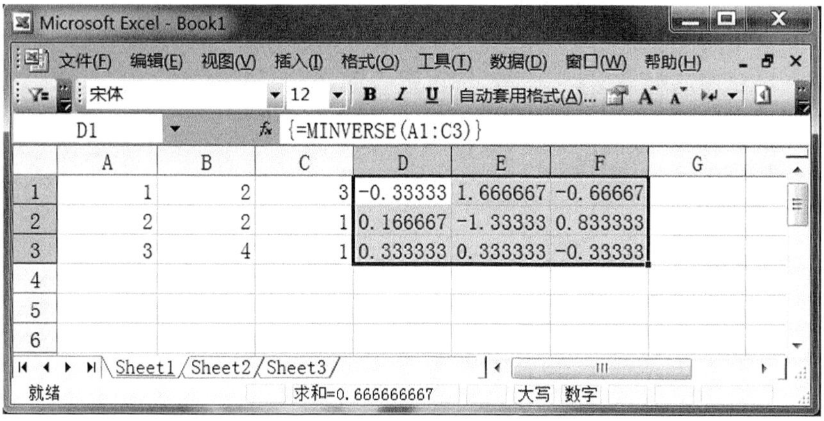

图1-20　计算结果表

得到所求的逆矩阵为：
$$\begin{bmatrix} -0.333 & 1.667 & -0.667 \\ 0.167 & -1.333 & 0.8333 \\ 0.333 & 0.333 & -0.333 \end{bmatrix}$$

第三节　Excel在统计学实验中的应用简介

一、统计学计算机实验的教学目的

统计学课程的教学目标就是培养和训练学生能够应用有效的计算方法和计算工具来完成具体的统计任务。就计算工具而言，过去主要是利用算盘和计算器，而现在则主要是利用现代信息技术。统计学是经济类、管理类各专业学生必须掌握的专业基础学科，为了使学生能够快速适应运用现代信息技术进行统计业务操作的要求，在统计学的教学中引入相关业务的模拟实验教学有助于缩短学生毕业后适应岗位角色的时间，也有助于学生更好地掌握统计学理论和实务，并能提高学生应用计算机和现代网络信息技术的能力。

统计学计算机实验的教学目的，在于加深学生对统计理论和实务的理解，通过对实验过程的操作和实验结果的分析，使学生能够更好地掌握统计学的基本理论、基础知识、基本方法和基本技能，培养学生实事求是、理论联系实际和严谨认真的学习态度，以及动手实践的能力和自我学习的能力。

二、统计学计算机实验环境和软件选择

统计学计算机实验环境是指实验的软硬件配置和实验室环境配置。统计学计算机实验要求配备一定的实验用硬件设备及相关的系统软件和应用程序软件。为了使实验更好地体

现实际操作情况，可以进行适当的场景布置，使学生在实验时有身临其境的感受。

统计学计算机实验所需要配备的硬件设备，一般包括能够运行各种统计学计算机软件和各类常见的通用应用软件的计算机，以及能接入国际互联网的上网设备等。

统计学计算机实验要求的软件，包括操作系统软件和必要的应用软件。下面，我们来详细介绍软件方面的内容。

(一) 操作系统软件

操作系统是最底层的系统软件，它是对硬件系统功能的扩充，是支撑应用软件运行的软件平台。统计学计算机实验要求的操作系统一般是Windows操作系统软件，从Windows 98、Windows 2000、Windows XP到Windows 7、Windows 10等。

(二) 统计学计算机软件

1. SPSS 软件

统计学计算机实验所使用的应用软件较广泛，可供选择的余地很大。SPSS是Statistical Package for the Social Sdemes(社会科学统计软件包)的首字母缩写。SPSS公司于2000年正式将英文全称更改为Statistical Product and Service Solutions，意为"统计产品与服务解决方案"。

SPSS是世界上最早的统计分析软件，由美国斯坦福大学的三位研究生于20世纪60年代末编制。1984年，SPSS总部首先推出了世界上第一个统计分析软件微机版本SPSS/PC+，开创了SPSS微机系列产品的开发方向，极大地拓展了它的应用范围，使SPSS能够应用于自然科学、技术科学、社会科学的各个领域。世界上许多有影响的报刊纷纷就SPSS的自动统计绘图、数据的深入分析、使用方便、功能齐全等特点给予了高度的评价与称赞，是目前世界上应用最广泛的专业统计软件。在国际学术界有条不成文的规定，在国际学术交流中，凡是用SPSS软件完成的计算和统计分析，可以不必说明算法，由此可见其影响之大和信誉之高。

2. SAS软件

另一种常用的统计学计算机软件SAS系统的全称为Statistics Analysis System，最早由北卡罗来纳大学的两位生物统计学研究生编制，并于1976年成立了SAS软件研究所，正式推出SAS软件。SAS是用于决策支持的大型集成信息系统，但该软件系统最早的功能限于统计分析，至今，统计分析功能仍是它的重要组成部分和核心功能。

在数据处理和统计分析领域，SAS系统被誉为国际上的标准软件系统，并在1996—1997年度被评选为建立数据库的首选产品，它堪称统计软件界的巨无霸。例如，以苛刻、严格著称于世的美国FDA新药审批程序规定，对新药试验结果的统计分析只能使用SAS，其他软件的计算结果一律无效，哪怕只是简单的平均数和标准差计算也不行，由此可见SAS的权威地位。

3. Excel软件

当前最流行的电子表格是微软公司的Office系列办公自动化软件的组件之一——

Excel。Microsoft Excel具有功能强大、技术先进、使用方便、应用广泛的特点，是各类经济、管理人员最有用的工具。Excel可以用来制作电子表格，完成许多复杂的数据运算，进行数据的分析和预测，并且具有强大的制作图表的功能等。Excel作为一种电子表格软件，它不仅有强大的数据处理能力，而且可以通过查询功能去调用Access、SQL SERVER、ORACLE、DB2等数据库软件建立的大型数据库的内容。用户可以在工作表中对这些数据进行筛选、排序、查询、编辑，进行数据分析和统计处理以及打印统计报表等，也可以对从数据库获得的数据进行进一步的加工、分析和综合。此外，Excel的VBA功能强大，如果与工作表结合应用，可以为更好地完成日常统计工作提供帮助。

在统计学课程实验中使用Microsoft Excel是比较理想和理智的。首先，Excel是比较通用的软件，价格低廉，操作比较简便。其次，Excel不仅能够方便地处理表格和进行图形分析，其更强大的功能体现为对数据的自动处理和计算，尤其是Excel的统计函数的应用，可以为经济、管理类各专业学生完成专业领域的统计任务提供很大的便利。

本教程内容的设计便是源于Microsoft Excel功能强大、技术先进、使用方便、应用广泛的特点，而选择了这款通用性最好的Excel软件。

三、运用Excel进行统计学计算机实验的一般方法

将Excel运用到统计领域一般有4种方法：直接统计法、函数法、透视表法和使用数据分析加载宏。

(一) Excel的直接统计法

直接统计法就是利用Excel的自动计算功能，在工作表上直接进行快速统计，统计结果显示在状态栏上。

Excel具有自动计算功能，可以进行求和、计数、均值、最大值、最小值等计算。用户选定单元格后，Excel将在状态栏(就是Excel工作表窗口底部的水平区域，如果未显示，可单击"视图"菜单中的"状态栏"命令)中显示单元格区域的总和，启动Excel启动时自动计算的默认设置为"求和"。当我们需要计数或计算均值时，右击状态栏，在显示的快捷菜单中单击"计数"或"均值"。这样，当我们选择了一个数据区域，系统会自动显示选定区域内单元格的数目或这些数据的均值、最大值、最小值等，如图1-21所示。

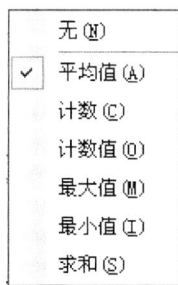

图1-21 自动计算功能菜单

[例1-4] 某社区居委会18名工作人员的年龄分别为：23，32，36，40，43，48，51，21，26，32，33，51，31，48，50，49，51，39。

要求：计算平均年龄。

运用直接统计法的计算结果如图1-22所示。

图1-22　自动计算平均值

(二) Excel的函数法

如果统计时涉及的单元格区域很大，有上百条记录，直接统计时需要滚动屏幕才能选定单元格区域，这时最好使用函数法。

[例1-5] 某社区居委会18名工作人员的年龄分别为：23，32，36，40，43，48，51，21，26，32，33，51，31，48，50，49，51，39。

要求：计算年龄大于和等于30岁的工作人员数。

使用函数法的具体步骤如下所述。

第一步，打开一个Excel工作表；第二步，按样式输入数据；第三步，在A20单元格中输入"年龄在30岁及以上的人数"，在B20单元格中输入公式"=COUNTIF(B2：B19，">=30")"，按Enter键即可。从完成的统计表中可以看出，年龄大于或等于30岁的人数为15人，如图1-23所示。

Book1

	A	B	C	D	E
1	人员序号	人员年龄（岁）			
2	1	23			
3	2	32			
4	3	36			
5	4	40			
6	5	43			
7	6	48			
8	7	51			
9	8	21			
10	9	26			
11	10	32			
12	11	33			
13	12	51			
14	13	31			
15	14	48			
16	15	50			
17	16	49			
18	17	51			
19	18	39			
20	年龄在30岁及以上人数	15			

Sheet1 / Sheet2 / Sheet3

图1-23　计数工作表

(三) Excel的透视表法

在日常工作中，我们常常会遇到需要统计的记录很多而且需要统计的项目也很多的情况，如统计某企业本年度每天的产量情况，这时如果我们使用前两种方法，很显然工作量太大。在这种情况下，使用Excel的数据透视表功能可以快捷、准确地完成这类统计任务。

数据透视表法就是利用数据透视表来完成统计任务。数据透视表能够依次完成筛选、排序和分类汇总等操作，并生成汇总表格和数据透视图，是Excel强大的数据处理能力的具体体现。

在创建数据透视表之前必须要有一个数据源，它可以是已有的数据清单、表格中的数据或外部数据源，也可以从其他透视表中直接导入数据。创建数据透视表的方法是利用“数据透视表和数据透视图向导”对数据源进行交叉制表和汇总，然后重新布置并计算结果。应用“数据透视表和数据透视图向导”共有4个步骤。

第一步：选定数据源和报表类型。在“请选择待分析数据的数据源类型”中选择“Microsoft Excel数据清单或数据库”“外部数据源”“多重合并计算数据区域”或“数据透视表或数据透视图”，在“所需创建的报表类型”中选择“数据透视表”或“数据透视图”，然后单击“下一步”。

第二步：选定创建数据透视表的数据源区域。可以直接在对话框中输入选定的区域，也可单击“压缩对话框”按钮后在数据源中用鼠标框选单元格。选定完成后单击“下一步”。

第三步：选择数据透视表显示位置。共有两种选择：如果选择"现有工作表"，则数据透视表与源数据在同一工作表中；如果想让透视表独立于数据源，就选择默认的"新建工作表"，最后单击"完成"按钮退出向导。

第四步：设置数据透视表的布局。这时导入的数据源中的字段(列)，被向导模板制成按钮，设置数据透视表的布局时，只要用鼠标将这些按钮拖至"行""列""数据"或"页"字段区域即可。其中，拖入"页"字段中的按钮相当于选择了"自动筛选"命令，可以控制显示每一项；拖入"行"字段中的按钮变成了行标题；拖入"列"字段中的按钮变成了列标题；拖入"数据"字段中的按钮相当于选择了"分类、汇总"命令。汇总方式有求和、乘积、标准偏差等。

数据透视表含有多个字段，每个字段汇总了源数据中的多行信息。我们可以灵活变换查看角度，方法是单击字段旁的下拉箭头，在显示的可用项列表中进行选择；也可以将字段按钮拖动到数据透视表的另一位置。另外，行字段和列字段也可以相互交换位置，以产生结构不同而汇总结果相同的表格。同样，行字段、列字段也可与页字段相互交换位置，以产生不同的统计结果。

(四) Excel的数据分析加载宏

Excel除了有功能强大的数据透视表外，还有数据透视图功能，它是一种交互式的图表，其功能与数据透视表类似，只不过是以图形化的形式来表现罢了。数据透视图会在同一工作簿中包含一个相关联的数据透视表和该数据透视表中的所有源数据，并会随数据透视表的变动自动更新相应数据。数据透视表适用于需要统计的记录有几百或几千个而且需要统计的项目有很多的情况。对于比较专业的统计分析，可以使用数据分析加载宏提供的"分析工具库"来完成。

"分析工具库"加载宏是Microsoft Excel提供的一组数据分析工具，在进行复杂统计或工程分析时可节省步骤。只需为每一个分析工具提供必要的数据和参数，该工具就会使用适宜的统计或工程函数，在输出表格中显示相应的结果。其中，有些工具在生成输出表格时还能同时生成图表。

如果要查看可用的分析工具，可以单击"工具"菜单中的"数据分析"命令。如果"工具"菜单中没有"数据分析"命令，则需要安装"分析工具库"。安装"分析工具库"的方法：在"工具"菜单中，单击"加载宏"命令。如果"加载宏"界面中没有"分析工具库"，则单击"浏览"按钮，定位到"分析工具库"加载宏文件"AnaIysis32.Xll"所在的驱动器和文件夹(通常位于"Microsok offiee\Office\Library\AnaIysis"文件夹中)，如果没有找到该文件，就需要重新运行安装程序。"分析工具库"包括多种统计分析工具，主要有：①方差分析工具；②相关系数分析工具；③协方差分析工具；④"描述统计"分析工具；⑤"指数平滑"分析工具；⑥"傅立叶分析"分析工具；⑦"F-检验：双样本方差分析"分析工具；⑧"直方图"分析工具；⑨"移动平均"分析工具；⑩"t-检验"分析工具；⑪"随机数发生器"分析工具；⑫"排位与百分比排位"分析工具；⑬"回归分析"分析工具；⑭"抽样分析"分析工具；⑮"z检验：双样本平均差检验"分析工具。

　　这些工具的使用非常方便，用户只要在"工具"菜单中，单击"数据分析"命令；在"分析工具库"列表框中，单击想要使用的工具；在该工具对话框中输入相应的输入区域和输出区域，并选择需要的选项，就能完成操作。"数据分析"工具菜单如图1-24所示。

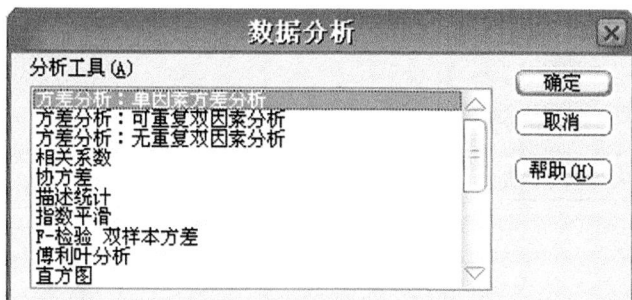

图1-24　数据分析工具菜单

　　分析工具库中的每项分析工具都有各自的数据输入对话框，当选择需要的分析工具后，单击"确定"按钮，就会弹出该工具的数据输入对话框，供用户输入或选择必要的数据或参数。可以说，"分析工具库"加载宏是非常有用的统计和工程数据分析工具。

第二章 统计资料收集、整理与显示实验

第一节 知识要点

■ 一、统计数据收集

统计数据收集是根据统计研究预定的目的和任务，运用相应科学的调查方法与手段，有计划、有组织地从客观实际收集资料的过程。

■ 二、统计调查方案

统计调查方案主要由以下几个部分组成。
(1) 确定调查目的和任务。
(2) 确定调查对象和调查单位。
(3) 确定调查项目和调查表。
(4) 确定调查时间和调查期限。

■ 三、统计调查方式

我国的统计调查方式主要有普查、统计报表、抽样调查、重点调查和典型调查。

1. 普查

普查是间隔较长的时间才进行一次的全面调查。

2. 统计报表

统计报表制度是依照国家有关法规，按照统一的表式、统一的项目、统一的报送时间和程序，定期提供统计资料的一种调查方式。

3. 抽样调查

抽样调查是指按随机原则从调查对象中抽取一部分单位作为样本进行观察，抽样调查具有以下特点。

(1) 按随机原则抽取样本。
(2) 根据部分调查的实际资料对调查对象总体的数量特征做出估计。
(3) 抽样误差可以事先计算并加以控制。

4. 重点调查

重点调查是在调查对象中只选择一部分重点单位进行的非全面调查。

5. 典型调查

典型调查是有意识地选取若干具有代表性的单位进行调查和研究，借以认识事物发展变化规律的一种非全面调查。

■ 四、统计调查体系

我国新的统计调查体系目标模式是建立以必要的周期性普查为基础，以经常性的抽样调查为主体，同时辅之以重点调查、科学推算和部分全面报表综合运用的统计调查方法体系。

■ 五、统计资料整理

统计资料整理的主要内容是统计分组、汇总和编制统计图表。

■ 六、统计分组的原则与类别

统计分组应遵循穷尽性与互斥性两个基本原则。

统计分组包括品质分组和数量分组，数量分组分为单项式分组和组距式分组，组距式分组又分为间断组距式与连续组距式分组、等距与异距分组。

■ 七、频数(频率)分布

1. 频数分布数列

频数分布数列由两个要素构成：一个是总体按某标志所分的组。另一个是各组所出现的单位数，即频数；或各组单位数占总次数的比重，即频率。

各组频数和频率分别反映相应标志值的大小对总体的作用程度以及作用的相对强度。对异距分组的数列，要计算频数密度和频率密度。

2. 累计频数(或频率)分布

累计频数(或频率)分布分为向上累计频数(或频率)分布和向下累计频数(或频率)分布。

3. 频数分布类型

频数分布类型主要有钟形分布、U形分布、J形分布。

■ 八、统计表

统计表是指分析表和容纳各种统计资料的表格，它可以有条理地显示统计资料，直观地反映统计分布特征，是统计分析的一种重要工具。

■ 九、统计图

常用的统计图有直方图、折线图和曲线图。

第二节　实验课题与参考答案

———————— 实验一 ————————

【实验名称】

统计资料自动筛选。

【实验目的】

熟悉Excel的基本操作。

训练统计资料自动筛选操作。

【实验环境】

系统软件：Windows 2000、Windows 7、Windows 10 或 Windows XP。

应用软件：Excel 2000、Excel 2003、Excel 2007或Excel 2010。

【知识准备】

要想在一个庞大的Excel数据表中快速找到自己需要的信息，筛选功能是一个非常有效的方法，筛选功能菜单为："数据"→"筛选"→"自动筛选/高级筛选"。

1. 自动筛选

用户用鼠标单击数据区的任何位置，选择"自动筛选"。

(1) 支持"升序排列""降序排列"和"自定义"。

(2) 可以实现多字段间条件的"与"查询。

(3) "自定义"查询支持同一字段的"与""或"查询，但最多支持两个条件。

(4) "自定义"查询支持模糊查询，例如通配符"*"可代表一个或多个字符，"?"表示一个字符。

(5) 自动筛选某一个字段信息后，工作表下方的状态栏默认显示符合条件的个数，非常适合小范围统计满足某一条件的数据个数。但前提是之前的操作没有"复制""粘贴"等操作。

(6) 建议在大型数据表中都预设为"自动筛选"，方便发现问题。例如，在某一个字段筛选条件下拉菜单中可以查看所有的数据项，能够很方便地检测到是否有不符合要求的信息。

2. 高级筛选

(1) 可实现多字段且条件复杂的"与""或"关系查询，用户可通过设置筛选条件区域完成操作。

(2) 筛选前提。在数据表的空白处设置一个带有标题的条件区域，其中，条件的标题要与数据表的原有标题完全一致，多字段间的条件若为"与"关系，则写在一行；若为"或"关系，则写在下一行。

(3) 筛选方法。高级筛选对话框中设置的"列表区域"针对待筛选查询的所有数据区域；"条件区域"是指前面创建好的"与""或"条件区域；"复制到"是要放入筛选结果的新建数据表。

(4) 支持多条件的"模糊查询"，如通配符"*"。

"自动筛选"一般用于条件简单的筛选操作，符合条件的记录显示在原来的数据表格中，操作起来比较简单，初学者对"自动筛选"也比较熟悉。若要筛选的多个条件间是"或"的关系，或需要将筛选结果在新的位置显示出来，就只能用"高级筛选"来实现。一般情况下，"自动筛选"能完成的操作用"高级筛选"完全可以实现，但有的操作不宜用"高级筛选"，否则会使问题更加复杂化，如筛选最大或最小的前几项记录。

【试验资料】

8名学生的统计学、数学、英语和经济学4门课程考试成绩如表2-1所示。

表2-1 8名学生的考试成绩

姓名	统计学成绩	数学成绩	英语成绩	经济学成绩
王晓	71	73	84	86
李红	91	78	92	94
田华	54	88	67	77
李丰	81	60	86	65
赵一	78	96	83	80
王红	81	72	68	74
李涛	76	58	74	91
单涛	87	76	90	81

【实验要求】

(1) 找出统计学成绩为81分的学生。

(2) 找出英语成绩排在前3名的学生。

(3) 找出4门课程成绩都高于75分的学生。

【实验步骤】

(1) 打开Excel工作簿，输入8名学生的统计学、数学、英语和经济学4门课程考试成绩，如图2-1所示。

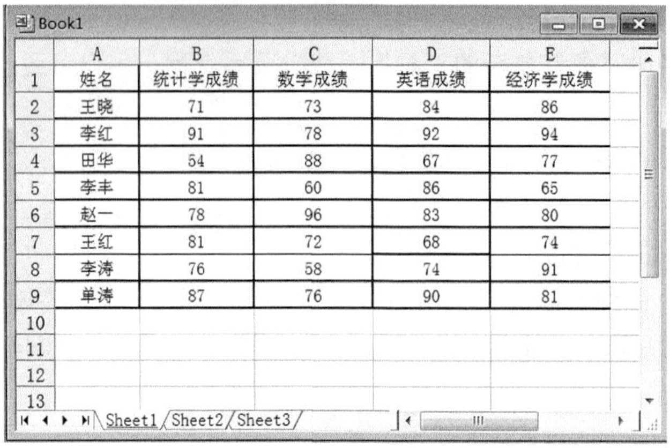

	A	B	C	D	E
1	姓名	统计学成绩	数学成绩	英语成绩	经济学成绩
2	王晓	71	73	84	86
3	李红	91	78	92	94
4	田华	54	88	67	77
5	李丰	81	60	86	65
6	赵一	78	96	83	80
7	王红	81	72	68	74
8	李涛	76	58	74	91
9	单涛	87	76	90	81

图2-1　8名学生4门课程考试成绩

(2) 选中A1到E1单元格，单击“数据”菜单中的“筛选”命令，如图2-2所示。

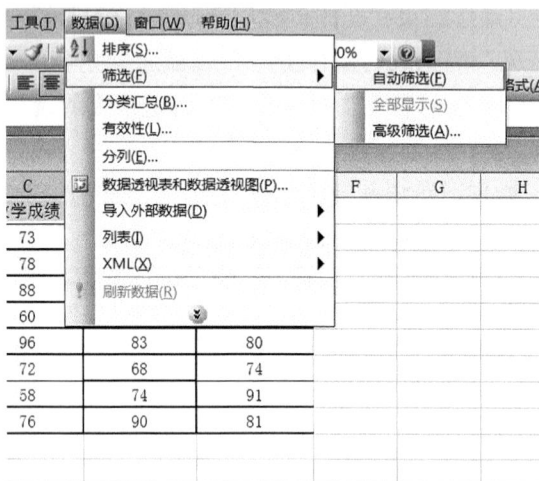

图2-2　数据菜单

(3) 单击“自动筛选”，这时表格的第一行会出现下拉按钮，如图2-3所示。

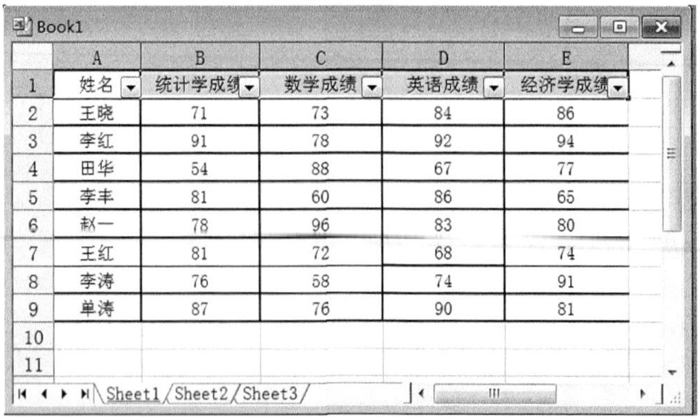

	A	B	C	D	E
1	姓名	统计学成绩	数学成绩	英语成绩	经济学成绩
2	王晓	71	73	84	86
3	李红	91	78	92	94
4	田华	54	88	67	77
5	李丰	81	60	86	65
6	赵一	78	96	83	80
7	王红	81	72	68	74
8	李涛	76	58	74	91
9	单涛	87	76	90	81

图2-3　下拉按钮

(4) 单击统计学成绩下拉按钮，会出现要筛选的菜单项，选择81分可得到如图2-4所示的结果。

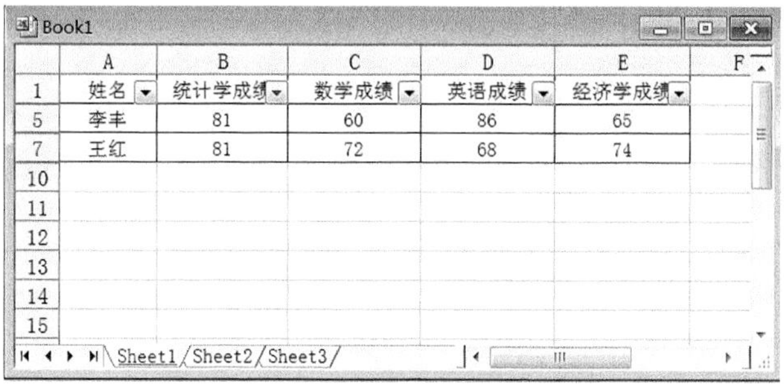

图2-4 指定条件自动筛选结果

(5) 筛选英语成绩排在前3名的学生。单击英语成绩下拉按钮，会出现要筛选的菜单项，选择"前10个"项，如图2-5所示。

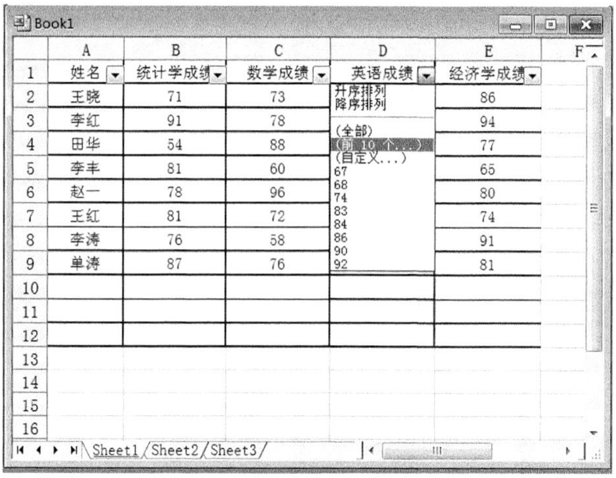

图2-5 指定条件过程

(6) 单击"前10个"项，出现"自动筛选前10个"对话框，并在对话框中输入数据"3"，如图2-6所示。

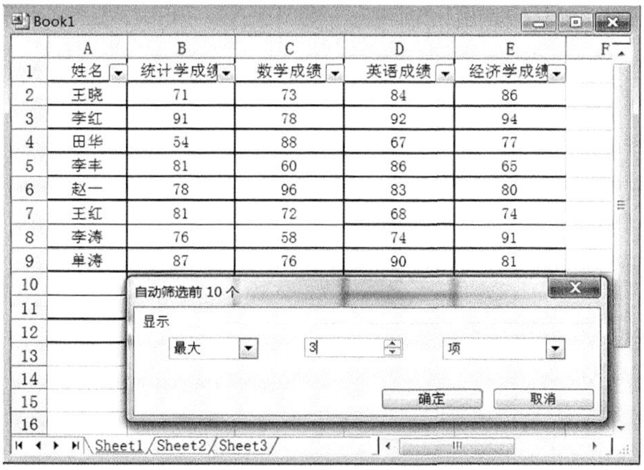

图2-6 指定条件自动筛选过程

(7) 单击“确定”按钮，得到筛选结果，如图2-7所示。

Book1

	A	B	C	D	E	F
1	姓名	统计学成绩	数学成绩	英语成绩	经济学成绩	
3	李红	91	78	92	94	
5	李丰	81	60	86	65	
9	单涛	87	76	90	81	
10						
11						
12						
13						
14						
15						
16						
17						
18						
19						
20						
21						

Sheet1 / Sheet2 / Sheet3

图2-7　指定条件自动筛选结果

(8) 筛选4门课程成绩都大于75分的学生。由于设定的条件比较多，需要使用“高级筛选”命令。使用该命令时，必须建立条件区域。这时需要在数据清单上至少留出3行作为条件区域，然后把数据清单中含有筛选值的数据列复制粘贴到条件区域的一个空行中，再在条件标志下的一行中输入要匹配的条件，如图2-8所示。

Book1

	A	B	C	D	E
1	姓名	统计学成绩	数学成绩	英语成绩	经济学成绩
2		>75	>75	>75	>75
3					
4	姓名	统计学成绩	数学成绩	英语成绩	经济学成绩
5	王晓	71	73	84	86
6	李红	91	78	92	94
7	田华	54	88	67	77
8	李丰	81	60	86	65
9	赵一	78	96	83	80
10	王红	81	72	68	74
11	李涛	76	58	74	91
12	单涛	87	76	90	81
13					
14					
15					

Sheet1 / Sheet2 / Sheet3

图2-8　多条件高级筛选

(9) 单击“数据”菜单中的“筛选”命令，在“高级筛选”对话框中修改“数据区域”或“条件区域”，结果如图2-9所示。

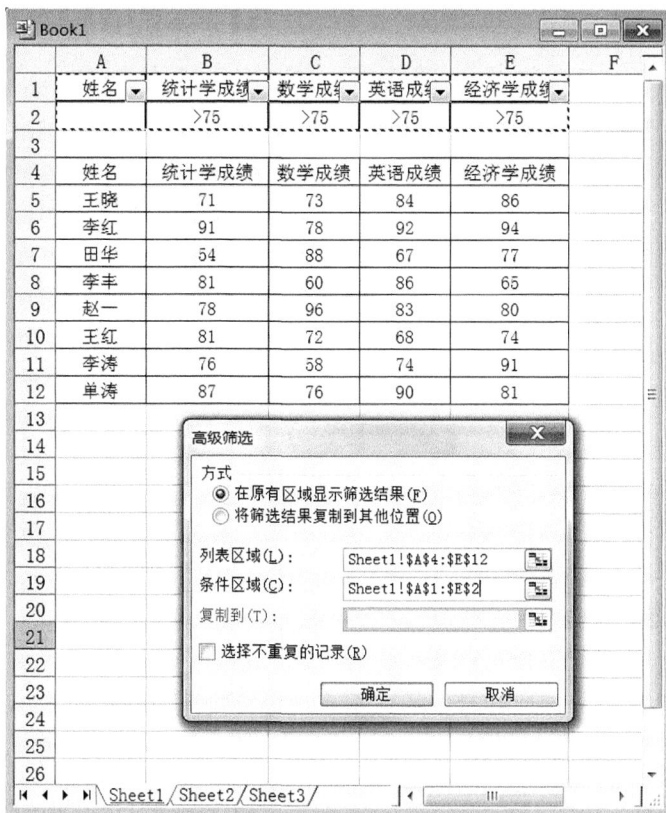

图2-9 多条件的高级筛选过程

(10) 单击"确定"按钮，出现如图2-10所示的结果。

图2-10 多条件高级筛选结果

【参考答案】

(1) 统计学成绩为81分的学生，筛选结果如图2-4所示。

(2) 英语成绩排在前3名的学生，筛选结果如图2-7所示。

(3) 4门课程成绩都大于75分的学生，筛选结果如图2-10所示。

────────── 实验二 ──────────

【实验名称】

利用Excel进行统计数据排序。

【实验目的】

熟悉Excel的基本操作。

训练统计资料自动排序操作。

【实验环境】

系统软件：Windows 2000、Windows 7、Windows 10或Windows XP。

应用软件：Excel 2000、Excel 2003、Excel 2007或Excel 2010。

【知识准备】

按列排序就是根据一列或多列中的数据清单进行排序，排序时，Excel将按指定字段的值和指定的"升序""降序"排序。

当对数据清单按列排序且只有一个排序关键字时，可以直接使用工具栏中的"升序"或"降序"工具按钮来完成排序。

通常Excel按列排序，但也可以按行排序。

按行排序就是根据一行或几行中的数据清单进行排序，排序时，Excel将按指定行的值和指定的"升序"或"降序"排序。

【实验资料】

有一份6名学生期末考试的学习成绩清单，如表2-2所示。

表2-2　6名学生的学习成绩

姓名	数学	物理	英语	总成绩	平均成绩
李一	80	77	71	228	76
王楠	84	81	81	246	82
刘方	65	69	70	204	68
张伟	61	63	62	183	62
尚文	88	84	89	261	87
李倩	72	74	94	240	80

【实验要求】

试按总成绩的递增顺序按列排序。

【实验步骤】

(1) 打开Excel工作簿，输入6名学生期末考试的学习成绩，如图2-11所示。

(2) 单击数据区域内的任何一个单元格，将光标放置于数据区域内。

(3) 执行"数据"菜单中的"排序"命令，弹出"排序"对话框，如图2-12所示。

图2-11　6名学生期末考试的学习成绩

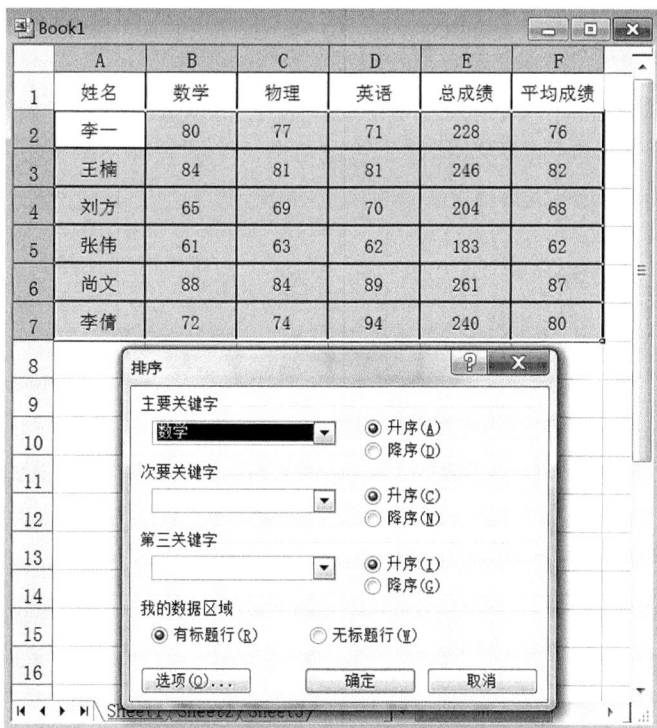

图2-12　排序过程一

(4) 在对话框中，单击"主要关键字"下拉列表框中的按钮，选取主要关键字段如"总成绩"，如图2-13所示。

(5) 指定升序排列还是降序排列，单击"升序"单选按钮。

(6) 用同样的方法选择"次要关键字""第三关键字"以及升降序。

	A	B	C	D	E	F
1	姓名	数学	物理	英语	总成绩	平均成绩
2	李一	80	77	71	228	76
3	王楠	84	81	81	246	82
4	刘方	65	69	70	204	68
5	张伟	61	63	62	183	62
6	尚文	88	84	89	261	87
7	李倩	72	74	94	240	80

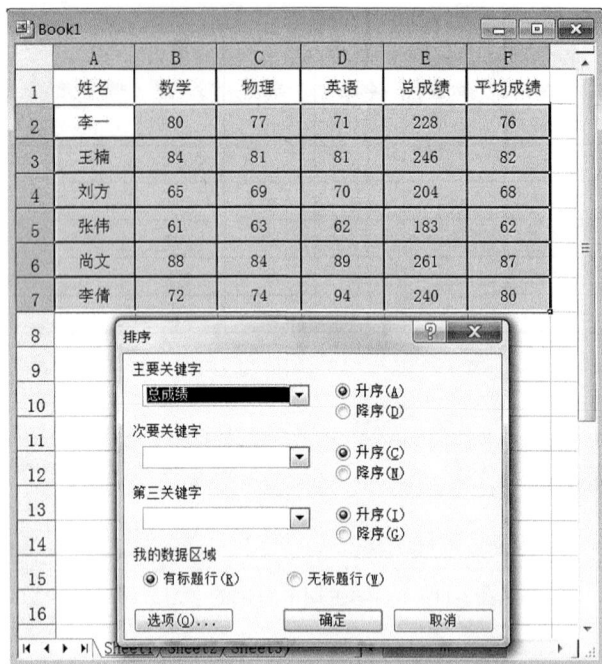

图2-13 排序过程二

(7) 排除字段名行。因为字段名行不参加排序，所以数据清单中如果含有字段名行，应单击“有标题行”单选按钮将其排除，否则单击“无标题行”单选按钮。

(8) 单击“确定”按钮执行排序，得到排序结果。

【参考答案】

各记录的行序被重新组织，排序结果表如图2-14所示。

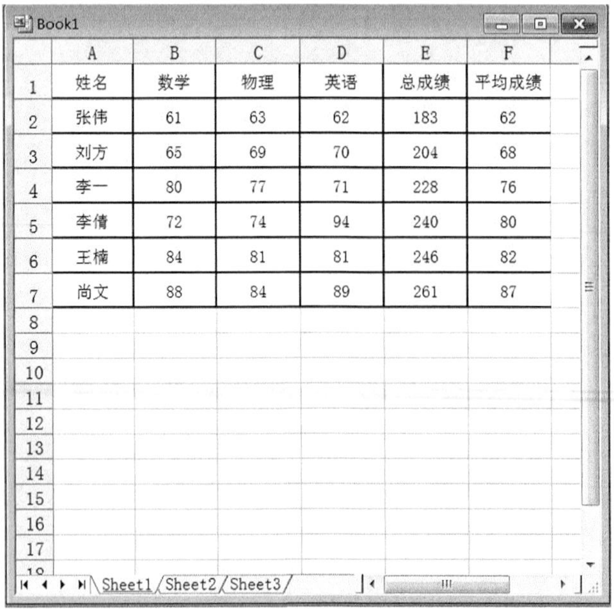

	A	B	C	D	E	F
1	姓名	数学	物理	英语	总成绩	平均成绩
2	张伟	61	63	62	183	62
3	刘方	65	69	70	204	68
4	李一	80	77	71	228	76
5	李倩	72	74	94	240	80
6	王楠	84	81	81	246	82
7	尚文	88	84	89	261	87

图2-14 排序结果表

关于排序的注释：

当对数据清单按列排序且只有一个排序关键字时，可以直接使用工具栏中的"升序"或"降序"工具按钮来完成排序。

通常Excel按列排序，但也可以按行排序。所谓按行排序就是根据一行或几行中的数据清单进行排序。排序时，Excel将按指定行的值和指定的"升序"或"降序"排序。

具体的操作步骤如下所述。

(1) 单击数据区域内的任何一个单元格。

(2) 执行"数据"菜单中的"排序"命令，弹出"排序"对话框，如图2-12所示。

(3) 单击对话框中的"选项"按钮，弹出"排序选项"对话框。

(4) 在"排序选项"对话框中的"方向"区域中，单击"按行排序"单选按钮。

(5) 单击"确定"按钮，回到图2-12所示的对话框。

后续步骤和按列排序的步骤相同。

———————— 实验三 ————————

【实验名称】

统计资料整理综合实验。

【实验目的】

熟悉Excel的基本操作。

熟悉统计分组的相关知识。

训练频数表的编制方法以及对数据进行结构分析。

【实验环境】

系统软件：Windows 2000、Windows 7、Windows 10或Windows XP。

应用软件：Excel 2000、Excel 2003、Excel 2007或Excel 2010。

【知识准备】

统计资料整理的主要内容是统计分组、汇总和编制统计图表。统计分组是依据统计研究的目的和客观现象的内存特点，按某个标志(或几个标志)把被研究的总体划分为若干个不同性质的组。统计分组的标志可以是品质标志，也可以是数量标志。统计分组的关键在于分组标志的选择。统计分组应遵循穷尽与互斥两个原则。数量分组包括单项式分组和组距式分组，组距式分组又分为间断组距式分组与连续组距式分组、等距分组与异距分组。频数分布，又称为次数分布，是在统计分组的基础上，将总体所有的单位按组进行归类排列，形成总体中各个单位在各组间的分布。频数分布是统计整理的一种重要形式，通过对零乱的、分散的原始资料进行有次序的整理，形成一系列反映总体各组之间单位分布状况的数列，这些数列又称为分布数列或分配数列。

【实验资料】

在一项统计学课程教学改革的研究中，研究者通过调查取得16名统计学专业学生概率论、统计学和英语这3门课程的考试成绩及他们对专业的兴趣程度资料，具体见表2-3。

表2-3　16名学生的专业兴趣与各科考试成绩表

学生编号	性别	对专业的兴趣程度	概率论成绩	统计学成绩	英语成绩
1	女	一般	81	72	78
2	男	感兴趣	90	90	65
3	男	感兴趣	91	96	49
4	女	一般	74	68	94
5	男	没兴趣	70	82	58
6	女	没兴趣	73	78	69
7	女	一般	85	81	76
8	女	一般	60	71	85
9	女	一般	83	78	92
10	女	感兴趣	81	94	88
11	女	一般	77	68	77
12	男	一般	60	66	90
13	男	没兴趣	66	58	83
14	男	感兴趣	84	87	79
15	女	一般	70	82	66
16	男	没兴趣	54	46	97

【实验要求】

对“对专业的兴趣程度”进行整理，编制频数、频率表。

【操作步骤】

(1) 打开Excel工作表，将表2-3中的“对专业的兴趣程度”数据输入“B2：B17”区域，在相邻列(即“C2：C17”区域)中，将“对专业的兴趣程度”变量中的“没兴趣”“一般”和“感兴趣”取值转换成代码1、2、3，并将代码的不同取值纵向分列在空白区域，见图2-15。

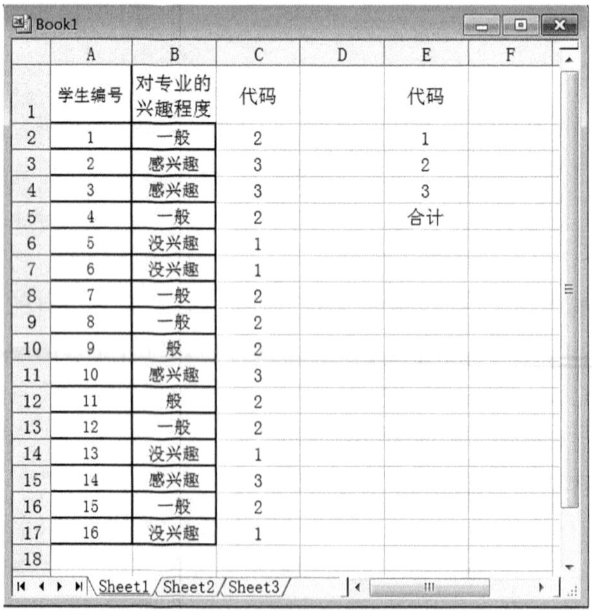

	A	B	C	D	E	F
1	学生编号	对专业的兴趣程度	代码		代码	
2	1	一般	2		1	
3	2	感兴趣	3		2	
4	3	感兴趣	3		3	
5	4	一般	2		合计	
6	5	没兴趣	1			
7	6	没兴趣	1			
8	7	一般	2			
9	8	一般	2			
10	9	般	2			
11	10	感兴趣	3			
12	11	般	2			
13	12	一般	2			
14	13	没兴趣	1			
15	14	感兴趣	3			
16	15	一般	2			
17	16	没兴趣	1			
18						

图2-15　顺序数据集及分组

(2) 单击菜单中的"工具"→"数据分析"命令，弹出"数据分析"对话框。如果"工具"菜单中没有"数据分析"工具，可以通过"加载宏"命令加上。在"数据分析"对话框中选择"直方图"命令，见图2-16，单击"确定"按钮。

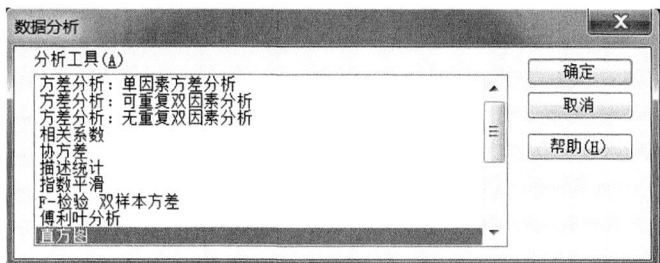

图2-16 数据分析对话框

(3) 在"直方图"对话框中的"输入区域"中输入指定的"对专业的兴趣程度"代码列(即"C2：C17"区域)，在"接收区域"方框内输入指定代码值域(即"E2：E4"区域)，在"输出区域"方框中输入指定空白区域单元格(即F2)，在复选框中选定"累积百分率"，如图2-17所示。

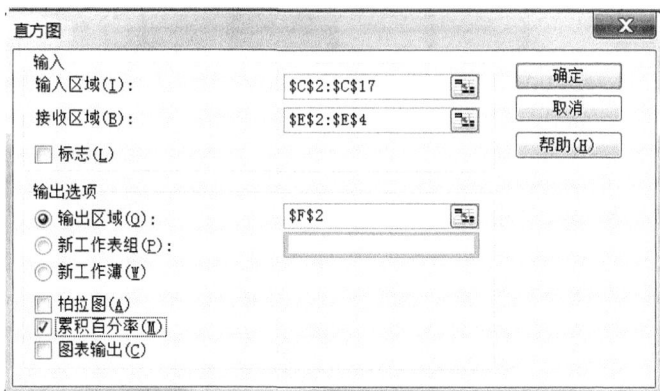

图2-17 直方图对话框

(4) 单击"确定"，获得顺序变量"对专业的兴趣程度"的频数分布及向上累积频率统计表，见图2-18。

图2-18 频数分布及向上累积频率统计表

(5) 利用"输出区域"的结果,编制累积频数分布表,结果如表2-4所示。

【参考答案】

表2-4 频数(率)和累积频数(率)表

兴趣程度变量	频数	频率/%	向上累计频数	向上累计频率	向下累计频数	向下累计频率
没兴趣	4	25	4	25	16	100
一般	8	50	12	75	12	75
感兴趣	4	25	16	100	4	25
合计	16	100	—	—	—	—

实验四

【实验名称】

分配数列的编制。

【实验目的】

熟悉Excel的基本操作。

使用数据透视表实现单项式分组。

【实验环境】

系统软件:Windows 2000、Windows 7、Windows 10或Windows XP。

应用软件:Excel 2000、Excel 2003、Excel 2007或Excel 2010。

【知识准备】

对于变量值变动较小的离散型变量,可以编制单项式变量数列。

【实验资料】

已知某企业27名工人各自看管机器的数量(台)为:5、4、2、4、3、4、3、4、4、2、4、3、4、3、2、6、4、4、2、2、3、4、4、3、2、4、3。

【实验要求】

编制分配数列。

【实验步骤】

(1) 启动Excel,新建一个工作簿文件。

(2) 按图2-19的样式填入基本数据。

图 2-19 分组工作表

(3) 用鼠标选择数据表中的任意单元格。

(4) 选择"数据"菜单，进一步选择"数据透视表和数据透视图"菜单项，如图2-20所示。

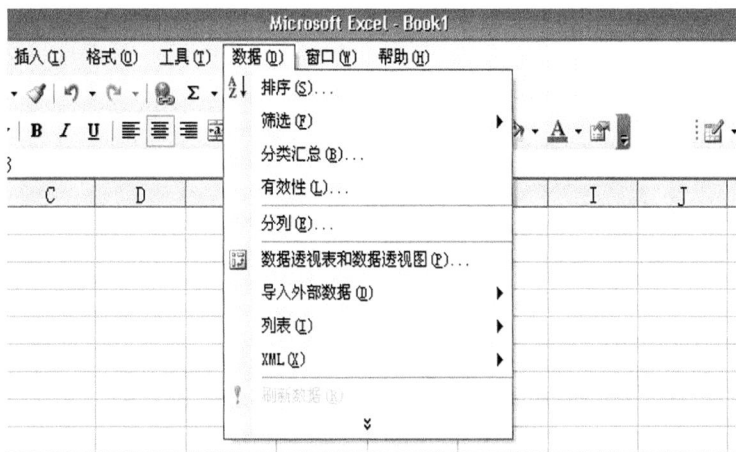

图2-20　数据菜单

(5) 在"数据透视表和数据透视图向导-3步骤之1"中的"请指定待分析数据的数据源类型"中选择"Microsoft office Excel数据列表或数据库"单选框；在"所需创建的报表类型"中选择"数据透视表"单选框，如图2-21所示。

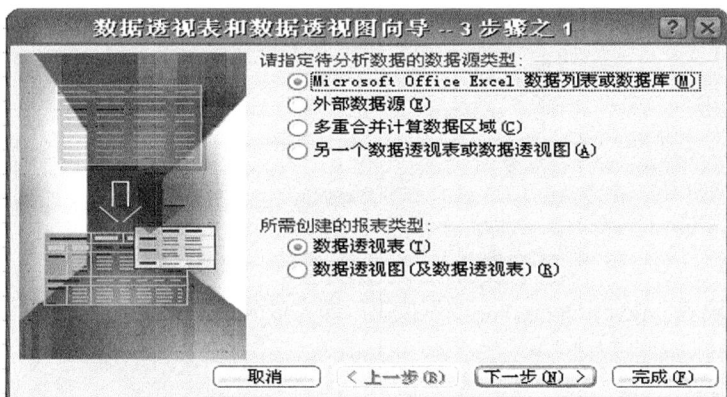

图2-21　数据透视表向导之一

(6) 单击"下一步"，检查"选定区域"是否为"Sheet 1!$A$2：$B$29"，如果不是，需要进行适当的调整，如图2-22所示。

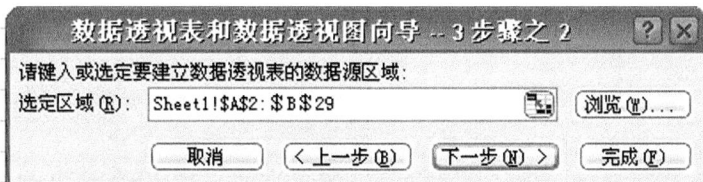

图2-22　数据透视表向导之二

(7) 单击"下一步"，在步骤之3中的"数据透视表显示位置"中选择"现有工作表"，单元格位置为"Sheet1！$D$2"，如图2-23所示。

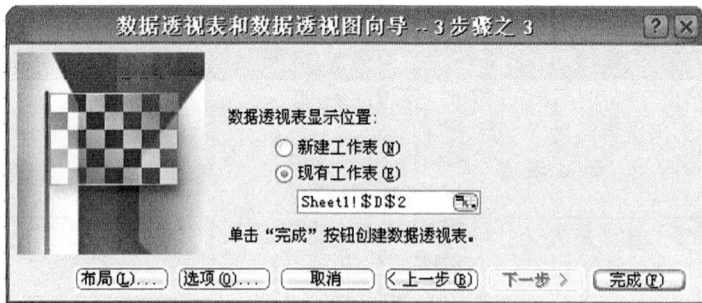

图2-23　数据透视表向导之三

(8) 单击"版式"或"布局"按钮，将"看管机器数"字段拖到"行"区域，同时，将"看管机器数"字段拖到数据区域，成为"求和项：看管机器数"，双击"求和项：看管机器数"将其改为"计数项：看管机器数"，如图2-24所示。

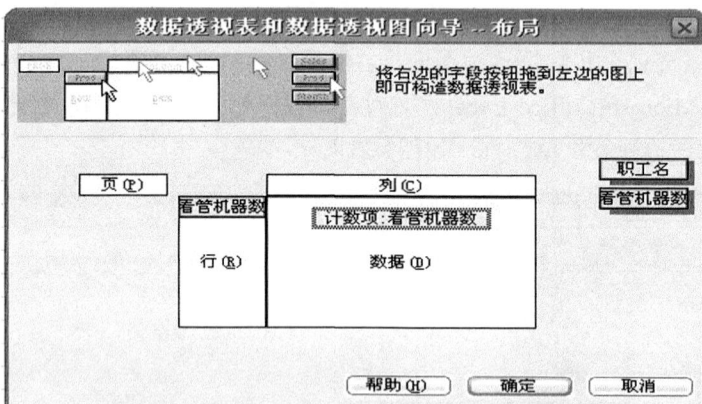

图2-24　数据透视表和数据透视图向导-布局

(9) 单击"确定"按钮，单击"完成"按钮，即完成分组操作，如图2-25所示。

图2-25　分组结果表之一

(10) 进一步计算看管机器数的各组工人人数的比重。具体方法：在数据透视表的右边增加一列(F列)，在F4单元格中输入公式"=E4/$E$9"，并向下填充到F9单元格，将F列设置为百分比格式，如图2-26所示。

图2-26　分组结果表之二

(11) 将数据复制到正式统计报表中，打印输出。具体方法：先编制一张空白的工作表，选择要复制的单元格，单击"复制"按钮。在空白工作表中，单击要复制的第一个单元格，使用编辑菜单，选择"选择性粘贴"，单击"数值"单选框后，单击"确定"按钮，即完成全部操作，如图2-27所示。

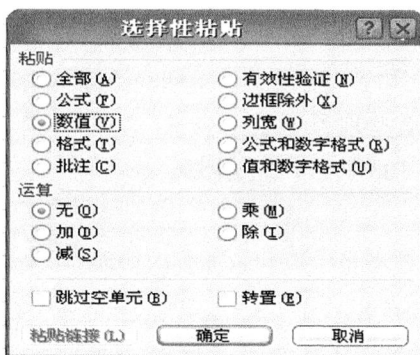

图2-27　选择性粘贴界面

(12) 存盘退出。本实验也可以使用条件计数函数COUNTIF进行计算，具体方法可以参考实验二的操作方法。

【参考答案】

完成的计算结果汇总表如图2-28所示。

图2-28　计算结果汇总表

──────── 实验五 ────────

【实验名称】

企业产值计划完成情况整理表的编制。

【实验目的】

熟悉Excel的基本操作。

熟悉分组整理的基本操作。

熟悉COUNTIF函数和SUMIF函数的基本操作方法。

【实验环境】

系统软件：Windows 2000、Windows 7、Windows 10或Windows XP。

应用软件：Excel 2000、Excel 2003、Excel 2007或Excel 2010。

【知识准备】

计划完成程度又称为计划完成相对数或计划完成百分比，是用来反映现象计划完成情况的综合指标，计算公式为

$$计划完成程度=\frac{实际完成数}{计划任务数}\times100\%$$

有些现象要求“多快”为好，则使用正指标，计算结果超过100%为超额完成计划，低于100%为未完成计划；有些现象要求“少省”为好，则使用逆指标，计算结果低于100%为超额完成计划，高于100%为未完成计划。

【实验资料】

某市所属32个工业企业计划总产值和实际总产值如表2-5所示。

表2-5　某市所属32个工业企业计划及实际总产值数据汇总表

万元

企业代号	计划总产值	实际总产值	企业代号	计划总产值	实际总产值
1	720	777.6	17	186	203.00
2	232	332.0	18	732	754.00
3	384	307.2	19	32	38.10
4	260	286.0	20	782	920.40
5	200	244.0	21	392	439.00
6	592	621.6	22	3 612	3 323.00
7	192	182.4	23	60	60.00
8	429	419.4	24	392	384.20
9	240	240.0	25	720	590.40
10	3 920	3 998.4	26	2 380	2 713.20
11	288	325.4	27	92	94.80
12	128	137.2	28	34	34.00
13	336	352.8	29	160	141.20
14	220	217.8	30	50	60.00
15	412	440.8	31	19	24.60
16	192	184.3	32	12	13.00

【实验要求】

(1) 计算各工业企业总产值计划完成程度的相对指标。

(2) 编制该市工业总产值计划完成情况的整理表。

提示：按各个工业企业总产值的计划完成程度，可将其分为3组：未完成计划者；完成计划和超额完成计划10%以内者；超额完成计划10%以上者。汇总各组企业数据，计算各组和全市工业总产值计划完成程度的相对指标，并编制整理表。

【实验步骤】

(1) 启动Excel，新建一个工作簿文件。

(2) 按图2-29的样式填入基本数据。

	A	B	C	D
1	企业代号	计划总产值	实际总产值	
2	1	720	777.6	
3	2	232	332	
4	3	384	307.2	
5	4	260	286	
6	5	200	244	
7	6	592	621.6	
8	7	192	182.4	
9	8	429	419.4	
10	9	240	240	
11	10	3920	3998.4	
12	11	288	325.4	
13	12	128	137.2	
14	13	336	352.8	
15	14	220	217.8	
16	15	412	440.8	
17	16	192	184.3	
18	17	186	203	
19	18	732	754	
20	19	32	38.1	
21	20	782	920.4	
22	21	392	439	
23	22	3612	3323	

图2-29　工作表

(3) 在表的右边增加一列(D列)，命名为"计划完成程度"。

(4) 在工作表的D2单元格中输入公式"=C2/B2"，确认后向下填充到D33单元格。为了便于对公式的理解，可以给工作表命名，具体方法：将光标移到工作表C1单元格，向下拉黑至C33单元格，单击"插入"菜单，选择"命名"或"名称"菜单命令，在弹出的二级菜单中选择"指定"，在弹出的对话框中选择"首行"，单击"确定"按钮，完成名称的指定，如图2-30所示。

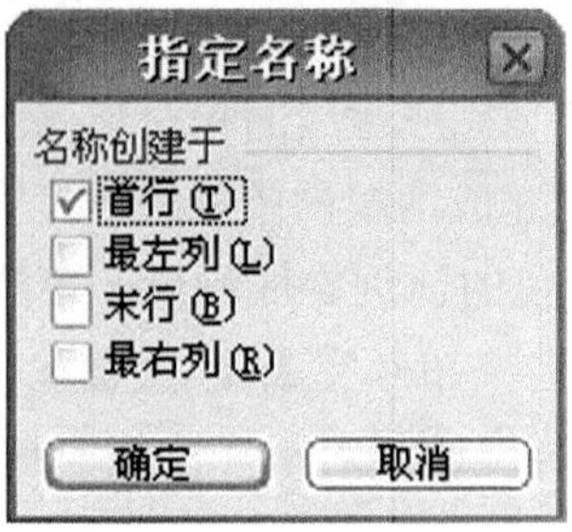

图 2-30　指定名称界面

指定名称后，还要单击“插入”菜单，选择“命名”或“名称”菜单命令，在弹出的二级菜单中选择“应用”，在弹出的对话框中选择要应用名称的字段，系统才会将字段以名称方式表示。计算公式也会以名称方式表示，便于读者对公式的理解。如本例中的“计划完成程度”的计算公式为“= 实际总产量÷计划总产量”，如图2-31所示。

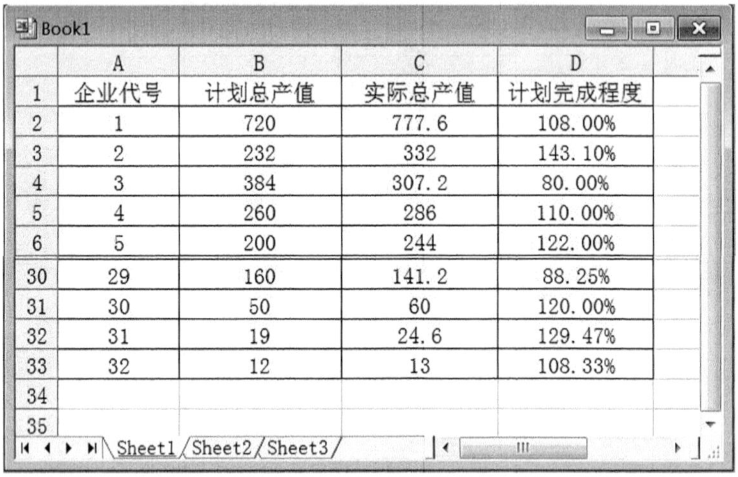

	A	B	C	D
1	企业代号	计划总产值	实际总产值	计划完成程度
2	1	720	777.6	108.00%
3	2	232	332	143.10%
4	3	384	307.2	80.00%
5	4	260	286	110.00%
6	5	200	244	122.00%
30	29	160	141.2	88.25%
31	30	50	60	120.00%
32	31	19	24.6	129.47%
33	32	12	13	108.33%
34				
35				

图2-31　计划完成程度计算表

(5) 在工作表的“F3：J8”单元格区域中编制一张存放计算结果的统计整理表，格式如图2-32所示。

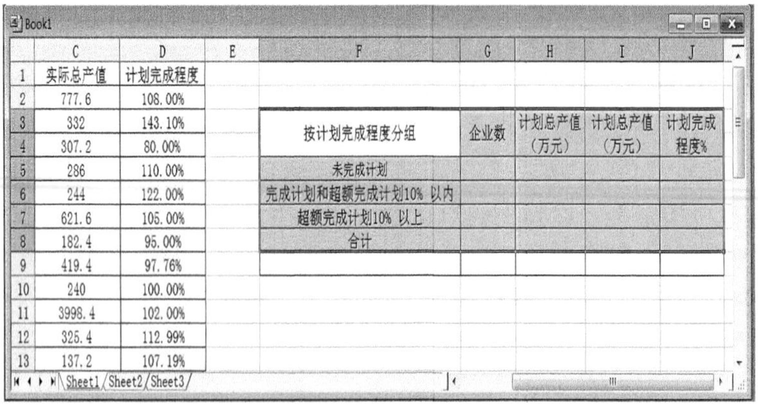

	C	D
1	实际总产值	计划完成程度
2	777.6	108.00%
3	332	143.10%
4	307.2	80.00%
5	286	110.00%
6	244	122.00%
7	621.6	105.00%
8	182.4	95.00%
9	419.4	97.76%
10	240	100.00%
11	3998.4	102.00%
12	325.4	112.99%
13	137.2	107.19%

按计划完成程度分组	企业数	计划总产值（万元）	计划总产值（万元）	计划完成程度%
未完成计划				
完成计划和超额完成计划10% 以内				
超额完成计划10% 以上				
合计				

图2-32　统计整理表

(6) 在G5单元格中输入公式“=COUNTIF(计划完成程度，“＜1”)”，计算未完成计划的企业数。

(7) 在G6单元格中输入公式“=COUNTIF(计划完成程度，“＜1.1”)-COUNTIF(计划完成程度，“＜1”)”，计算完成计划和超额完成10%以内的企业数。

(8) 在G7单元格中输入公式“=COUNTIF(计划完成程度，“＞=1.1”)”，计算超额完成计划10%以上的企业数。

(9) 在H5单元格中输入公式“=SUMIF(计划完成程度，“＜1”，计划总产值)”，计算未完成计划的企业的计划总产值合计数。

(10) 在H6单元格中输入公式“=SUMIF(计划完成程度，“＜1.1”，计划总产值)-SUMIF(计划完成程度，“＜1”，计划总产值)”，计算完成计划和超额完成10%以内企业的计划总产值合计数。

(11) 在H7单元格中输入公式“=SUMIF(计划完成程度，“＞=1.1”，计划总产值)”，计算超额完成计划10%以上企业的计划总产值合计数。

(12) 在I5单元格中输入公式“=SUMIF(计划完成程度，“＜1”，实际总产值)”，计算未完成计划的企业的实际总产值合计数。

(13) 在I6单元格中输入公式“=SUMIF(计划完成程度，“＜1.1”，实际总产值)-SUMIF(计划完成程度，“＜1”，实际总产值)”，计算完成计划和超额完成10%以内企业的实际总产值合计数。

(14) 在I7单元格中输入公式“=SUMIF(计划完成程度，“＞=1.1”，实际总产值)”，计算超额完成计划10%以上企业的实际总产值合计数。

(15) 在G8单元格中输入公式“= SUM(G5：G7)”，确认后向右填充到I8单元格，计算各列的合计数。

(16) 在J5单元格中输入公式“=I5/H5”，确认后向下填充到J8单元格，计算各组的计划完成程度。

(17) 确认存盘，完成全部操作。

【参考答案】

完成的统计整理表如图2-33所示。

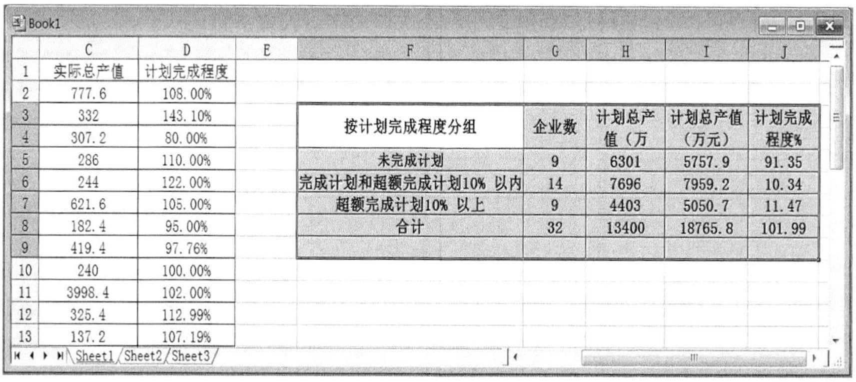

	C	D	E	F	G	H	I	J
1	实际总产值	计划完成程度						
2	777.6	108.00%						
3	332	143.10%		按计划完成程度分组	企业数	计划总产值（万	计划总产值（万元）	计划完成程度%
4	307.2	80.00%						
5	286	110.00%		未完成计划	9	6301	5757.9	91.35
6	244	122.00%		完成计划和超额完成计划10% 以内	14	7696	7959.2	10.34
7	621.6	105.00%		超额完成计划10% 以上	9	4403	5050.7	11.47
8	182.4	95.00%		合计	32	13400	18765.8	101.99
9	419.4	97.76%						
10	240	100.00%						
11	3998.4	102.00%						
12	325.4	112.99%						
13	137.2	107.19%						

图2-33　统计整理表

从图2-33中可以很明显地看出：未完成计划者共9个，完成计划和超额完成计划10%以内者共14个，超额完成计划10%以上者共9个。此外，统计整理表还反映了其他有关的汇总数据。

———————— 实验六 ————————

【实验名称】

等距分组实验。

【实验目的】

熟悉Excel的基本操作。

使用FREQUENCY函数进行分组。

比较使用FREQUENCY函数、COUNTIF函数和数据透视表这3种数据分组计数方法的不同之处以及各自的优势。

【实验环境】

系统软件：Windows 2000、Windows 7、Windows 10或Windows XP。

应用软件：Excel 2000、Excel 2003、Excel 2007或Excel 2010。

【知识准备】

1. 统计分组

统计分组是指根据统计研究的目的和客观现象的内在特点，按某个(或几个)标志把被研究的总体划分为若干个不同性质的组。

2. 统计分组的性质

统计分组的性质：分组兼有分与合双重含义。

3. 统计分组的原则

(1) 穷尽原则。使总体中的每一个单位都有组可归。

(2) 互斥原则。在特定的分组标志下，总体中的任何一个单位只能归属于某一组，而不能同时或可能归属于多个组。

【实验资料】

已知某市15家工厂的产量和年平均工人数，如表2-6所示。

表2-6 15家工厂的产量和平均工人数资料

企业序号	年平均工人数/人	年产量/万元
1	160	240
2	207	220
3	350	360
4	328	370
5	292	280
6	448	510
7	300	220
8	182	190
9	299	420

(续表)

企业序号	年平均工人数/人	年产量/万元
10	252	230
11	435	550
12	262	220
13	223	190
14	390	610
15	236	450

【实验要求】

(1) 按年平均工人数进行等距分组，组距和组数自行确定。

(2) 计算工厂数。

(3) 计算年平均工人数。

(4) 计算产量(总产量和平均产量)。

(5) 计算每个工人的平均产量。

(6) 设计一张统计表，并作简要分析。

【实验步骤】

(1) 打开一个Excel工作表，在“A1：C16”单元格范围内编制数据表，用以存放原始数据，如图2-34所示。

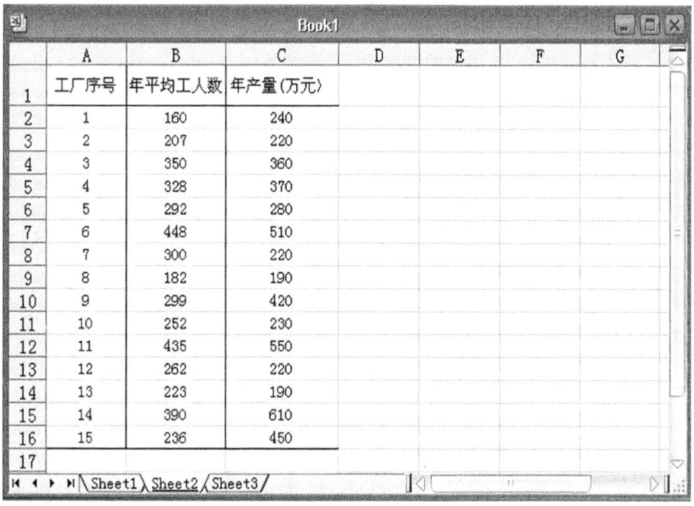

	A	B	C
1	工厂序号	年平均工人数	年产量(万元)
2	1	160	240
3	2	207	220
4	3	350	360
5	4	328	370
6	5	292	280
7	6	448	510
8	7	300	220
9	8	182	190
10	9	299	420
11	10	252	230
12	11	435	550
13	12	262	220
14	13	223	190
15	14	390	610
16	15	236	450

图2-34　工作表

(2) 在“A18：A21”单元格中分别输入最大值、最小值、组数、组距。在B20单元格中输入“3”。这是考虑到本题总体单位较少，只有15家工厂，组数不能太多，分为3组比较妥当。

(3) 在B18单元格中输入公式“=MAX(B2：B16)”，求出年平均工人数的最大值；在B19单元格中输入公式 “=MIN(B2：B16)”，求出年平均工人数的最小值。

(4) 在B21单元格中输入公式“=ROUND((B18-B19)/B20/100，0)*100”，计算组距。其中，ROUND函数对计算结果除以100后进行四舍五入处理，然后乘以100。函数的第2

个参数为0，表示保留到整数。实际上是用最大值与最小值的和除以3，得到90，向上进到100。组距的大小取决于组数。

(5) 根据计算结果决定以组距100进行分组，分为150～250、250～350及350～450共3组。

(6) 每组的上限分别为249、349和449，将这3个数字填入“C18：C20”单元格。

(7) 在数据表格的右边增加一列(D列)，列标题为“分组”。在D2单元格中输入公式“=IF(B2<$C$18，“150-250”，IF(B2>$C$19，“350-450”，“250-350”))”，利用IF函数确定各企业的分组标记。

(8) 在“F1：K6”单元格范围内编制一张统计处理表格，包括工厂数、年平均工人数、产量(总产量和每家工厂的平均产量)、每个工人的平均产量等字段，具体样式如图2-35所示。

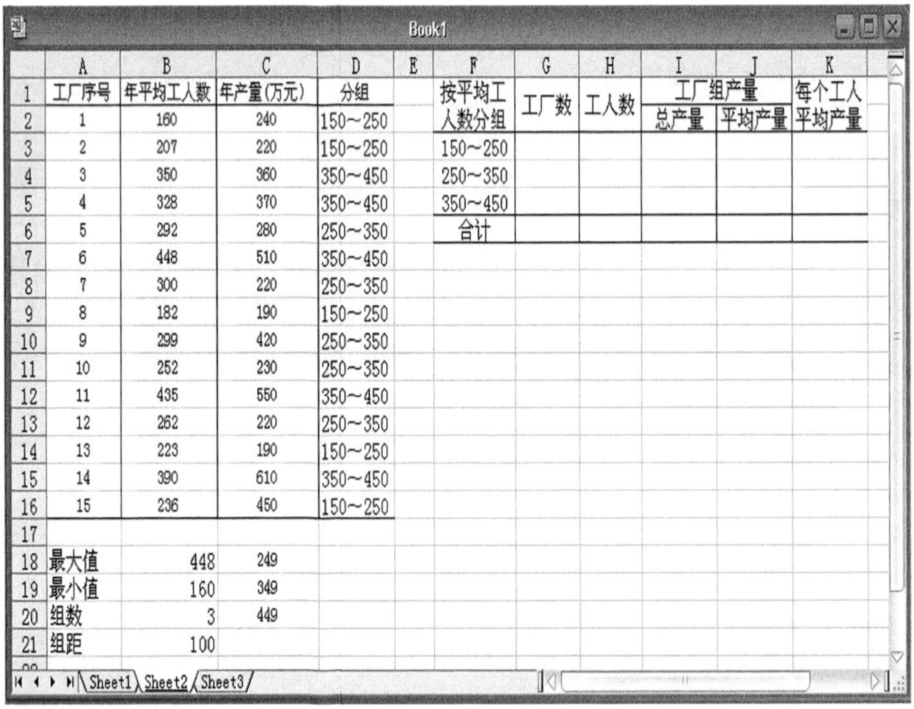

	A	B	C	D	E	F	G	H	I	J	K
1	工厂序号	年平均工人数	年产量(万元)	分组		按平均工人数分组	工厂数	工人数	工厂组产量		每个工人平均产量
2	1	160	240	150～250					总产量	平均产量	
3	2	207	220	150～250		150～250					
4	3	350	360	350～450		250～350					
5	4	328	370	350～450		350～450					
6	5	292	280	250～350		合计					
7	6	448	510	350～450							
8	7	300	220	250～350							
9	8	182	190	150～250							
10	9	299	420	250～350							
11	10	252	230	250～350							
12	11	435	550	350～450							
13	12	262	220	250～350							
14	13	223	190	150～250							
15	14	390	610	350～450							
16	15	236	450	150～250							
17											
18	最大值	448	249								
19	最小值	160	349								
20	组数	3	449								
21	组距	100									

图2-35 分组整理表

(9) 选择“G3：G5”单元格范围，输入公式“{=FREQUENCY(B2：B16，C18：C20)}”，计算各组的工厂数。公式中的大括号不是直接输入的，先将所要计算的单元格按列拉黑，当公式各参数输入完成后，按下Ctrl键和Shift键的同时，按Enter键，同时按这3个键表示输入的是数组公式，函数返回的是一个数组。

(10) 在H3单元格中输入公式“=SUMIF(D2：D16，“=150-250”，B2：B16)”，计算150～250组的工人合计数；在H4单元格中输入公式“=SUMIF(D2：D16，“=250-350”，B2：B16)”，计算250～350组的工人合计数；在H5单元格中输入公式“=SUMIF(D2：D16，“=350-450”，B2：B16)”，计算350～450组的工人合计数。

(11) 在I3单元格中输入公式“=SUMIF(D2：D16，“=150-250”，C2：C16)”，计

算150～250组的各组总产量合计数；在“I4”单元格中输入公式“=SUMIF(D2：D16，“=250-350”，C2：C16)”，计算250～350组的各组总产量合计数；在I5单元格中输入公式“=SUMIF(D2：D16，“=350-450”，C2：C16)”，计算350～450组的各组总产量合计数。

(12) 在G6单元格中输入公式“=SUM(G3：G5)”，计算工厂数的合计数。将公式向右填充到I6单元格，计算其他各列的合计数。

(13) 在J3单元格中输入公式“=I3/G3”，计算150～250组的平均产量，将公式向下填充到J6单元格，计算其他各组的平均产量。

(14) 在K3单元格中输入公式“=I3/H3”，计算150～250组的每个工人的平均产量，将公式向下填充到K6单元格，计算其他各组每个工人的平均产量，并把单元格格式设置为保留两位小数。

(15) 完成上述操作后就可以打印、存盘了。

(16) 分组有很多种方法，本实验使用FREQUENCY函数进行分组操作，而实验一是使用数据透视表分组，实验二是使用COUNTIF函数分组。各种方法各有利弊，应该灵活运用。

【参考答案】

完成的统计整理表如图2-36所示。

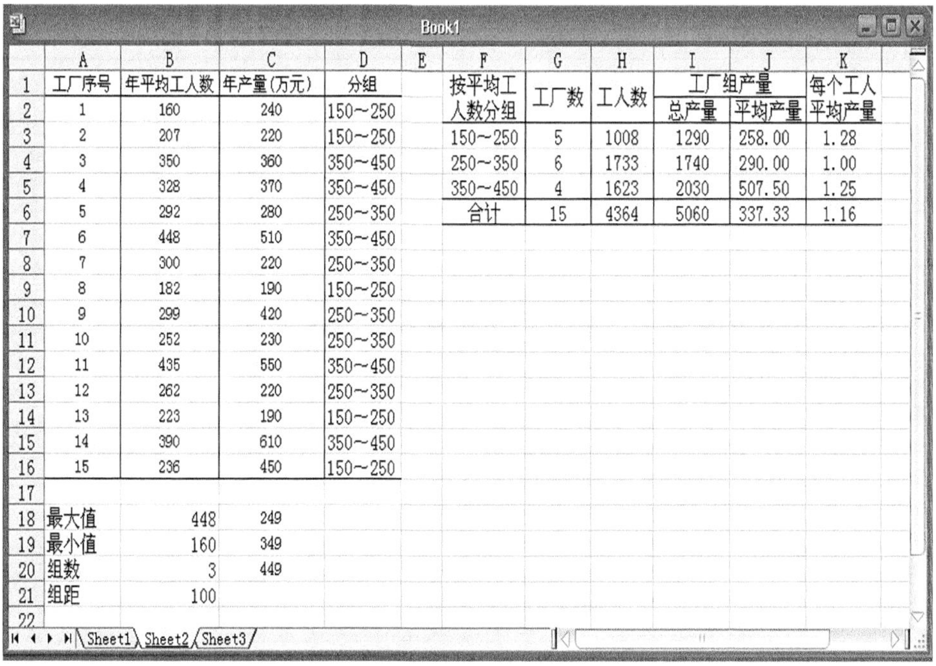

Book1

	A	B	C	D	E	F	G	H	I	J	K
1	工厂序号	年平均工人数	年产量(万元)	分组		按平均工人数分组	工厂数	工人数	工厂组产量		每个工人平均产量
2	1	160	240	150～250					总产量	平均产量	
3	2	207	220	150～250		150～250	5	1008	1290	258.00	1.28
4	3	350	360	350～450		250～350	6	1733	1740	290.00	1.00
5	4	328	370	350～450		350～450	4	1623	2030	507.50	1.25
6	5	292	280	250～350		合计	15	4364	5060	337.33	1.16
7	6	448	510	350～450							
8	7	300	220	250～350							
9	8	182	190	150～250							
10	9	299	420	250～350							
11	10	252	230	250～350							
12	11	435	550	350～450							
13	12	262	220	250～350							
14	13	223	190	150～250							
15	14	390	610	350～450							
16	15	236	450	150～250							
17											
18	最大值	448	249								
19	最小值	160	349								
20	组数	3	449								
21	组距	100									
22											

Sheet1 Sheet2 Sheet3

图2-36　统计整理表

由图2-36可知，产量明显随工人数的增加而增加，单个工厂的生产效率并不随工厂工人数的增加而提高。在这里，工人数在150～250人的工厂组的劳动生产率(1.28万元)与工人数在350～450人的工厂组的劳动生产率(1.25万元)比较接近，而工人数在250～350人的工厂组的劳动生产率(1.00万元)比较低。这说明工厂要有适当的规模，才会取得好的规模效益。

————————— 实验七 —————————

【实验名称】

统计综合整理。

【实验目的】

熟悉Excel的基本操作。

训练统计分组方法的综合运用。

【实验环境】

系统软件：Windows 2000、Windows 7、Windows 10或Windows XP。

应用软件：Excel 2000、Excel 2003、Excel 2007或Excel 2010。

【知识准备】

明确品质分组的方法和数量分组的方法，以及统计分组与统计指标之间的关系。通过分组可以观察、认识社会经济现象的内在规律。

【实验资料】

已知某市所属50家工业企业的固定资产价值、工业总产值、平均职工数、平均工人数、加工原料数量和产品产量资料，如表2-7所示。

表2-7   50家工业企业资料

企业编号	固定资产价值/万元	工业总产值/万元	平均职工数/人	平均工人数/人	加工原料数量/吨	产品产量/万吨
1	610	384	412	322	6.17	0.72
2	440	1 760	754	674	25.89	3.19
3	320	1 090	390	339	16.45	2.09
4	780	1 360	394	342	21.73	2.56
5	782	1 490	408	357	22.93	2.84
6	720	1 007	398	346	17.57	1.84
7	545	1 040	336	295	16.02	1.99
8	925	1 120	528	465	17.18	2.12
9	895	1 775	416	360	27.10	3.42
10	910	2 033	538	484	27.74	3.58
11	920	2 210	558	506	36.73	4.12
12	447	670	361	301	9.75	1.31
13	703	1 520	447	392	22.20	2.94
14	388	1 375	405	354	21.63	2.61
15	464	975	387	332	14.96	1.86
16	447	960	365	316	14.55	1.82
17	640	1 300	513	453	13.52	1.61
18	590	862	401	336	21.47	2.58
19	575	1 600	504	442	24.50	2.94
20	685	878	475	417	13.83	1.65
21	625	1 000	429	370	15.16	1.92

(续表)

企业编号	固定资产价值/万元	工业总产值/万元	平均职工数/人	平均工人数/人	加工原料数量/吨	产品产量/万吨
22	938	2 680	644	587	18.27	2.27
23	750	1 390	502	447	21.85	2.72
24	463	735	330	280	11.58	1.40
25	940	1 140	738	599	17.07	2.17
26	655	1 330	404	354	20.80	2.56
27	590	1 850	535	482	17.09	2.23
28	415	1 119	369	304	15.89	2.17
29	1 180	2 230	752	676	34.42	4.21
30	910	1 982	592	506	31.30	3.80
31	415	1 070	376	328	17.59	2.04
32	590	975	398	343	14.26	1.86
33	703	1 070	364	294	16.37	2.05
34	367	815	397	288	12.61	1.56
35	625	1 250	486	416	19.04	2.38
36	447	1 313	428	364	10.17	1.39
37	432	1 020	394	330	14.42	1.99
38	542	1 005	435	369	15.14	1.95
39	415	910	381	314	14.17	1.77
40	685	1 520	522	445	22.80	2.89
41	1 150	1 755	728	622	19.67	2.37
42	607	1 315	372	306	19.77	2.52
43	543	1 180	415	364	19.94	2.24
44	1 137	1 580	668	604	25.43	3.00
45	350	862	467	281	13.68	1.69
46	625	1 070	405	352	17.85	2.03
47	590	1 150	509	461	19.26	2.15
48	528	1 280	494	432	20.46	2.67
49	875	1 770	479	421	27.68	3.40
50	800	1 425	529	484	22.98	2.75

【实验要求】

根据表2-7的资料，完成如下操作。

(1) 按平均职工人数对50家工业企业进行等距分组，计算每组职工人数、工人数、产值和每位职工的平均产值，并编制整理表。

(2) 按工业总产值大小进行分组(分为3个组)，然后从固定资产价值和其他经济指标的角度来表明总体的结构及其联系，并根据分组的结果得出一定的结论。

(3) 按固定资产价值和平均工人数两个标志进行复合分组，列出各组的企业数、固定资产价值、工业总产值和平均工人数，编制整理表。

【实验步骤】

(1) 启动Excel，新建一个工作簿文件。

(2) 按图2-37的样式填入基本数据。

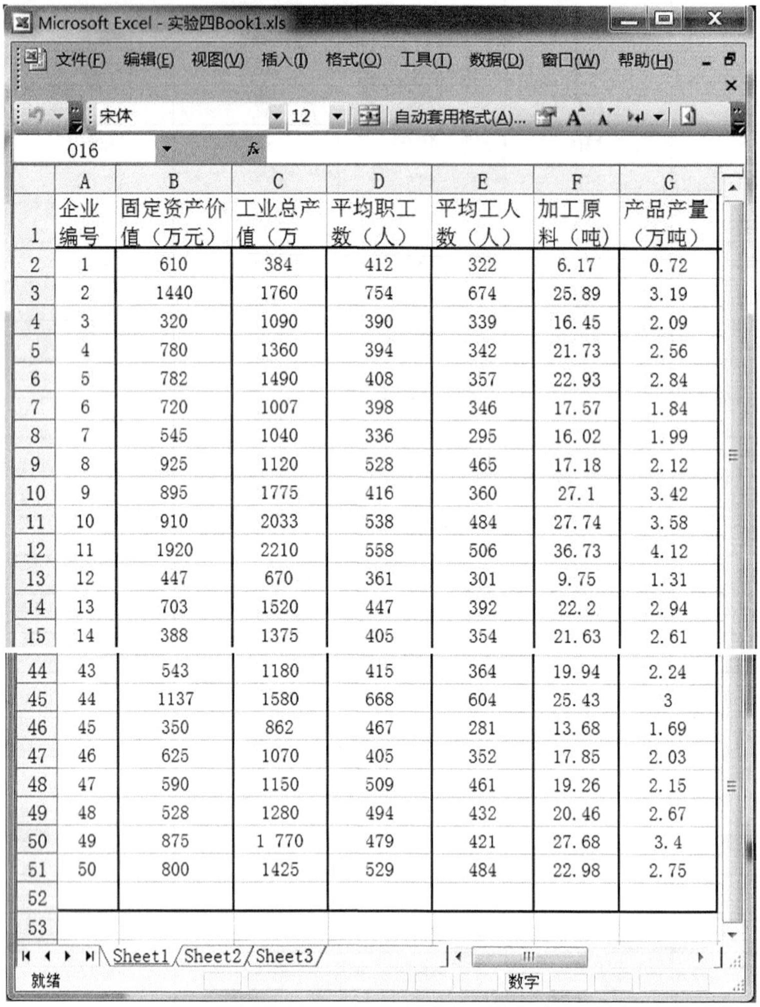

图2-37　基础数据表

(3) 通过MAX函数和MIN函数可知分组标志(平均职工人数)的最大、最小标志值分别为330人和754人，从而全距为754-330=424人。考虑分为5组，计算组距为424÷5=84.8，可上调为100作为分组的实际组距。因此，可以分为以下5组：300～400、400～500、500～600、600～700、700～800。

(4) 在图2-37中的基础数据的右边增加一列(H列)，使用IF函数找出各企业的分组标记。具体方法：在基础数据表的H2单元格中使用Excel的公式向导，输入公式"=IF(D2<400，"300～400"，IF(D2<500，"400～500"，IF(D2<600，""500～600"，IF(D2<700，"600～700"，"700～800"))))"，然后将公式向下填充到H51单元格。由于要分成5组，IF函数要经过4次叠套，公式就显得比较长，结果见图2-38。

Microsoft Excel - Book1

企业编号	固定资产价值(万元)	工业总产值(万)	平均职工人数(人)	平均工人数(人)	加工原料(吨)	产品产量(万吨)	按固定资产价值分类	按平均人数分类	分组标志1		分组标志2	
1	610	384	412	322	6.17	0.72	0500-1000	280-380	400-500	1099	300-1100	399
2	1440	1760	754	674	25.89	3.19	1000-1500	580-680	700-800	1899	1100-1900	499
3	320	1090	390	393	16.45	2.09	0000-0500	280-380	300-400	2699	1100-1900	599
4	780	1360	394	342	21.73	2.56	0500-1000	280-380	300-400		1100-1900	699
5	782	1490	408	357	22.93	2.84	0500-100	280-320	400-500		1100-1900	799
6	720	1007	398	346	17.57	1.84	0500-1000	280-380	300-400		300-1100	
7	545	1040	336	295	16.02	1.99	0500-1000	280-380	300-400		300-1100	
8	925	1120	528	465	17.18	2.12	0500-1000	380-480	400-500		1100-1900	
9	895	1775	416	360	27.1	3.42	0500-1000	380-380	400-500		1100-1900	
10	910	2033	538	484	27.74	3.58	0500-1000	480-580	500-600		1900-2700	
11	1920	2210	558	506	36.73	4.12	1500-2000	480-580	500-600		1900-2700	
12	447	670	361	301	9.75	1.31	0000-1500	280-380	300-400		300-1100	
13	703	1520	447	392	22.2	2.94	0500-1000	330-480	300-400		300-1100	
14	388	1375	405	354	21.63	2.61	0000-0500	280-380	300-400		1100-1900	
15	464	975	387	332	14.96	1.86	0000-0500	280-380	300-400		300-1100	
16	447	960	365	316	14.55	1.82	0000-0500	280-380	300-400		300-1100	
17	640	1300	513	453	13.52	1.61	0500-1000	380-480	500-600		1100-1900	
18	590	862	401	336	21.47	2.58	0500-1000	380-480	300-400		300-1100	
19	575	1600	504	442	24.5	2.94	0500-1000	380-580	500-600		1100-1900	
20	685	878	475	417	13.83	1.65	0500-1000	380-480	400-500		300-1100	
21	625	1000	429	370	15.61	1.92	0500-1000	380-480	300-400		300-1100	
22	938	2680	644	587	18.27	2.27	0500-1000	580-680	600-700		1900-2700	

图2-38 数据整理表

(5) 新建一个工作表，按照图表2-39的样式编制按平均职工人数分组的分组整理表。

Microsoft Excel - Book1

按平均职工人数分组	工厂数	工厂数百分比	平均职工人数	平均工人数	工业总产值	每位职工平均产值
300～400						
400～500						
500～600						
600～700						
700～800						
合计						

图2-39 按平均职工人数分组的分组整理表

(6) 在基础数据表的"I2：I6"单元格范围内分别输入各组的上限值399、499、599、699、799，然后利用函数FREQUENCY计算各组的工厂数。具体方法：在图表2-39的"B2：B6"单元格范围内输入公式"{=FREQUENCY(基础数据! D2：D51，基础数据! I2：I6)}"，然后同时按下Ctrl、Shift和Enter键，计算各组的工厂数。

(7) 计算各组的工厂数在全部工厂数中的百分比。具体方法：先在B7单元格中输入公式"=SUM(B2：B6)"，计算工厂的总数；然后在C2单元格中输入公式"=B2/$B$7"，并向下填充到"C7"单元格，计算工厂数百分比。

(8) 在工作表中，按照图2-40的样式编制按工业总产值分组的分组整理表。

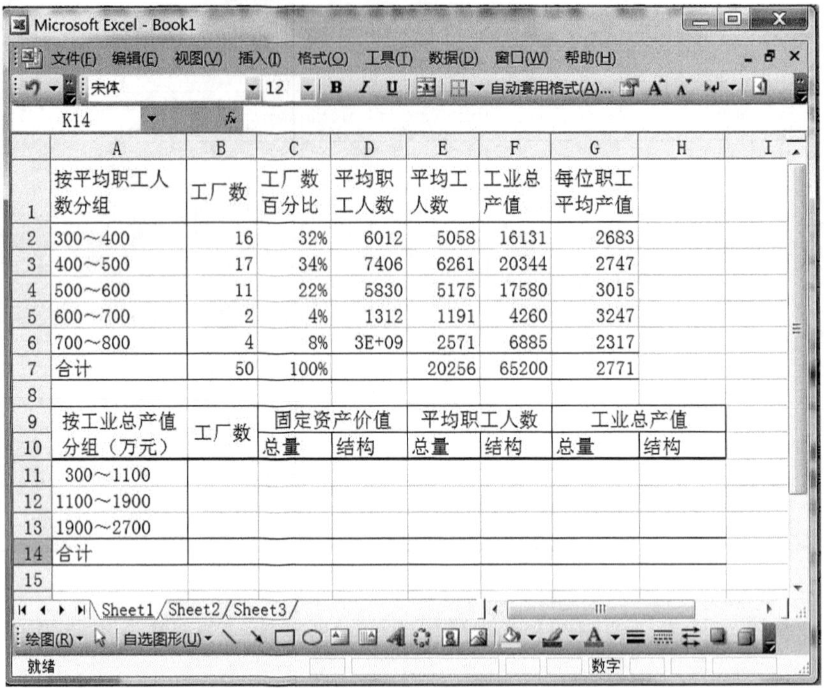

图2-40　按工业总产值分组的分组整理表

(9) 在基础数据表的J2单元格中使用Excel的公式向导输入公式"=IF(C2<1100，"300～1100"，IF(C2>=1900，"1900～2700"，"1100～1900"))"；之后，将公式向下填充到J51单元格。在"K2：K6"单元格范围内分别输入各组的上限值1 099、1 899、2 699；然后，利用函数FREQUENCY计算各组的工厂数。具体方法：在图2-40的"B11：B13"单元格范围内输入公式"{=FREQUENCY(基础数据!C2：C51，基础数据! K2：K6)}"；随后，同时按下Ctrl、Shift和Enter键，计算各组的工厂数。在B14单元格中输入公式"=SUM(B11：B13)"，计算合计数。

(10) 在C11单元格中输入公式"=SUMIF(基础数据!J2：J51，"300～1100"，基础数据!B2：B51)"，计算工业总产值在300万～1 100万元的企业的固定资产价值总量；在C12单元格中输入公式"=SUMIF(基础数据! J2：J51，"1100～1900"，基础数据!B2：B51)"，计算工业总产值在1 100万～1 900万元的企业的固定资产价值总量；在C13单元格中输入公式"=SUMIF(基础数据! J2：J51，"1900～2700"，基础数据!B2：B51)"，计算工业总产值在1 900万～2 700万元的企业的固定资产价值总量；在C14单元格中输入公式"=SUM(C11：C13)"，计算全部企业的固定资产价值总量。

(11) 在D11单元格中输入公式"=C11/$C$14"，然后向下填充到D14单元格，并将格式调整为百分比形式和保留2位小数，计算各组的固定资产价值在固定资产总值中的比重。

(12) 在E11单元格中输入公式"=SUMIF(基础数据! J2：J51，"300～1100"，基础数据! D2：D51)"，计算工业总产值在300万～1 100万元的企业的平均职工人数；在D12单元格中输入公式"=SUMIF(基础数据! J2：J51，"1100～1900"，基础数据! D2：D51)"，计算工业总产值在1 100万～1 900万元的企业的平均职工人数；在D13单元格中输入公式"=SUMIF(基础数据! J2：J51，"1900～2700"，基础数据! D2：D51)"，计算工业总产值在1 900万～2 700万元的企业的平均职工人数；在C14单元格中输入公式"=SUM(D11：D13)"，计算全部企业的平均职工人数。

(13) 在F11单元格中输入公式"=E11/$E$14"，然后向下填充到"F14"单元格，并将格式调整为百分比形式和保留2位小数，计算各组平均职工人数在总人数中的比重。

(14) 在G11单元格中输入公式"=SUMIF(基础数据! J2：J51，"300～1100"，基础数据! C2：C51)"，计算工业总产值在300万～1 100万元的企业的工业总产值；在G12单元格中输入公式"=SUMIF(基础数据! J2：J51，"1100～1900"，基础数据! C2：C51)"，计算工业总产值在1 100万～1 900万元的企业的工业总产值；在G13单元格中输入公式"=SUMIF(基础数据! J2：J51，"1 900～2700"，基础数据! C2：C51)"，计算工业总产值在1 900万～2 700万元的企业的工业总产值；在G14单元格中输入公式"=SUM(G11：G13)"，计算全部企业的工业总产值。

(15) 在H11单元格中输入公式"=G11/$G$14"，然后向下填充到H14单元格，并将格式调整为百分比形式和保留2位小数，计算各组工业总产值在全部企业工业总产值中的比重，即完成按工业总产值分组的分组整理表。

(16) 按企业固定资产价值和平均工人数两个标志进行复合分组，编制反映各组的企业数、固定资产价值、工业总产值和平均工人数的整理表，可使用Excel的数据透视表功能来完成操作。

首先，确定原始资料按固定资产价值标志分组的最大、最小标志值为320万元和1 920万元，从而全距为1920-320=1 600万元。考虑分为4组，计算组距为1 600÷4=400，可上调为500，作为分组的实际组距。因此，可以分为以下4组：0～500万元，500万～1 000万元，1000万～1 500万元，1 500万～2 000万元。

其次，确定原始资料按平均工人数标志分组的最大、最小标志值为280人和676人，从而全距为676-280=396人。考虑分为4组，计算组距为396÷4=99，可上调为100，作为分组的实际组距。因此，可以分为以下4组：280～380人，380～480人，480～580人，580～680人。

(17) 在基础数据表的"分类标志1"前面插入两列(H列和I列)，分别填上"按固定资产价值分类"和"按平均工人数分类"，作为两种分类的分类标志列。

(18) 在基础数据表的H2单元格中使用Excel的公式向导输入公式"=IF(B2<500，"0000～0500"，IF(B2<1000，"0500～1000"，IF(B2<1500，"1000～1500"，"1500～2000")))"，完成按固定资产价值的分类标志。注意：公式中的"0～500"要写成"0000～0500"，这是因为数字中加了"～"符号，可使其成为字符型数据，加"0"是为了满足排序的需要。

(19) 在"基础数据"表的I2单元格中使用Excel的公式向导输入公式"=IF(E2<380，"280～380"，IF(E2<480，"380～480"，IF(E2<580，"480～580"，"580～680")))"，完成按平均工人数的分类标志。

(20) 单击"数据"菜单，选择"数据透视表和图表报告"。在步骤1的"请指定待分析数据源类型"中选择"Microsoft Excel数据清单或数据库",在"所需创建的报表类型"中选择"数据透视表"。

(21) 单击"下一步",将选定区域调整为"$A$1:$I$51"。

(22) 在步骤3"数据透视表显示位置"中选择"新建工作表",并单击"版式"按钮,在版式设计向导中进行设计。将"按固定资产价值分类"拖到"列"区域,将"按平均工人数分类"拖到"行"区域,将"企业编号"拖到"数据"区域,并将字段设置为"计数",默认的设置是"求和",分别将"固定资产价值""工业总产值"和"平均工人数"拖到"数据"区域。

(23) 单击"确定"按钮即完成数据透视表的设置。

(24) 最后,对完成的数据透视表的格式进行适当的调整,完成全部操作。

【参考答案】

按平均职工人数分组的统计整理表如图2-41所示。

按平均职工人数分组	工厂数	工厂数百分比	平均职工人数	平均工人数	工业总产值	每位职工平均产值
300～400	16	32%	6012	5058	16131	2683
400～500	17	34%	7406	6261	20344	2747
500～600	11	22%	5830	5175	17580	3015
600～700	2	4%	1312	1191	4260	3247
700～800	4	8%	2972	2571	6885	2317
合计	50	100%	23532	20256	65200	2771

图2-41 按平均职工人数分组的统计整理表

按工业总产值分组的统计整理表如图2-42所示。

按工业总产值分组(万元)	工厂数	固定资产价值		平均职工人数		工业总产值	
		总量	结构	总量	结构	总量	结构
300～1100	20	10355	29.86%	7901	33.58%	18398	28.22%
1100～1900	25	18465	53.25%	12547	53.32%	35667	54.70%
1900～2700	5	5858	16.89%	3084	13.11%	11135	17.08%
合计	50	34678	100.00%	23532	100.00%	65200	100.00%

图2-42 按工业总产值分组的统计整理表

按工业总产值和平均职工数两个标志进行复合分组的统计整理表如图2-43所示。

	A	B	C	D	E	F	G
1							
2			按固定资产价值分类▼				
3	按平均工人数分类▼	数据 ▼	0000～0500	0500～1000	1000～1500	1500～2000	总计
4	280～380	计数项：企业编号	13	15			28
5		求和项：固定资产价值（万元）	5370	9812			15182
6		求和项：工业总产值（万元）	12914	16863			29777
7		求和项：平均工人数（人）	4131	5110			9241
8	380～480	计数项：企业编号		11			11
9		求和项：固定资产价值（万元）		7581			7581
10		求和项：工业总产值（万元）		14778			14778
11		求和项：平均工人数（人）		4791			4791
12	480～580	计数项：企业编号		4		1	5
13		求和项：固定资产价值（万元）		3210		1920	5130
14		求和项：工业总产值（万元）		7290		2210	9500
15		求和项：平均工人数（人）		1956		506	2462
16	580～680	计数项：企业编号		2	4		6
17		求和项：固定资产价值（万元）		1878	4907		6785
18		求和项：工业总产值（万元）		3820	7625		11145
19		求和项：平均工人数（人）		1186	2576		3762
20	计数项：企业编号的求和		13	32	4	1	50
21	求和项：固定资产价值（万元）的求和		5370	22481	4907	1920	34678
22	求和项：工业总产值（万元）的求和		12914	42751	7325	2210	65200
23	求和项：平均工人数（人）的求和		4131	13043	2576	506	20256
24							

图2-43 按工业总产值和平均工人数复合分组的统计整理表

实验八

【实验名称】

绘制统计直方图。

【实验目的】

熟悉Excel数据分析直方图工具的运用，掌握统计频率分布和绘制直方图等操作。

【实验环境】

系统软件：Windows 2000、Windows 7、Windows 10或Windows XP。

应用软件：Excel 2000、Excel 2003、Excel 2007或Excel 2010。

【知识准备】

统计图是根据统计数字，用几何图形、事物形象和地图等绘制的各种图形。它具有直观、形象、生动、具体等特点。统计图可以使复杂的统计数字简单化、通俗化、形象化，使人一目了然，便于理解和比较。因此，统计图在统计资料整理与分析中占有重要地位，并得到广泛应用。

统计图一般由图形、图号、图目、图注等组成。常见的有圆形图、条形图、直方图、扇形图、折线图和曲线图等。

利用Excel数据分析的直方图工具可以方便地对统计数据进行分组、编制频数(频率)分布并制作相应的统计图表。

【实验资料】

已知50名学生的统计学课程考试成绩排序资料如下：

50	51	54	58	59	61	61	62	63	64
65	66	67	68	69	69	70	71	72	72
72	73	74	74	74	75	75	75	75	76
77	78	79	80	81	82	83	84	84	85
86	86	87	88	90	91	91	95	97	99

【实验要求】

根据数据进行统计分组，并制作统计表，绘制直方图。

【实验步骤】

(1) 进入Excel并打开新工作簿，在A单元列中逐个输入原始数据，然后在B单元列中输入各组的分组上限，无论是连续性变量还是离散性变量，分组的频数都只计算到各组上限包括的变量值数目为止，故一般均取"10"的倍数减1(上组限不在内原则)，而分组的下限将默认为10的倍数。

(2) 输入50名学生的统计学考试成绩的原始数据。在B1单元格中输入标志名称，在B2单元格中输入59(说明小于和等于59分的变量数计在第一组的频数内，等于60分的变量数将计到下一组的频数内)，作为第一组的分组上限，在B3单元格中输入69作为第二项数据，选取"B2：B3"，向下拖动所选区域右下角的填充柄可以填充到需要的分组单元，具体见图2-44。

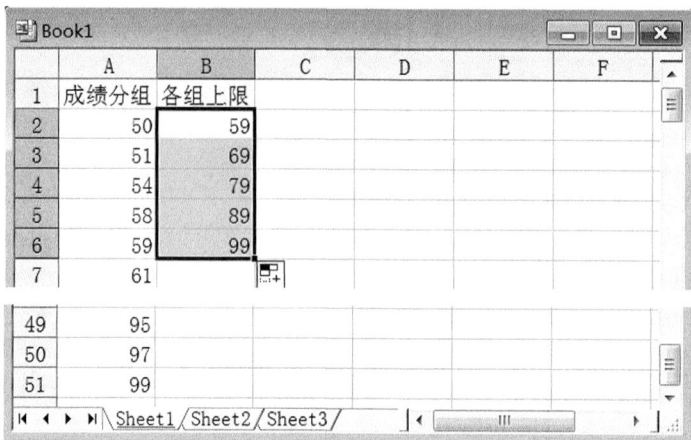

图2-44 学生统计学成绩数据表

(3) 从工具菜单中下拉选择"数据分析/直方图"，单击"确定"按钮，打开直方图"分析工具"选项框，选中"直方图"选项，见图2-45。

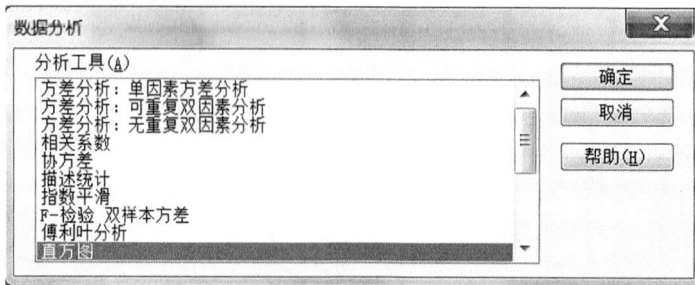

图2-45 数据分析对话框

(4) 在直方图分析选项框的"输入区域"中输入含有原始数据单元范围的引用(Al：An)，本例为"\$A\$1：\$A\$51"，更为简便的做法是直接用光标圈选A列数据。此外，如果引用范围包括标志值的名称，须勾选"标志"选项。

(5) 在"接收区域"中输入含有分组单元的引用"Bl：Bn"，输入包含分组标志值单元范围的引用"\$B\$1：\$B\$6"，通常这些分组区间的界限(上限)必须按升序排列。

(6) 在"输出区域"中输入想让输出表显示其范围的左上角单元引用(必须是空白单元格)，应注意防止表格与图表以及原始数据的覆盖和重叠，本例取"\$D\$1"。

(7) 如果勾选"图表输出"复选框，除了能在Excel工作表上得到一个频率分布表外，还可得到另一个与之相对应的直方图，见图2-46。

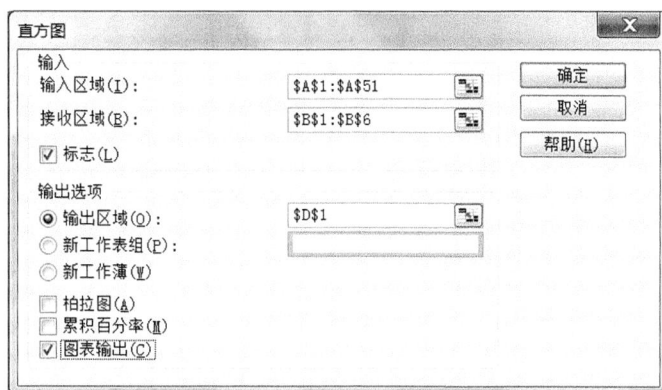

图2-46　直方图对话框

(8) 在Excel数据分析/直方图分析工具的对话框中输入完毕后，单击"确定"。数据分析/直方图分析工具就将频率分布表放在工作表"\$D\$1：\$E\$7"的单元格中，把直方图放在工作表"\$G\$10：\$L\$7"的单元格中，而且在确定后我们还可以通过拖拉把直方图放到更为合适的位置上。输出表的"\$D"列为分组的上限，"\$E"列为各组的频数。

(9) 对输出的图表可以进行按需修饰，修饰后的直方图可以与原始数据放在一起，也可以输出到新的工作表中。

【参考答案】

频数分布表见图2-47，成绩分布直方图见图2-48。

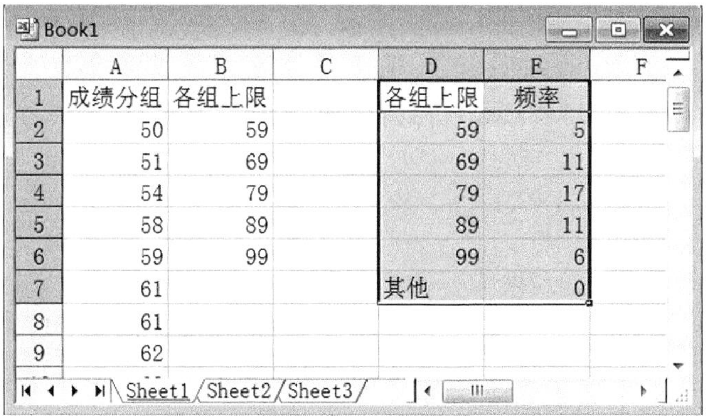

图2-47　频数分布表

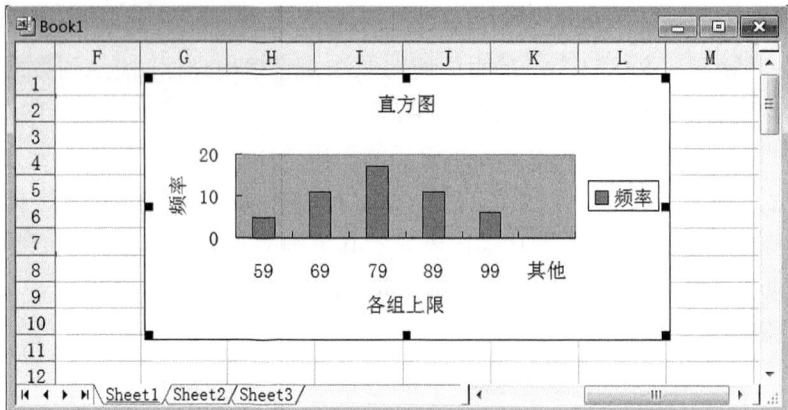

图2-48　成绩分布直方图

—————— 实验九 ——————

【实验名称】

统计图的绘制及修饰。

【实验目的】

熟悉直方图的绘制和修饰以及折线图、曲线图的绘制。

【实验环境】

系统软件：Windows 2000、Windows 7、Windows 10或Windows XP。

应用软件：Excel 2000、Excel 2003、Excel 2007或Excel 2010。

【知识准备】

统计图是根据统计数字，用几何图形、事物形象和地图等绘制的各种图形。它具有直观、形象、生动、具体等特点。统计图可以使复杂的统计数字简单化、通俗化、形象化，使人一目了然，便于理解和比较。因此，统计图在统计资料整理与分析中占有重要地位，并得到广泛应用。

统计图一般由图形、图号、图目、图注等组成。常见的有圆形图、条形图、直方图、扇形图、折线图和曲线图等。

利用Excel数据分析的"直方图"工具可以方便地对统计数据进行分组、编制频数(频率)分布并制作相应的统计图表。

【实验资料】

已知某县高级中学通过抽样调查得到60名住校学生月消费额资料如下：

500	612	631	650	840	778	777	775	889	653
663	790	807	925	589	683	776	700	703	639
647	835	775	770	878	578	569	805	816	768
753	845	998	740	723	891	860	563	556	670
948	827	738	910	698	760	623	415	523	763
708	715	701	643	661	545	671	780	708	667

【实验要求】

利用Excel绘制60名住校学生月消费额统计图。

【实验步骤】

(1) 打开Excel并建立新的工作簿，将60名住校学生的月消费额资料输入A列，并由低到高排序。Excel工作簿中的排序数据在截图中无法全部显示，以下为显示排序数据：

415	500	523	545	556	563	569	578	589	612
623	631	639	643	647	650	653	661	663	667
670	671	683	698	700	701	703	708	715	723
738	740	753	760	763	768	770	775	775	776
777	778	780	783	790	805	807	816	827	835
840	845	860	878	889	891	910	925	948	998

(2) 由于最大值减最小值为(998−415=583)583元，可等距分为6组，组距100，各组上限值为499.9、599.9、699.9、799.9、899.9和999.9。A列中是60名住校学生的月消费额，B列输入各组上限值数据。

(3) 计算频数。选定"D2：D7"，输入公式"=FREQUENCY(A2：A61，B2：B7)"，然后按Ctrl+Shift+Enter组合键，即可计算各组的频数。该函数的第一个参数指定用于编制分布数列的原始数据，第二个参数指定每一组的上限。在D8单元格中输入公式"=SUM(D2：D7)"，计算频数的合计数。

(4) 计算频率。在E2单元格中输入公式"=D2/D\$8*100"，然后选定"E2：E7"区域，按Ctrl+D组合键，即可将该公式复制到"E3：E7"区域。

(5) 计算向上累计频数。在F2单元格中输入公式"=D2"，在F3单元格中输入公式"=D3+F2"，再将公式复制到"F4：F7"区域。

(6) 计算向下累计频数。在G7单元格中输入公式"=D7"，在G6单元格中输入公式"=G7+D6"，再将公式复制到"G2：G5"单元格区域即可。可以采用向上填充的方法复制公式，即选定"G2：G6"单元格区域，然后单击菜单"编辑"→"填充"→"向上填充"，具体见图2-49。

	A	B	C	D	E	F	G
1	消费额	各组上限	等距分组	频数	频率%	向上累计频数	向下累计频数
2	415	499.9	400—500	1	1.666667	1	60
3	500	599.9	500—600	8	13.33333	9	59
4	523	699.9	600—700	15	25	24	51
5	545	799.9	700—800	21	35	45	36
6	556	899.9	800—900	11	18.33333	56	15
7	563	999.9	900以上	4	6.666667	60	4
8	569		合计	60	100	—	—
9	578						

图2-49 分组及数列编制工作表

(7) 使用图2-49的资料，直方图所需数据在"C1：E7"单元格区域，选定该区域。需要特别注意的是，最好按图2-50安排用于生成直方图的各列数据的位置，即X轴上的数据(分组的说明性文字)在该区域的最左边一列，Y轴上的数据(频数、频率)依次向右排列，否则图表向导第2步有可能会做出不符合我们要求的设置。

(8) 进入图表向导，在图表向导第1步直接单击"完成"按钮即可生成直方图，如图2-50所示。

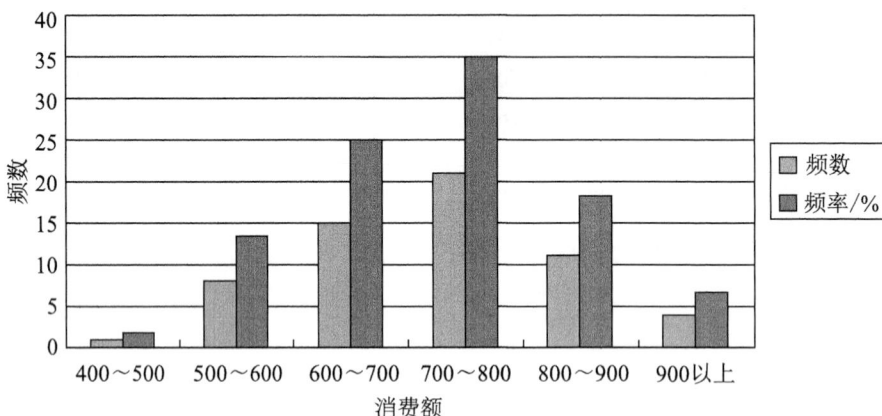

图2-50　60名住校学生月消费额直方图

因为在图表向导第1步中默认选定的图表类型就是"簇状柱形图"，并且由于已经选定直方图所需的数据区域，第2步也已经正确设置，至于第3步和第4步，使用其默认设置即可，此时没有图表和坐标轴的标题，并且图表是作为浮动对象插入到当前工作表中的。

(9) 对生成的直方图进行修改，使其更符合统计上的表示形式。

① 去掉网格线，即X轴上面的几条横线。选中图表后，单击菜单"图表"→"图表选项"，调出"图表选项"对话框，切换到"网格线"选项卡，将Y轴下的主要网格线前面的"√"去掉即可，如图2-51所示。

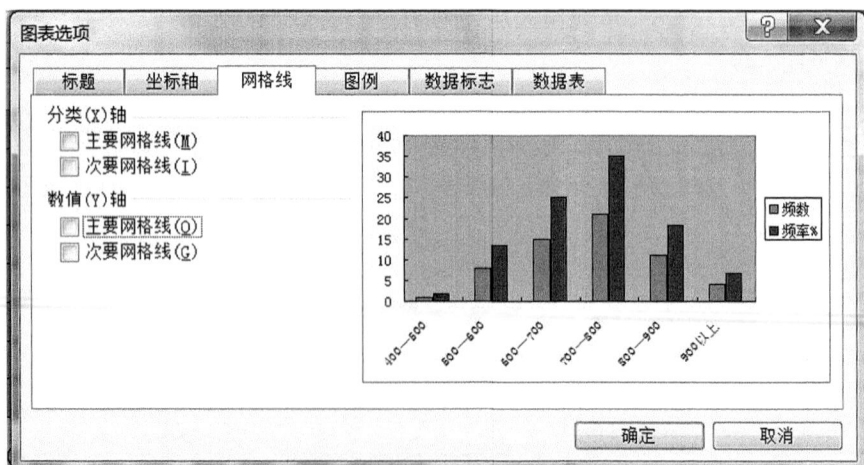

图2-51　图表选项对话框

② 生成次坐标轴，即生成另外一个Y轴，用来表示频率。右键单击任一分组中相对

较高的柱形图(即频率柱形图)，在弹出的菜单中单击"数据系列格式"，调出关于频率的"数据系列格式"对话框。

在该对话框中，切换到"坐标轴"选项卡，选中"次坐标轴"，即可生成频率坐标轴。然后切换到"图案"选项卡，分别选中"边框"和"内容"下的"无"，将频率柱形图隐藏起来，因为我们只想得到关于频率的次坐标轴。

以上操作见图2-52和图2-53。单击"确定"按钮后，得到的结果如图2-54所示。

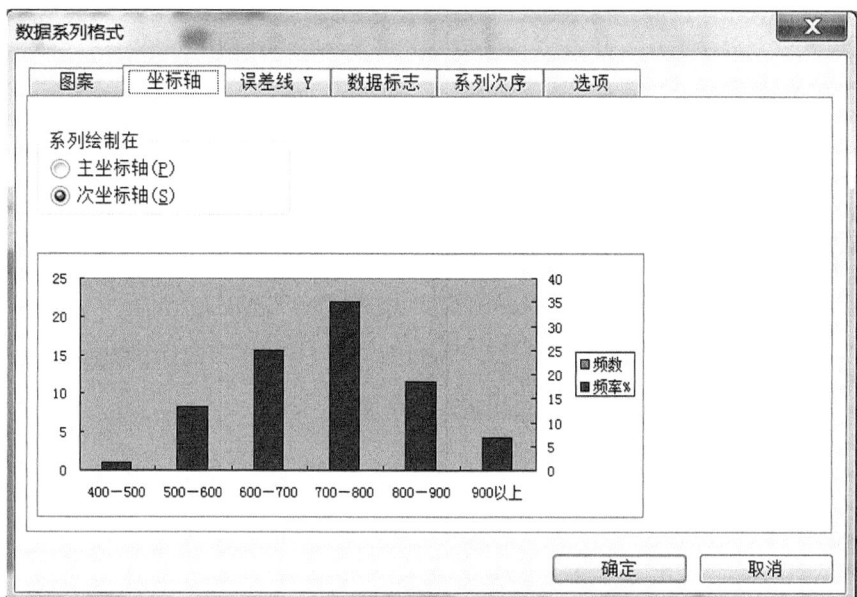

图2-52 图表格式对话框一

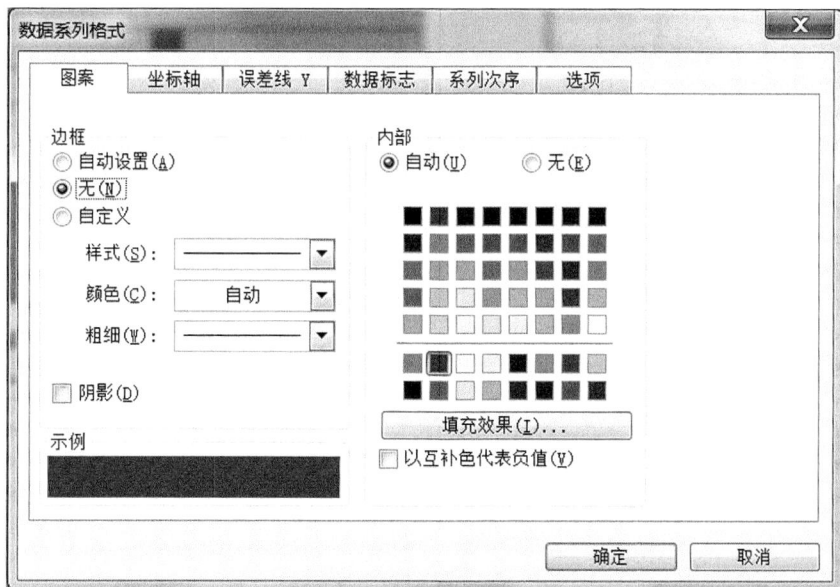

图2-53 图表格式对话框二

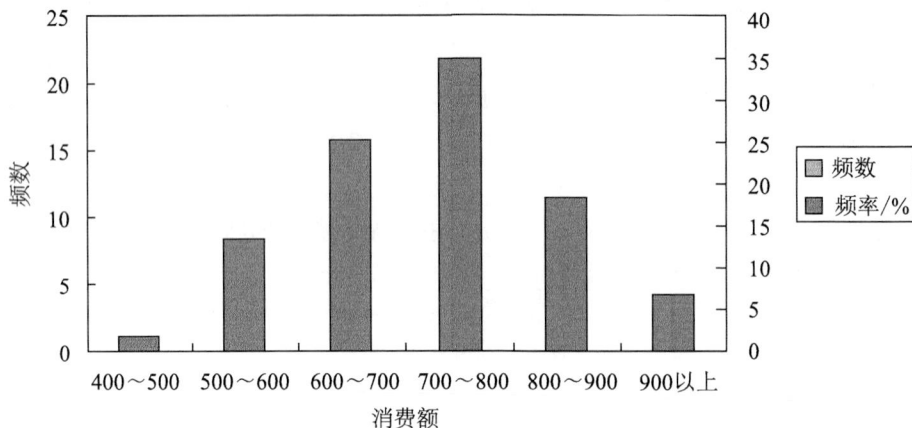

图2-54　60名住校学生月消费额直方图

③ 消除柱形图之间的间距。使用第②步的操作方法，调出关于频数的"数据系列格式"对话框。切换到"选项"选项卡，将分类间距改为0，见图2-55。

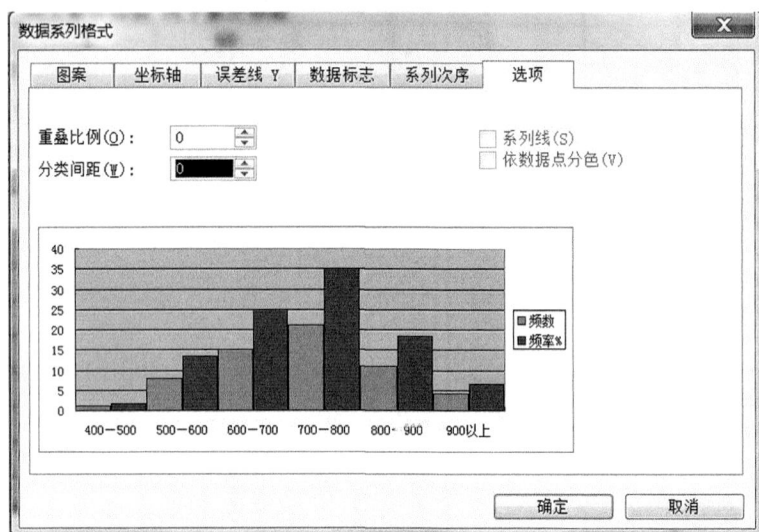

图2-55　图表格式对话框三

单击"确定"按钮，得到直方图，如图2-56所示。

(10) 绘制折线图与曲线图。折线图和曲线图可以在上述直方图的基础上完成，即将上述修改图形第②步中被隐藏起来的频率系列改为折线图或曲线图。这里介绍直接绘制折线图和曲线图的方法，主要的操作步骤如下所述。

① 选定"B2：D7"单元格区域，并进入图表向导。

② 选择图表类型。对于折线图，先在"图表类型"中选择"散点图"，然后在"子图表类型"中选择"元数据点折线散点图"。而对于曲线图，则选择"无数据点平滑线散点图"。需要说明的是，折线图的绘制也可以使用Excel中的"折线图"这一图表类型，但需要在第②步中手动设置源数据区域。

③ 生成折线图或曲线图并进行修改。选择图表类型后，直接单击"完成"按钮即可得到相应的图形。

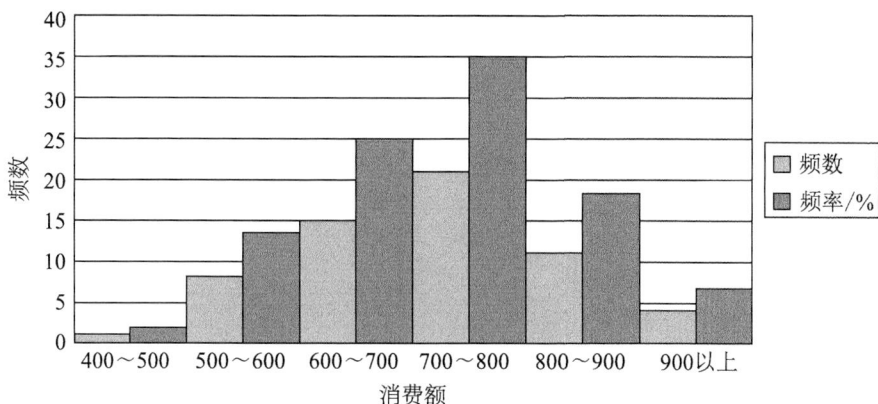

图2-56 60名住校学生月消费额直方图

【参考答案】

60名住校学生月消费额直方图如图2-57所示，折线图如图2-58所示，曲线图如图2-59所示。

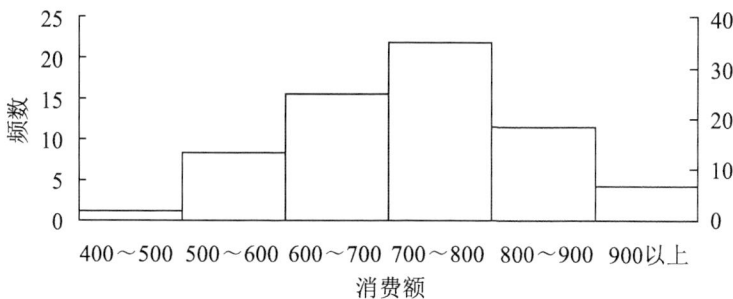

图2-57 60名住校学生月消费额直方图

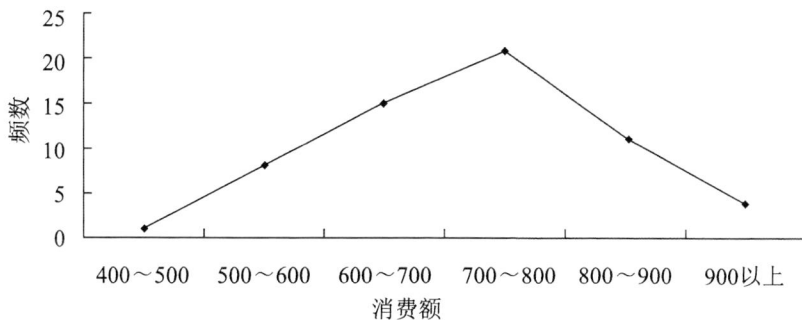

图2-58 60名住校学生月消费额折线图

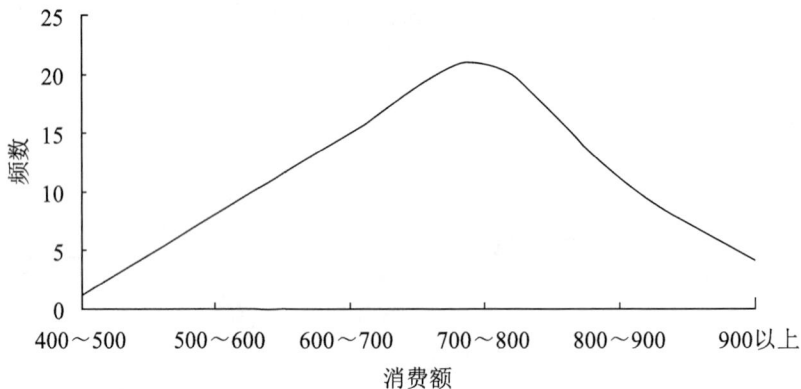

图2-59　60名住校学生月消费额曲线图

―――――― 实验十 ――――――

【实验名称】

利用Excel功能绘制K线图实验。

【实验目的】

熟悉Excel的基本操作。

训练利用Excel功能绘制K线图的操作。

【实验环境】

系统软件：Windows 2000、Windows 7、Windows 10或Windows XP。

应用软件：Excel 2000、Excel 2003、Excel 2007或Excel 2010。

【知识准备】

统计图是根据统计数字，用几何图形、事物形象和地图等绘制的各种图形。它具有直观、形象、生动、具体等特点。统计图可以使复杂的统计数字简单化、通俗化、形象化，使人一目了然，便于理解和比较。因此，统计图在统计资料整理与分析中占有重要地位，并得到广泛应用。

统计图一般由图形、图号、图目、图注等组成。常见的有圆形图、条形图、直方图、扇形图、K线图、折线图和曲线图等。

【实验资料】

已知某上市公司2015年8月3日—31日股价模拟数据如表2-8所示

表2-8　某上市公司股票交易模拟数据

元

日期	成交量	开盘价	最高价	最低价	收盘价
2015.8.3	6 868 705	17.07	17.78	16.92	17.40
2015.8.4	6 415 693	17.61	18.15	17.17	18.03
2015.8.5	6 144 053	18.17	18.35	17.82	18.33
2015.8.6	5 302 493	18.31	18.40	18.00	18.24
2015.8.7	5 569 122	18.41	18.46	17.85	18.08
2015.8.10	5 750 477	18.18	18.19	17.72	17.65

(续表)

日期	成交量	开盘价	最高价	最低价	收盘价
2015.8.11	6 497 330	17.38	17.97	17.12	17.35
2015.8.12	7 489 850	16.98	17.83	16.51	17.36
2015.8.13	7 679 892	17.52	17.90	17.18	17.61
2015.8.14	8 564 278	17.79	18.50	17.17	18.49
2015.8.17	10 541 235	19.16	19.51	19.32	19.24
2015.8.18	10 898 998	20.01	20.15	19.73	19.52
2015.8.19	9 252 137	19.33	19.69	19.16	19.12
2015.8.20	9 978 160	19.20	19.61	18.85	19.25
2015.8.21	10 720 738	19.82	20.25	19.20	20.14
2015.8.24	10 715 367	20.45	20.99	19.99	20.69
2015.8.25	9 142 965	20.91	21.16	20.46	20.75
2015.8.26	8 339 080	21.01	21.19	20.62	21.18
2015.8.27	8 272 253	21.25	21.31	20.75	21.15
2015.8.28	8 673 187	21.16	21.20	20.74	20.73
2015.8.31	8 863 478	20.76	21.67	20.69	21.08

【实验要求】

利用Excel功能绘制该上市公司2015年8月3日—31日股价K线图。

【实验步骤】

(1) 打开Excel工作簿，输入上市公司2015年8月3日—31日股价模拟数据资料，如图2-60所示。

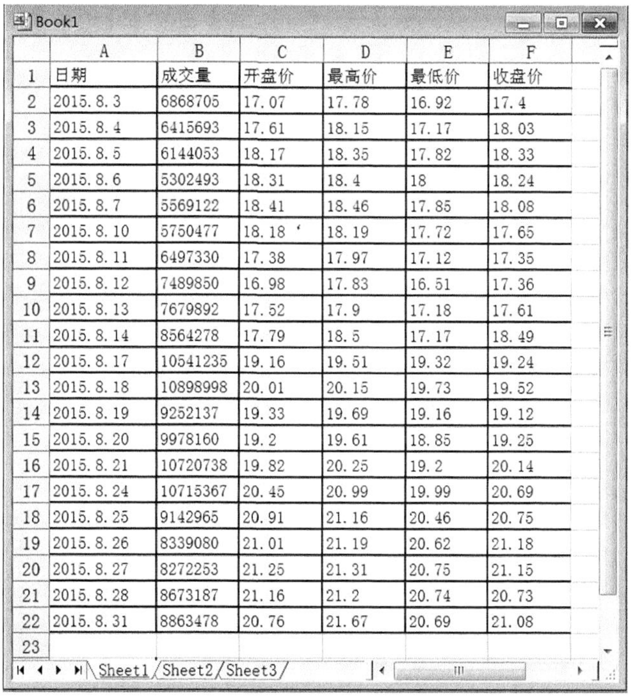

Book1

	A	B	C	D	E	F
1	日期	成交量	开盘价	最高价	最低价	收盘价
2	2015.8.3	6868705	17.07	17.78	16.92	17.4
3	2015.8.4	6415693	17.61	18.15	17.17	18.03
4	2015.8.5	6144053	18.17	18.35	17.82	18.33
5	2015.8.6	5302493	18.31	18.4	18	18.24
6	2015.8.7	5569122	18.41	18.46	17.85	18.08
7	2015.8.10	5750477	18.18	18.19	17.72	17.65
8	2015.8.11	6497330	17.38	17.97	17.12	17.35
9	2015.8.12	7489850	16.98	17.83	16.51	17.36
10	2015.8.13	7679892	17.52	17.9	17.18	17.61
11	2015.8.14	8564278	17.79	18.5	17.17	18.49
12	2015.8.17	10541235	19.16	19.51	19.32	19.24
13	2015.8.18	10898998	20.01	20.15	19.73	19.52
14	2015.8.19	9252137	19.33	19.69	19.16	19.12
15	2015.8.20	9978160	19.2	19.61	18.85	19.25
16	2015.8.21	10720738	19.82	20.25	19.2	20.14
17	2015.8.24	10715367	20.45	20.99	19.99	20.69
18	2015.8.25	9142965	20.91	21.16	20.46	20.75
19	2015.8.26	8339080	21.01	21.19	20.62	21.18
20	2015.8.27	8272253	21.25	21.31	20.75	21.15
21	2015.8.28	8673187	21.16	21.2	20.74	20.73
22	2015.8.31	8863478	20.76	21.67	20.69	21.08
23						

Sheet1 / Sheet2 / Sheet3

图2-60　某上市公司2015年8月3日—31日股价模拟数据资料

(2) 在"插入"工具栏中单击"图表向导"按钮，选择"股价图"，如图2-61所示。

图2-61　图表向导一

(3) 在"子图表类型"中选择子图为"成交量-开盘-盘高-盘低-收盘图"，如图2-62所示。

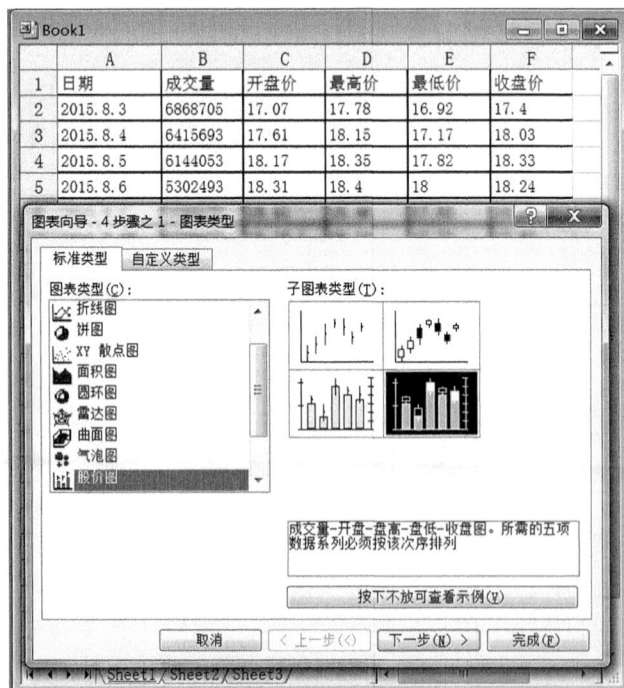

图2-62　图表向导二

(4) 单击"下一步"按钮，弹出"图表向导-4步骤之2-图表源数据"对话框，输入(或选择)数据区域，如图2-63所示。

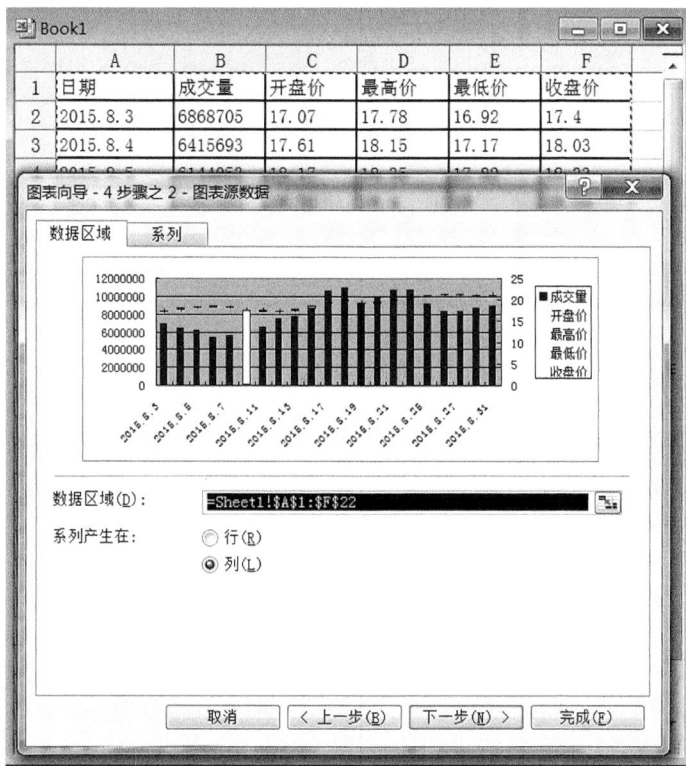

图2-63　图表向导三

(5) 单击"下一步"按钮，弹出"图表向导-4步骤之3-图表选项"对话框，选择"标题"选项卡，在"图表标题"栏内输入"K线图"，在数值(Y)轴栏内输入"成交量"，在"次数值(Y)轴"栏内输入"股价"，如图2-64所示。

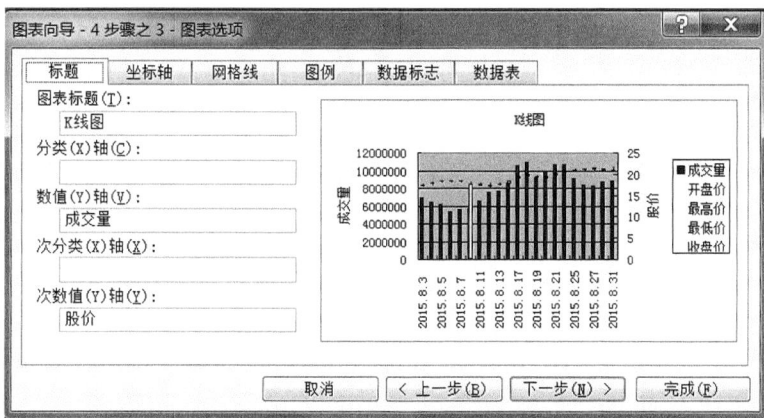

图2-64　图表向导四

(6) 选择"坐标轴"选项卡，在"主坐标轴"的"分类(X)轴"下点选"分类"按钮，如图2-65所示。

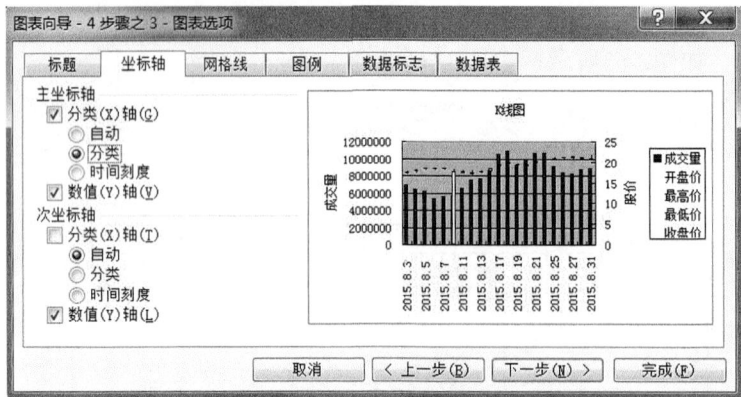

图2-65 图表向导五

(7) 选择"图例"选项卡，取消勾选"显示图例"复选框，如图2-66所示。

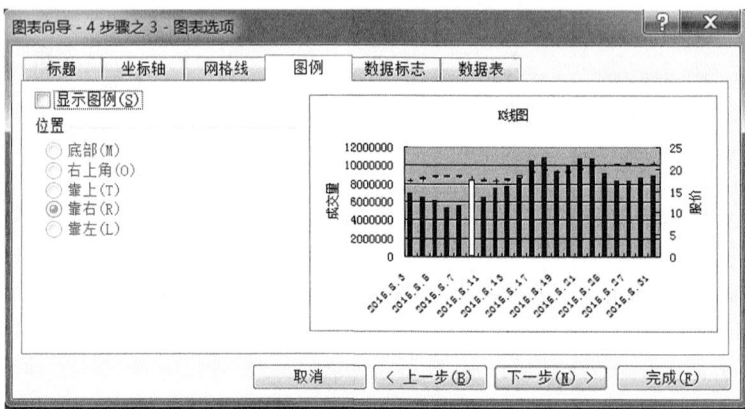

图2-66 图表向导六

(8) 单击"完成"按钮，得到K线图草图，如图2-67所示。

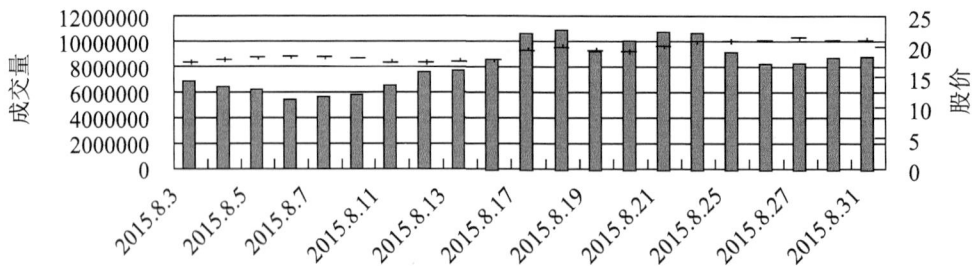

图2-67 K线图草图

(9) 修饰草图。双击"主数值轴"，在坐标轴格式对话框中选择"刻度"选项卡，将"最大值"设置为"20000000"，并把"显示单位"选择为"百万"，单击"确定"按钮；双击"次主数值轴"，在"坐标轴格式"对话框中，选择"数字"选项卡，选中"数值"，将"小数位数"设置为0，单击"确定"按钮；双击"分类轴"，在"坐标轴格式"对话框中，选择"字体"选项卡，将"字号"设置为8，单击"确定"按钮。

(10) 添加移动平均线。单击绘图区使之处于激活状态，再执行"图表"菜单中的"添加趋势线"命令，选择"移动平均"，将"周期"调至3，单击"确定"按钮；执行"视图"→"工具"→"绘图"命令，将绘图工具栏打开，单击"文本框"，在绘图区添加一个文本框，并输入"3日平均线"，再单击"↘"按钮，绘制箭头指向移动平均线，得到K线图，如图2-68所示。

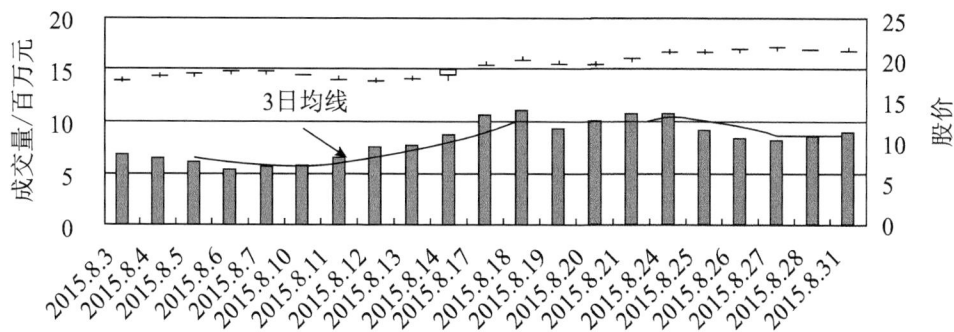

图2-68　K线图

第三节　模拟练习与参考答案

练习题一

【试验资料】

已知某县30个村的粮食种植情况资料，如表2-9所示。

表 2-9　30个村粮食种植情况资料

村庄编号	播种面积/公顷	耕地面积/公顷	粮食产量/吨
1	1 200	2 400	12 000
2	1 320	2 640	11 880
3	1 000	2 500	12 500
4	1 400	2 100	14 700
5	500	1 250	10 000
6	700	1 400	8 400
7	1 500	3 500	15 000
8	2 000	4 400	22 000
9	1 200	2 000	16 400
10	780	1 600	5 460
11	800	2 000	7 600
12	1 300	2 000	10 660
13	1 800	3 500	21 660
14	700	1 800	8 400

(续表)

村庄编号	播种面积/公顷	耕地面积/公顷	粮食产量/吨
15	1 800	3 800	27 000
16	1 000	2 500	17 000
17	1 050	2 300	13 650
18	950	1 700	6 650
19	1 050	1 600	8 400
20	1 350	2 600	21 600
21	1 200	2 400	10 200
22	2 000	4 300	15 050
23	2 150	4 100	24 600
24	800	1 400	4 900
25	1 600	2 400	11 200
26	1 800	3 400	13 600
27	1 400	1 800	12 600
28	1 300	2 600	20 800
29	1 800	3 600	19 800
30	500	1 100	8 150

【实验要求】

根据上述资料计算各村播种面积及平均亩产量，并按8 000吨以下、8 000～10 000吨、10 000～12 000吨、12 000～14 000吨、14 000～16 000吨、16 000吨以上分组，编制统计整理表。

【参考答案】

实验结果如图2-69所示。

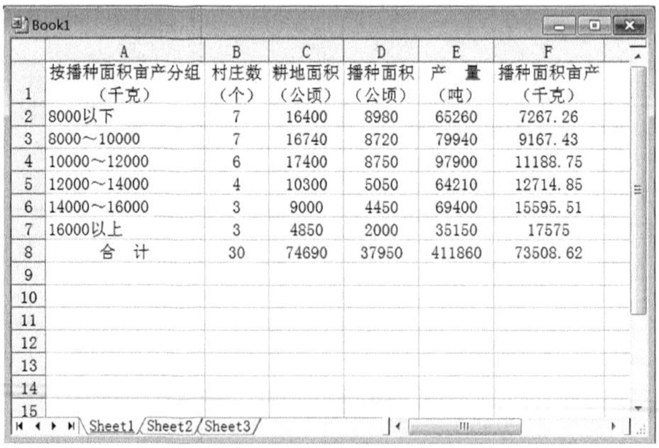

按播种面积亩产分组（千克）	村庄数（个）	耕地面积（公顷）	播种面积（公顷）	产 量（吨）	播种面积亩产（千克）
8000以下	7	16400	8980	65260	7267.26
8000～10000	7	16740	8720	79940	9167.43
10000～12000	6	17400	8750	97900	11188.75
12000～14000	4	10300	5050	64210	12714.85
14000～16000	3	9000	4450	69400	15595.51
16000以上	3	4850	2000	35150	17575
合 计	30	74690	37950	411860	73508.62

图2-69 练习题一答案

练习题二

【试验资料】

某民营企业100名工人月产量资料如下：

49	56	82	58	92	66	69	69	66	76
46	58	92	88	58	88	66	76	82	46
58	76	46	66	66	66	69.	69	58	69
66	69	76	88	69	58	69	58	69	76
69	88	58	69	58	76	76	82	92	46
76	66	66	76	69	88	52	58	58	66
82	52	76	92	82	69	82	69	76	88
69	69	58	66	49	58	69	82	88	58
58	69	66	88	58	69	66	52	88	69
66	88	82	58	66	88	52	58	58	66

【实验要求】

(1) 编制单项式变量数列。

(2) 编制组距式变量数列(分为5组)。

【参考答案】

实验结果如图2-70所示。

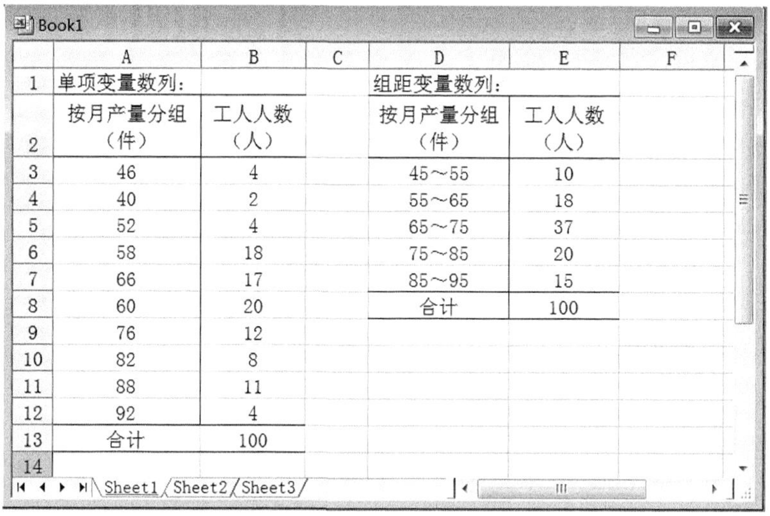

	A	B	C	D	E
1	单项变量数列:			组距变量数列:	
2	按月产量分组（件）	工人人数（人）		按月产量分组（件）	工人人数（人）
3	46	4		45～55	10
4	40	2		55～65	18
5	52	4		65～75	37
6	58	18		75～85	20
7	66	17		85～95	15
8	60	20		合计	100
9	76	12			
10	82	8			
11	88	11			
12	92	4			
13	合计	100			

图2-70　练习题二答案

练习题三

【试验资料】

已知某市属工业企业月生产资料，如表2-10所示。

表2-10　工业企业月生产资料

企业编号	工人/人	实际产值/万元	计划完成/%
1	340	230	100
2	510	370	102
3	620	400	90
4	750	700	101

(续表)

企业编号	工人/人	实际产值/万元	计划完成/%
5	810	640	99
6	790	920	110
7	840	680	90
8	1 320	1 890	120
9	1 140	940	95
10	100	70	104
11	90	80	100
12	140	100	102
13	150	120	98
14	200	174	99
15	1 220	1 420	100
16	1 440	1 400	100
17	1 420	1 760	113
18	950	1 010	109

【实验要求】

试根据表中资料，完成下列操作。

(1) 按企业计划完成程度分组，编制统计表。

(2) 按企业工人人数分组，编制统计表并说明企业规模与工人劳动生产率之间的关系。

【参考答案】

实验结果如图2-71所示。

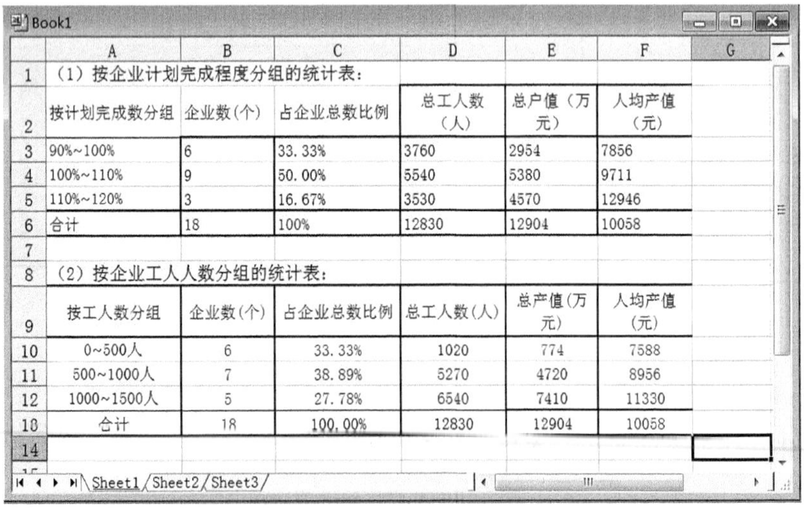

(1) 按企业计划完成程度分组的统计表：

按计划完成数分组	企业数(个)	占企业总数比例	总工人数（人）	总户值（万元）	人均产值（元）
90%~100%	6	33.33%	3760	2954	7856
100%~110%	9	50.00%	5540	5380	9711
110%~120%	3	16.67%	3530	4570	12946
合计	18	100%	12830	12904	10058

(2) 按企业工人人数分组的统计表：

按工人数分组	企业数(个)	占企业总数比例	总工人数(人)	总产值(万元)	人均产值(元)
0~500人	6	33.33%	1020	774	7588
500~1000人	7	38.89%	5270	4720	8956
1000~1500人	5	27.78%	6540	7410	11330
合计	18	100.00%	12830	12904	10058

图2-71 练习题三答案

通过观察图2-71中“总工人数”和“人均产值”两列数据的变化，可以看出，随着工人人数的增加，人均产值逐渐增加，即随着企业规模的扩大，工人的劳动生产率逐渐提高。从而表明，该市所属工业企业的工人劳动生产率随规模扩大而提高。

第三章　总量指标和相对指标实验

第一节　知识要点与主要公式

■ 一、知识要点

1. 总量指标

总量指标是社会经济统计的基础指标，总量指标的作用(意义)表现在以下几个方面。

(1) 反映一个国家的国情、国力，反映一个地区、一个部门或一个单位的基本情况(人、财、物)。

(2) 总量指标是制定政策和检验政策、制订计划和检查计划的基本依据。

(3) 总量指标是计算其他统计指标的基础。

总量指标按其反映现象总体内容的不同，可分为总体单位总量与总体标志总量；按反映时间状况的不同，可分为时期指标和时点指标。

计算和应用总量指标，必须确定指标的科学含义、包括的范围、计算方法和计量单位，在整理和综合过程中，上述几方面应该保持一致。

2. 相对指标

相对指标是两个有联系的指标对比的比值，反映现象的数量特征、数量关系和变动程度，可以用于社会经济现象、工作业绩的比较和评价。

常用的相对指标有结构相对数、比例相对数、动态相对数、强度相对数和计划完成程度相对数等。

(1) 结构相对指标。结构相对数是在分组的基础上，以各组总量与总体总量对比的相对数，是说明总体内部组成情况的一种相对数。它用百分数表示，一般用比重(包括频率)或比率表示，各组比重之和等于100%或1，分子、分母不能互换。

(2) 比例相对指标。比例相对指标是反映同一总体内部各个组成部分之间的数量对比关系的综合指标。例如，"男性：女性""医生：护士""教师：学生"以及城乡比，等等。又如，2000年中国出生婴儿性别比为119：92。比例相对指标通常用比的形式，也可用百分数、倍数形式表示，分子、分母可以互换。

(3) 计划完成程度相对指标。计划完成程度相对指标又称为计划完成相对数或计划完成百分比。它是用来反映现象计划完成情况的综合指标，一般用百分数表示，分子、分母不能互换。

有些现象要求"多快"为好，则使用正指标，计算结果超过100%为超额完成计划，低于100%为未完成计划；有些现象要求"少省"为好，则使用逆指标，计算结果低于100%为超额完成计划，高于100%为未完成计划。

(4) 动态相对指标。动态相对指标是指同类现象、同类指标在不同时间状态下的对比关系，是用来说明社会经济现象在时间上发展变化的方向和程度的综合指标，又称为发展速度，一般用百分数或倍数表示。通常把对比基础的时期称为基期，把所要计算和研究的时期称为报告期或计算期。动态相对指标的分子、分母不可以互换。

(5) 比较相对指标。比较相对指标是由不同总体的同期、同类指标进行对比而得到的相对数，它是说明某一现象在同一时间内各总体发展的不平衡程度的综合指标，一般用百分数、系数或倍数表示，分子、分母可以互换。

(6) 强度相对指标。强度相对指标是两个性质不同而有联系的属于不同总体的总量指标进行对比，用以说明现象的强度、密度或普及程度的综合指标。一般用复名数表示，如人口密度用"人/平方公里"，人均粮食产量用"千克/人"等指标；也有用无名数表示的，如人口自然增长率等。

强度相对数的分子、分母互逆：正指标，指标越大表明强度越高；逆指标，指标越大表明强度越弱。

运用相对指标进行比较、评价时，必须注意以下几点。

第一，正确选择对比标准的基数，基数必须符合所研究现象的性质特点。

第二，必须保证两个对比指标的可比性，经济内容、总体范围、计算方法、计量单位应一致。如果违反了可比性原则，计算的相对数就不能真实反映对象量的差异，不能做出客观的评价。

第三，必须把相对数和总量指标结合应用。相对数具有抽象性，可以揭示现象的相对差异程度，但会掩盖现象之间在绝对量上的差别。

■ 二、主要公式

1. 结构相对指标
结构相对指标的计算公式为

$$结构相对指标 = \frac{总体的各组(或部分)总量}{总体的总量} \times 100\%$$

2. 比例相对指标
比例相对指标的计算公式为

$$比例相对指标 = \frac{总体中某一部分数值}{总体中另一部分数值}$$

3. 计划完成程度相对指标
计划完成程度相对指标的基本公式为

$$计划完成程度相对指标 = \frac{实际完成数}{计划任务数} \times 100\%$$

检查中长期计划执行情况的水平法的计算公式为

$$计划完成程度 = \frac{计划期末实际水平}{计划规定期末应达到水平} \times 100\%$$

检查中长期计划执行情况的累计法的计算公式为

$$计划完成程度 = \frac{5年计划期间累计完成数}{5年计划规定累计数} \times 100\%$$

计划任务数为相对数时，计划完成程度相对数的计算公式为

$$计划完成程度相对数 = \frac{实际为上年的百分数}{计划为上年的百分数} \times 100\%$$

或者

$$计划完成程度相对数 = \frac{1 \pm 实际提高(或降低)百分数}{1 \pm 计划提高(或降低)百分数} \times 100\%$$

4. 动态相对指标

动态相对指标的计算公式为

$$动态相对指标 = \frac{报告期指标}{基期指标} \times 100\%$$

5. 比较相对指标

比较相对指标的计算公式为

$$比较相对指标 = \frac{某总体单位(国家、地区、部门或单位)的指标值}{另一总体单位(国家、地区、部门或单位)的同类指标值}$$

6. 强度相对指标

强度相对指标的计算公式为

$$强度相对指标 = \frac{某一总量指标数值}{另一有联系但性质不同的总量数值}$$

第二节　实验课题与参考答案

—————— 实验一 ——————

【实验名称】

总量指标以及结构相对指标、比例相对指标、强度相对指标和动态相对指标的计算。

【实验目的】

熟悉Excel的基本操作。

训练总量指标和相对指标的计算。

【实验环境】

系统软件：Windows 2000、Windows 7、Windows 10或Windows XP。

应用软件：Excel 2000、Excel 2003、Excel 2007或Excel 2010。

【知识准备】

总量指标是以绝对数反映的统计数字，表现事物在一定条件下的总水平和总规模。

相对指标的表现形式是相对数，相对指标是将两个性质相同或相关的指标数值通过对比求得商数或比例，用以反映现象总体内部的结构、比例、发展状况或彼此之间的对比关系，相关的计算公式为

$$结构相对指标 = \frac{总体的各组(或部分)总量}{总体的总量} \times 100\%$$

$$比例相对指标 = \frac{总体中某一部分数值}{总体中另一部分数值}$$

$$动态相对指标 = \frac{报告期指标}{基期指标} \times 100\%$$

$$强度相对指标 = \frac{某一总量指标数值}{另一有联系但性质不同的总量数值}$$

【实验资料】

我国的人口和国土面积资料如表3-1所示。

表3-1　我国的人口和国土面积数据资料表

指标	根据第四次人口普查调整数	
	1982年	1990年
人口总数/万人	101 654	114 333
男	52 352	58 904
女	49 302	55 429
国土面积/平方公里	9 600 000	9 600 000

【实验要求】

计算全部可能计算的相对指标，并指出它们分别属于哪一种相对指数。

【实验步骤】

(1) 根据题意可以分别计算男女比重、性别比例、人口密度、人口增长速度等相对指标，计算工作表样式如图3-1所示。

(2) 计算男性人口占总人口的比重。具体方法：在B7单元格中输入计算相对指标的公式"=B4/B3"，确认以后向右填充到C7单元格。

(3) 计算女性人口占总人口的比重。具体方法：在B8单元格中输入计算相对指标的公式"=B5/B3"，确认以后向右填充到C8单元格。

(4) 计算性别比例。具体方法：在B9单元格中输入计算相对指标的公式"=B4/B5"，确认以后向右填充到C9单元格。

(5) 计算人口密度。具体方法：在B10单元格中输入计算相对指标的公式"=B3/

B6", 确认以后向右填充到C10单元格。

图3-1 计算工作表

(6) 计算人口增长速度。具体方法: 在C11单元格中输入计算相对指标的公式 "=(C3-B3)/B3"。

(7) 调整表格的小数点和边框线。注意人口密度保留整数, 其他结果保留为百分号或2位小数。

【参考答案】

完成的计算结果如图3-2所示。

图3-2 计算结果表

计算结果显示, 在所计算的相对指标中, 男性人口占总人口比重(%)和女性人口占总人口比重(%)为结构相对数, 性别比例为比例相对数, 人口密度为强度相对数, 人口增长速度为动态相对数。

——————— 实验二 ———————

【实验名称】

比较相对指标、结构相对指标和动态相对指标的计算。

【实验目的】

熟悉Excel的基本操作。

训练相对指标的计算。

【实验环境】

系统软件：Windows 2000、Windows 7、Windows 10或Windows XP。

应用软件：Excel 2000、Excel 2003、Excel 2007或Excel 2010。

【知识准备】

相对指标的种类大致有：计划完成程度相对指标、结构相对指标、比较相对指标、比例相对指标、动态相对指标和强度相对指标等。强度相对指标是两个性质不同而又有联系的现象总量指标的对比，因此，使用复名数表示，其他各种相对数指标均为无名数。比较相对指标的相关计算公式为

$$比较相对指标 = \frac{某总体单位(国家、地区、部门或单位)的指标值}{另一总体单位(国家、地区、部门或单位)的同类指标值}$$

$$结构相对指标 = \frac{总体的各组(或部分)总量}{总体的总量} \times 100\%$$

$$动态相对指标 = \frac{报告期指标}{基期指标} \times 100\%$$

【实验资料】

假设某县级市基期和报告期农业总产值资料如表3-2所示。

表3-2　农业总产值资料

万元

农业项目	基期	报告期
种植业	1 415.3	1 929.7
林业	94.5	145.2
牧业	339.6	554.5
渔业	115.1	273.7
农业总产值	1 964.5	2 903.1

【实验要求】

根据以上资料，完成下列要求。

(1) 分别计算该县基期和报告期林业、牧业、渔业产值与种植业产值的百分比，并指出其为何种相对数。

(2) 分别计算该县基期和报告期种植业、林业、牧业、渔业产值占农业总产值的比重，并说明其为何种相对数。

(3) 将表3-2中的基期和报告期资料进行对比，说明其为何种指标，若是相对数，指出其为何种相对数。

(4) 简单分析基期和报告期农业总产值的变化情况。

【实验步骤】

(1) 编制计算工作表，分别列示初始数据表格中的基期和报告期数据，最后在表的右侧增加1列，计算基期和报告期相比的百分比。

具体样式如图3-3所示。

图3-3　计算工作表

(2) 计算基期的农业总产值中各行业所占的比重。具体方法：在C3单元格中输入公式"=SUM(C5：C8)"，在C5单元格中输入公式"=B5/$B$3"，确认后向下填充到C8单元格。

(3) 计算报告期的农业总产值中各行业所占的比重。具体方法：在F3单元格中输入公式"=SUM(F5：F8)"，在F5单元格中输入公式"=E5/$E$3"，确认后向下填充到F8单元格。

(4) 计算基期的各行业与种植业比较的百分比。具体方法：在D6单元格中输入公式"=B6/$B$5"，确认后向下填充到B8单元格。

(5) 计算报告期的各行业与种植业比较的百分比。具体方法：在G6单元格中输入公式"=F6/$F$5"，确认后向下填充到G8单元格。

(6) 计算报告期与基期相比较的百分比。具体方法：在H3单元格中输入公式"=E3/B3"，确认后向下填充到H8单元格，最后将H4单元格中的内容清除。

(7) 将各相关单元格的数值调整为百分比格式，小数点保留2位。

(8) 在表格的最下面一行中分别填上各个相对指标的类别名称。

(9) 适当调整表格的边框线，完成全部操作。

【参考答案】

完成的计算结果如图3-4所示。

(1) 计算结果中林业、牧业、渔业产值与种植业产值的百分比，是同一总体内不同部分之间的对比，故属于比较相对数。

(2) 种植业、林业、牧业、渔业产值占农业总产值的比重属于结构相对数。

(3) 图3-4中报告期与基期的百分比是动态相对数。

【简要分析】

在基期农业总产值中，种植业产值占72.04%，反映农业以种植业为主单一经营。在报告期这一现象有所好转，种植业的比重降低到66.47%，而林业、牧业、渔业产值所占的比重均有所提高，这说明该县开始走农、林、牧、渔全面发展的道路。

	基　　期			报　告　期			报告期为基期的%
	产　值（万元）	比重%	为种植业的%	产　值（万元）	比重%	为种植业的%	
农业总产值	1964.5	100	—	2903.1	100	—	147.78
其中：							
种植业	1415.3	72.04	—	1929.7	66.47	—	136.35
林业	94.5	4.81	6.68	145.2	5	7.52	153.65
牧业	339.6	17.29	23.99	554.5	19.1	28.74	163.28
渔业	115.1	5.86	8.13	273.7	9.43	14.18	237.79
相对数种类	—	结构相对数	比较相对数	—	结构相对数	比较相对数	动态相对数

图3-4　计算结果表

实验二

【实验名称】

各种相对指标的计算。

【实验目的】

熟悉Excel的基本操作和各种相对指标的计算。

【实验环境】

系统软件：Windows 2000、Windows 7、Windows 10或Windows XP。

应用软件：Excel 2000、Excel 2003、Excel 2007或Excel 2010。

【知识准备】

首先，在不同年份下，将农、轻、重产值除以总产值，可得到各自占总产值的比重，即结构相对指标；其次，分别在不同年份下，将农、轻、重产值作对比，即相对指标；最后，连续用下年度数据与上年度数据作对比，可得到动态相对指标。相关的计算公式为

$$结构相对指标 = \frac{总体的各组(或部分)总量}{总体的总量} \times 100\%$$

$$比例相对指标 = \frac{总体中某一部分数值}{总体中另一部分数值}$$

$$动态相对指标 = \frac{报告期指标}{基期指标} \times 100\%$$

【实验资料】

已知某市1949年以来各历史时期的农业、轻工业和重工业产值资料，如表3-3所示。

表3-3　某市各历史时期的产值资料汇总表

万元

年份	农、轻、重产值合计	其中		
		农业	轻工业	重工业
1949	4 160	1 951	183	2 026
1952	6 288	2 717	363	3 208
1957	10 827	3 877	702	6 248
1965	28 851	4 927	5 100	18 824
1970	43 529	7 717	13 391	22 421
1975	63 857	13 016	19 694	31 147
1976	68 862	13 629	22 965	22 207
1977	74 970	14 808	25 506	34 656
1978	88 029	16 079	30 711	41 239
1979	101 497	17 356	35 727	8 414
1980	115 402	18 918	40 275	56 209

【实验要求】

根据表3-3的资料，计算下列指标。

(1) 计算各种结构相对指标、比例相对指标。

(2) 分别计算农业、轻工业、重工业和总产值的动态相对指标。

【实验步骤】

(1) 编制计算工作表，计算结构相对指标和比例相对指标，将数据填入初始数据表格中，留出计算比重和产值比例的单元格。其中，农业、轻工业、重工业产值的比例栏由5列组成，第2列和第5列分别填上比例号“：”，如图3-5所示。

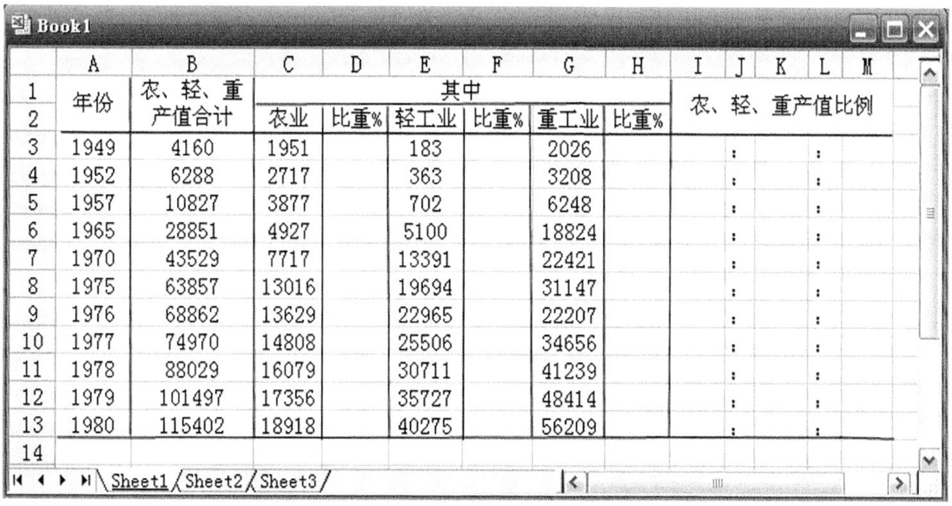

	A	B	C	D	E	F	G	H	I	J	K	L	M
1	年份	农、轻、重产值合计	其中						农、轻、重产值比例				
2			农业	比重%	轻工业	比重%	重工业	比重%					
3	1949	4160	1951		183		2026			:		:	
4	1952	6288	2717		363		3208			:		:	
5	1957	10827	3877		702		6248			:		:	
6	1965	28851	4927		5100		18824			:		:	
7	1970	43529	7717		13391		22421			:		:	
8	1975	63857	13016		19694		31147			:		:	
9	1976	68862	13629		22965		22207			:		:	
10	1977	74970	14808		25506		34656			:		:	
11	1978	88029	16079		30711		41239			:		:	
12	1979	101497	17356		35727		48414			:		:	
13	1980	115402	18918		40275		56209			:		:	
14													

图3-5　结构相对指标和比例相对指标计算工作表

(2) 计算历年农业所占的比重。具体方法：在D3单元格中输入公式"=C3/B3"，确认后向下填充到D13单元格。

(3) 计算历年重工业所占的比重。具体方法：在F3单元格中输入公式"=E3/B3"，确认后向下填充到F13单元格。

(4) 计算历年轻工业所占的比重。具体方法：在H3单元格中输入公式"=G3/B3"，确认后向下填充到H13单元格。

(5) 计算农业、轻工业、重工业产值所占的比例，首先以农业为1，在"农、轻、重产值比例"栏的第1列全部填上1，在第3列计算重工业的产值比例。具体方法：在K3单元格中输入公式"=E3/C3"，确认后向下填充到K13单元格。

(6) 在第5列计算轻工业的产值比例。具体方法：在M3单元格中输入公式"=G3/C3"，确认后向下填充到M13单元格。

调整表格的列宽和数字的格式，即完成结构相对指标和比例相对指标的计算。

(7) 计算动态相对指标。具体方法：在计算结构相对指标和比例相对指标的表格的右边空1列，编制动态相对指标的计算工作表，如图3-6所示。

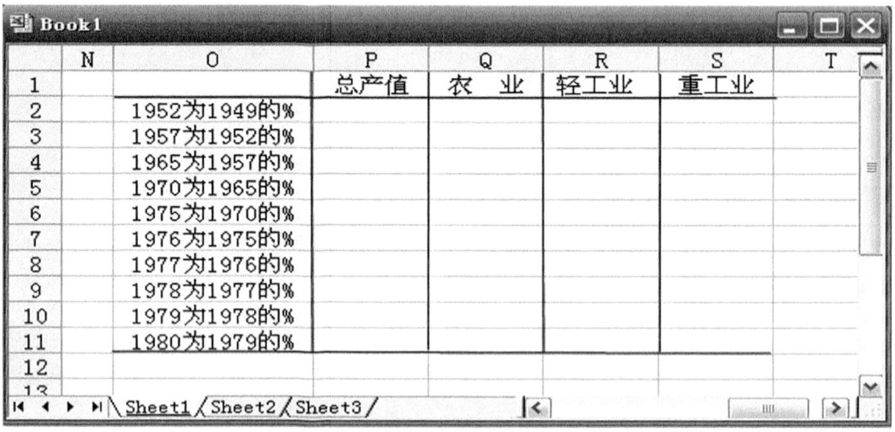

图3-6 动态相对指标计算工作表

(8) 计算总产值的动态相对指标。具体方法：在P2单元格中输入公式"=B4/B3"，从前面的表中引用数据，确认后向下填充到P11单元格。

(9) 计算农业的动态相对指标。具体方法：在Q2单元格中输入公式"=C4/C3"，确认后向下填充到Q11单元格。

(10) 计算重工业的动态相对指标。具体方法：在R2单元格中输入公式"=E4/E3"，确认后向下填充到R11单元格。

(11) 计算轻工业的动态相对指标。具体方法：在S2单元格中输入公式"=G4/G3"，确认后向下填充到S11单元格。

调整表格的列宽和数字的格式，即完成动态相对指标的计算。

【参考答案】

完成的计算结果如图3-7、图3-8所示。

	A	B	C	D	E	F	G	H	I	J	K	L	M	N
1	年份	农、轻、重产值合计	其中						农、轻、重产值比例					
2			农业	比重%	轻工业	比重%	重工业	比重%						
3	1949	4160	1951	46.9	183	4.4	2026	48.7	1	:	0.09	:	1.04	
4	1952	6288	2717	43.21	363	5.77	3208	51.02	1	:	0.13	:	1.18	
5	1957	10827	3877	35.81	702	6.48	6248	57.71	1	:	0.18	:	1.61	
6	1965	28851	4927	17.08	5100	17.68	18824	65.25	1	:	1.04	:	3.82	
7	1970	43529	7717	17.37	13391	30.76	22421	51.51	1	:	1.74	:	2.91	
8	1975	63857	13016	20.38	19694	30.84	31147	48.78	1	:	1.51	:	2.39	
9	1976	68862	13629	19.79	22965	33.35	22207	32.25	1	:	1.69	:	1.63	
10	1977	74970	14808	19.75	25506	34.02	34656	46.23	1	:	1.72	:	2.34	
11	1978	88029	16079	18.27	30711	34.89	41239	46.85	1	:	1.91	:	2.56	
12	1979	101497	17356	17.1	35727	35.2	48414	47.7	1	:	2.06	:	2.79	
13	1980	115402	18918	16.39	40275	34.9	56209	48.71	1	:	2.13	:	2.97	
14														

图3-7　结构相对指标、比例相对指标计算结果表

	N	O	P	Q	R	S	T
1			总产值	农 业	轻工业	重工业	
2		1952为1949的%	151.15	139.26	198.36	158.34	
3		1957为1952的%	172.19	142.69	193.39	194.76	
4		1965为1957的%	266.47	127.08	726.50	301.28	
5		1970为1965的%	150.88	156.63	262.57	119.11	
6		1975为1970的%	146.70	168.67	147.07	138.92	
7		1976为1975的%	107.84	104.71	116.61	71.30	
8		1977为1976的%	108.87	108.65	111.06	156.06	
9		1978为1977的%	117.42	108.58	120.41	119.00	
10		1979为1978的%	115.30	107.94	116.33	117.40	
11		1980为1979的%	113.70	109.00	112.73	116.10	
12							

图3-8　动态相对指标计算结果表

实验四

【实验名称】

总量指标、比较相对指标和强度相对指标的计算。

【实验目的】

熟悉Excel的基本操作。

训练各种相对指标的计算。

【实验环境】

系统软件：Windows 2000、Windows 7、Windows 10或Windows XP。

应用软件：Excel 2000、Excel 2003、Excel 2007或Excel 2010。

【知识准备】

分别就两个不同总体的总量指标和强度相对数指标进行对比，求出各自的比较相对

指标，计算公式为

$$\text{比较相对指标}=\frac{\text{某总体单位(国家、地区、部门或单位)的指标值}}{\text{另一总体单位(国家、地区、部门或单位)的同类指标值}}$$

$$\text{强度相对指标}=\frac{\text{某一总量指标数值}}{\text{另一有联系但性质不同的总量数值}}$$

【实验资料】

反映A国和B国某年经济实力的有关资料如表3-4所示。

表3-4　A、B两国经济实力有关资料

项目	单位	A国	B国
人口数	万人	25 870	21 682
劳动力就业数	万人	11 884	8 749
国民生产总值	亿美元	9 370	16 920
国民收入	亿美元	6 220	9 350
谷物总产量	万吨	18 795	26 143
钢产量	万吨	14 00	11 600
军费开支	亿美元	1 270	1 027

【实验要求】

根据以上资料，就A、B两国的总量指标和强度相对数指标分别进行对比，求出各自的比较相对指标，并进行分析。

【实验步骤】

(1) 编制表格，计算总量指标并对比，如图3-9所示。

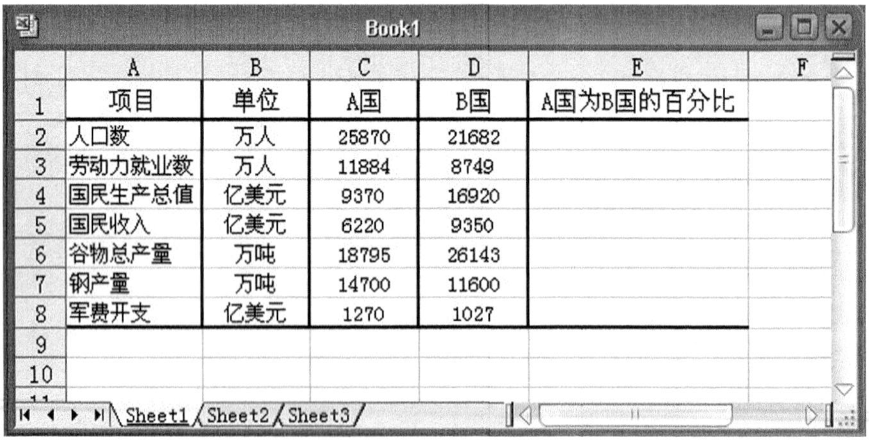

项目	单位	A国	B国	A国为B国的百分比
人口数	万人	25870	21682	
劳动力就业数	万人	11884	8749	
国民生产总值	亿美元	9370	16920	
国民收入	亿美元	6220	9350	
谷物总产量	万吨	18795	26143	
钢产量	万吨	14700	11600	
军费开支	亿美元	1270	1027	

图3-9　总量指标比较工作表

(2) 计算A国与B国的百分比。具体方法：在E2单元格中输入公式“=C2/D2”，确认后向下填充到E8单元格，如图3-10所示。

图3-10　A国与B国的百分比计算表

(3) 在上述总量指标比较工作表的下面空一行，编制强度相对指标比较工作表，如图3-11所示。

图3-11　强度相对指标比较工作表

（4）计算人均国民生产总值。具体方法：在B11单元格中输入公式"=C4/C2*10000"，完成后向右填充到C11单元格。

(5) 计算人均国民收入。具体方法：在B12单元格中输入公式"C5/C2*10000"，完成后向右填充到C12单元格。

(6) 计算人均谷物产量。具体方法：在B13单元格中输入公式"=C6/C2*10000"，完成后向右填充到C13单元格。

(7) 计算人均钢产量。具体方法：在B14单元格中输入公式"=C7/C2*10000"，完成后向右填充到C14单元格。

(8) 计算人均负担军费开支。具体方法：在B15单元格中输入公式"=C8/C2*10000"，完成后向右填充到C15单元格。

(9) 计算平均每万人的就业人数。具体方法：在B16单元格中输入公式"=C3/C2*10000"，完成后向右填充到C16单元格。

(10) 计算各强度相对指标，即A国与B国的百分比。具体方法：在D11单元格中输入公式"=B11/C11"，确认后向下填充到D16单元格。

(11) 最后适当调整各单元格的数字格式和百分比符号。

【参考答案】

完成的总量指标比较结果表和强度相对指标比较结果表如图3-12和图3-13所示。

图3-12　总量指标比较结果表

图3-13　强度相对指标比较结果表

从图3-12、图3-13中可以看出，A国在钢产量和军费开支两方面，不论从总量指标还是从强度相对指标来看，均高于B国，而其他经济指标却远低于B国。可见，A国比B国更重视钢的生产和军队建设。

———————————— 实验五 ————————————

【实验名称】

计划完成程度相对指标的计算。

【实验目的】

熟悉Excel的基本操作。

训练计划完成程度相对指标的计算。

【实验环境】

系统软件：Windows 2000、Windows 7、Windows 10或Windows XP。

应用软件：Excel 2000、Excel 2003、Excel 2007或Excel 2010。

【知识准备】

计划完成程度相对指标是以实际数除以计划数求得的。计划完成程度相对指标的基本公式为

$$\text{计划完成程度相对指标} = \frac{\text{实际完成数}}{\text{计划任务数}} \times 100\%$$

【实验资料】

已知某食品加工企业某月上、中、下旬产品产量资料，如表3-5所示。

表3-5　产量数据资料表

项目	月份产量/吨	其中		
		上旬	中旬	下旬
本月计划	48 000	16 000	16 000	16 000
本月实际	49 163	13 456	15 208	20 499

【实验要求】

试计算各旬和全月计划完成程度相对指标，并加以分析。

【实验步骤】

(1) 打开Excel，按图3-14的格式输入表3-5中的数据，然后在表的下方增加两行，用以计算计划完成程度的百分比和超产或欠产的产量。

(2) 计划完成程度相对指标的计算。具体方法：在B5单元格中输入公式“=B4/B3”，确认后向右填充到E5单元格。

(3) 超产或欠产的产量计算。具体方法：在B6单元格中输入公式“=B4-B3”，确认后向右填充到E6单元格。

(4) 最后适当调整各单元格的数字格式和百分比符号。

【参考答案】

完成的计算结果如图3-14所示。

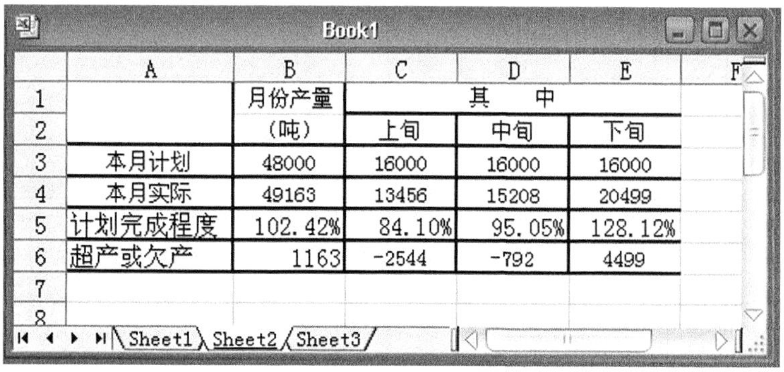

	A	B	C	D	E
1		月份产量	其　中		
2		（吨）	上旬	中旬	下旬
3	本月计划	48000	16000	16000	16000
4	本月实际	49163	13456	15208	20499
5	计划完成程度	102.42%	84.10%	95.05%	128.12%
6	超产或欠产	1163	-2544	-792	4499

图3-14　计算结果表

从图3-14中可以看出，该企业本月完成了生产任务，并超产1 163吨，但是生产任务完成得不均衡。上旬只完成本旬计划的84.1%，欠产2 544吨；中旬也没有完成计划，欠产792吨，只完成本旬计划的95.05%；下旬增加了生产量，超产4 499吨，超额完成本旬计划

的28.12%。从总体来看，明显存在“月初松、月末紧”的情况，因此，应注意科学规划，均衡组织企业各阶段的生产。

第三节　模拟练习与参考答案

练习题一

【实验资料】

已知1985年、1990年、1995年、2000年和2001年我国农村居民家庭人均纯收入的资料，如表3-6所示。

表3-6　我国农村居民家庭人均纯收入资料

元

年份 产业	1985	1990	1995	2000	2001
第一产业收入	298.28	510.86	996.51	1125.34	1165.17
第二产业收入	29.47	70.68	287.24	488.89	532.61
第三产业收入	39.95	75.81	195.74	515.35	533.80

【实验要求】

根据上述资料计算每年3个产业的总收入，以及每年3个产业的结构相对指标、比例相对指标。

【参考答案】

参考答案如图3-15所示。

Book1

	A	B	C	D	E	F	G	H	I
1									单位:元
2	年份	总收入	第一产业		第二产业		第三产业		三种产业比例
3			收入	比重%	收入	比重%	收入	比重%	
4	1985	367.7	298.28	81.12	29.47	8.01	39.95	10.86	7.466:0.736:1
5	1990	657.35	510.86	77.72	70.68	10.75	75.81	11.53	6.739:0.932:1
6	1995	1479.49	996.51	67.35	287.24	19.41	195.74	13.23	5.091:1.467:1
7	2000	2129.58	1125.34	52.84	488.89	22.96	515.35	24.2	2.184:0.948:1
8	2001	2231.58	1165.17	52.21	532.61	23.87	533.8	23.92	2.183:0.997:1
9									
10									
11									

Sheet1 Sheet2 Sheet3

图3-15　练习题一参考答案

练习题二

【实验资料】

已知部分国家国民收入的有关资料，如表3-7所示。

表3-7　部分国家国民收入资料

项目 / 国家	国民收入估计数/亿美元				1970 年人口数/百万人
	1960年	1965年	1969年	1970年	
美国	4 623	6 283	8 382	8 754	204.88
日本	393	769	1 441	1 714	104.33
法国	549	891	1 271	1 323	50.77
德国	659	1 035	1 370	1 661	59.43
英国	668	928	1 014	1 110	55.41
意大利	320	539	766	852	53.66

【实验要求】

根据以上资料计算各种比较相对数、强度相对数及动态相对数，通过列表进行分析。

【参考答案】

参考答案如图3-16所示。

国家	各国相对美国的比例数				国民收入变动情况(%)			人均国民收入(美元/人)
	1960年	1965年	1969年	1970年	65为60	69为65	70为69	
美国	—	—	—	—	135.91	133.41	104.44	2256.44
日本	8.5	12.24	17.19	19.58	195.67	187.39	118.95	376.69
法国	11.88	14.18	15.16	15.11	162.3	142.65	104.09	1081.35
西德	14.25	16.47	16.34	18.97	157.06	132.37	121.24	1108.87
英国	14.45	14.77	12.1	12.68	138.92	109.27	109.47	1205.56
意大利	6.92	8.58	9.14	9.73	168.44	142.12	111.23	596.35

图3-16　练习题二参考答案

第四章　平均指标实验

第一节　知识要点与主要公式

■ 一、知识要点

1. 算术平均数

算术平均数是由总体标志总量除以总体单位总量求得的。算术平均数有简单算术平均数和加权算术平均数两种。权数的权衡轻重作用体现为各标志值对平均数的影响，权数大的标志值对平均数的影响相应较大，权数小的标志值对平均数的影响相应较小。

2. 调和平均数

调和平均数是各标志值倒数的平均数的倒数，分为简单调和平均数和加权调和平均数两种。调和平均数是算术平均数的变形。

3. 几何平均数

几何平均数是n项标志值连乘积的n次方根，也分为简单几何平均数和加权几何平均数两种。如果现象变化的总比率或总速度是各项比率或各项速度的连乘积，就适合用几何平均数计算平均比率或平均速度。

4. 众数

众数是总体中出现次数最多的标志值，在分布曲线图上，曲线的最高点对应的标志值就是众数。

5. 中位数

中位数是总体各单位按大小顺序序列化后，处于数列中点位置那个单位的标志值。

中位数的概念表明，总体中有一半单位的标志值大于中位数，有一半单位的标志值小于中位数。

6. 极差

极差是总体中两个极端标志值的差。四分位差则是剔除最大和最小各1/4单位后的极差。

7. 标准差

标准差是方差的平方根，它利用"各个标志值与其算术平均数离差平方和为最小"的数学性质，即$\sum_{i=1}^{n}\left(x_i - \overline{x}\right)^2 = \min$，因此是测定标志变异程度最灵敏的指标。

8. 变异系数

变异系数等于绝对量变异指标除以算术平均数，最常用的变异系数是标准差系数，计算公式为

$$V = \frac{\sigma}{\overline{x}}$$

9. 偏度与峰度

偏度是指频数分配的不对称程度或偏斜程度。偏度指标等于三阶中心动差除以标准差的3次方。峰度是指频数分布的集中程度，也就是分布曲线的尖峭程度。峰度指标等于四阶中心动差除以标准差的4次方再减去3。

■ 二、主要公式

1. 简单算术平均数

计算公式为

$$\overline{x} = \frac{x_1 + x_2 + \cdots + x_n}{n} = \frac{\sum\limits_{i=1}^{n} x_i}{n}$$

式中：

$\overline{x}$ 表示算术平均数；

x 表示总体各单位标志值；

n 表示总体单位数。

2. 加权算术平均数

计算公式为

$$\overline{x} = \frac{x_1 f_1 + x_2 f_2 + \cdots + x_n f_n}{f_1 + f_2 + \cdots + f_n} = \frac{\sum\limits_{i=1}^{n} x_i f_i}{\sum\limits_{i=1}^{n} f_i} \text{或} = \sum\limits_{i=1}^{n} x_i \left(\frac{f_i}{\sum\limits_{i=1}^{n} f_i} \right)$$

或简化为

$$\overline{x} = \frac{\sum xf}{\sum f} \text{或} \overline{x} = \sum x \left(\frac{f}{\sum f} \right)$$

式中：

f 表示频数；

$\dfrac{f}{\sum f}$ 表示频率。

3. 简单调和平均数

计算公式为

$$H = \frac{n}{\sum \frac{1}{x}}$$

式中：

H表示调和平均数；

n表示总体单位数。

4. 加权调和平均数

计算公式为

$$H = \frac{\sum m}{\sum \frac{m}{x}}$$

式中：

m表示各单位或各组标志值对应的标志总量。

5. 简单几何平均数

计算公式为

$$G = \sqrt[n]{x_1 x_2 \cdots x_n} = \sqrt[n]{\Pi x}$$

式中：

G表示几何平均数。

6. 加权几何平均数

计算公式为

$$G = \sqrt[f_1+f_2+\cdots+f_n]{x_1^{f_1} x_2^{f_2} \cdots x_n^{f_n}} = \sqrt[\sum f]{\Pi x^f}$$

7. 具有某种标志表现的单位数所占的成数

计算公式为

$$P = N_1 / N$$

式中：

P表示具有某种标志表现的单位数所占的成数；

N表示总体单位数；

N_1表示具有某种标志表现的单位数。

8. 不具有某种标志表现的单位数所占的成数

计算公式为

$$q = N_0 / N$$

式中：

q表示不具有某种标志表现的单位数所占的成数；

N_0表示不具有某种标志表现的单位数。

9. 是非标志的平均数

计算公式为

$$\overline{X}_p = \frac{\sum Xf}{\sum f} = \frac{1 \times N_1 + 0 \times N_0}{N} = \frac{N_1}{N} = P$$

式中：

$\overline{X}_p$表示是非标志的平均数；

X表示总体各单位标志值。

10. 众数

(1) 由单项数列确定众数的方法。出现次数最多的标志值就是众数M_0。

(2) 由组距数列确定众数的方法。下限公式与上限公式依次为

$$M_0 = L + \frac{\Delta_1}{\Delta_1 + \Delta_2} d$$

$$M_0 = U - \frac{\Delta_2}{\Delta_1 + \Delta_2} d$$

式中：

M_0表示众数；

L表示众数所在组的下限值；

U表示众数所在组的上限值；

d表示组距，即$(U–L)$；

f_1表示该组次数与前一组次数之差；

f_2表示该组次数与后一组次数之差。

11. 中位数

(1) 由未分组资料确定中位数，公式为

$$中位数M_e的位次 = \frac{n+1}{2}$$

(2) 由单项数列确定中位数，公式为

$$中位数M_e的位次 = \frac{\sum f}{2}$$

(3) 由组距数列确定中位数。下限公式(向上累计时用)和上限公式(向下累计时用)依次为

$$M_e = L + \frac{\frac{\sum f}{2} - S_{m-1}}{f_m} d$$

$$M_e = U - \frac{\frac{\sum f}{2} - S_{m+1}}{f_m} d$$

式中：

M_0表示中位数；

L表示中位数所在组的下限值；

U表示中位数所在组的上限值；

d表示组距，即$(U–L)$；

f_m表示中位数所在组的次数；

S_{m-1}表示中位数所在组以前各组的累计次数；

S_{m+1}表示中位数所在组以后各组的累计次数。

12. 全距

计算公式为

$$R = x_{\max} - x_{\min}$$
$$R = U_{\max} - L_{\min}$$

式中：

R表示全距；

$x_{\max}$表示最大标志值；

$x_{\min}$表示最小标志值；

$U_{\max}$表示最高组上限值；

$L_{\min}$表示最低组下限值。

13. 简单平均差

计算公式为

$$AD = \frac{\sum \left| x - \overline{x} \right|}{n}$$

式中：

AD表示平均差。

14. 加权平均差

计算公式为

$$AD = \frac{\sum_{i=1}^{k} \left| x_i - \overline{x} \right| f_i}{\sum_{i=1}^{k} f_i}$$

15. 简单方差

计算公式为

$$\sigma^2 = \frac{\sum \left(x - \overline{x} \right)^2}{n}$$

式中：

σ^2表示方差。

16. 加权方差

计算公式为

$$\sigma^2 = \frac{\sum \left(x - \overline{x} \right)^2 f}{\sum f}$$

17. 简单标准差

计算公式为

$$\sigma = \sqrt{\frac{\sum \left(x - \overline{x} \right)^2}{n}}$$

18. 加权标准差

计算公式为

$$\sigma = \sqrt{\dfrac{\sum \left(x_i - \overline{x}\right)^2 f}{\sum f}}$$

式中：

σ 表示标准差。

19. 是非标志方差

计算公式为

$$\sigma_p^2 = Pq = P(1-P)$$

式中：

σ_p^2 表示是非标志方差；

P 表示具有某种标志表现的单位数所占的成数；

q 表示不具有某种标志表现的单位数所占的成数。

20. 是非标志标准差

计算公式为

$$\sigma_p = \sqrt{\dfrac{\sum (X - \overline{X})^2 F}{\sum F}} = \sqrt{\dfrac{(1-P)^2 N_1 + (0-P)^2 N_0}{N_1 + N_0}}$$

$$= \sqrt{q^2 P + P^2 q} = \sqrt{Pq(q+P)} = \sqrt{Pq} = \sqrt{p(1-P)}$$

式中：

σ_p 表示是非标志标准差；

X 表示总体各单位标志值；

$\overline{X}$ 表示总体各单位标志值算术平均数；

F 表示总体各单位频数(次数)。

21. 变异系数

计算公式为

$$V_\sigma = \dfrac{\sigma}{\overline{x}} \times 100\%$$

$$V_\sigma = \dfrac{\sigma_p}{\overline{X}_p} = \dfrac{\sqrt{P(1-P)}}{P} = \sqrt{\dfrac{1-P}{P}} = \sqrt{\dfrac{q}{P}}$$

式中：

V_σ 表示标志变异系数；

P 表示具有某种标志表现的单位数所占的成数；

q 表示不具有某种标志表现的单位数所占的成数；

$\overline{X}_p$ 表示总体成数的平均数。

22. 偏度系数

计算公式为

$$\alpha = \frac{\sum\limits_{i=1}^{n}(x_i - \bar{x})^3 f_i}{\sum\limits_{i=1}^{n} f\sigma^3}$$

式中：

α表示偏度系数。

23. 峰度系数

计算公式为

$$\beta = \frac{\sum\limits_{i=1}^{n}(x_i - \bar{x})^4 f_i}{\sum\limits_{i=1}^{n} f\sigma^4}$$

式中：

β表示峰度系数。

第二节　实验课题与参考答案

—————— 实验一 ——————

【实验名称】

加权算术平均数的计算。

【实验目的】

熟悉Excel的基本操作。

训练加权算术平均数的计算。

【实验环境】

系统软件：Windows 2000、Windows 7、Windows 10或Windows XP。

应用软件：Excel 2000、Excel 2003、Excel 2007或Excel 2010。

【知识准备】

加权算术平均数是根据统计分组整理的变量数列资料计算的算术平均数，计算公式为

$$\bar{x} = \frac{\sum xf}{\sum f} \ \ 或\ \bar{x} = \sum x\left(\frac{f}{\sum f}\right)$$

式中：

$\bar{x}$表示算术平均数；

x表示总体各单位标志值；

f表示各组频数（次数）；

$\sum xf$表示频率。

计算加权算术平均数时，要注意权数的正确选择，选择标准是保证权数与标志值的乘积具有实际意义，即必须是标志值的总和。

加权平均利润率的计算，一般不宜以企业数为权数，应该以企业资金为权数，求得各组的实际利润，然后求加权平均利润率，用公式表示为

$$\bar{x}=\frac{\sum xf}{\sum f}$$

【实验资料】

已知某地20个企业的资金利润率及有关资料情况，如图4-1所示。

	A	B	C	D	E
1	资金利润率（%）	组中值（%）	企业数（个）	企业资金（万元）	
2	—10～0		10	80	
3	0～10		5	100	
4	10～20		3	500	
5	20～30		2	800	
6	合计		20	1480	
7					
8					

图4-1　企业资金利润率资料

【实验要求】

计算20家企业的加权平均利润率。

【实验步骤】

(1) 先计算各组的组中值。具体方法：将光标移到B2单元格中，单击函数向导按钮"f_x"。选择函数"MEDIAN"，在函数向导对话框的数据输入栏里分别输入本组的上限值和下限值，确定后就得到了该组的组中值。其他各组都按照这样的方法计算组中值，如图4-2所示。

	A	B	C	D	E	F
1	资金利润率（%）	组中值（%）	企业数	企业资金（万元）		
2	—10～0	-5	10	80		
3	0～10	5	5	100		
4	10～20	15	3	500		
5	20～30	25	2	800		
6	合计	—	20	1480		
7						
8						

图4-2　工作表一

(2) 在图4-2中的基本情况表的右边增加两列(E列和F列)，一列用于计算权数，一列用于计算加权平均利润率。

(3) 两列的列标题分别为"按资金计算的权数"和"加权平均利润率",如图4-3所示。

	A	B	C	D	E	F
1	资金利润率(%)	组中值(%)	企业数	企业资金(万元)	按资金计算的权数	加权平均利润率
2	—10~0	-5	10	80		
3	0~10	5	5	100		
4	10~20	15	3	500		
5	20~30	25	2	800		
6	合计	—	20	1480		
7						
8						
9						
10						

图4-3 工作表二

(4) 在E2单元格中输入公式"=D2/$D$6",确认后向下填充到E6单元格,计算各组企业资金的权数。

(5) 在F2单元格中输入公式"=B2/100*E2",确认后向下填充到F5单元格,计算各组企业资金利润率的权重。

(6) 在F6单元格中输入公式"=SUM(F2:F5)",计算加权平均利润率。

(7) 对表格进行适当的格式调整,即完成全部操作步骤。

【参考答案】

计算结果如图4-4所示。

	A	B	C	D	E	F
1	资金利润率(%)	组中值(%)	企业数	企业资金(万元)	按资金计算的权数	加权平均利润率
2	—10~0	-5	10	80	5.41%	-0.270%
3	0~10	5	5	100	6.76%	0.338%
4	10~20	15	3	500	33.78%	5.068%
5	20~30	25	2	800	54.05%	13.514%
6	合计	—	20	1480	100.00%	18.649%
7						
8						
9						
10						

图4-4 计算结果

从计算结果中可以看出,计算所得的加权平均利润率18.65%是符合实际的。

———— 实验二 ————

【实验名称】

平均数的计算及分析。

【实验目的】

熟悉Excel的基本操作。

训练加权算术平均数的计算。

【实验环境】

系统软件：Windows 2000、Windows 7、Windows 10或Windows XP。

应用软件：Excel 2000、Excel 2003、Excel 2007或Excel 2010。

【知识准备】

加权算术平均数是根据统计分组整理的变量数列资料计算的算术平均数，计算公式为

$$\bar{x}=\frac{\sum xf}{\sum f} \text{ 或 } \bar{x}=\sum x\left(\frac{f}{\sum f}\right)$$

计算加权算术平均数时，要注意权数的正确选择，选择标准是保证权数与标志值的乘积具有实际意义，即必须是标志值的总和。

以实物量计算的平均劳动生产率，一般以各组的组中值作为各组的平均水平，通过各组的平均水平乘以人数，合计后除以总人数计算得出，计算公式为

$$\bar{x}=\frac{\sum xf}{\sum f}$$

【实验资料】

已知某工业企业60名工人基期和报告期的生产资料，如图4-5所示。

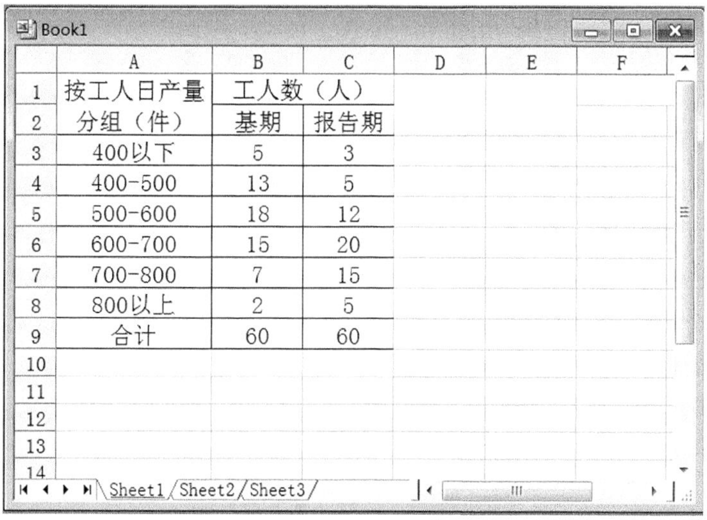

按工人日产量分组（件）	工人数（人）基期	工人数（人）报告期
400以下	5	3
400-500	13	5
500-600	18	12
600-700	15	20
700-800	7	15
800以上	2	5
合计	60	60

图4-5 按工人日产量分组表

【实验要求】

(1) 计算基期和报告期平均每人日产量。

(2) 指出报告期的劳动效率相较于基期有所提高的原因。

【实验步骤】

(1) 编制数据分组整理表，在初始数据表格的右面增加4列，D列为“增减量”，用于反映基期和报告期各组工人的变动情况；E列为“组中值”，用于计算各组的组中值；F列和G列为“总产量”，用于计算基期和报告期各组的产量和合计产量。在初始数据表格的下方增加1行，用于计算人均日产量。编制的数据分组整理表如图4-6所示。

	A	B	C	D	E	F	G
1	按工人日产量	工人数（人）		增减量	组中值	总产量（件）	
2	分组（件）	基期	报告期			基期	报告期
3	400以下	5	3				
4	400-500	13	5				
5	500-600	18	12				
6	600-700	15	20				
7	700-800	7	15				
8	800以上	2	5				
9	合计	60	60				
10	人均日产量（件/天）						

图4-6　数据分组整理表

(2) 计算4月份和5月份各组工人的变动情况。具体方法：在D3单元格中，输入公式“=C3-B3”，确认后向下填充到D8单元格。

(3) 计算各组的组中值。具体方法：在E3单元格中使用函数“=MEDIAN(300，400)”，计算出“400以下”组的组中值。由于各组的组距为100，在E4单元格中输入公式“=E3+100”，确认后向下填充到E8单元格(注意与上一实验比较各组组中值的计算方法)。

(4) 在F3单元格中输入公式“=$E3*B3”，其中“$E3”表示向下或向上填充时，行号随着公式变动(相对引用)；向右或向左填充时，列号不随着公式变动(绝对引用)。确认以后，向下填充到F8单元格，向右填充到“G3：G8”单元格区域，计算出4月和5月两个月各组包装的产品数。

(5) 在F9单元格中输入公式“=SUM(F3：F8)”，确认后，向右填充到G9单元格，计算全体工人的总产量。

(6) 在F10单元格中输入公式“=F9/B9”，确认后，向右填充到G10单元格，计算基期和报告期的人均日产量。

(7) 对完成的表格稍加整理，结束全部操作。

【参考答案】

完成的计算结果如图4-7所示。

	A	B	C	D	E	F	G
1	工人按日包装数量	工人数（人）f		增减变动	组中值	总包装量（件）xf	
2	分组（件）	4月份	5月份	5月-4月	x	4月份	5月份
3	400以下	5	3	-2	350	1750	1050
4	400~500	13	5	-8	450	5850	2250
5	500~600	18	12	-6	550	9900	6600
6	600~700	15	20	5	650	9750	13000
7	700~800	7	15	8	750	5250	11250
8	800以上	2	5	3	850	1700	4250
9	合　计	60	60			34200	38400
10	每人平均每天包装量（件/天）	—	—	—	—	570	640

图4-7　计算结果表

根据图4-7中基期和报告期的工人数比较结果可以看到，报告期产量达600件以上的工人比基期多，而报告期产量在600件以下的工人比基期少，说明工人的劳动熟练程度有了明显的提高，报告期人均日产量从基期的570件增加到640件。

──────────── 实验三 ────────────

【实验名称】

用次数和次数比重做权数计算加权算术平均数。

【实验目的】

熟悉Excel的基本操作。

训练加权算术平均数的计算。

【实验环境】

系统软件：Windows 2000、Windows 7、Windows 10或Windows XP。

应用软件：Excel 2000、Excel 2003、Excel 2007或Excel 2010。

【知识准备】

加权算术平均数是根据统计分组整理的变量数列资料计算的算术平均数，计算公式为

$$\bar{x} = \frac{\sum xf}{\sum f} \text{ 或 } \bar{x} = \sum x \left(\frac{f}{\sum f} \right)$$

计算加权算术平均数时，要注意权数的正确选择，选择标准是保证权数与标志值的乘积具有实际意义，即必须是标志值的总和。

以工人人数为权数进行计算，公式为

$$\bar{x} = \frac{\sum xf}{\sum f}$$

以工人人数比重为权数进行计算，公式为

$$\bar{x} = \sum \left(x \frac{f}{\sum f} \right)$$

【实验资料】

已知某企业产品产量分组及人数资料，如图4-8所示。

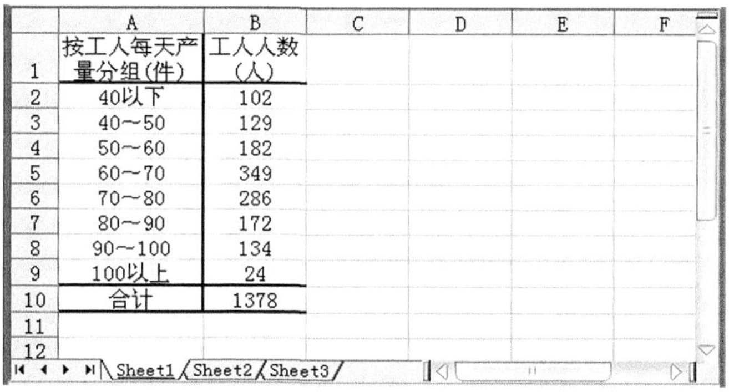

	A	B	C	D	E	F
1	按工人每天产量分组(件)	工人人数(人)				
2	40以下	102				
3	40~50	129				
4	50~60	182				
5	60~70	349				
6	70~80	286				
7	80~90	172				
8	90~100	134				
9	100以上	24				
10	合计	1378				
11						
12						

Sheet1 / Sheet2 / Sheet3

图4-8　企业产品产量分组及人数资料

【实验要求】

(1) 用工人人数做权数计算该厂工人的日人均产量。

(2) 用工人人数比重做权数计算该厂工人的日人均产量。

【实验步骤】

(1) 编制计算工作表，在初始数据表格的右面增加4列，分别为"组中值""总产量""工人比重"和"变量与比重之积"，如图4-9所示。

(2) 计算组中值，"40以下"组的组中值用公式"=MEDIAN(30，40)"进行计算。在此基础上，其他各组在上一组的组中值之上加上组距即可，如 "40~50" 组的计算公式为"=MEDIAN(30，40)+(50-40)"。事实上，很多情况下凭口算就能够计算出各组的组中值，不一定要采用如此复杂的方法。

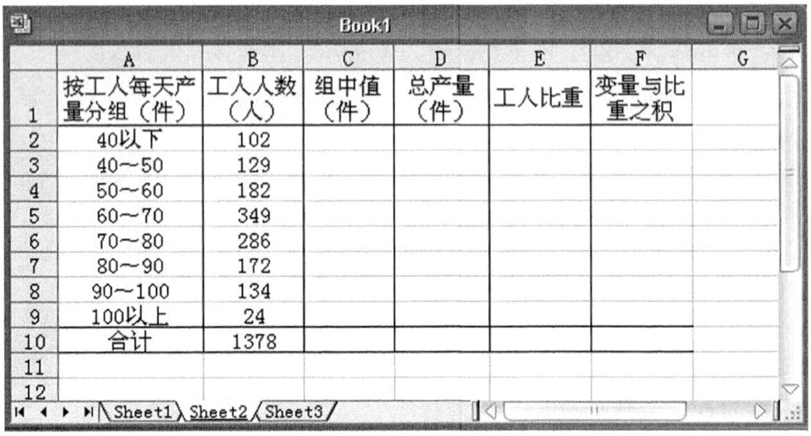

图4-9　计算工作表

(3) 计算总产量。总产量以组中值乘以工人人数求得。因此，只要在D2单元格中输入公式"=$C2 *B2"，确认后，向下填充到D9单元格，即可完成计算。在D10单元格中输入公式"=SUM(D2：D9)"，计算合计数。

(4) 计算工人比重。工人比重是指各组工人数在总人数中所占的比重。因此，只要在E2单元格中输入公式"=B2/$B$10"，确认后，向下填充到E10单元格，即可完成计算。最后，将单元格的格式设置为百分比样式，并保留2位小数。

(5) 计算变量与比重之积，即以工人比重为权数，计算各组产量的组中值与权数之积。因此，只要在F2单元格中输入公式"=C2*E2"，确认后，向下填充到F10单元格，在F10单元格中输入公式"=SUM(D2：D9)"，计算合计数，即可完成计算。

(6) 对以工人人数为权数计算的结果予以验证

$$\bar{x} = \frac{\sum xf}{\sum f} = \frac{93\ 390}{1\ 378} = 67.77(件/人)$$

【参考答案】

完成的计算结果如图4-10所示。

按工人每天产量分组(件)	工人人数(人)	组中值(件)	总产量(件)	工人比重	变量与比重之积
40以下	102	35	3570	7.40%	2.59
40~50	129	45	5805	9.36%	4.21
50~60	182	55	10010	13.21%	7.26
60~70	349	65	22685	25.33%	16.46
70~80	286	75	21450	20.75%	15.57
80~90	172	85	14620	12.48%	10.61
90~100	134	95	12730	9.72%	9.24
100以上	24	105	2520	1.74%	1.83
合计	1378	—	93390	100.00%	67.77

图4-10 计算结果表

实验四

【实验名称】

加权平均数的计算。

【实验目的】

熟悉Excel的基本操作。

训练加权平均数的计算方法。

【实验环境】

系统软件：Windows 2000、Windows 7、Windows 10或Windows XP。

应用软件：Excel 2000、Excel 2003、Excel 2007或Excel 2010。

【知识准备】

加权平均数是根据统计分组整理的变量数列资料计算的算术平均数，加权算术平均数的计算公式为

$$\bar{x} = \frac{\sum xf}{\sum f} \ \text{或} \ \bar{x} = \sum x\left(\frac{f}{\sum f}\right)$$

加权调和平均数的计算公式为

$$H = \frac{\sum m}{\sum \dfrac{m}{\bar{x}}}$$

式中：

H表示调和平均数；

x表示总体各单位标志值；

m表示各单位或各组标志值对应的标志总量。

计算加权平均数时，要注意权数的正确选择，选择标准是保证权数与标志值的乘积具有实际意义，即必须是标志值的总和。

在计算多品种平均价格时，各因素的关系为

成交额 = 成交量 × 价格

在实际应用中，可以利用此关系计算相关的指标。

【实验资料】

已知甲、乙两个农贸市场销售3种农产品的价格及成交量和成交额资料，如表4-1所示。

表4-1　甲、乙农贸市场销售资料

品种	价格/元/千克	甲市场成交额/元	乙市场成交量/千克
A	1.2	1 200	2 000
B	1.4	2 800	1 000
C	1.5	1 500	1 000
合计	—	5 500	4 000

【实验要求】

(1) 计算3种农产品的平均价格。

(2) 指出哪个市场的平均价格高，并说明价格高的原因。

【实验步骤】

(1) 编制计算用的工作表，并输入原始数据，如图4-11所示。

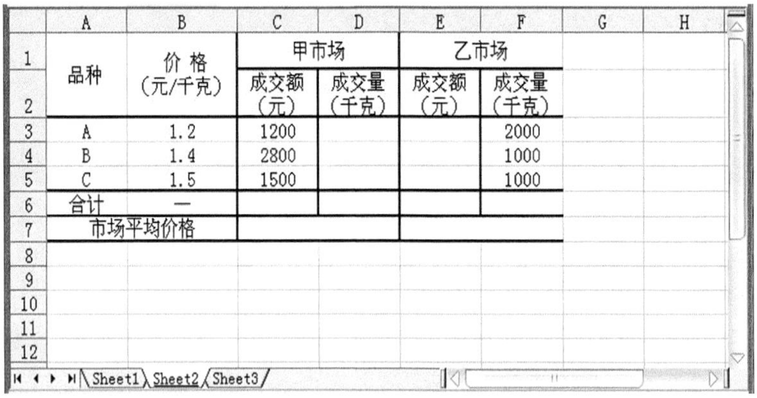

	A	B	C	D	E	F
1	品种	价 格（元/千克）	甲市场		乙市场	
2			成交额（元）	成交量（千克）	成交额（元）	成交量（千克）
3	A	1.2	1200			2000
4	B	1.4	2800			1000
5	C	1.5	1500			1000
6	合计	—				
7	市场平均价格					

图4-11　工作表

(2) 根据价格与成交额的关系，计算甲市场成交量。具体方法：在D3单元格中输入公式“=C3/B3”，确认后，向下填充到D5单元格。

(3) 根据价格与成交量的关系，计算乙市场成交额。具体方法：在E3单元格中输入公式“=F3*B3”，确认后，向下填充到E5单元格。

(4) 进一步计算各项合计数，在C6单元格中输入公式“=SUM(C3：C5)”，确认后，向右填充到F6单元格。

(5) 计算两个市场3种农产品的平均价格，在C7单元格中输入公式“=C6/D6”，确认后，向右填充到E7单元格。

(6) 最后，比较两个市场的平均价格，根据成交量中不同品种的数量比重，说明平均价格较高的原因。

【参考答案】

完成的计算结果如图4-12所示。

图4-12　计算结果表

根据图4-12可知，虽然甲、乙两个农贸市场销售的农产品在单价及成交总量上相等，但甲市场的平均价格高于乙市场，原因是两市场成交量结构不同，甲市场中价格较高的B产品的成交量占总成交量的比重超过50%，而乙市场中价格最低的A产品的成交量占总成交量的比重将近50%，故甲市场的平均价格略高于乙市场。

──────── 实验五 ────────

【实验名称】

利用分配数列计算众数和中位数。

【实验目的】

熟悉Excel的基本操作。

训练众数和中位数的计算。

【实验环境】

系统软件：Windows 2000、Windows 7、Windows 10或Windows XP。

应用软件：Excel 2000、Excel 2003、Excel 2007或Excel 2010。

【知识准备】

1. 计算众数的公式

众数的下限公式为

$$M_0 = L + \frac{f_1}{f_1 + f_2} d$$

众数的上限公式为

$$M_0 = U - \frac{f_2}{f_1 + f_2} d$$

式中：

M_0表示众数；

L表示众数和中位数所在组的下限值；

U表示众数和中位数所在组的上限值；

d表示组距，即$(U–L)$；

f_1表示该组次数与前一组次数之差；

f_2表示该组次数与后一组次数之差。

2. 计算中位数的公式

中位数的下限公式为

$$M_e = L + \frac{\frac{\sum f}{2} - S_{m-1}}{f_m} d$$

中位数的上限公式为

$$M_e = U - \frac{\frac{\sum f}{2} - S_{m+1}}{f_m} d$$

式中：

M_e表示中位数；

f_m表示中位数所在组的次数；

S_{m-1}表示中位数所在组以前各组的累计次数；

S_{m+1}表示中位数所在组以后各组的累计次数。

【实验资料】

已知某工业加工企业工人完成生产定额的情况，如表4-2所示。

表4-2　生产定额完成情况分组表

工人按完成生产定额百分比分组/%	各组工人占工人总数的比重/%
90～100	4
100～110	12
110～120	15
120～130	26
130～140	19
140～150	15
150～160	9

【实验要求】

计算众数和中位数。

【实验步骤】

(1) 编制计算工作表。由于计算中位数时要求累计百分比数，可以在原始资料表的右边加上2列，分别计算向上和向下累计的工人比重累计百分比。在表的下部加上4行，存放计算结果，如图4-13所示。

图4-13　计算工作表

(2) 计算向上累计的工人比重累计百分比。具体方法：在C3单元格中输入计算的初始数，公式为"=B3"；在C4单元格中输入公式"=C3+B4"，确认后，向下填充到C9单元格，计算各组的工人比重向上累计百分比。

(3) 计算向下累计的工人比重累计百分比。具体方法：在D9单元格中输入计算的初始数，公式为"=B9"；在D8单元格中输入公式"=D9+B8"，确认后，向上填充到D3单元格，计算各组的工人比重向下累计百分比。

(4) 根据众数上限公式计算众数。根据众数的定义，因为工人比重占26%者为各组中频数最大组，所以工人完成生产定额百分比的众数在120%～130%组内。该组的下限L=120%，上限U=130%，组距$d=U-L$=130%-120%=10%，用众数上限公式计算众数的方法：在C12单元格中输入计算众数的下限公式"=120+((B6-B5)/((B6-B5)+(B6-B7))*10)"，确认即可。

(5) 根据众数下限公式计算众数。具体方法：在C13单元格中输入计算众数的上限公式"=130-((B6-B7)/((B6-B7)+(B6-B5))*10)"，确认即可。

(6) 根据中位数上限公式计算中位数。根据中位数的定义，首先求中位数的位次，中位数的位次为

$$\frac{\sum f}{2} = \frac{100\%}{2} = 50\%$$

即累计到50%的工人时，这个比重组的工人完成生产定额的百分比即中位数，故中位数落在120%～130%的组内。该组的下限L=120%，上限U=130%，组距$d=U-L$=130%-120%=10%。用中位数上限公式计算中位数的方法：在C14单元格中输入计算中位数的下限公式"=120+(((B10/2) –C5)/(C7-(B10/2)))*10)"，确认即可。

(7) 根据中位数下限公式计算中位数。具体方法：在C15单元格中输入计算中位数的上限公式"=130-(((B10/2)-D7)/(D6-D7))*10)"，确认即可。

(8) 将计算结果保留2位小数，即完成全部操作。

【参考答案】

完成的计算结果如图4-14所示。

	A	B	C	D	E
1	工人按完成生产定	各组工人占工人总	工人比重累计%		
2	额百分比分组%	数的百分比%	向上累计	向下累计	
3	90~100	4	4	100	
4	100~110	12	16	96	
5	110~120	15	31	84	
6	120~130	26	57	69	
7	130~140	19	76	43	
8	140~150	15	91	24	
9	150~160	9	100	9	
10	合计	100	—	—	
11					
12	由众数上限公式计算的众数:		126.11		
13	由众数下限公式计算的众数:		126.11		
14	由中位数众数上限公式计算的中位数:		127.31		
15	由中位数众数下限公式计算的中位数:		127.31		
16					

图4-14 计算结果表

实验六

【实验名称】

全距与平均差的计算。

【实验目的】

熟悉Excel的基本操作。

训练全距与平均差的计算方法。

【实验环境】

系统软件：Windows 2000、Windows 7、Windows 10或Windows XP。

应用软件：Excel 2000、Excel 2003、Excel 2007或Excel 2010。

【知识准备】

1. 全距

全距的计算公式为

$$R = X_{\max} - X_{\min}$$

式中：

$X_{\max}$表示组内的最大值；

$X_{\min}$表示组内的最小值。

2. 平均差

平均差的计算公式为

$$AD = \frac{\sum |x - \bar{x}|}{n}$$

其中

$$\bar{x}=\frac{\sum x}{n}$$

式中：

AD表示平均差；

$\bar{x}$表示算术平均数；

x表示总体各单位标志值；

n表示总体单位数。

【实验资料】

已知某高校两个科研小组各有 7 名科研人员，其年龄(周岁)资料如下所述。

第一组：23　32　36　40　43　48　51

第二组：21　26　32　38　41　46　52

【实验要求】

(1) 根据以上资料计算两组科研人员年龄的全距。

(2) 根据以上资料计算两组科研人员年龄的平均差。

(3) 对计算结果予以说明。

【实验步骤】

(1) 根据题意编制数据表，如图4-15所示。

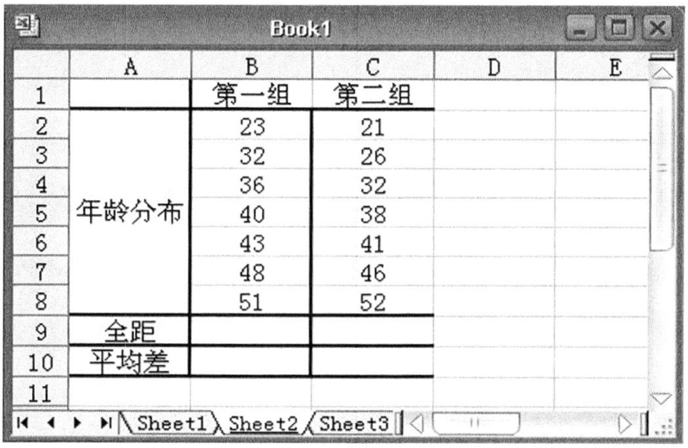

	A	B	C	D	E
1		第一组	第二组		
2	年龄分布	23	21		
3		32	26		
4		36	32		
5		40	38		
6		43	41		
7		48	46		
8		51	52		
9	全距				
10	平均差				
11					

图4-15　工人年龄数据表

(2) 计算各组全距，在B9单元格中输入公式“=MAX(B2：B8)-MIN(B2：B8)”，确认后，向右填充到C9单元格，计算各组的全距。

(3) 利用函数“AVERAGE”计算各组平均年龄，在B10单元格中输入公式“=AVERAGE(B2：B8)”，确认后，向右填充到C10单元格，计算各组的平均年龄。

(4) 利用函数“AVEDEV”计算各组平均差，在B11单元格中输入公式“=AVEDEV(B2：B8)”，确认后，向右填充到C11单元格，计算各组的平均差。

(5) 适当调整小数位和边框线，对计算结果进行说明，完成全部操作。

【参考答案】

完成的计算结果如图4-16所示。

	A	B 第一组	C 第二组	D	E
1		第一组	第二组		
2		23	21		
3		32	26		
4		36	32		
5	年龄分布	40	38		
6		43	41		
7		48	46		
8		51	52		
9	全距	28	31		
10	平均数	39	36.57		
11	平均差	7.43	8.78		
12					

图4-16　计算结果表

计算结果表明：从全距来看，第一组全距小于第二组全距，第一组标志变异小，故第一组的平均数代表性优于第二组；从平均差来看，第一组的平均差为7.43岁，小于第二组的8.78岁，说明第一组的标志变异小于第二组，所以第一组平均数的代表性优于第二组。

———————— 实验七 ————————

【实验名称】

标准差和标志变异系数的计算。

【实验目的】

熟悉Excel的基本操作。

训练标准差、标志变异系数的计算方法。

【实验环境】

系统软件：Windows 2000、Windows 7、Windows 10或Windows XP。

应用软件：Excel 2000、Excel 2003、Excel 2007或Excel 2010。

【知识准备】

1. 标准差

标准差的计算公式为

$$\sigma = \sqrt{\frac{\sum (x - \bar{x})^2 f}{\sum f}}$$

式中：

σ表示标准差；

x̄表示算术平均数；

x表示总体各单位标志值；

f表示标志值出现的频数(次数)。

2. 标志变异系数(离散系数)

标志变异系数的计算公式为

$$V_\sigma = \frac{\sigma}{\bar{x}} \times 100\%$$

式中：

V_σ表示标志变异系数；

σ表示标准差；

$\bar{x}$表示算术平均数。

【实验资料】

已知某种农作物的两种不同品种分别在5处田地上试种，其产量如表4-3所示。

表4-3　甲、乙两种农作物数据资料

田地编号	甲品种		乙品种	
	面积/亩	每亩产量/千克/亩	面积/亩	每亩产量/千克/亩
1	11	950	9	700
2	9	900	13	900
3	10	1 100	15	1 120
4	8	1 050	13	1 000
5	12	1 000	10	1 208
合计	50	—	60	—

【实验要求】

(1) 分别计算两个品种的单位面积产量。

(2) 计算两个品种亩产量的标准差和标志变异系数。

(3) 假定生产条件基本相同，确定哪一个品种具有较强的稳定性并宜于推广。

【实验步骤】

(1) 根据题意编制计算工作表，如图4-17所示。

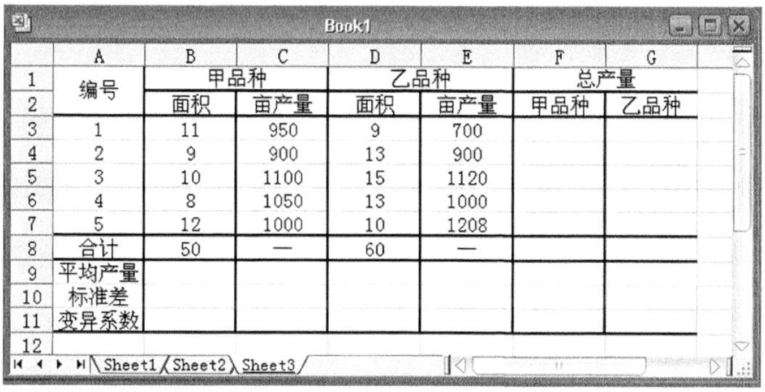

	A	B	C	D	E	F	G
1	编号	甲品种		乙品种		总产量	
2		面积	亩产量	面积	亩产量	甲品种	乙品种
3	1	11	950	9	700		
4	2	9	900	13	900		
5	3	10	1100	15	1120		
6	4	8	1050	13	1000		
7	5	12	1000	10	1208		
8	合计	50	—	60	—		
9	平均产量						
10	标准差						
11	变异系数						
12							

图4-17　计算工作表

(2) 计算两个品种的总产量。计算方法：在F3单元格中输入公式“=B3*C3”，确认后，向下填充到F7单元格；在G3单元格中输入公式“=D3*E3”，确认后，向下填充到G7单元格；在F8单元格中输入公式“=SUM(F3：F7)”，确认后，向右填充到G8单元格，计算两个品种的总产量。

(3) 计算两个品种的平均产量。计算方法：在F9单元格中输入公式“=F8/B8”，在G9单元格中输入公式“=G8/D8”，计算两个品种的平均产量。

(4) 计算甲品种的标准差。计算方法：在F10单元格中输入计算标准差的公式“=SQRT((POWER(C3，2)*B3+POWER(C4，2)*B4+POWER(C5，2)*B5+POWER(C6，2)*B6+ POWER(C7，2)*B7)/B8-POWER(F9，2))”，计算甲品种的标准差。

(5) 计算乙品种的标准差。计算方法：在G10单元格中输入计算标准差的公式“=SQRT((POWER(E3，2)*D3+POWER(E4，2)*D4+POWER(E5，2)*D5+POWER(E6，2)*D6 + POWER(E7，2)*D7)/D8-POWER(G9，2))”，计算乙品种的标准差。

(6) 计算两个品种的标志变异系数。计算方法：在F11单元格中输入公式“=F10/F9”，确认后，向右填充到G11单元格，完成标志变异指标的计算。

(7) 调整表格的边框线和小数位后，即完成全部操作。

【参考答案】

完成的计算结果如图4-18所示。

Book1

	A	B	C	D	E	F	G	H
1	编号	甲品种		乙品种		总产量		
2		面积	亩产量	面积	亩产量	甲品种	乙品种	
3	1	11	950	9	700	1045	6300	
4	2	9	900	13	900	8100	11700	
5	3	10	1100	15	1120	11000	16800	
6	4	8	1050	13	1000	8400	13000	
7	5	12	1000	10	1208	12000	12080	
8	合计	50	—	60	—	49950	59880	
9	平均产量					999	998	
10	标准差					68.91	162.71	
11	变异系数					6.90%	16.30%	
12								

Sheet1 Sheet2 Sheet3

图4-18　计算结果表

从图4-18可知，甲品种的每亩产量略高于乙品种，甲品种的标志变异系数又比乙品种小，说明甲品种的每亩产量较高且具有较强的稳定性，有较高的推广价值。

实验八

【实验名称】

Excel描述性统计指标综合实验。

【实验目的】

熟悉Excel的基本操作。

训练各项描述性统计指标的计算。

【实验环境】

系统软件：Windows 2000、Windows 7、Windows 10或Windows XP。

应用软件：Excel 2000、Excel 2003、Excel 2007或Excel 2010。

【知识准备】

平均值(*M*)、标准误差(Std.error)、组中值(Medium)、众数(Mode)、样本标准差(*s*)、样

本方差(S^2)、峰度值(Kurtosis)、偏度值(Skewness)、最小值(Min)、最大值(Max)、样本总和与一定显著水平下总体均值的置信度。

1. 标准差

标准差的计算公式为

$$\sigma = \sqrt{\frac{\sum (x-\bar{x})^2 f}{\sum f}}$$

2. 标志变异系数

标志变异系数(离散系数)的计算公式为

$$V_\sigma = \frac{\sigma}{\bar{x}}$$

【实验资料】

已知某居民区45户居民月消费支出资料：

830	880	1 230	1 100	1 180	1 580	1 210	1 460	1 170
1 050	1 100	1 070	1 370	1 200	1 630	1 250	1 360	1 270
1 180	1 030	870	1 150	1 410	1 170	1 230	1 260	1 380
1 020	860	810	1 130	1 140	1 190	1 260	1 350	930
1 080	1 010	1 050	1 250	1 160	1 320	1 380	1 310	1 270

【实验要求】

对上述资料进行描述统计分析。

【实验步骤】

(1) 数据输入。打开Excel工作簿，将上述45个数据输入Excel工作表中的A2到A46单元格中。在A1单元格中输入"消费品支出"作为标志项(或称变量名)。

(2) 执行菜单命令"工具"→"数据分析"，调出"数据分析"对话框，见图4-19，选择"描述统计"选项，调出"描述统计"对话框。

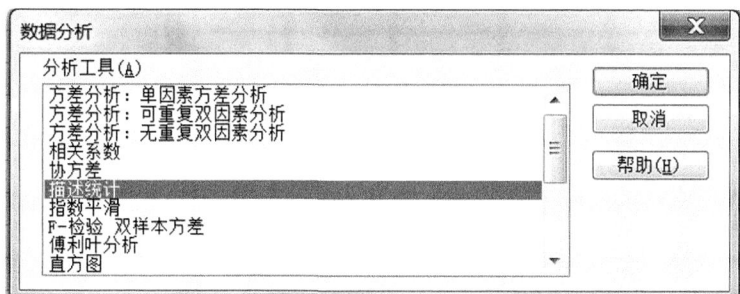

图4-19　数据分析对话框

注意如"数据分析"命令没有出现在"工具"菜单上，则应先使用"工具"→"加载宏"命令来加载"分析工具库"。

(3) 单击"确定"按钮，在"描述统计"对话框中输入相关数据。

(4) 在"输入区域"输入"A1：A46"或"$A$1：$A$46"("$"符号起到了固定单元格坐标的作用，表示绝对地址)。

(5)"分组方式"选择"逐列"。

(6)选中"标志位于第一行"复选框,若分组方式为"逐行",则为"标志位于第二列"。如果输入区域没有标志项,该复选框将被清除,Microsoft Excel将在输出结果中生成适宜的数据标志。

(7)在"输出区域"输入"$C$1"或"Cl"(为输出结果左上角单元格地址)。

(8)选中"汇总统计"复选框。描述统计工具可生成以下统计指标,按从上到下的顺序,其中包括样本的平均值(M)、标准误差(Std.error)、组中值(Medium)、众数(Mode)、样本标准差(s)、样本方差(S^2)、峰度值(Kurtosis)、偏度值(Skewness)、最小值(Min)、最大值(Max)、样本总和与一定显著水平下总体均值的置信度。填写结果见图4-20。

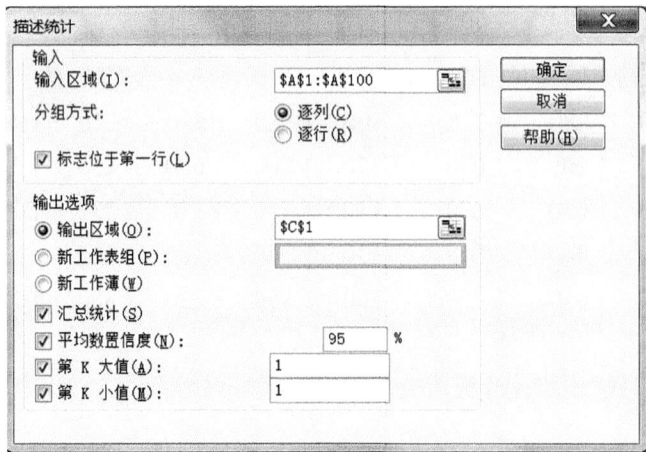

图4-20 描述统计对话框

(9)填完之后,按"确定"按钮即可输出结果。

【参考答案】

完成的计算结果见图4-21。

图4-21 消费品描述统计结果表

通过图4-21可知，本月该居民区45户居民的消费品支出的平均水平是1 180元，众数是1 050元，样本最大数据值是1 630元，最小值是810元，样本标准差是185.5元，偏度大于0，说明样本呈正(右)偏状态，峰度也大于0。

第三节　模拟练习与参考答案

练习题一

【实验资料】

已知某企业60名工人的月工资资料，具体见表4-4。

表4-4　某企业60名工人的月工资资料

按月工资分组/元	工人数/人
600以下	6
600~800	14
800~1 000	26
1 000~1 200	10
1200以上	4
合计	60

【实验要求】

计算60名工人的月平均工资(绝对数的平均数)。

【参考答案】

使用加权算术平均数来计算，计算结果：60名工人的月平均工资为873.33元。

练习题二

【实验资料】

已知30家企业的利润资料，具体见表4-5。

表4-5　30家企业的利润资料

利润率/%	利润总额/万元
10以下	80
10~20	120
20~30	300
30以上	70
合计	570

【实验要求】

依据利润资料，计算平均利润率(相对数的平均数)。

【参考答案】

使用加权调和平均数来计算，计算结果：平均利润率为15%。

练习题三

【实验资料】

已知某市属各企业按工人人数分组资料，如表4-6所示。

表4-6 各企业按工人人数分组资料

企业按工人人数分组/人	各组人数占企业总人数的比重/%
50～150	2
150～250	8
250～350	15
350～450	20
450～550	25
550～650	20
650～750	10

【实验要求】

计算该市属各企业的平均工人数、平均差、标准差及离散系数。

【参考答案】

实验结果如图4-22所示。

Book1

	A	B	C	D	E	F	G	H	I
1	企业按工人人数分组（人）	各组企业占企业总数的% f	组中值 x	xf	$x-\bar{x}$	$\lvert x-\bar{x}\rvert$	$\lvert x-\bar{x}\rvert \cdot f$	$(x-\bar{x})^2$	$(x-\bar{x})^2 \cdot f$
2	50～150	2	100	200	—358	358	716	128164	256328
3	150～250	8	200	1600	—258	258	2064	66564	532512
4	250～350	15	300	4500	—158	158	2370	24964	374460
5	350～450	20	400	8000	—58	58	1160	3364	67280
6	450～550	25	500	12500	42	42	1050	1764	44100
7	550～650	20	600	12000	142	142	2840	20164	403280
8	650～750	10	700	7000	242	242	2420	58564	585640
9	合计	100	—	45800	—	—	12620	—	2263600
10									
11	平均工人数	458							
12	平均差	126.2							
13	标准差	150.45							
14	离散系数	32.85%							
15									

Sheet1 / Sheet2 / Sheet3

图4-22 练习题三答案

练习题四

【试验资料】

已知某幼儿园60名儿童每月零食消费额(元)资料如下：

500	612	631	650	840	778	777	775	889	653
663	790	807	925	589	683	776	700	703	639
647	835	775	770	878	578	569	805	816	768
753	845	998	740	723	891	860	563	556	670
948	827	738	910	698	760	623	415	523	763
708	715	701	643	661	545	671	780	708	667

【实验要求】

利用Excel的描述统计功能计算60名儿童每月零食消费额的平均数、中位数和众数。

【参考答案】

完成的计算结果如图4-23所示。

	月消费额			月消费额	
1	月消费额			月消费额	
2	500				
3	612		平均	723.7333	
4	631		标准误差	15.20476	
5	650		中位数	719	
6	840		众数	775	
7	778		标准差	117.7756	
8	777		方差	13871.08	
9	775		峰度	-0.0374	
10	889		偏度	-0.08593	
11	653		区域	583	
12	663		最小值	415	
13	790		最大值	998	
14	807		求和	43424	
15	925		观测数	60	
16	589				

图4-23　练习题四答案

练习题五

【试验资料】

已知2015年10月某市60家民营企业的工业总产值(万元)数据资料：

58.5	45.6	57.2	36.9	68.6	73.2	53.2	31.2	70.9	45.4
42.1	44.6	45.6	61.2	67.3	56.8	59.3	47.2	35.9	67.4
50.4	52.3	48.9	49.9	50.5	53.8	56.5	57.9	55.9	57.9
51.2	69.8	78.3	74.4	47.4	68.4	66.6	38.9	33.4	48.4
63.4	58.1	38.9	49.8	47.7	50.5	51.2	55.5	59.9	60.3
53.2	53.5	56.7	55.6	51.1	48.2	68.7	41.3	45.2	40.8

【实验要求】

利用Excel的描述统计功能，计算60家民营企业的工业总产值的各项描述统计指标。

【参考答案】

完成的计算结果如图4-24所示。

	A	B	C	D
1	总产值			
2	58.5		列1	
3	42.1			
4	50.4		平均	53.80833333
5	51.2		标准误差	1.366434371
6	63.4		中位数	53.2
7	53.2		众数	51.2
8	45.6		标准差	10.58435513
9	44.6		方差	112.0285734
10	52.3		峰度	-0.302219548
11	69.8		偏度	0.166076821
12	58.1		区域	47.1
13	53.5		最小值	31.2
14	57.2		最大值	78.3
15	45.6		求和	3228.5
16	48.9		观测数	60
17	78.3		最大(1)	78.3
18	38.9		最小(1)	31.2
19	56.7		置信度(95.0%)	2.734228838
20	36.9			

图4-24　练习题五答案

第五章 抽样分布与参数估计实验

第一节 知识要点与主要公式

■ 一、知识要点

1. **总体可分为有限总体和无限总体两种**

从有限总体中抽样有放回与不放回之分，当总体容量N很大而样本容量n相对较小时，不放回抽样与放回抽样的结果几乎是相同的。从无限总体中抽样没有放回与不放回之分。从有限总体中放回抽样和从无限总体中抽样得到的简单随机样本都具有"同一性"和"独立性"这两个重要性质。

2. **统计量是根据观测值计算的样本指标**

每抽一个样本，就可以得到一个统计量的数值，如果能从总体中抽得所有可能的样本，则得到的统计量的所有数值将形成一个概率分布，这种概率分布称为抽样分布。统计量和抽样分布是统计推断的基础。

3. **样本均值的抽样分布是最基本、最重要的抽样分布**

如果样本是从正态总体(只可能是无限总体)中抽取的，则样本均值服从正态分布$N(\mu, \sigma^2/n)$，这与样本容量n的大小没有关系。如果样本是从非正态无限总体或从有限总体中抽取的，则根据中心极限定理，在大样本情况下，样本均值的抽样分布近似为正态分布$N(\mu, \sigma^2/n)$或$\left(\mu, \dfrac{\sigma^2}{n}\dfrac{N-n}{N-1}\right)$；而在小样本情况下，通常很难得到$\overline{X}$的抽样分布，因而很难对总体均值$\mu$作进一步的推断(如置信区间和假设检验)。中心极限定理的重要性就在于，即使对总体的分布一无所知，但只要样本容量n足够大，$\overline{X}$的抽样分布就近似为正态分布，从而可以进行一系列的统计推断。

4. **参数估计和假设检验是统计推断的两大问题**

参数估计有点估计和区间估计两种。点估计值是通过样本算出的一个数值，它不能表明估计的可靠程度；区间估计则能以一定的置信度清楚地断定被估计的未知参数在某一区间内。

通常，评价估计量有4个准则：无偏性、有效性、一致性和充分性。一致性涉及统计学中一个非常重要的定律——大数定律，特别是均值的大数定律，其大意是：随着样本容量n的无限增大，样本均值将无限接近总体均值μ。

在进行区间估计时，必须注意以下两点。

(1) 根据具体的研究任务和实际条件，把握好置信度和精确度的关系。在样本容量一定时，通常在确保一定置信度的前提下来提高精确度。

(2) 根据研究的问题和已知条件的不同而采用不同的方法对总体均值、总体成数和总体方差进行区间估计。

分层抽样、等距抽样和整群抽样等，因不同抽样方式的抽样误差计算方法不同，参数估计也有所不同。

■ 二、主要公式

1. 总体参数

总体平均数的计算公式为

$$\bar{X} = \frac{\sum X}{N} \quad ; \quad \bar{X} = \frac{\sum XF}{\sum F}$$

总体成数为

$$P \; ; \; (1-P)$$

总体方差的计算公式为

$$\sigma^2 = \frac{\sum (X - \bar{X})^2}{N} \quad ; \quad \sigma^2 = \frac{\sum (X - \bar{X})^2 F}{\sum F}$$

总体标准差：

$$\sigma = \sqrt{\frac{\sum (X - \bar{X})^2}{N}} \quad ; \quad \sigma = \sqrt{\frac{\sum (X - \bar{X})^2 F}{\sum F}}$$

式中：

$\bar{X}$ 表示总体平均数；

X 表示总体各单位标志值；

N 表示总体单位数；

P 表示总体成数；

σ 表示总体标准差；

F 表示总体各单位标志值频数(次数)。

2. 样本统计量

样本平均数的计算公式为

$$\bar{x} = \frac{\sum x}{n} \; ; \; \bar{x} = \frac{\sum xf}{\sum f}$$

样本成数为

$$p \; ; \; (1-p)$$

样本方差的计算公式为

$$s^2 = \frac{\sum (x - \bar{x})^2}{n} \; ; \qquad s^2 = \frac{\sum (x - \bar{x})^2 f}{\sum f}$$

样本标准差的计算公式为

$$s = \sqrt{\frac{\sum (x - \bar{x})^2}{n}} \; ; \qquad s = \sqrt{\frac{\sum (x - \bar{x})^2 f}{\sum f}}$$

式中：

$\bar{x}$表示样本总体平均数；

x表示样本总体各单位标志值；

n表示样本总体单位数；

p表示样本总体成数；

s表示样本总体标准差；

f表示样本总体各单位标志值频数(次数)。

3. 重置简单随机抽样

样本平均数的平均数等于总体平均数，用公式表示为

$$\bar{\bar{x}} = \bar{X}$$

样本平均数的抽样平均误差等于总体方差的$1/n$，用公式表示为

$$s_{\bar{x}} = \sqrt{\frac{\sigma_x}{n}}$$

样本成数的平均数等于总体成数，用公式表示为

$$\bar{p} = P$$

样本成数的抽样平均误差等于总体方差的$1/n$，用公式表示为

$$s_p = \sqrt{\frac{p(1-p)}{n}}$$

式中：

$\bar{x}$表示样本平均数的平均数；

$s_{\bar{x}}$表示样本平均数的抽样误差；

$\bar{p}$表示样本成数的平均数；

s_p表示样本成数的抽样误差。

4. 不重置简单随机抽样

样本平均数的平均数等于总体平均数，用公式表示为

$$\bar{\bar{x}} = \bar{X}$$

样本平均数的抽样平均误差，用公式表示为

$$s_{\bar{x}} = \sqrt{\frac{\sigma_x}{n} \left(\frac{N-n}{N-1} \right)}$$

样本成数的平均数等于总体成数，用公式表示为

$$\bar{p}=P$$

样本成数的抽样平均误差等于总体方差的 $1/n$，用公式表示为

$$s_p = \sqrt{\frac{p(1-p)}{n}\left(\frac{N-n}{N-1}\right)}$$

式中：

$\bar{x}$ 表示样本平均数的平均数；

$s_{\bar{x}}$ 表示样本平均数的抽样误差；

$\bar{p}$ 表示样本成数的平均数；

s_p 表示样本成数的抽样误差。

5. 抽样平均误差

计算抽样平均误差的一般公式为

$$\mu = \sqrt{\frac{\sum_{i=1}^{m}\left(\bar{x}_i - \bar{X}\right)^2}{m}} = \sqrt{\frac{\sum_{i=1}^{m}\left(\bar{x}_i - \bar{\bar{x}}\right)^2}{m}}$$

式中：

μ 表示抽样平均误差；

m 表示样本可能数目。

6. 样本平均数的抽样平均误差

在重复抽样情况下，公式为

$$u_{\bar{x}} = \frac{\sigma}{\sqrt{n}}$$

在不重复抽样情况下，公式为

$$u_{\bar{x}} = \sqrt{\frac{\sigma^2}{n}\left(\frac{N-n}{N-1}\right)}$$

式中：

$u_{\bar{x}}$ 表示样本平均数的抽样平均误差。

7. 样本成数的抽样平均误差

在重复抽样情况下，公式为

$$u_p = \sqrt{\frac{p(1-p)}{n}}$$

在不重复抽样情况下，公式为

$$u_p = \sqrt{\frac{p(1-p)}{n}\left(\frac{N-n}{N-1}\right)}$$

式中：

u_p 表示样本成数的抽样平均误差。

8. 抽样极限误差

抽样极限误差，又称允许误差。

平均数的抽样极限误差的计算公式为

$$z = \frac{\Delta_{\bar{x}}}{\mu_{\bar{x}}} \ \text{或} \ \Delta_{\bar{x}} = z\mu_{\bar{x}}$$

成数抽样极限误差的计算公式为

$$z = \frac{\Delta_p}{\mu_p} \ \text{或} \ \Delta_p = z\mu_p$$

式中：

$\Delta_{\bar{x}}$ 表示平均数的抽样极限误差；

Δ_p 表示成数的抽样极限误差。

9. 总体平均数区间估计

相关的公式为

$$\bar{x} - z_{\alpha/2}\frac{\sigma}{\sqrt{n}} \leqslant \bar{X} \leqslant \bar{x} + z_{\alpha/n}\frac{\sigma}{\sqrt{n}}$$

$$\bar{x} - z_{\alpha/2}\frac{s_{n-1}}{\sqrt{n}} \leqslant \bar{X} \leqslant \bar{x} + z_{\alpha/n}\frac{s_{n-1}}{\sqrt{n}}$$

式中：

σ 表示总体平均数的标准差；

s_{n-1} 表示样本平均数的标准差；

z 表示概率度。

10. 总体成数区间估计

相关的公式为

$$p - z_{\alpha/2}\sqrt{\frac{p(1-p)}{n}} \leqslant P \leqslant p + z_{\alpha/2}\sqrt{\frac{p(1-p)}{n}}$$

式中：

$p(1-p)$ 表示总体成数的方差；

z 表示概率度。

11. 估计总体均值时样本容量的确定

相关的公式为

$$n_{重复} = z_{\alpha/2}^2\frac{\sigma^2}{\Delta^2}$$

$$n_{不重复} = \frac{z_{\alpha/2}^2\sigma^2 N}{(N-1)\Delta_x^2 + z_{\alpha/2}^2\sigma^2}$$

$$n_{不重复} = \frac{z_{\alpha/2}^2\sigma^2 N}{N\Delta_x^2 + z_{\alpha/2}^2\sigma^2} = \frac{n_{重复}}{1 + n_{重复}/N}$$

式中：

    n表示样本容量；

    $\Delta_{\bar{x}}$表示平均数的抽样极限误差；

    z表示概率度；

    σ^2表示总体方差；

    N表示总体单位数。

    12. 估计总体成数时样本容量的确定

相关的公式为

$$n_{重复} = z_{\alpha/2}^2 \frac{P(1-P)}{\Delta_p^2} \approx z_{\alpha/2}^2 \frac{p(1-p)}{\Delta_p^2}$$

$$n_{不重复} = \frac{z^2 P(1-P)N}{(N-1)\Delta_p^2 + z^2 P(1-P)}$$

$$n_{不重复} = \frac{z_{\alpha/2}^2 P(1-P)N}{N\Delta_p^2 + z_{\alpha/2}^2 P(1-P)} = \frac{n_{重复}}{1 + n_{重复}/N}$$

式中：

    n表示样本容量；

    Δ_p表示成数的抽样极限误差；

    z表示概率度；

    $P(1-P)$表示总体成数的方差；

    N表示总体单位数。

第二节　实验课题与参考答案

———————— 实验一 ————————

【实验名称】

随机抽样方法的应用。

【实验目的】

熟悉Excel的基本操作。

训练随机抽样的操作方法。

【实验环境】

系统软件：Windows 2000、Windows 7、Windows 10 或 Windows XP。

应用软件：Excel 2000、Excel 2003、Excel 2007或Excel 2010。

【知识准备】

抽样是指从总体中抽取一部分样本，对样本资料进行分析，认识样本分布，并由样本的规律推断总体特征。

抽样推断建立在随机取样的基础上，以随机原则作为抽取样本的基本规则。

【实验资料】

使用Excel的随机数发生器产生600个随机数，平均值为200，标准差为12，服从正态分布。然后，从中随机抽出80个样本，并在95%的置信度下，计算样本平均数、样本方差及标准差。

【实验要求】

(1) 计算样本平均数。

(2) 计算样本方差。

(3) 计算样本标准差。

【操作步骤】

(1) 打开Excel工作表，在A1单元格中输入"编号"，在A列产生1～600的序列数。具体方法：在工作表的A2单元格中输入数字"1"，作为序列的起始值，将鼠标保留在A2单元格中，打开"编辑"菜单工具，选择"填充"→"序列"命令，打开"序列"界面。

(2) 在序列界面中的"序列产生在"栏中，选择"列"，在"类型"栏中选择"等差序列"，将"步长值"设置为"1"，将"终止值"设置为"600"，单击"确定"即可，如图5-1所示。

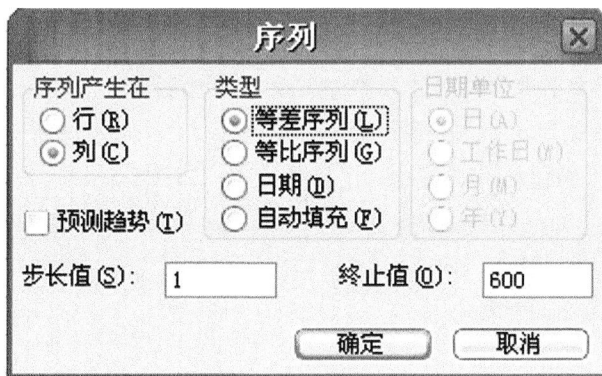

图5-1　序列界面

(3) 在工作表的B1单元格中输入"数值"，打开"工具"菜单，选择"数据分析"→"随机数发生器"命令，打开"随机数发生器"界面。

(4) 在"随机数发生器"界面中的"变量个数"栏中输入"1"，即只需要1组随机数；在"随机数个数"栏中输入"600"，即这组随机数有600个；在"分布"栏中选择"正态"，即随机数按正态分布产生；在"平均值"栏中输入200，即这组随机数的总体平均数为200；在"标准偏差"栏中输入"12"，即总体标准差为12；最后，在"输出区域"栏中输入"$B$2"，如图5-2所示。

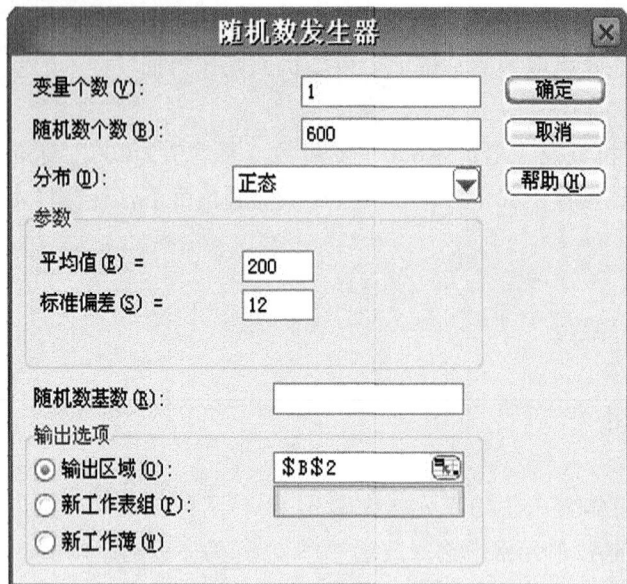

图5-2 随机数发生器界面

(5) 单击"确定"按钮后，就产生了由600个随机数组成的总体工作表，如图5-3所示。

(6) 在工作表的C1单元格中输入"样本"，打开"工具"菜单，选择"数据分析"→"抽样"命令，打开"抽样"界面。

(7) 在"输入区域"栏输入"$B$2：$B$601"，即总体各数据。在"抽样方法"栏选择"随机"，在"样本数"栏输入样本数量"80"，然后，在"输出选项"栏选择"输出区域"，并输入"$C$2"，如图5-4所示。

(8) 单击"确定"按钮后，就得到80个样本数据，如图5-5所示。

图5-3 由600个随机数组成的总体工作表

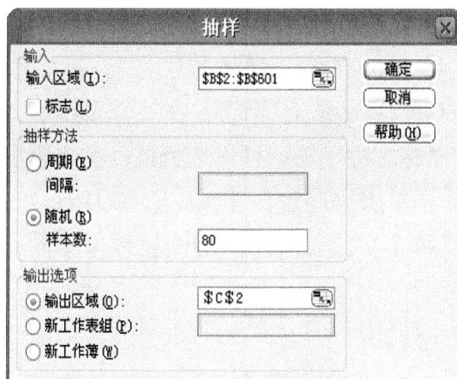

图5-4　抽样界面

图5-5　80个样本工作表

(9) 计算总体的平均数和标准差。具体方法：打开"工具"菜单，选择"数据分析"→"描述统计"命令，打开"描述统计"界面。如果Excel工具栏中没有"数据分析"工具，可以通过"加载宏"命令加上。

(10) 在"输入区域"栏输入"$B$1：$B$601"，"分组方式"栏选"逐列"，勾选"标志位于第一行"选择框，在"输出区域"栏输入"$E$1"并勾选"汇总统计"选择框，如图5-6所示。

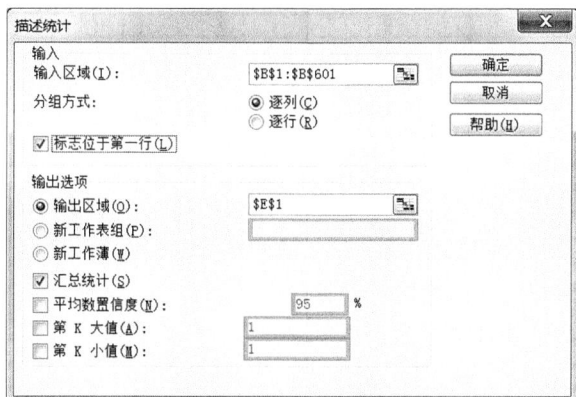

图5-6　描述统计界面

(11) 单击“确定”按钮，完成操作。

(12) 计算样本的平均数和标准差。具体方法：打开“工具”菜单，选择“数据分析”→“描述统计”命令，打开“描述统计”界面。在“输入区域”输入“$C$1：C$81”，“分组方式”栏选“逐列”，勾选“标志位于第一行”选择框，在“输出区域”栏输入“$G$1”，并勾选“汇总统计”选择框。单击“确定”按钮，完成操作。

实验数据为随机生成，每个实验者所产生的随机数据不同，所以实验结果也不同。

【参考答案】

完成的计算结果如图5-7所示。

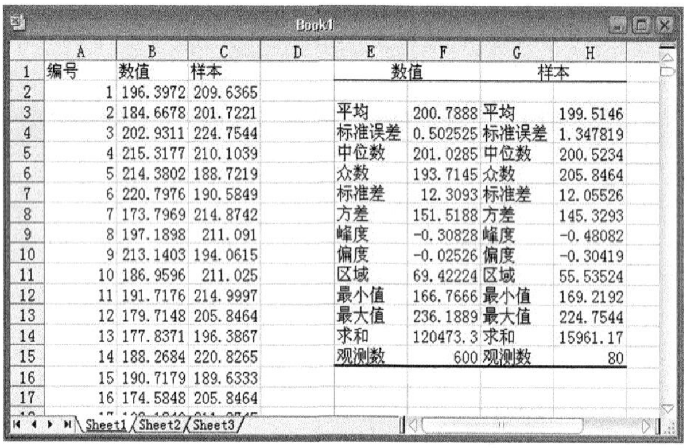

	A	B	C	D	E	F	G	H
1	编号	数值	样本		数值		样本	
2	1	196.3972	209.6365					
3	2	184.6678	201.7221		平均	200.7888	平均	199.5146
4	3	202.9311	224.7544		标准误差	0.502525	标准误差	1.347819
5	4	215.3177	210.1039		中位数	201.0285	中位数	200.5234
6	5	214.3802	188.7219		众数	193.7145	众数	205.8464
7	6	220.7976	190.5849		标准差	12.3093	标准差	12.05526
8	7	173.7969	214.8742		方差	151.5188	方差	145.3293
9	8	197.1898	211.091		峰度	-0.30828	峰度	-0.48082
10	9	213.1403	194.0615		偏度	-0.02526	偏度	-0.30419
11	10	186.9596	211.025		区域	69.42224	区域	55.53524
12	11	191.7176	214.9997		最小值	166.7666	最小值	169.2192
13	12	179.7148	205.8464		最大值	236.1889	最大值	224.7544
14	13	177.8371	196.3867		求和	120473.3	求和	15961.17
15	14	188.2684	220.8265		观测数	600	观测数	80
16	15	190.7179	189.6333					
17	16	174.5848	205.8464					

图5-7　计算结果表

实验二

【实验名称】

参数的区间估计。

【实验目的】

熟悉Excel的基本操作。

训练区间估计的操作方法。

【实验环境】

系统软件：Windows 2000、Windows 7、Windows 10或Windows XP。

应用软件：Excel 2000、Excel 2003、Excel 2007或Excel 2010。

【知识准备】

统计估计是指利用样本统计量来估计总体参数。统计估计可以分为点估计和区间估计。

点估计指的是由一组样本中计算出来的样本估计量来直接推断总体参数的真值。大多数情况下，样本平均数可以作为总体平均数的优良估计量。由于样本与总体之间客观上存在一定的误差，可以点估计值为中心，加上或减去一个数字(极限误差值)，建立一个包含上限、下限的区间，这种方法就是区间估计。

总体平均数区间估计的计算公式为

$$\bar{x} - z_{\alpha/2}\frac{s_{n-1}}{\sqrt{n}} \leqslant \bar{X} \leqslant \bar{x} + z_{\alpha/n}\frac{s_{n-1}}{\sqrt{n}}$$

式中：

$\overline{X}$表示总体平均数；

$\bar{x}$表示样本平均数；

$s_{n\text{-}1}$表示样本平均数的标准差；

z表示概率度。

总体成数区间估计的计算公式为

$$p - z_{\alpha/2}\sqrt{\frac{p(1-p)}{n}} \leqslant P \leqslant p + z_{\alpha/2}\sqrt{\frac{p(1-p)}{n}}$$

式中：

P表示总体成数；

p表示样本成数；

$p(1-p)$表示总体成数的方差；

z表示概率度。

【实验资料】

已知某企业对包装生产线包装的产品进行重量抽样检验，采用等距抽样方法，共抽取10袋样本产品，测得样本重量(kg)数据如下：

11.90　11.70　11.80　11.74　11.77　11.71　12.01　11.96　11.84　11.78

【实验要求】

假定产品包装重量服从正态分布，试以95%的置信水平估计该企业产品平均重量的置信区间。

【实验步骤】

(1) 打开Excel工作簿，将样本重量(kg)数据输入工作表中，如图5-8所示。

(2) 在C2单元格中输入数据个数，若数据较多则使用公式“=COUNT()”。

(3) 计算样本均值，在C3单元格中输入公式“=AVERAGE(A2：A11)”，按Enter键。

(4) 计算样本标准差，在C4单元格中输入公式“=STDEV(A2：A11)”，按Enter键。

(5) 计算抽样平均误差，在C5单元格中输入公式“=C4/SQRT(C2)”，按Enter键。

(6) 计算置信水平，在C6单元格中输入数据“0.95”，按Enter键。

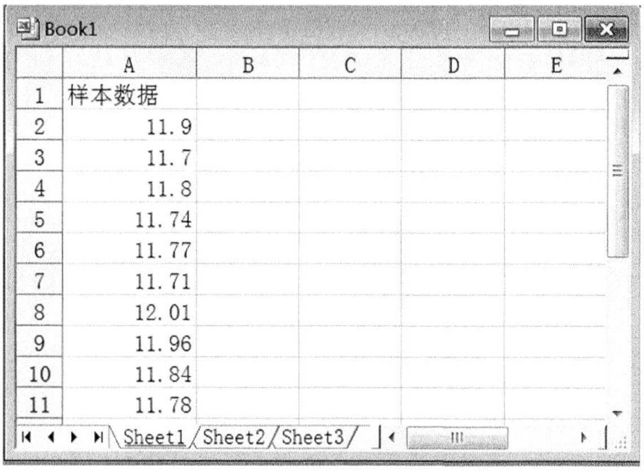

	A	B	C	D	E
1	样本数据				
2	11.9				
3	11.7				
4	11.8				
5	11.74				
6	11.77				
7	11.71				
8	12.01				
9	11.96				
10	11.84				
11	11.78				

图5-8　样本重量(kg)数据表

(7) 计算自由度，在C7单元格中输入公式“=C2-1”，确定即可。

(8) 计算t值，在C8单元格中输入公式“=TINV(1-C6，C7)”，确定即可。

(9) 计算误差范围，在C9单元格中输入公式“=C8*C5”，确定即可。

(10) 计算置信下限，在C10单元格中输入公式“=C3-C9”，确定即可。

(11) 计算置信上限，在C11单元格中输入公式“=C3+C9”，确定即可。

完成上述步骤，得到置信区间为[11.75，11.90]，结果如图5-9所示。

【参考答案】

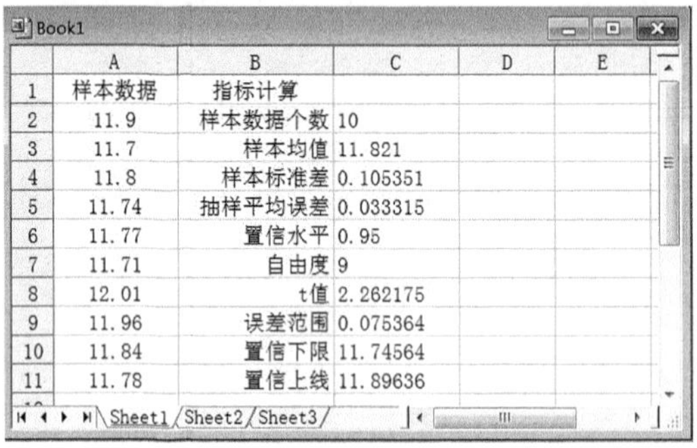

	A	B	C	D	E
1	样本数据	指标计算			
2	11.9	样本数据个数	10		
3	11.7	样本均值	11.821		
4	11.8	样本标准差	0.105351		
5	11.74	抽样平均误差	0.033315		
6	11.77	置信水平	0.95		
7	11.71	自由度	9		
8	12.01	t值	2.262175		
9	11.96	误差范围	0.075364		
10	11.84	置信下限	11.74564		
11	11.78	置信上线	11.89636		

图5-9 置信区间估计结果表

实验三

【实验名称】

参数的点估计。

【实验目的】

熟悉Excel的基本操作。

训练点估计的操作方法。

【实验环境】

系统软件：Windows 2000、Windows 7、Windows 10或Windows XP。

应用软件：Excel 2000、Excel 2003、Excel 2007或Excel 2010。

【知识准备】

统计估计是指利用样本统计量来估计总体参数。统计估计分为点估计和区间估计。

点估计指的是由一组样本中计算出来的样本估计量来直接推断总体参数的真值。大多数情况下，样本平均数可以作为总体平均数的优良估计量。

【实验资料】

已知某企业从工人加工的一批零部件中随机抽取16件进行长度检验，测得16件样品的长度值(cm)分别为：

12.15	12.12	12.01	12.08
12.09	12.16	12.13	12.07
12.11	12.08	12.01	12.03
12.01	12.03	12.06	12.05

【实验要求】

计算样本平均数对总体平均数的点估计值。

【操作步骤】

(1) 打开Excel空白工作簿，选取一张新的工作表，按照已知数据录入样本零件长度值，如图5-10所示。

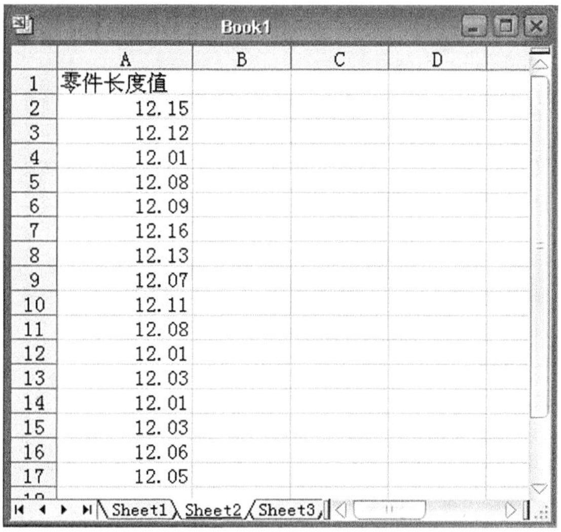

	A	B	C	D
1	零件长度值			
2	12.15			
3	12.12			
4	12.01			
5	12.08			
6	12.09			
7	12.16			
8	12.13			
9	12.07			
10	12.11			
11	12.08			
12	12.01			
13	12.03			
14	12.01			
15	12.03			
16	12.06			
17	12.05			

图5-10　样本零件长度数据表

(2) 计算样本平均数的方法很多，先使用函数进行计算。在图5-10中数据下面的A18单元格中输入样本平均数，在B18单元格中输入公式“=AVERAGE(A22 A17)”，确认后，就得到了样本平均数，以样本平均数估计总体平均数，如图5-11所示。

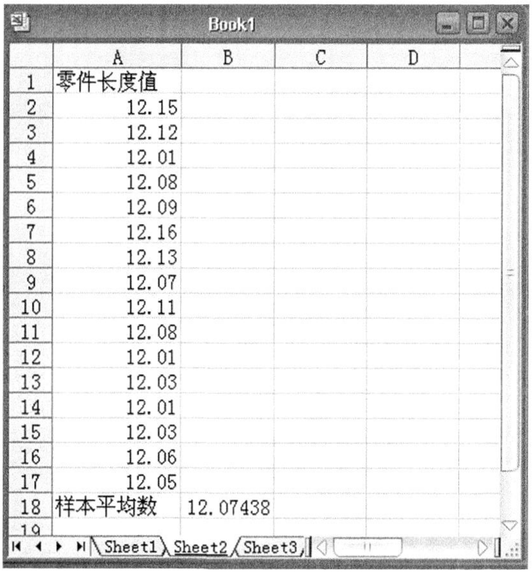

	A	B	C	D
1	零件长度值			
2	12.15			
3	12.12			
4	12.01			
5	12.08			
6	12.09			
7	12.16			
8	12.13			
9	12.07			
10	12.11			
11	12.08			
12	12.01			
13	12.03			
14	12.01			
15	12.03			
16	12.06			
17	12.05			
18	样本平均数	12.07438		

图5-11　使用函数计算的平均数

(3) 使用“数据分析”工具进行样本平均数的计算。使用鼠标选取“工具”→“数据分析"菜单命令，打开"数据分析"对话框，在"数据分析"对话框中选取"描述统计"，并单击"确定"。

(4) 在"描述统计"界面的"输入区域"中输入数据范围"$A$2：$A$17"，"分组方式"选择"逐列"，"输出选项"中选择"输出区域"，并在输入框中输入"$C$1"，勾选"汇总统计"，最后单击"确定"按钮，如图5-12所示。

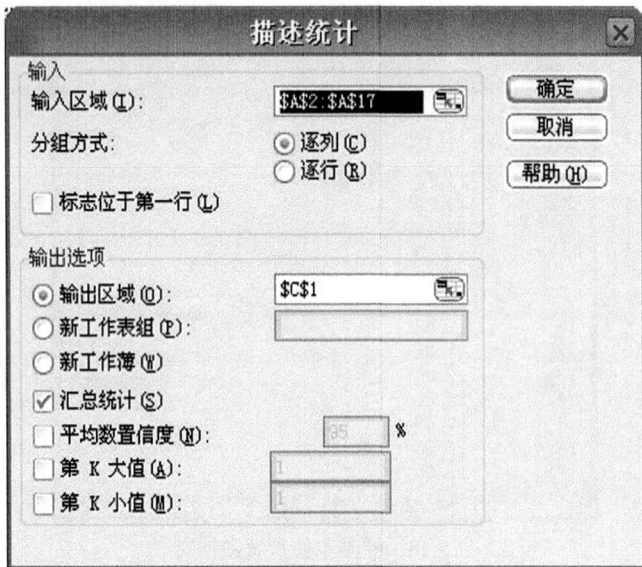

图5-12 描述统计界面

(5) 根据计算结果估计总体的平均值。

【参考答案】

完成的计算结果如图5-13所示。

图5-13 计算结果表

从计算结果可以看出，零件长度的估计值是12.074 38，标准偏差为0.049 661。

———————— 实验四 ————————

【实验名称】

正态分布条件下总体平均数的区间估计。

【实验目的】

熟悉Excel的基本操作。

训练大样本总体平均数区间估计的操作方法。

【实验环境】

系统软件：Windows 2000、Windows 7、Windows 10或Windows XP。

应用软件：Excel 2000、Excel 2003、Excel 2007或Excel 2010。

【知识准备】

由于样本与总体之间存在一定的误差，可以点估计值为中心，加上和减去一个数字(极限误差值)，建立一个包含上限、下限的区间，用该区间作为总体参数的估计值，这种方法就是区间估计。

一般情况下，当样本数量大于30时，无论总体实际分布情况如何，均可以视为服从正态分布。

根据样本对总体平均数进行区间估计时，根据条件的不同可以选择t分布或正态分布；对总体比率进行区间估计则要求是大样本，且服从正态分布。

在正态总体、方差已知，或者非正态总体、大样本、方差已知的情况下，平均数的置信区间为

$$\left[\bar{x}-z_{\alpha/2}\frac{\sigma}{\sqrt{n}}, \ \bar{x}+z_{\alpha/2}\frac{\sigma}{\sqrt{n}}\right]$$

式中：

σ表示总体标准差；

$\bar{x}$表示样本平均数；

z表示概率度。

在大样本、方差未知的情况下，无论总体是否服从正态分布，平均数的置信区间均可按下列公式计算

$$\left[\bar{x}-z_{\alpha/2}\frac{s}{\sqrt{n}}, \ \bar{x}+z_{\alpha/2}\frac{s}{\sqrt{n}}\right]$$

式中：

$\bar{x}$表示样本平均数；

s表示样本平均数的标准差；

z表示概率度。

公式中的样本平均数、样本方差可以由软件计算(或者总体标准差已知)，$z_{\alpha/2}$可以根据

正态分布的累积分布的反函数计算，因此相应的置信区间很容易计算。

【实验资料】

某公司为提高服务质量，每个月都要进行顾客满意度调查，最近一次调查了100名顾客，顾客的平均满意度为82分，已知总体标准差为20分。

【实验要求】

在95%的置信度下，估计顾客满意度的置信区间。

【实验步骤】

(1) 在Excel单元格中输入公式"= 82-NORMINV(0.975，0，1)*20/10"，确认后，可得到置信下限值为78.08。

(2) 在Excel单元格中输入公式"=82+NORMINV(0.975，0，1)*20/10"，确认后，可得到置信上限值为85.92。

(3) 如果把公式中的0.975改为0.995，可求出顾客满意度99%的置信区间。

(注意：依据NORMINV的概率参数与显著性水平α的关系，在Excel中也可利用函数"CONFIDENCE(α，σ，n)"计算正态总体方差已知情况下的置信区间，该函数的返回值为$\bar{x}+z_{\alpha/2}\dfrac{\sigma}{\sqrt{n}}$，相当于置信区间长度的一半，根据这一结果很容易计算相应的置信区间。例如，在本例中，"=CONFIDENCE(0.05，20，100)"的计算结果为3.919 928。

【参考答案】

在95%的置信度下，顾客满意度的置信区间：

置信下限值为78.08

置信上限值为85.92

───────── 实验五 ─────────

【实验名称】

利用t分布计算平均数的置信区间。

【实验目的】

熟悉Excel的基本操作。

训练总体平均数区间估计的操作方法。

【实验环境】

系统软件：Windows 2000、Windows 7、Windows 10或Windows XP。

应用软件：Excel 2000、Excel 2003、Excel 2007或Excel 2010。

【知识准备】

由于样本与总体之间存在一定的误差，可以点估计值为中心，加上和减去一个数字(极限误差值)，建立一个包含上限、下限的区间，用该区间作为总体参数的估计值，这种方法就是区间估计。

一般情况下，当样本数量大于30时，无论总体实际分布情况如何，均可以视为服从正态分布。

在样本服从正态分布的前提下，总体、方差未知时，平均数的置信区间为

$$\left[\bar{x}-t_{\alpha/2}(n-1)\frac{s}{\sqrt{n}},\bar{x}+t_{\alpha/2}(n-1)\frac{s}{\sqrt{n}}\right]$$

在大样本的情况下，这一置信区间也成立，但大样本可以用正态分布z值来代替t值。

若样本平均数、样本标准差已知，可直接在Excel中输入相应的公式来计算置信区间。

【试验资料】

某出租汽车公司随机调查了40位乘客的乘车行驶里程，发现这些乘客的平均行驶里程为7.7km，样本标准差为2.93km，假设总体服从正态分布。

【实验要求】

在95%的置信度下，估计出租汽车平均行驶里程的置信区间。

【实验步骤】

(1) 在Excel单元格中输入公式"=7.7－TINV (0.05，39)*2.93/ 40^0.5"。

(2) 确认后得到置信下限为6.76km。

(3) 在Excel单元格中输入公式"=7.7+TINV (0.05，39)*2.93/40^0.5"。

(4) 确认后得到置信上限为8.64km。

由于样本容量较大，也可以用正态分布。在Excel单元格中输入公式"=7.7－NORMINV (0.975，0，1)*2.93/40^0.5"，可知置信下限为6.79km；由公式"=7.7+NORMINV (0.975，0，1)*2.93/40^0.5"，可知置信上限为8.61km。

【参考答案】

在95%的置信度下，出租汽车平均行驶里程的置信区间：

置信下限为6.76km

置信上限为8.64km

———————— 实验六 ————————

【实验名称】

大样本总体平均数区间估计。

【实验目的】

熟悉Excel的基本操作。

训练大样本总体平均数区间估计的操作方法。

【实验环境】

系统软件：Windows 2000、Windows 7、Windows 10或Windows XP。

应用软件：Excel 2000、Excel 2003、Excel 2007或Excel 2010。

【知识准备】

由于样本与总体之间存在一定的误差，可以点估计值为中心，加上和减去一个数字(极限误差值)，建立一个包含上限、下限的区间，用该区间作为总体参数的估计值，这种方法就是区间估计。一般情况下，当样本数量大于30时，无论总体实际分布情况如何，均

可以视为服从正态分布。

在样本服从正态分布的前提下，总体、方差未知时，平均数的置信区间为

$$\left[\bar{x}-t_{\alpha/2}(n-1)\frac{s}{\sqrt{n}},\bar{x}+t_{\alpha/2}(n-1)\frac{s}{\sqrt{n}}\right]$$

在大样本的情况下，这一置信区间也成立，但大样本可以用正态分布z值来代替t值。

若样本平均数、样本标准差已知，可直接在Excel中输入相应的公式来计算置信区间。

【实验资料】

已知某民用应急照明产品生产企业为研究某新型民用应急照明产品的一次性有效使用时间，在一批新型产品中抽取32个进行测试，抽样测试数据(单位：小时)如下：

249，254，243，268，253，269，287，241

273，306，303，280，260，256，278，344

304，283，310，295，286，288，301，258

300，254，282，249，251，264，275，281

【实验要求】

假设这些数据样本服从正态分布，在95%的置信水平下估计该新型民用应急照明产品的置信区间。

【操作步骤】

(1) 打开Excel工作簿，选取一张工作表，录入某新型民用应急照明产品的一次性有效使用时间抽样测试数据，如图5-14所示。

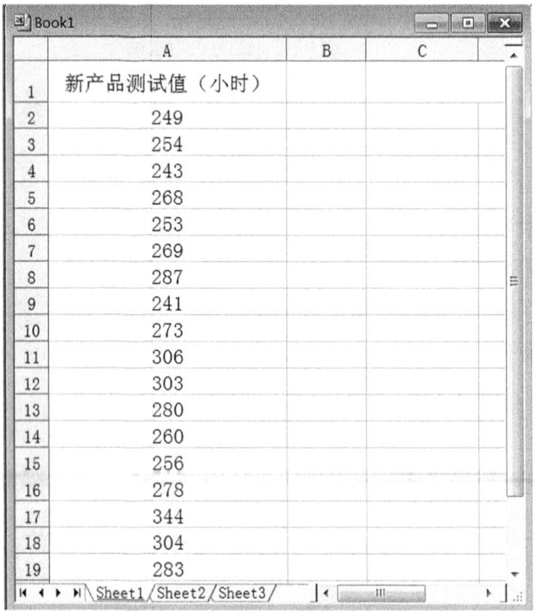

图5-14 抽样测试数据工作表

(2) 使用"数据分析"工具进行点估计的计算。用鼠标选取"工具"→"数据分析"菜单命令，打开"数据分析"对话框，在"数据分析"对话框中选取"描述统计"，在

"描述统计"界面中输入数据范围"$A$2：$A$33"，"分组方式"选择"逐列"，"输出选项"中选择"输出区域"，并输入"$C$1"，在多选框中勾选"汇总统计"，"平均数置信度"为95%，最后单击"确定"按钮，如图5-15所示。

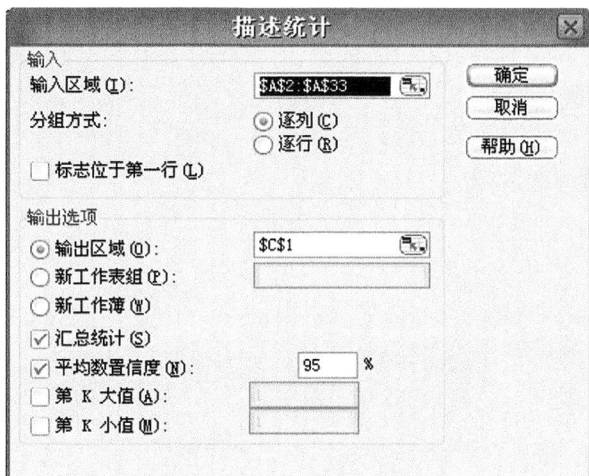

图5-15　描述统计界面

(3) 使用函数CONFIDENCE计算总体平均数的置信区间，计算出来的数值属于样本平均数的左右任何一边的范围。在C18单元格中输入"置信区间值"5个字，在D18单元格中输入函数公式"=CONFIDENCE(0.05，D7，D15)"。其中，函数第一个参数alpha代表推断置信度的显著程度，0.05的alpha值所指的是95%的置信度。

(4) 根据计算结果写出估计结论。

【参考答案】

完成的计算结果如图5-16所示。

图5-16　计算结果表

根据计算结果可以得出如下结论：该批新型民用应急照明产品的一次性有效使用时间的区间估计为276.41±8.21小时。

───────── 实验七 ─────────

【实验名称】

小样本总体平均数区间估计。

【实验目的】

熟悉Excel的基本操作。

训练小样本总体平均数区间估计的操作方法。

【实验环境】

系统软件：Windows 2000、Windows 7、Windows 10或Windows XP。

应用软件：Excel 2000、Excel 2003、Excel 2007或Excel 2010。

【知识准备】

一般情况下，当样本数量小于30时，样本的分布情况就不一定趋近标准正态分布，大多趋向自由度为$n-1$的t分布。t分布是一种用来取代正态分布z值的分布，它与正态分布非常相似。

【实验资料】

已知某食品加工企业生产一种食品罐头，每罐600毫升，现从一批产品中随机抽出10罐进行检查，得到每罐样品的实际容量分别为：605，607，600，595，588，610，603，590，598，600。

【实验要求】

在95%的置信度下，估计该批食品罐头每罐实际容量的置信区间。

【操作步骤】

(1) 打开Excel工作簿，选取一张工作表，在"A2：A11"单元格中录入样品罐头的实际容量，如图5-17所示。

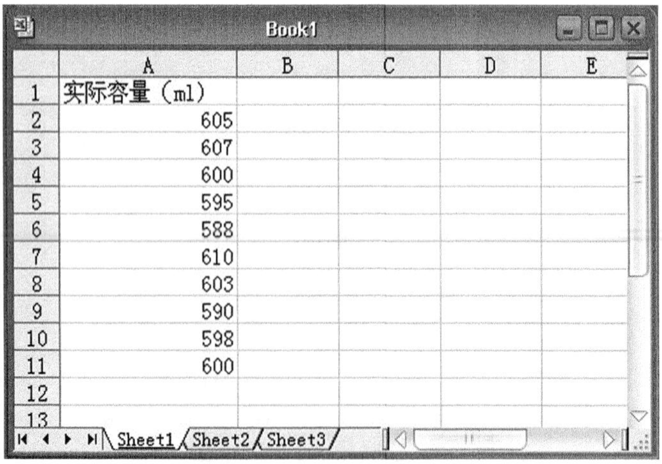

图5-17　实际容量数据表

(2) 使用"数据分析"工具进行点估计的计算。用鼠标选取"工具"→"数据分析"菜单命令，打开"数据分析"对话框，在"数据分析"界面中选取"描述统计"，在"描述统计"界面中"输入区域"栏输入数据范围"$A$2：$A$11"，"分组方式"选择"逐列"，结果输出在本工作表B2单元格，如图5-18所示。

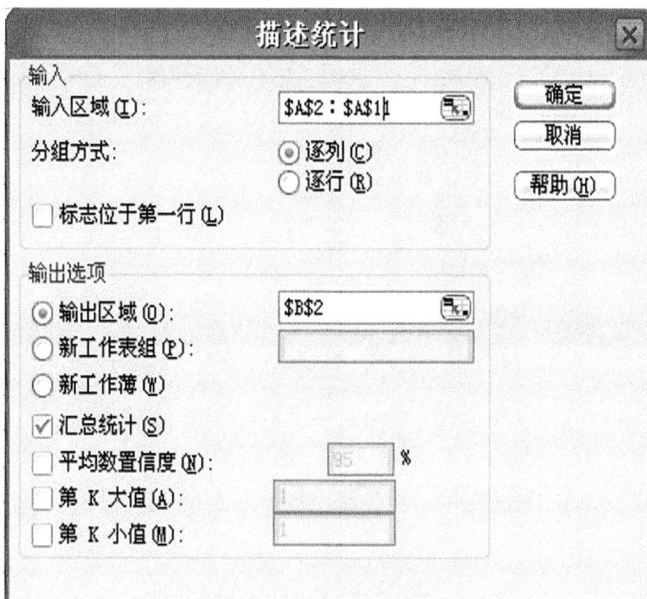

图5-18　描述统计界面

(3) 在D4单元格中输入"误差允许值"，在E4单元格中输入"0.05"，在D5单元格中输入"t值"。

(4) 在E5单元格中使用TINV函数求出t值。具体方法：选定E5单元格，输入公式"=TINV (0.05，C16-1)"，按Enter求出t值。

(5) 在D6单元格中输入"标准误差"，在E6单元格中计算出标准差。具体方法：直接从描述统计中引用，即在E6单元格中输入公式"=C5"，或输入公式"=C8/SQRT(C16)"，重新计算。

(6) 计算置信区间的上限、下限。具体方法：在D7和D8单元格中分别输入"置信区间上限值"和"置信区间下限值"。在E7单元格中输入公式"=C4+E5*E6"，计算出置信区间上限值；在E8单元格中输入公式"=C4-E5*E6"，计算出置信区间下限值，完成计算。

【参考答案】

计算结果如图5-19所示。

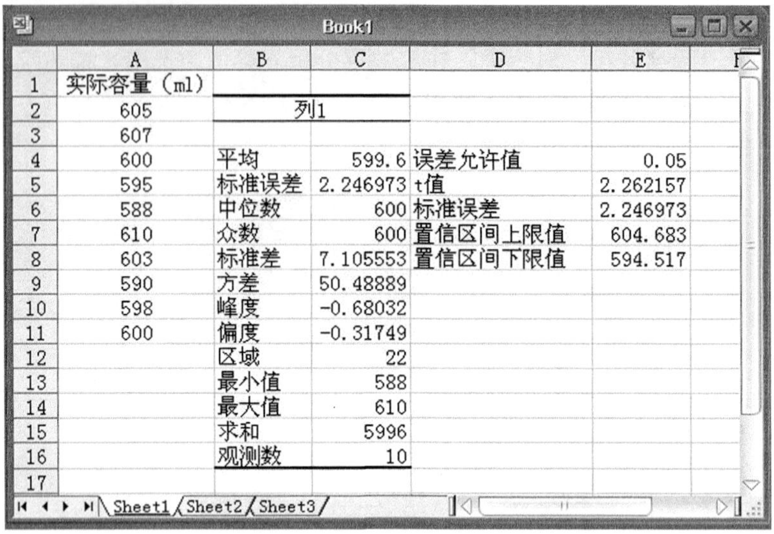

	A	B	C	D	E
1	实际容量（ml）				
2	605	列1			
3	607				
4	600	平均	599.6	误差允许值	0.05
5	595	标准误差	2.246973	t值	2.262157
6	588	中位数	600	标准误差	2.246973
7	610	众数	600	置信区间上限值	604.683
8	603	标准差	7.105553	置信区间下限值	594.517
9	590	方差	50.48889		
10	598	峰度	-0.68032		
11	600	偏度	-0.31749		
12		区域	22		
13		最小值	588		
14		最大值	610		
15		求和	5996		
16		观测数	10		
17					

图5-19 计算结果表

通过计算结果可知，该食品罐头每罐实际容量的置信区间为594.52～604.68。

实验八

【实验名称】

样本容量的确定。

【实验目的】

熟悉Excel的基本操作。

训练样本容量计算的操作方法。

【实验环境】

系统软件：Windows 2000、Windows 7、Windows 10或Windows XP。

应用软件：Excel 2000、Excel 2003、Excel 2007或Excel 2010。

【知识准备】

在简单随机抽样的情况下，如果给定最大允许误差以及总体方差的估计值，则可推导出必要样本容量的计算公式。

在重复抽样的条件下，估计总体平均数的必要样本容量为

$$n=\frac{z_{\alpha/2}^{2}\sigma^{2}}{\Delta_{\bar{x}}^{2}}$$

式中：

n表示样本容量；

$\Delta_{\bar{x}}$表示平均数的抽样极限误差；

z表示概率度；

σ^2表示总体方差。

估计总体比率的必要样本容量为

$$n = \frac{z_{\alpha/2}^2 p(1-p)}{\Delta_{\bar{p}}^2}$$

式中：

n表示样本容量；

$\Delta_{\bar{p}}$表示成数的抽样极限误差；

z表示概率度；

$p(1-p)$表示成数的方差。

公式中的$z_{\alpha/2}$可以利用统计软件进行计算，其他量已知，因此必要样本容量很容易计算。

【实验资料】

一名学习公共管理的学生想要估计某城市公务员的平均工资。在95%的置信度下，允许最大抽样误差为100元。此前有研究表明，公务员工资的标准差为800元。

【实验要求】

试求在简单重复抽样条件下的必要样本容量。

【实验步骤】

(1) 打开Excel工作簿。

(2) 根据相应的公式，在单元格中输入公式"=NORMSINV(0.975)^2*800^2/100^2"。

(3) 确定后得到结果"245.853 4"。

注意"Excel^CEILING^"函数可以对小数向上取整。公式中使用的函数"NORMSINV()"是用来计算标准正态分布累计分布反函数的，对参数的要求比函数"NORMINV()"少，但计算结果相同。

【参考答案】

简单重复抽样条件下的必要样本容量为246人。

第三节　模拟练习与参考答案

练习题一

【实验资料】

某企业生产A产品的工人有1 000人，某日采用不重复抽样从中随机抽取100人调查他们的当日产量，样本人均产量为35件，产量的样本标准差为4.5件。

【实验要求】

以95.45%的置信度估计该日人均产量的置信区间。

【参考答案】

在95.45%的置信度下，该日人均产量为34.15～35.85件。

练习题二

【实验资料】

已知某企业生产某种产品的工人有1 000人，某日采用不重复抽样从中随机抽取100人调查他们的当日产量，见表5-1。

表5-1　100名工人的日产量分组资料

按日产量分组/件	工人数/人
110～114	3
114～118	7
118～122	18
122～126	23
126～130	21
130～134	18
134～138	6
138～142	4
合计	100

【实验要求】

在95%的置信度下，估计该企业全部工人的日平均产量和日总产量。

【参考答案】

该企业工人人均产量为124.797～127.203件，日总产量为124 797～127 303件，估计的可靠程度为95%。

练习题三

【实验资料】

某乡水稻总面积20 000亩，以不重复抽样方法从中随机抽取400亩实割实测，求得样本平均亩产645公斤，标准差为72.6公斤。

【实验要求】

在极限误差不超过7.2公斤的情况下，试对该乡水稻的亩产量和总产量作估计。

【参考答案】

计算结果显示：在95.45%的置信度下，该乡水稻平均亩产为637.8～652.2公斤，总产量为1 275.6万～1 304.4万公斤。

练习题四

【实验资料】

某电子产品使用寿命在3 000小时以下为不合格产品，现采用简单随机抽样方法，从5 000个产品中抽取100个，对其寿命情况进行调查，所得结果如表5-2所示。

表5-2 某电子产品使用寿命调查表

使用寿命/小时	产品数
3 000以下	2
3 000~4 000	30
4 000~5 000	50
5000以上	18
合计	100

【实验要求】

(1) 按重复抽样和不重复抽样方法计算该产品平均寿命的抽样平均误差。

(2) 按重复抽样和不重复抽样方法计算该产品合格率的抽样平均误差。

(3) 根据重复抽样计算的抽样平均误差，以68.27%的概率保证程度(即$t=1$)，对该产品的平均使用寿命和合格率进行区间估计。

【参考答案】

(1) 平均寿命的抽样平均误差。

重复抽样条件下：$\mu_{\bar{x}}=73.1$(小时)

不重复抽样条件下：$\mu_{\bar{x}}=72.37$ (小时)

(2) 合格率的抽样平均误差。

重复抽样条件下：$\mu_p=1.4\%$

不重复抽样条件下：$\mu_p=1.39\%$

(3) 对平均使用寿命和合格率进行区间估计。

估计平均使用寿命：[4 266.9小时，4 413.1小时]

估计合格率：[96.6%，99.4%]

练习题五

【实验资料】

某企业要估计6 000包某种材料的平均重量。随机抽取350包组成一个样本，样本的均值和标准差分别为32公斤和7公斤。

【实验要求】

估计总体均值的置信度为95%的置信区间。

【参考答案】

在95%的置信度下，某种材料的平均重量区间：估计下限为31.266 649 71公斤，估计上限为32.733 350 29公斤。

练习题六

【实验资料】

在一项关于软塑料管适用性的研究中，工程师们想估计软管能承受的平均压力。他们随机抽取9个压力读数(3.46，3.42，3.49，3.51，3.40，3.38，3.58，3.31，3.54)，样本均值和样本标准差分别为3.62和0.45。

【实验要求】

假定压力读数近似服从正态分布，估计总体平均压力的置信度为99%的置信区间。

【参考答案】

得到区间估计值：估计下限为3.363 592 228，估计上限为3.549 741 105。

练习题七

【实验资料】

某商场从一批袋装食品中随机抽取10袋，测得每袋重量(单位：克)分别为789，780，794，762，802，813，770，785，810，806。

【实验要求】

在95%的置信度下，估计这批食品平均每袋重量的区间范围。

【参考答案】

在95%的置信度下，这批食品平均每袋重量的置信区间为778.8～803.4克。

练习题八

【实验资料】

某食品厂要检验本月生产的10 000袋某产品的重量，根据上月资料，这种产品每袋重量的标准差为25克。

【实验要求】

在95.45%的置信度下，平均每袋产品重量的误差范围不超过5克，确定应抽查多少袋产品。

【参考答案】

重复抽样抽取样本数：n=100袋；不重复抽样抽取样本数：n=99.01袋。

第六章 统计假设检验实验

第一节 知识要点与主要公式

■ 一、知识要点

1. 统计假设检验

统计假设检验就是事先对总体参数或总体分布形式做出一个假设，然后利用样本信息来判断这一假设是否合理，即判断样本统计量的具体数值与原假设是否有显著差异，从而决定拒绝或接受原假设。

2. 假设检验的特点

(1) 采用反证法。

(2) 依据"小概率事件在一次试验中不能发生"的原理。

3. 原假设

对所考察的总体的分布形式或总体的某些未知参数做出某些假设，称之为原假设，用H_0表示，它是研究者想收集证据予以反对的假设。

4. 备择假设

与原假设对立的假设称为备择假设，用H_1表示，它是研究者想收集证据予以支持的假设。

5. 关于假设的认识

(1) 原假设和备择假设是一个完备事件组，而且相互独立。

(2) 建立假设时，通常先确定备择假设，然后确定原假设。

(3) 在假设检验中，等号"="总是放在原假设上。

(4) 只要原假设和备择假设符合最终研究目的，就是合理的。

(5) 假设检验的目的是收集证据来拒绝原假设。

6. 假设检验过程中可能发生以下两类错误

(1) 当原假设为真时拒绝原假设，所犯的错误称为第一类错误，也叫弃真错误。犯第一类错误的概率通常记为α。

(2) 当原假设为假时没有拒绝原假设，所犯的错误称为第二类错误，也叫取伪错误。犯第二类错误的概率通常记为β。

7. 显著性水平

显著性水平是指当原假设实际上正确时，检验统计量落在拒绝域的概率。

8. 检验统计量

检验统计量是根据样本观测结果计算得到的，并据以对原假设和备择假设做出决策的某个样本统计量，是用于假设检验决策的统计量。常用的检验统计量有z统计量与t统计量。

9. 拒绝域

拒绝域就是由显著性水平所围成的区域。拒绝域的大小与我们事先选定的显著性水平有一定的关系。

10. 临界值

临界值为原假设的接受域与拒绝域的分界值，它是根据给定的显著性水平确定的拒绝域的边界值。

11. 统计假设检验的类型

(1) 双侧检验。当要检验样本统计值与总体参数是否有显著性差异，而不问差异的方向是正差还是负差时，就应采用双侧检验，又称双尾检验，如图6-1所示。

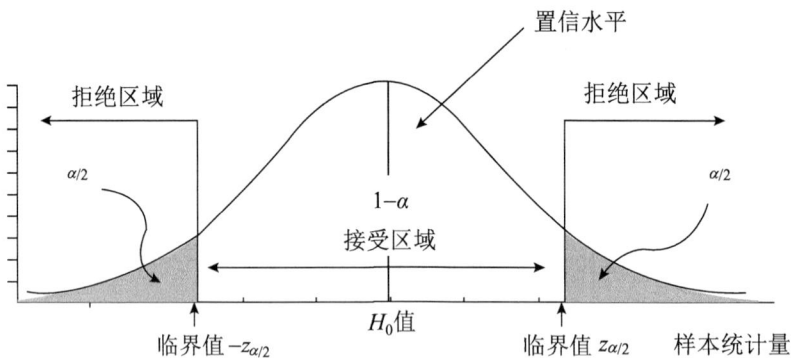

图6-1 双侧检验

假设的设立：

H_0：$\overline{X}=\overline{X}_0$；$H_1$：$\overline{X}\neq\overline{X}_0$

或H_0：$P=P_0$；H_1：$P\neq P_0$

由样本信息计算出的检验统计量数值z与事先给定的临界值比较，如果$-z_{\alpha/2}\leqslant z\leqslant z_{\alpha/2}$，则接受原假设$H_0$；如果$z<-z_{\alpha/2}$，或$z>z_{\alpha/2}$则拒绝原假设$H_0$，接受备择假设$H_1$。

(2) 单侧检验。当要检验样本统计值与总体参数是否有显著性差异，并追究是否发生预先指定方向的差异时，就应采用单侧检验，分为左侧检验和右侧检验。

右侧检验也叫右单尾检验，主要用于检验样本统计值是否出现了增长方向的变动，如图6-2所示。

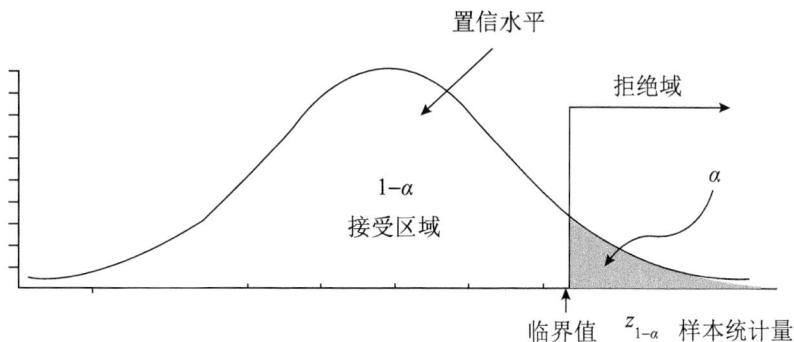

图6-2　右侧检验

假设的设立：

H$_0$：$\overline{X} \leqslant \overline{X}_0$；H$_1$：$\overline{X} > \overline{X}_0$

或H$_0$：$P \leqslant P_0$；H$_1$：$P > P_0$

由样本信息计算出的检验统计量数值z与事先给定的临界值比较，如果$z \leqslant -z_{\alpha/2}$，则接受原假设H$_0$；如果$z < -z_{\alpha/2}$，则拒绝原假设H$_0$，接受备择假设H$_1$。

左侧检验也叫左单尾检验，主要用于检验样本统计值是否出现了减少或降低方向的变动，如图6-3所示。

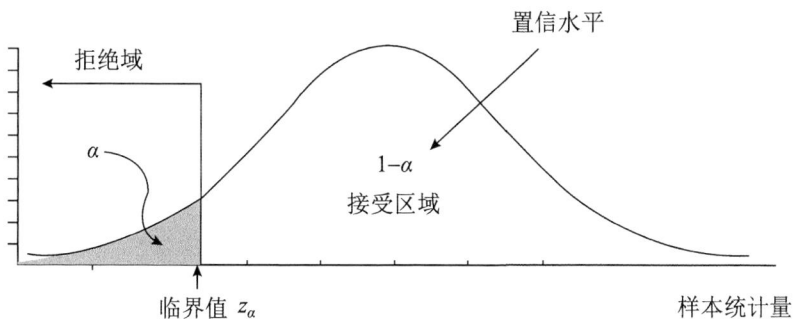

图6-3　左侧检验

假设的设立：

H$_0$：$\overline{X} \geqslant \overline{X}_0$；H$_1$：$\overline{X} < \overline{X}_0$

或H$_0$：$P \geqslant P_0$；H$_1$：$P < P_0$

由样本信息计算出的检验统计量数值z与事先给定的临界值比较，如果$z \geqslant -z_{\alpha/2}$，则接受原假设H$_0$；如果$z < -z_{\alpha/2}$，则拒绝原假设H$_0$，接受备择假设H$_1$。

假设检验的步骤：

第一步，根据实际应用问题确定合适的原假设和备择假设；

第二步，从所研究的总体中抽出一个随机样本；

第三步，确定一个适当的检验统计量，并利用样本数据算出具体数值；

第四步，确定一个适当的显著性水平，并计算其临界值，指定拒绝域；

第五步，由样本资料计算检验统计量的值，并将其与临界值进行比较，并做出决策。若统计量的值落在拒绝域内，拒绝原假设，否则接受原假设。

二、主要公式

1. 总体均值的检验

(1) 大样本的检验。在大样本情况下，样本均值的抽样分布近似服从正态分布，假设的总体均值为μ，当总体方差已知时，总体均值检验的统计量为

$$z = \frac{\bar{x} - \mu_0}{\sigma / \sqrt{n}}$$

式中：

z表示总体均值检验的统计量；

$\bar{x}$表示样本均值；

μ_0表示假设的总体均值；

$\sigma/\sqrt{n}$表示抽样标准差。

当总体方差未知时，可以用样本方差s^2来近似代替总体方差，此时，总体均值检验的统计量为

$$z = \frac{\bar{x} - \mu_0}{s / \sqrt{n}}$$

式中：

z表示总体均值检验的统计量；

$\bar{x}$表示样本均值；

μ_0表示假设的总体均值；

$s/\sqrt{n}$表示抽样标准差。

(2) 小样本的检验。当总体方差σ^2已知时，检验统计量依然服从正态分布，即

$$z = \frac{\bar{x} - \mu_0}{\sigma / \sqrt{n}}$$

式中：

z表示总体均值检验的统计量；

$\bar{x}$表示样本均值；

μ_0表示假设的总体均值；

$\sigma/\sqrt{n}$表示抽样标准差。

当总体方差未知时，需要用样本方差s^2代替总体方差σ^2，此时的检验统计量不再服从标准正态分布，而是服从自由度为$(n-1)$的t分布。此时的统计量为

$$t = \frac{\bar{x} - \mu_0}{s_{n-1}^2 / \sqrt{n}}$$

式中：

t表示总体均值t检验的统计量；

x̄表示样本均值；

μ_0表示假设的总体均值；

$s_{n-1}/\sqrt{n}$表示样本标准差。

2. 总体比率的检验

总体比率的检验与总体均值的检验基本相同，区别只在于参数和检验统计量的形式不同。大样本条件下的总体比率检验的三种基本形式如下所述。

(1) 双侧检验。H_0：$P=p$；H_1：$P\neq p$；

(2) 左侧检验。H_0：$P\geq p$；H_1：$P<p$；

(3) 右侧检验。H_0：$P\leq p$；H_1：$P>p$。

检验统计量为

$$z = \frac{p - P_0}{\sqrt{\dfrac{p(1-p)}{n}}}$$

式中：

z表示总体均值检验的统计量；

p表示样本比率；

P_0表示假设的总体比率；

n表示样本容量。

第二节　实验课题与参考答案

———— 实验一 ————

【实验名称】

等方差双样本的t检验。

【实验目的】

熟悉Excel的基本操作。

训练等方差双样本t检验的操作方法。

【实验环境】

系统软件：Windows 2000、Windows 7、Windows 10或Windows XP。

应用软件：Excel 2000、Excel 2003、Excel 2007或Excel 2010。

【知识准备】

当样本数量小于30时，或者无法知道总体方差和标准差时，可以使用t检验。

【实验资料】

某重点高中对数学教学方法改进效果进行实验比较，实验中选择同一内容，以传统教学法对10名学生讲授，同时选择另外10名学生以新法进行教学讲授，然后对两组学生进行测验，成绩见表6-1。

表6-1　测验成绩表

传统教学法测验成绩	新教学法测验成绩
80	88
70	78
92	91
70	83
88	92
90	97
85	88
78	87
70	83
82	93

【实验要求】

假设两总体近似服从正态分布，且其方差相等，在α=0.05的显著水平下，检验传统教学法与新教学法的教学效果是否相同。

【实验步骤】

(1) 打开Excel工作簿，把测得的成绩输入工作表中，如图6-4所示。

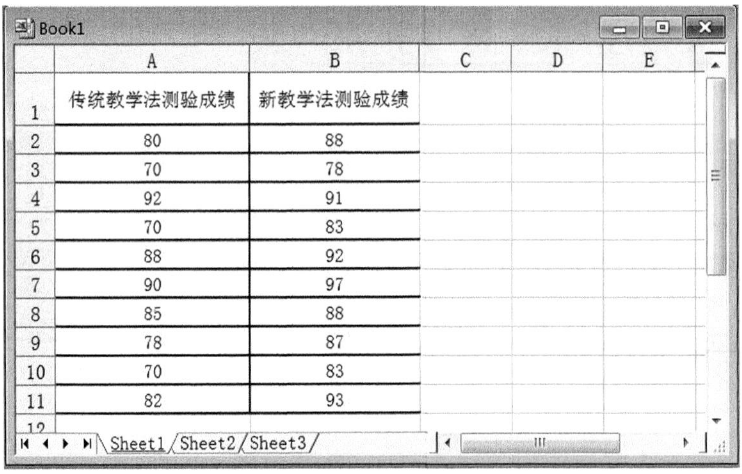

	A	B	C	D	E
1	传统教学法测验成绩	新教学法测验成绩			
2	80	88			
3	70	78			
4	92	91			
5	70	83			
6	88	92			
7	90	97			
8	85	88			
9	78	87			
10	70	83			
11	82	93			

图6-4　学生成绩数据工作表

(2) 选择“工具”下拉菜单。

(3) 选择“数据分析”选项。

(4) 在分析工具中选择“t-检验：双样本等方差假设”，如图6-5所示。

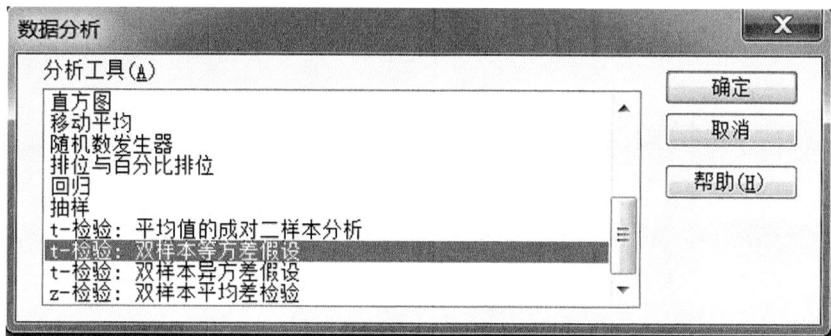

图6-5　数据分析对话框

(5) 在分析工具中选择"t-检验：双样本等方差假设"，单击"确定"按钮，当出现"t-检验：双样本等方差假设"对话框后，进行下列操作。

① 在"变量1的区域"方框内输入"$A$2：$A$11"。

② 在"变量2的区域"方框内输入"$B$2：$B$11"。

③ 在"假设平均差"方框内输入"0"。

④ 在"α"方框内输入"0.05"。

⑤ 在"输出选项"中选择"输出区域"(再次选择"新工作簿")。

完成上述操作，如图6-6所示。

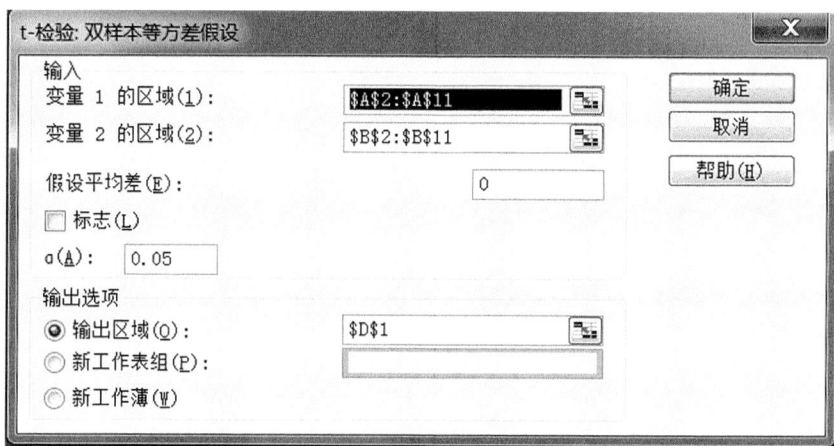

图6-6　"t-检验：双样本等方差假设"对话框

(6) 单击"确定"按钮，得到输出结果。

【参考答案】

"t-检验：双样本等方差假设"的输出结果如图6-7所示。

	C	D	E	F	G
1		t-检验：双样本等方差假设			
2					
3			变量 1	变量 2	
4		平均	80.5	88	
5		方差	70.94444	31.33333	
6		观测值	10	10	
7		合并方差	51.13889		
8		假设平均	0		
9		df	18		
10		t Stat	-2.34515		
11		P(T<=t)	0.015341		
12		t 单尾临	1.734064		
13		P(T<=t)	0.030682		
14		t 双尾临	2.100922		

图6-7　“t-检验：双样本等方差假设”输出结果表

从输出结果中可以看出，计算结果t检验统计量为−2.345 15。而当α=0.05时，自由度=n_1+n_2-2=18，t的临界值为2.100 922，即$|r|>t(0.05，18)$=2.100 922，故拒绝原假设。

实验二

【实验名称】

单因素方差分析。

【实验目的】

熟悉Excel的基本操作。

理解方差分析的基本原理。

训练单因素方差分析实际应用的操作。

【实验环境】

系统软件：Windows 2000、Windows 7、Windows 10或Windows XP。

应用软件：Excel 2000、Excel 2003、Excel 2007或Excel 2010。

【知识准备】

方差分析也是一种假设检验，方差分析是对多个总体均值是否相等这一假设进行检验。方差分析是对全部样本观察值的差异进行分解，将某种因素下各组样本观察值之间可能存在的系统性误差与随机误差加以比较，据以推断各总体之间是否存在显著性差异。若存在显著性差异，就说明该因素的影响是显著的。涉及的基本概念有：总离差平方和、组间离差平方和、组内离差平方和、检验统计量、自由度、单因素方差分析和双因素方差分析。

【实验资料】

某化妆品生产公司研制出一种新型爽肤水。该爽肤水共有4种颜色，分别为橘黄色、粉色、绿色和无色透明。现随机从5家专卖市场上收集该爽肤水的销售量，如表6-2所示。

表6-2　某公司爽肤水在5家专卖市场的销售情况

专卖市场	无色	粉色	橘黄色	绿色
1	26.5	31.2	27.9	30.8
2	28.7	28.3	25.1	26.6
3	25.1	30.8	28.5	32.4
4	29.1	27.9	24.2	31.7
5	27.2	29.6	26.5	32.8

【实验要求】

分析该公司爽肤水的颜色是否对销售量产生影响。

【实验步骤】

(1) 打开Excel工作簿，把该公司爽肤水在5家专卖市场的销售数据输入工作表中的"A2：D6"单元格，如图6-8所示。

图6-8　该公司爽肤水销售数据工作表

(2) 选择"工具"下拉菜单。

(3) 选择"数据分析"选项。

(4) 在"分析工具"中选择"方差分析：单因素方差分析"，如图6-9所示。

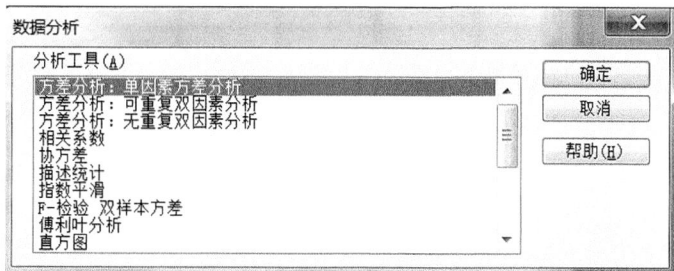

图6-9　数据分析对话框

(5) 单击"确定"按钮后，出现"方差分析：单因素方差分析"对话框，如图6-10所示。

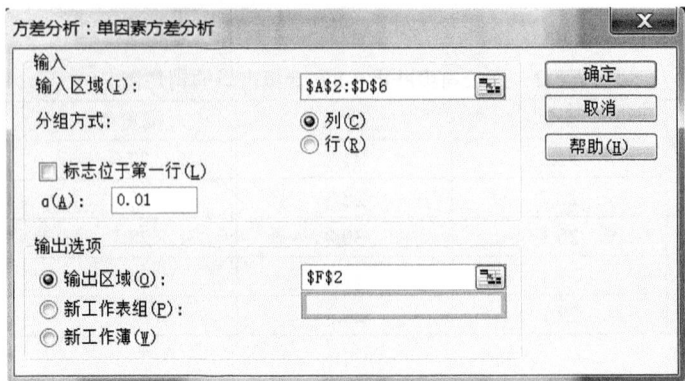

图6-10 单因素方差分析对话框

(6) 在"数据区域"方框内输入"$A$2：$D$6"；

(7) 在"α"方框内输入"0.01"；

(8) 在"输出选项"中选择"输出区域"，输入$F$2"；

(9) 单击"确定"按钮，得到输出结果。

【参考答案】

该公司爽肤水颜色对销售量的影响单因素方差分析结果见图6-11。

图6-11 某公司爽肤水颜色对销售量的影响单因素方差分析结果

由于$F>F_{1-\alpha}$，故拒绝原假设，说明该公司爽肤水的颜色对销售量有显著影响。

------ 实验二 ------

【实验名称】

总体平均数的假设检验。

【实验目的】

熟悉Excel的基本操作。

训练假设检验——z检验方法的操作。

【实验环境】

系统软件：Windows 2000、Windows 7、Windows 10或Windows XP。

应用软件：Excel 2000、Excel 2003、Excel 2007或Excel 2010。

【知识准备】

在总体方差及标准差已知的情况下，不论样本大小，都可以适用z检验来进行总体平均数的假设检验。函数ZTEST可以根据指定的数据，返回正态分布的P值。

【实验资料】

某食品加工企业生产袋装味精，其中小容量包装味精的标准规格是每袋净重250克，根据以往经验，标准差是3克。该食品加工企业质检部门从一批小容量包装味精中随机抽取50袋进行检验，其净重如下：

250	251	251	253	252	251	250	253	250	251
253	251	250	250	250	249	251	250	251	251
250	252	249	251	250	251	252	251	250	252
249	250	252	252	251	251	251	252	251	250
252	253	252	250	252	250	251	252	251	252

【实验要求】

按规定的显著性水平$\alpha=0.05$，检验这批小容量包装味精是否符合标准规格。

【操作步骤】

(1) 提出原假设，H_0：$\overline{X}=250$克；备择假设，H_1：$\overline{X}\neq250$克。

(2) 由于样本数量在30个以上，可以使用z检验对总体平均数为250克的假设进行假设检验。首先，将抽取的样本数值输入工作簿的"A1：J5"单元格区域内，如图6-12所示。

(3) 选择一个空白的单元格，如K1单元格，单击"插入"弹出"插入函数"对话框，在选择类别栏中选择"统计"，然后在"选择函数"栏内选中函数ZTEST，单击"确定"按钮，弹出ZTEST(或函数参数)对话框，见图6-13。

(4) 在ZTEST(或函数参数)对话框内的"Array"栏输入数据区域"A1：J5"，在"X"栏输入总体平均数的假设值250克，在"Sigma"栏输入总体标准差3克。如果总体标准差未知，"Sigma"栏可以不填，函数将自动用样本标准差取代，如图6-14所示。

图6-12 50袋小容量包装味精净重数据工作表

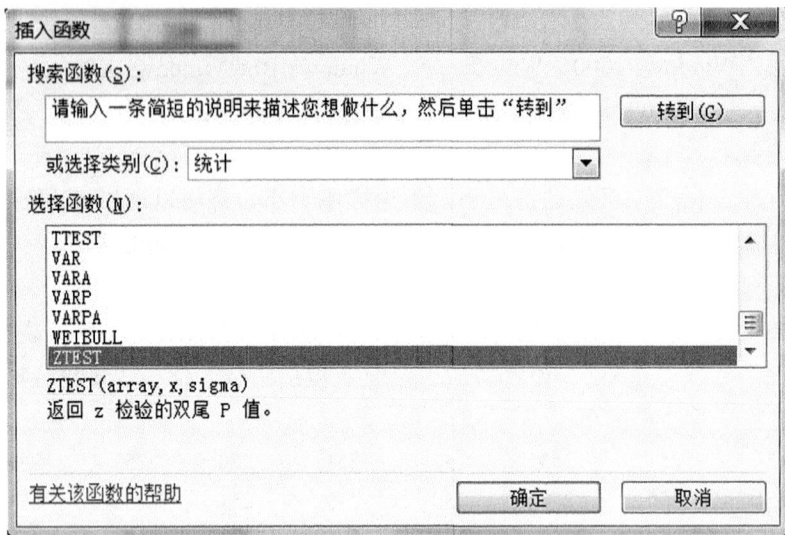

图6-13　插入函数对话框

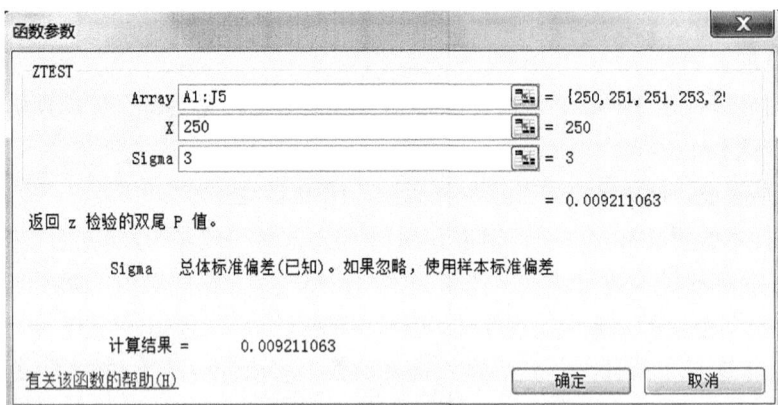

图6-14　函数参数对话框

(5) 最后单击"确定"按钮，得到检验的概率值0.009 211，见图6-15。

图6-15　检验的概率值结果表

(6) 判断是否接受H_0。

【参考答案】

因为P值0.009 211≤0.05，所以接受H_0，即认为这批小容量包装味精符合标准规格。

──────────── 实验四 ────────────

【实验名称】

小样本总体平均数的假设检验。

【实验目的】

熟悉Excel的基本操作。

训练假设检验的t检验方法的操作。

【实验环境】

系统软件：Windows 2000、Windows 7、Windows 10或Windows XP。

应用软件：Excel 2000、Excel 2003、Excel 2007或Excel 2010。

【知识准备】

当样本数量小于30个时，或者无法知道总体方差和标准差时，可以使用t检验。

【实验资料】

某品牌连锁经营超市通过调查得知，上个月全市每个连锁经营超市的平均销售额为2 500元。本月在全市范围内抽取16个连锁经营超市进行调查，调查结果显示平均销售额为2 660元，销售额标准差为480元。

【实验要求】

在显著性水平α=0.05的情况下，检验自上次调查以来，全市连锁经营超市的平均月销售额在统计上是否发生了显著变化。

【操作步骤】

(1) 提出原假设H_0：$\overline{X}$=2 500元；备择假设H_1：$\overline{X} \neq$2 500元。

(2) 按照图6-16的样式在空白工作簿中编制一张用于假设检验的工作表。

图6-16　工作表一

(3) 在表格的"样本平均数"栏输入本月抽取16个连锁经营超市进行调查后得到的平均销售金额2 660。

(4) 在表格的"样本方差"栏输入销售额标准差480。

(5) 在表格的"样本数"栏输入样本数量16。

(6) 在表格的"母体平均数"栏输入2 500。

(7) 在表格的"α"栏输入显著性水平0.05。

(8) 在表格的"t值统计量"栏输入t值统计量的计算公式"=(C2-C5)/(C3/SQRT(C4))",计算出t值统计量,见图6-17。

图6-17　工作表二

(9) 最后使用函数TINV计算t值。具体方法:使用函数向导打开TINV函数,见图6-18。

(10) 单击"确定"后弹出TINV函数向导界面,在"Probability"栏输入"C6/2",即$\alpha/2$;在"Deg_freedom"栏输入"C4-1",即自由度为$n-1$,如图6-19所示。

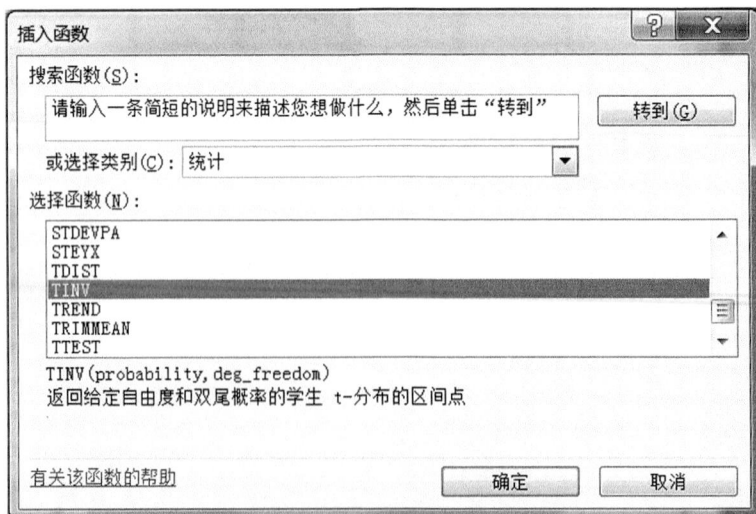

图6-18　插入函数对话框

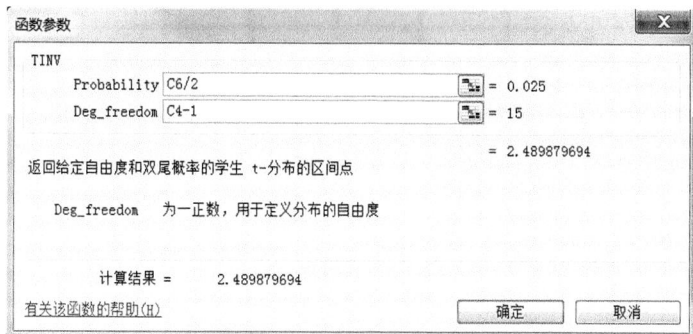

图6-19 函数参数对话框

(11) 单击"确定"按钮，得到*t*值，见图6-20所示。

(12) 根据计算结果，判断是否接受H_0。

【参考答案】

计算结果见图6-20。

图6-20 计算结果表

从计算结果中可以看出，统计量数值落在可接受区域内，因此可以判定自上次调查以来，全市连锁经营超市的月平均销售额没有显著变化。

───────── 实验五 ─────────

【实验名称】

总体方差及标准差的假设检验。

【实验目的】

熟悉Excel的基本操作。

训练x^2检验的操作方法。

【实验环境】

系统软件：Windows 2000、Windows 7、Windows 10或Windows XP。

应用软件：Excel 2000、Excel 2003、Excel 2007或Excel 2010。

【知识准备】

x^2检验是利用样本方差来检验总体方差，检验总体是否有变异情况。

总体方差检验统计量的计算可以使用下列公式

$$x^2 = \frac{(n-1)s^2}{\sigma_0^2}$$

式中：

σ_0^2表示总体方差的预测值；

s^2表示样本方差。

$n-1$表示s^2的自由度。

x^2检验的判断法则：

左侧检验：若$x^2 < x^2_{n-1,\ 1-\alpha}$，则拒绝$H_0$。

右侧检验：若$x^2 > x^2_{n-1,\ 1-\alpha}$，则拒绝$H_0$。

双侧检验：若$x^2 > x^2_{n-1,\ \alpha/2}$或$x^2 < x^2_{n-1,\ \alpha/2}$，则拒绝$H_0$。

【实验资料】

某食品加工企业生产的味精产品使用包装机包装，假设每袋味精的净重服从正态分布，规定每袋味精(大包装)的标准重量为1kg，标准差不能超过0.02kg。为检验包装机器工作是否正常，从一批包装好的味精(大包装)中随机抽取9袋，称其净重(单位：kg)为：0.994，1.014，1.02，0.95，1.03，0.968，0.976，1.048，0.982。

【实验要求】

检验该企业的味精(大包装)包装机的工作是否正常($\alpha=0.05$)。

【操作步骤】

(1) 打开Excel工作簿，将9袋味精(大包装)的净重数据输入空白工作表的A列，见图6-21。

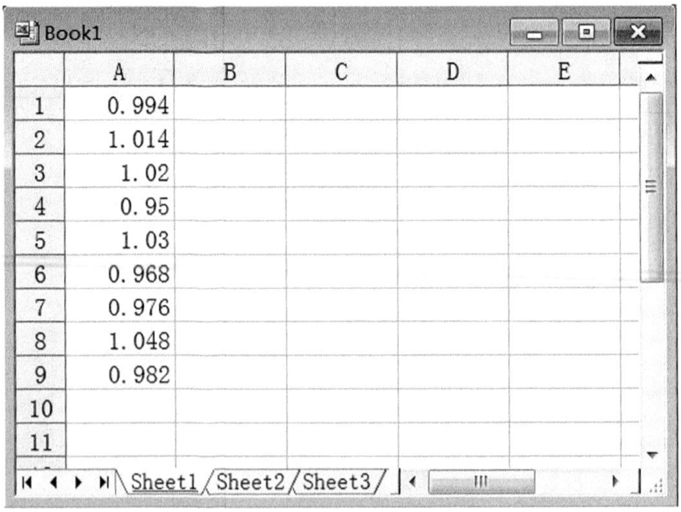

图6-21　工作表

(2) 使用描述统计工具计算相关统计量。具体方法：单击"工具"→"数据分析"，选择"描述统计"项，见图6-22。

图6-22 数据分析对话框

(3) 单击"确定"按钮，弹出描述统计额界面，在"输入区域"输入"$A$1：$A$9"，"分组方式"选择"逐列"，在"输出区域"输入"$C$1"，勾选"汇总统计"项，如图6-23所示。

图6-23 描述统计界面

(4) 单击"确定"按钮，得到计算结果，如图6-24所示。

图6-24 描述统计计算结果表

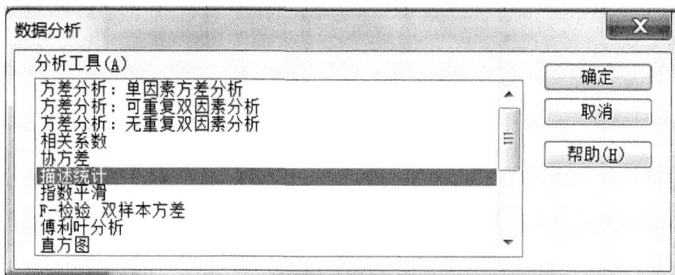

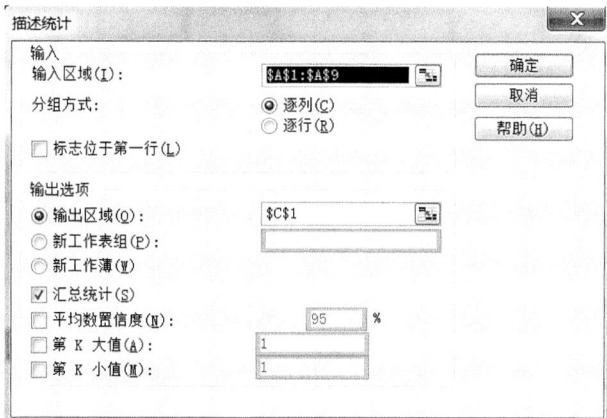

(5) 在工作表的E列和F列编制假设检验的工作表，表格的样式如图6-25所示。

图6-25　假设检验工作表

(6) 计算有关数据。在F2单元格中输入"=D15"，引入样本数量。

(7) 在F3单元格中输入预计的总体标准差"0.02"。

(8) 在F4单元格中输入"=D7"，引入样本标准差。

(9) 在F5单元格中计算x^2统计量，计算公式为"=((F2−1)*D7∧2)/F3∧2"。

(10) 在F6单元格中使用CHIINV计算临界值。具体方法：使用函数向导打开CHIINV函数，如图6-26所示。

(11) 单击"确定"按钮，弹出函数参数对话框，在"Probability"栏输入"0.05"，在"Deg_freedom"栏输入"D15-1"，即自由度为$n-1$，如图6-27所示。

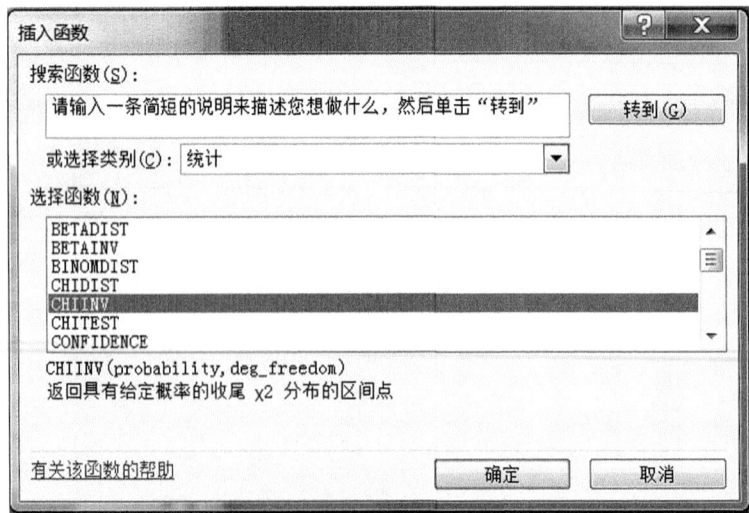

图6-26　插入函数对话框

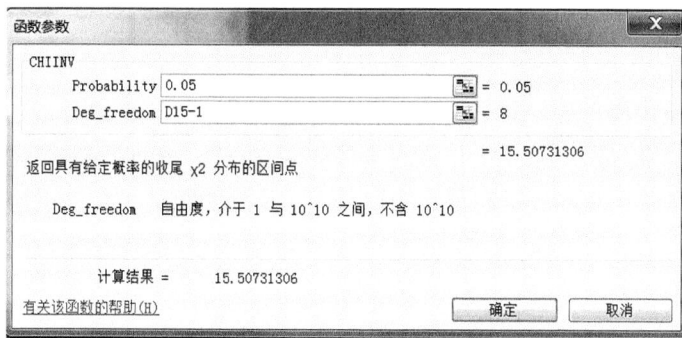

图6-27　函数参数对话框

(12) 然后单击"确定"按钮，得到计算结果，如图6-28所示。

(13) 根据计算结果做出判断。

【参考答案】

计算结果如图6-28所示。

图6-28　计算结果表

因为x^2=20.56＞15.5=$x^2\alpha$，所以拒绝H_0，可以认为该食品加工企业的味精(大包装)包装机的工作是不正常的。

—————— 实验六 ——————

【实验名称】

两总体间的平均差假设z检验。

【实验目的】

熟悉Excel的基本操作。

训练两总体间的平均差假设z检验的操作方法。

【实验环境】

系统软件：Windows 2000、Windows 7、Windows 10或Windows XP。

应用软件：Excel 2000、Excel 2003、Excel 2007或Excel 2010。

【知识准备】

两总体的检验过程与单一总体检验没有很大的差异。用于两总体间的平均差假设检验的两个总体，可能来自两个完全不相关的总体的独立样本，也可能来自两个相关总体的非独立样本。在两个总体都服从正态分布的情况下，推论两总体母数的平均数的差异。

当总体方差及标准差已知或样本数大于30时，可以使用z检验来检验两总体间的平均差假设。

在两总体方差已知的情况下，总体平均差$(\mu_1-\mu_2)$的统计量计算公式为

$$z = \frac{(\bar{x}_1 - \bar{x}_2) - (\mu_1 - \mu_2)}{\sqrt{\dfrac{\sigma_1^2}{n_1} + \dfrac{\sigma_2^2}{n_2}}}$$

式中：

z表示平均差假设检验统计量；

$\bar{x}$表示样本均值；

$\mu_1-\mu_2$表示假设的总体平均差；

σ^2表示总体方差；

n表示样本容量。

在两总体方差未知的情况下，总体平均差$(\mu_1-\mu_2)$的统计量计算公式为

$$z = \frac{(\bar{x}_1 - \bar{x}_2) - (\mu_1 - \mu_2)}{\sqrt{\dfrac{s_1^2}{n_1} + \dfrac{s_2^2}{n_2}}}$$

式中：

z表示平均差假设检验统计量；

$\bar{x}$表示样本均值；

$\mu_1-\mu_2$表示假设的总体平均差；

s^2表示样本方差；

n表示样本容量。

【实验资料】

某养鸡场先后使用一般配方和营养配方饲养蛋鸡，并先后在使用一般配方和营养配方饲养的蛋鸡中各抽取50只饲养了5周的蛋鸡称重，测得有关数据如表6-3所示。

表6-3 营养配方和一般配方对照表

千克

样本编号	营养配方	一般配方
1	1.8	1.7
2	1.8	1.7
3	1.9	1.7
4	2.1	1.3

(续表)

样本编号	营养配方	一般配方
5	2.1	1.2
6	1.4	1.6
7	1.9	1.6
8	1.6	1.5
9	1.5	1.8
10	1.5	1.2
11	1.5	1.6
12	1.6	1.3
13	1.8	1.9
14	1.2	1.2
15	1.5	2
16	1.4	1.3
17	1.8	1.1
18	1.7	1.2
19	1.8	1.6
20	1.8	1.3
21	1.9	1.9
22	1.9	1.7
23	1.2	2
24	2	1.3
25	1.3	1.6
26	1.8	1.1
27	1.8	1.7
28	1.9	1.7
29	2.1	1.3
30	2.1	1.2
31	1.4	1.6
32	1.9	1.6
33	1.6	1.5
34	1.5	1.8
35	1.5	1.2
36	1.5	1.6
37	1.5	1.6
38	1.6	1.3
39	1.8	1.9
40	1.2	1.2
41	1.3	2
42	1.4	1.3
43	1.8	1.1

(续表)

样本编号	营养配方	一般配方
44	1.7	1.2
45	1.8	1.6
46	1.8	1.3
47	1.9	1.9
48	2.1	1.2
49	1.5	2
50	1.5	1.3

【实验要求】

检验使用营养配方和一般配方饲养的蛋鸡的平均重量差是否大于0.2千克。

【操作步骤】

(1) 根据题意建立假设。为检验使用营养配方后，蛋鸡的平均重量是否增加了0.2千克以上，应该采用左侧检验。

$$H_0: (\mu_1-\mu_2)\geq 0.2$$
$$H_1: (\mu_1-\mu_2)<0.2$$

(2) 打开Excel工作簿，将抽样获得的数据填入空白的工作表，A列为编号，B列为使用营养配方的样本值，C列为使用一般配方的样本值，如图6-29所示。

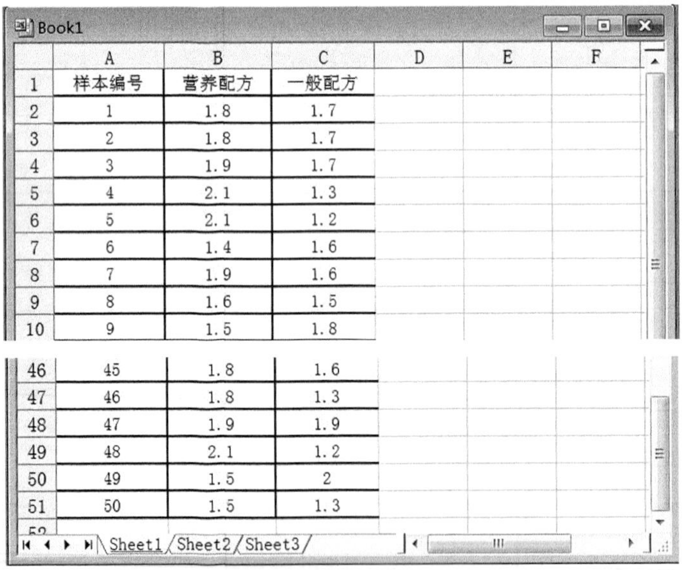
Book1

	A	B	C	D	E	F
1	样本编号	营养配方	一般配方			
2	1	1.8	1.7			
3	2	1.8	1.7			
4	3	1.9	1.7			
5	4	2.1	1.3			
6	5	2.1	1.2			
7	6	1.4	1.6			
8	7	1.9	1.6			
9	8	1.6	1.5			
10	9	1.5	1.8			
46	45	1.8	1.6			
47	46	1.8	1.3			
48	47	1.9	1.9			
49	48	2.1	1.2			
50	49	1.5	2			
51	50	1.5	1.3			

Sheet1 Sheet2 Sheet3

图6-29 工作表

(3) 计算各个基础统计数据。具体方法：使用“工具”→“数据分析”菜单命令，在“数据分析”对话框中选择“描述统计”，单击“确定”后打开“描述统计”界面。

(4) 在“输入区域”栏中输入“\$B\$1：\$C\$51”，即样本数据区域，“分组方式”选“逐列”，勾选“标志位于第一行”选项和“汇总统计”选项，在“输出区域”栏输入“\$E\$1”，如图6-30所示。

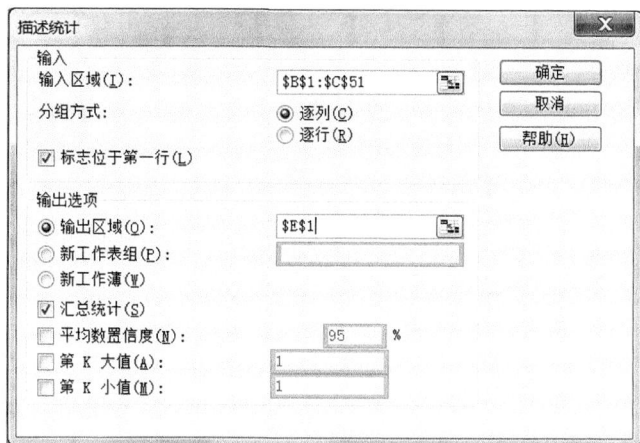

图6-30 描述统计界面

(5) 单击"确定"按钮，得到描述统计结果，如图6-31所示。

图6-31 描述统计结果表

(6) 进行平均差检验。具体方法：使用"工具"→"数据分析"菜单命令，在"数据分析"对话框中选择"z-检验：双样本平均差检验"，如图6-32所示。

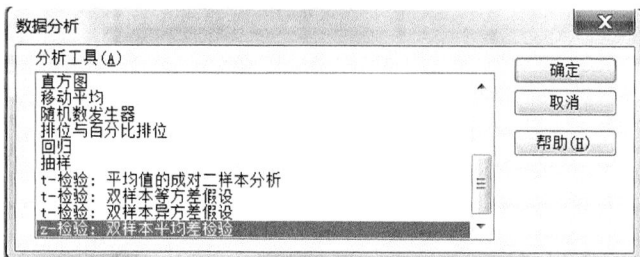

图6-32 数据分析对话框

(7) 单击"确定"按钮，弹出"z-检验：双样本平均差检验"界面，输入有关参数，各个参数的输入方法如下所述。

① 在"变量1的区域"中，输入"$B\$1：$B\$51"，即使用营养配方的样本数据。

② 在“变量2的区域 ”中，输入“$C$1：$C$51”，即使用一般配方的样本数据。

③ 在“假设平均差”中，输入“0.2”。

④ 在“变量1的方差”和“变量2的方差”中分别输入各自的样本方差，勾选“标志”选择框。

⑤ 在“ α (A)”中输入“0.05”。

⑥ 在“输出区域”栏中输入“$E$17”，用以存放计算结果，如图6-33所示。

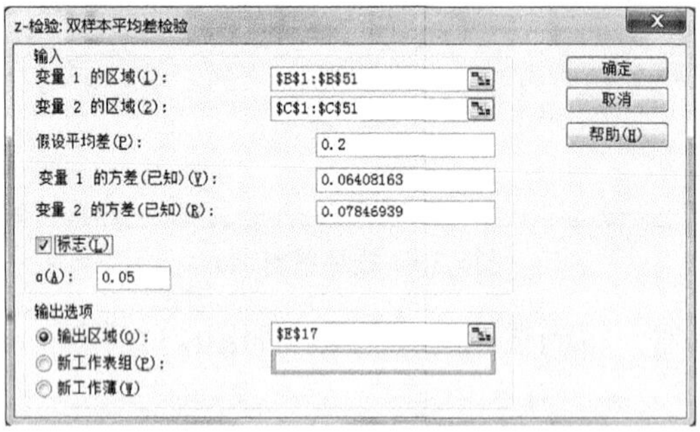

图6-33　z-检验：双样本平均差检验界面

(8) 根据计算结果做出判断。

【参考答案】

从计算结果中可以看出，P(z<=)值为0.287 108 3，大于0.05，依据判断法则：

$$P\text{值}<\alpha，\text{拒绝原假设}H_0$$

$$P\text{值}\geqslant\alpha，\text{接受原假设}H_0$$

由于0.287 108 3>0.05，因此接受H_0，可以认为营养配方达到预期效果，计算结果如图6-34所示。

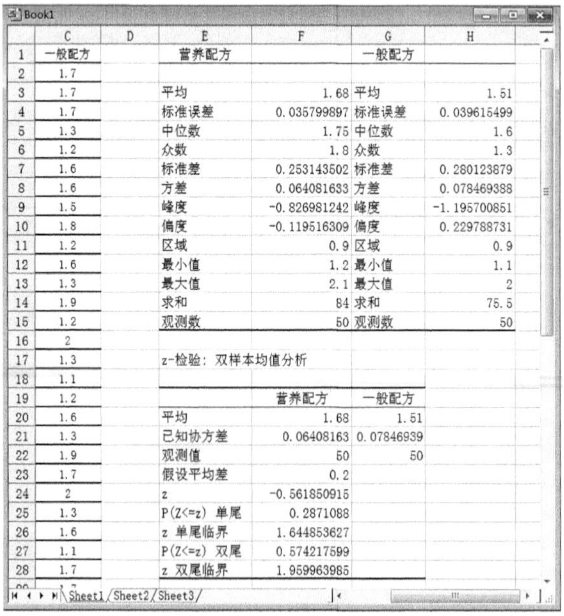

	C	D	E	F	G	H
1	一般配方		营养配方		一般配方	
2	1.7					
3	1.7		平均	1.68	平均	1.51
4	1.7		标准误差	0.035799897	标准误差	0.039615499
5	1.3		中位数	1.75	中位数	1.6
6	1.2		众数	1.8	众数	1.3
7	1.6		标准差	0.253143502	标准差	0.280123879
8	1.6		方差	0.064081633	方差	0.078469388
9	1.5		峰度	-0.826981242	峰度	-1.195700851
10	1.8		偏度	-0.119516309	偏度	0.229788731
11	1.2		区域	0.9	区域	0.9
12	1.6		最小值	1.2	最小值	1.1
13	1.3		最大值	2.1	最大值	2
14	1.9		求和	84	求和	75.5
15	1.2		观测数	50	观测数	50
16	2					
17	1.3		z-检验：双样本均值分析			
18	1.1					
19	1.2			营养配方	一般配方	
20	1.6		平均	1.68	1.51	
21	1.3		已知协方差	0.06408163	0.07846939	
22	1.9		观测值	50	50	
23	1.7		假设平均差	0.2		
24	2		z	-0.561850915		
25	1.3		P(Z<=z) 单尾	0.2871088		
26	1.6		z 单尾临界	1.644853627		
27	1.1		P(Z<=z) 双尾	0.574217599		
28	1.7		z 双尾临界	1.959963985		

图6-34　计算结果表

---------------- 实验七 ----------------

【实验名称】

两总体间的平均差假设 t 检验。

【实验目的】

熟悉Excel的基本操作。

训练两总体间的平均差假设 t 检验的操作方法.

【实验环境】

系统软件：Windows 2000、Windows 7、Windows 10或Windows XP。

应用软件：Excel 2000、Excel 2003、Excel 2007或Excel 2010。

【知识准备】

当总体方差及标准差未知或样本数小于30时，可以使用 t 检验来检验两总体间的平均差假设。

在两总体方差未知的情况下，小样本总体平均差 $(\mu_1 - \mu_2)$ 的统计量计算公式为

$$t = \frac{(\bar{x}_1 - \bar{x}_2) - (\mu_1 - \mu_2)}{\sqrt{\dfrac{s_1^2}{n_1} + \dfrac{s_2^2}{n_2}}}$$

式中：

t 表示平均差假设检验统计量；

x 表示样本均值；

$\mu_1 - \mu_2$ 表示假设的总体平均差；

s^2 表示样本方差；

n 表示样本容量。

【实验资料】

某职业技术教育学校为评估两位教师的技能教学水平，在两位教师的教学班级中分别随机抽取9名学生进行了一次技能水平测试，测试成绩如表6-4所示。

表6-4　技能水平测验成绩表

分

学生编号	1	2	3	4	5	6	7	8	9
教师A	80	68	78	92	84	67	82	68	80
教师B	75	68	82	81	64	63	71	69	70

【实验要求】

假设水平测试成绩服从正态分布，试在显著性水平 $\alpha = 0.05$ 的情况下，判断两位教师的教学效果是否有显著差异。

【操作步骤】

(1) 根据题意建立假设。使用双侧检验，检验A、B两位教师的教学效果。

H_0：$(\mu_1 - \mu_2) = 0$，两位教师的教学效果没有显著性差异；

H_1：$(\mu_1-\mu_2)\neq 0$，两位教师的教学效果有显著性差异。

(2) 打开Excel工作簿，将抽样得到的数据填入空白的工作表，A列为学生编号，B列为教师A样本值，C列为教师B样本值，如图6-35所示。

(3) 打开"工具"→"数据分析"菜单命令，在"数据分析"对话框中选择"t-检验：双样本等方差假设"，如图6-36所示。

图6-35　工作表

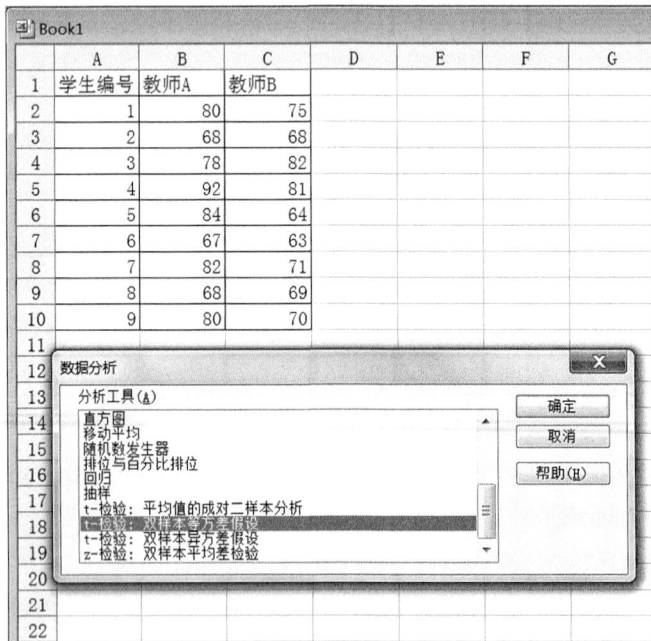

图6-36　数据分析对话框

(4) 单击"确定"按钮，弹出"t-检验：双样本等方差假设"界面。

(5) 输入有关参数.

① 在"变量1的区域"栏中输入"$B$1：$B$10"，即教师A的样本值。

② 在"变量2的区域"栏中输入"$C$1：$C$10"，即教师B的样本值。

③ 在"假设平均差"栏中输入"0"，勾选"标志"选择框。

④ 在"α(A)"中输入"0.05"。

⑤ 在"输出区域"栏中输入"$E$1"，用以存放计算结果，如图6-37所示。

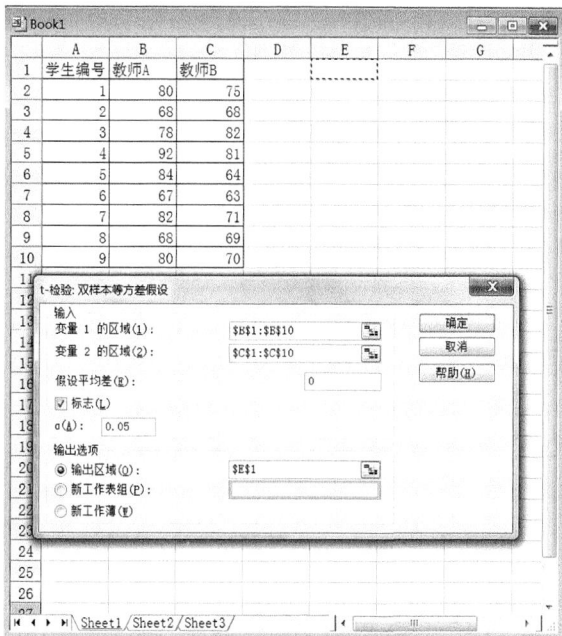

图6-37 t-检验：双样本等方差假设界面

(6) 单击"确定"按钮，完成操作，如图6-38所示。

(7) 根据计算结果做出判断。

【参考答案】

计算结果如图6-38所示。

图6-38 计算结果表

从计算结果中可以看出，t统计值为1.723 689<双侧临界值2.119 905，因此，接受H$_0$，即两位教师的教学效果没有显著性差异。

———————— 实验八 ————————

【实验名称】

双因素方差分析——非交叉分析。

【实验目的】

熟悉Excel的基本操作。

训练双因素方差分析——非交叉分析的操作方法。

【实验环境】

系统软件：Windows 2000、Windows 7、Windows 10或Windows XP。

应用软件：Excel 2000、Excel 2003、Excel 2007或Excel 2010。

【知识准备】

方差分析(ANOVA)又称变异数分析或F检验，其目的是推断两组或多组资料的总体平均数是否相同，检验两个或多个样本平均数的差异是否具有统计学意义。若每组独立样本只受单一因素影响，称为单因素方差分析；若每组独立样本受双因素影响，称为双因素方差分析；若每组独立样本受多个因素影响，则称为多因素方差分析。可以使用ANOVA工具进行双因素方差交叉或非交叉分析，分析方法基本相同。

【实验资料】

某企业现有三级工、四级工、五级工各20人，操作三种机床生产某产品的有关产量数据记录如表6-5所示。

表6-5　产量数据表

工种	A机床	B机床	C机床
三级工	52	38	78
四级工	56	39	75
五级工	51	37	80

【实验要求】

检验在95%的置信度下，工人技术等级不同是否会对产量造成影响。

【操作步骤】

(1) 根据题意建立假设，检验工人技术等级的不同是会对产量造成影响。

H$_0$：$\mu_1=\mu_2=\mu_3$，不同技术等级工人的产量平均数相等。

H$_1$：$\mu_1 \neq \mu_2 \neq \mu_3$，不同技术等级工人的产量平均数不等。

(2) 打开Excel工作簿，将产品产量数据输入空白工作表，如图6-39所示。

图6-39　工作表

(3) 打开"工具"→"数据分析"菜单命令，在"数据分析"对话框中选择"方差分析：无重复双因素分析"，如图6-40所示。

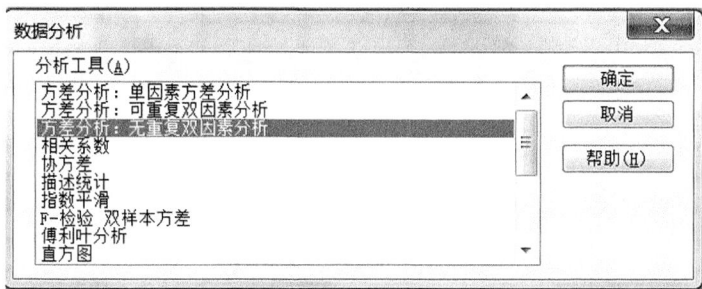

图6-40　数据分析对话框

(4) 单击"确定"按钮，打开"方差分析：无重复双因素分析"界面，输入有关参数。

(5) 在"输入区域"中输入"$A$1：$D$4"，勾选"标志"选择框，在"α(A)"中输入"0.05"，在"输出区域"栏中输入"$A$7"，用以存放分析结果，如图6-41所示。

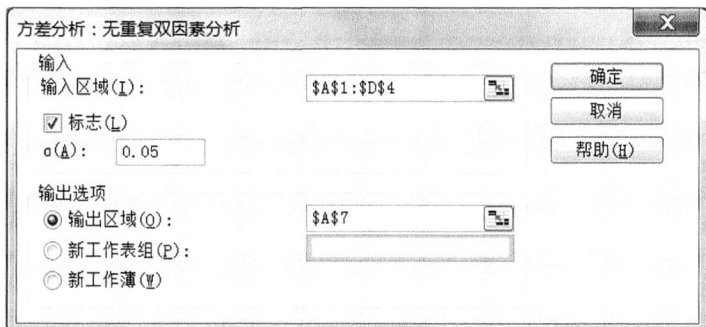

图6-41　方差分析：无重复双因素分析界面

(6) 单击"确认"按钮，得到分析结果，如图6-42所示，根据分析结果做出判断。

【参考答案】

计算结果如图6-42所示。

	A	B	C	D	E	F	G
1		A机床	B机床	C机床			
2	三级工	52	38	78			
3	四级工	56	39	75			
4	五级工	51	37	80			
5							
6							
7	方差分析：无重复双因素分析						
8							
9	SUMMARY	观测数	求和	平均	方差		
10	三级工	3	168	56	412		
11	四级工	3	170	56.66667	324.3333		
12	五级工	3	168	56	481		
13							
14	A机床	3	159	53	7		
15	B机床	3	114	38	1		
16	C机床	3	233	77.66667	6.333333		
17							
18							
19	方差分析						
20	差异源	SS	df	MS	F	P-value	F crit
21	行	0.888889	2	0.444444	0.064	0.938946	6.944272
22	列	2406.889	2	1203.444	173.296	0.00013	6.944272
23	误差	27.77778	4	6.944444			
24							
25	总计	2435.556	8				

图6-42 计算结果表

从计算结果中可以看出，3个等级的工人产量平均数比较接近；而且从方差分析表中可以看出，*F*值为0.064小于临界值6.944 272，落在接受区域中，说明不同技术等级的工人使用3种机床生产的产量没有显著差异，即工人技术等级与产量没有关系。

第三节 模拟练习与参考答案

练习题一

【实验资料】

某保险公司想要估计所在城市居民参加财产保险的比例，以掌握财产保险的潜力，据初步估算约有80%的居民参加了财产保险。为了掌握具体的统计资料，统计人员调查了150户居民，了解到有70%的居民参加了财产保险。

【实验要求】

在α=0.05的显著性水平下，检验“参加财产保险户的比例为80%”这个假设是否成立。

【参考答案】

操作提示：

由题意，$P_0=0.8$，$n=150$，$p=0.7$，$\alpha=0.05$，

(1) 提出原假设H_0：$P_0=0.8$；对立假设H_1：$P_0\neq0.8$。

(2) 由于$n>30$，p=0.7，所以采用正态分布来描述其抽样分布。

确定检验统计量为

$$z=\frac{p-P_0}{\sqrt{\frac{P_0\left(1-P_0\right)}{n}}}$$

式中：

z表示总体均值检验的统计量；

p表示样本比率；

P_0表示假设的总体比率；

n表示样本容量。

(3) 在Excel空白工作簿中编制一张用于假设检验的工作表，如图6-43所示。

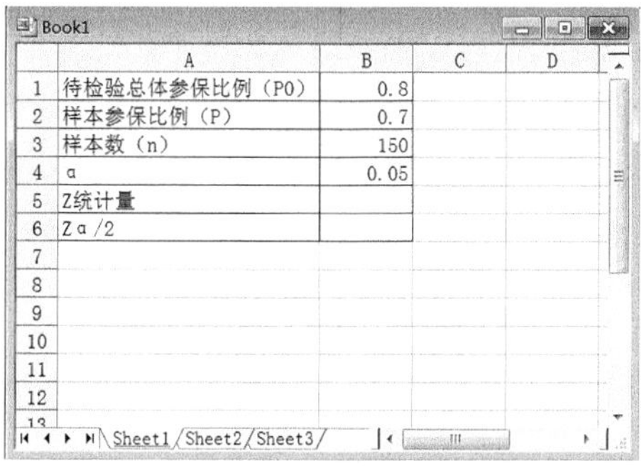

	A	B	C	D
1	待检验总体参保比例（P0）	0.8		
2	样本参保比例（P）	0.7		
3	样本数（n）	150		
4	α	0.05		
5	Z统计量			
6	Zα/2			

图6-43　工作表

(4) 在表格的“待检验总体参保比例”栏内输入已知数据0.8。

(5) 在表格的“样本参保比例”栏内输入已知数据0.7。

(6) 在表格的“样本数”栏内输入已知数据样本数量150。

(7) 在表格的“α”栏内输入已知数据显著性水平0.05。

(8) 在表格的“z值统计量”栏内输入z值统计量的计算公式“=(B2-B1)/SQRT ((B1*(1-B1))/B3)”，计算出z值统计量。

(9) 使用函数NORMSINV计算t值。具体方法：使用函数向导打开NORMSINV函数，在“Probability”栏输入“B4/2”，即$\alpha/2$，单击“确定”按钮，得到z值，如图6-44所示。

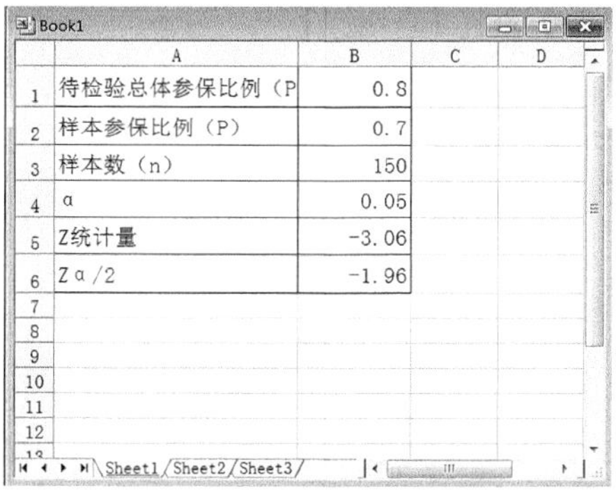

	A	B	C	D
1	待检验总体参保比例（P	0.8		
2	样本参保比例（P）	0.7		
3	样本数（n）	150		
4	α	0.05		
5	Z统计量	-3.06		
6	Zα/2	-1.96		

图6-44　练习题一参考答案

(10) 做出判断。因为$-3.06<-1.96$(z的取值落在拒绝域内)，所以拒绝H_0，而接受H_1，由此可以判断参加财产保险户数的比例不是80%。

练习题二

【实验资料】

某公司某产品的不合格率过去为0.02。现在，从5批产品中随机抽取500件作为样本进行检验，得到的不合格率为0.01。

【实验要求】

确认检验结果是否能说明该产品的不合格率有了明显下降($\alpha=0.1$)。

【参考答案】

操作提示：

由题意，$P_0=0.02$，$n=500$，$p=0.01$，$\alpha=0.1$。

(1) 提出原假设H$_0$：$P_0 \geqslant 0.02$；对立假设H$_1$：$P_0 < 0.02$。

(2) 由于样本容量$n=500$充分大，采用正态分布来描述其抽样分布。

确定检验统计量为

$$z = \frac{p - P_0}{\sqrt{\dfrac{P_0(1-P_0)}{n}}}$$

式中：

z表示总体均值检验的统计量；

p表示样本比率；

P_0表示假设的总体比率；

n表示样本容量。

(3) 按照图6-30的样式，在Excel空白工作簿中编制一张用于假设检验的工作表。

(4) 在表格的"原不合格率"栏输入题目中给出的待检验数据0.02。

(5) 在表格的"样本不合格率"栏输入题目中给出的数据0.01。

(6) 在表格的"样本数"栏输入题目中给出的样本数500。

(7) 在表格的"α"栏输入题目中给出的显著性水平0.1，如图6-45所示。

	A	B	C	D
1	原不合格率（P0）	0.02		
2	样本不合格率（P）	0.01		
3	样本数（n）	500		
4	α	0.1		
5	Z统计量			
6	Zα/2			

图6-45 工作表

(8) 在表格的“z统计量”栏输入z值统计量的计算公式“=(B2−B1)/SQRT((B1*(1−B1))/B3)”，计算z值统计量。

(9) 最后使用函数NORMSINV计算t值。具体方法：使用函数向导打开NORMSINV函数，在“Probability”栏输入“1−B4”，即$1-\alpha$，单击“确定”按钮，得到z值，如图6-46所示。

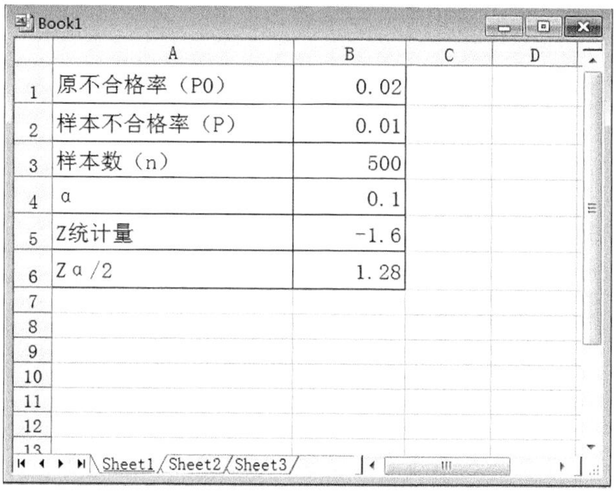

	A	B
1	原不合格率（P0）	0.02
2	样本不合格率（P）	0.01
3	样本数（n）	500
4	α	0.1
5	Z统计量	-1.6
6	Zα/2	1.28

图6-46 练习题二参考答案

最终确定H_0的拒绝域为$(-\infty, 1.28)$。

(10) 做出判断。因为$-1.6<1.28$(z的取值落在拒绝域内)，所以拒绝H_0，而接受H_1，由此可认为该种产品的不合格率有了明显下降。

练习题三

【实验资料】

某牧场抽取6匹马和8只羊进行检查，测得每100毫升的血清中所含的无机磷量，如表6-6所示。

表6-6 马和羊的血清中所含无机磷数据表

毫升

编号	马	羊
1	3.88	3.12
2	3.45	3.23
3	3.13	2.88
4	3.66	2.76
5	2.97	3.41
6	3.76	3.54
7		3.24
8		2.87

假设检测结果服从正态分布。

【实验要求】

在显著性水平α=0.05的情况下，检验马与羊的血清中所含无机磷量是否有显著差异。

【参考答案】

操作提示：

当总体方差及标准差未知或样本数小于30时，可以使用t-检验来检验两总体间的平均差假设。

(1) 根据题意建立假设，使用双侧检验。

$$H_0:\ (\mu_1-\mu_2)=0$$

$$H_1:\ (\mu_1-\mu_2)\neq 0$$

(2) 将抽样获得的数据填入空白的工作表，如图6-47所示。

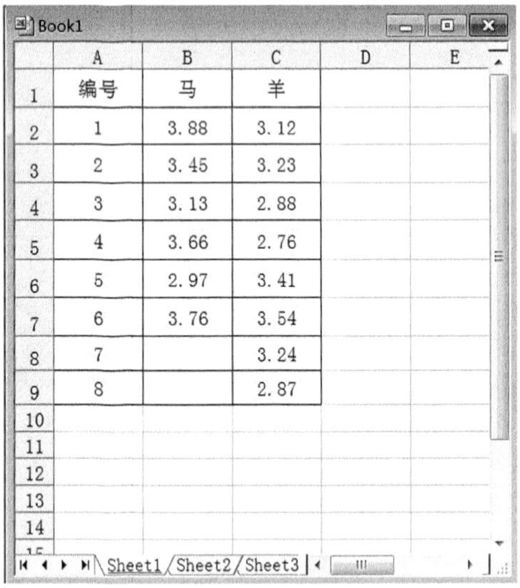

	A	B	C	D	E
1	编号	马	羊		
2	1	3.88	3.12		
3	2	3.45	3.23		
4	3	3.13	2.88		
5	4	3.66	2.76		
6	5	2.97	3.41		
7	6	3.76	3.54		
8	7		3.24		
9	8		2.87		

图6-47　工作表

(3) 打开“工具”→“数据分析”菜单命令，在“数据分析”对话框中选择“t-检验：双样本等方差假设”界面，输入有关参数，如图6-48所示。

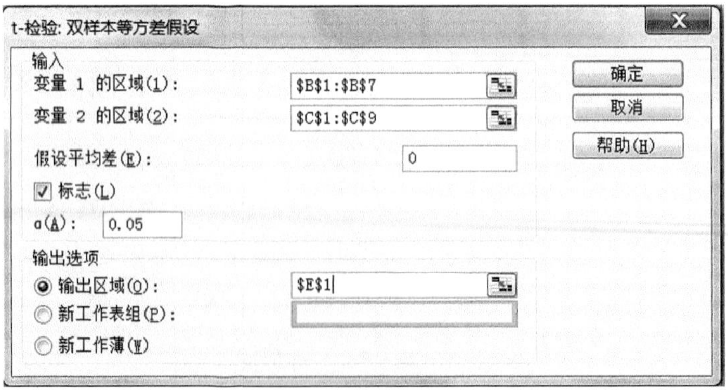

图6-48　t-检验：双样本等方差假设界面

(4) 根据计算结果做出判断。计算结果如图6-49所示。

Book1

	C	D	E	F	G	H
1	羊		t-检验：双样本等方差假设			
2	3.12					
3	3.23			马	羊	
4	2.88		平均	3.475	3.13125	
5	2.76		方差	0.13083	0.076526786	
6	3.41		观测值	6	8	
7	3.54		合并方差	0.099153125		
8	3.24		假设平均差	0		
9	2.87		df	12		
10			t Stat	2.021371343		
11			P(T<=t) 单尾	0.033062566		
12			t 单尾临界	1.782287548		
13			P(T<=t) 双尾	0.066125132		
14			t 双尾临界	2.178812827		
15						
16						
17						

Sheet1 / Sheet2 / Sheet3

图6-49　计算结果表

从计算结果中可以看出，t统计值为2.02 137<双侧临界值2.178 81。因此，接受H_0，即马与羊的血清中所含无机磷量没有显著差异。

练习题四(均值的单侧z检验)

【实验资料】

某批发商欲从生产厂家购进一批灯泡，根据合同规定，灯泡的平均使用寿命平均不能低于1 000小时。已知灯泡使用寿命服从正态分布，标准差为20小时。在总体中随机抽取100只灯泡，测得样本均值为960小时。

【实验要求】

在显著性水平α=0.05的情况下，试确认批发商是否应该购买这批灯泡。

【参考答案】

因为−2<−1.645，说明这批灯泡的使用寿命低于1 000小时，所以拒绝H_0。

练习题五(均值的双侧z检验)

【实验资料】

某机床厂加工一种零件，根据经验，该厂加工零件的椭圆度近似服从正态分布，其总体均值为μ_0=0.081mm，总体标准差为0.025。现换一种新机床进行加工，抽取200个零件进行检验，得到的椭圆度为0.076mm。

【实验要求】

在显著性水平α=0.05的情况下，试确认新机床加工零件的椭圆度均值与以前有无显著差异。

【参考答案】

决策：−2.83<−1.96，所以拒绝原假设H$_0$。

结论：新机床加工的零件的椭圆度与以前有显著差异。

练习题六(小样本的平均数检验——正态总体，方差已知时的小样本平均数检验)

注意：在小样本($n<30$)的情形下，选择何种检验方法主要取决于总体的分布情况。如果总体呈正态分布，检验统计量的选择与总体方差是否已知有着密切的联系。

【实验资料】

根据过去大量资料，某厂生产的产品使用寿命(单位：小时)服从正态分布$N\sim$(1 020，100^2)。现从最近生产的一批产品中随机抽取25件，测得样本平均寿命为1 080小时。

【实验要求】

在显著性水平$\alpha=0.05$的情况下，试判断这批产品的使用寿命是否有显著提高。

【参考答案】

接受H$_1$：$\overline{X}$>1 020小时，这批产品的使用寿命确有显著提高。

练习题七(小样本的平均数检验——正态总体，方差未知时的小样本平均数检验)

在方差未知的情况下，正态总体的小样本平均数服从自由度为$n-1$的t分布，所以可用t分布理论来检验方差未知的正态总体小样本平均数离差的显著性。

【实验资料】

某厂采用自动包装机分装产品，假定每包产品的重量服从正态分布，每包标准重量为1 000克。某日随机抽查9包，测得样本平均重量为986克，样本标准差为24克(均值双侧t检验)。

【实验要求】

在显著性水平$\alpha=0.05$的情况下，确认这天的自动包装机工作是否正常。

【参考答案】

因为−2.306<−1.75<2.306，表明这天的自动包装机工作正常，所以，在$\alpha=0.05$的水平下接受H$_0$。

练习题八(小样本的平均数检验——正态总体，方差未知时的小样本平均数检验)

在方差未知的情况下，正态总体的小样本平均数服从自由度为$n-1$的t分布，所以可用t分布理论来检验方差未知的正态总体小样本平均数离差的显著性。

【实验资料】

一个汽车轮胎制造商声称，某一等级的轮胎的平均使用寿命在一定的汽车重量和正常行驶条件下大于40 000公里。现对一个由20个轮胎组成的随机样本做试验，测得平均值为41 000公里，标准差为5 000公里，已知轮胎使用寿命的公里数服从正态分布(均值的单侧t检验)。

【实验要求】

根据这些数据判断该制造商的产品使用寿命是否与他所说的标准相符。($\alpha=0.05$)

【参考答案】

因为0.894>-1.729 1，表明轮胎使用寿命显著大于40 000公里，所以，在$\alpha=0.05$的水平下接受H_0，该制造商的产品使用寿命与他所说的标准相符。

练习题九(总体比率的假设检验)

【实验资料】

我国出口的某种药酒畅销于某国市场。据以往调查，购买此种药酒的顾客中40岁以上者占50%。经营该种药酒的进出口公司经理关心这个比率是否发生了变化，于是，委托一家咨询机构进行调查。这家咨询机构从众多购买该种药酒的顾客中随机抽取400名进行调查，结果有210名顾客的年龄为40岁以上。

【实验要求】

在$\alpha=0.05$的显著水平下，判断购买此种药酒的顾客中40岁以上者所占比率是否发生变化。

【参考答案】

H_0：$P=50\%$，说明购买这种药酒的顾客中40岁以上者所占比率没有变化。

练习题十(总体比率的假设检验)

【实验资料】

某工厂大批量生产某种零件，按照合同规定，如不合格品超过总数的10%，零件将被订货者拒收(即退货)。一次交货时，销售部门与购买方经协商决定，随机抽检200个零件，风险概率$\alpha=0.02$。检查结果是，不合格品占样本容量的11%。

【实验要求】

确认该批零件是否会被订货者拒收。

【参考答案】

H_0：$P\leq10\%$，即该批零件不会被订货者拒收。

第七章 相关与回归分析实验

第一节 知识要点与主要公式

■ 一、知识要点

1. 相关关系

客观现象之间的数量联系存在两种不同的类型：一种是确定型的函数关系；另一种是非确定型的相关关系。这里我们重点介绍相关关系。相关关系是指当一个或若干个变量X取一定值时，与之相对应的另一个变量Y的值虽然不确定，但按某种规律在一定范围内变化，变量之间的这种关系被称为不确定的统计关系或相关关系。

2. 相关关系种类

相关关系可以按不同的标志加以区分。按相关的程度可分为完全相关、不完全相关和不相关。按相关的形式可分为线性相关和非线性相关。按所研究的变量多少可分为单相关、复相关和偏相关。

3. 相关分析

相关分析是研究变量之间的关系性质和紧密程度的一种统计分析方法，其目的是揭示现象之间是否存在相关关系，确定相关关系的表现形式以及确定现象变量间相关关系的密切程度和方向。

4. 相关分析的方法

相关分析的方法有相关表、相关图、相关系数。

5. 简单相关系数的含义

简单相关系数用于反映两个变量之间的线性相关密切程度和相关方向的统计测定，它是其他相关系数形成的基础，它是对变量之间的关系密切程度的度量，是对两个变量之间线性相关程度的度量。若相关系数是根据总体全部数据计算的，称为总体相关系数，记为ρ；若是根据样本数据计算的，则称为样本相关系数，记为r。

6. 相关系数的性质

(1) 相关系数的取值范围在-1和$+1$之间，即

$$-1 \leqslant r \leqslant 1$$

(2) 计算结果，若r为正，则表明两变量为正相关；若r为负，则表明两变量为负相关。

(3) 相关系数r的数值越接近1(-1或$+1$)，表示相关系数越强；越接近0，表示相关系数越

弱。如果$r=1$或-1，则表示两个现象完全直线性相关；如果$r=0$，则表示两个现象完全不相关(不是直线相关)。

7. 判断两变量线性相关密切程度的具体标准

$0\leqslant|r|<0.3$，称为微弱相关；

$0.3\leqslant|r|<0.5$，称为低度相关；

$0.5\leqslant|r|<0.8$，称为显著相关；

$0.8\leqslant|r|<1$，称为高度相关。

8. 回归分析

回归分析是指在相关分析的基础上，把变量之间的具体变动关系模型化，求出关系方程式，就是找出一个能够反映变量间变化关系的函数关系式，并据此进行估计和推算。通过回归分析，可以将相关变量之间不确定、不规则的数量关系一般化、规范化，从而可以根据自变量的某一个给定值推断出因变量的可能值(或估计值)。

9. 回归分析类型

回归分析包括多种类型，根据所涉及的变量多少，可分为简单回归和多元回归。简单回归又称一元回归，是指两个变量之间的回归。其中一个变量是自变量，另一个变量是因变量。

根据变量变化的表现形式的不同，回归分析也可分为直线回归和曲线回归。对具有直线相关关系的现象配之以直线方程进行回归分析，即直线回归；对具有曲线相关关系的现象配之以曲线方程进行回归分析，则称为曲线回归。

10. 一元线性回归模型

一元线性回归模型可以表示为

$$y_i=\alpha+\beta x_i+\varepsilon$$

式中：

α表示回归直线在y轴上的截距，是当$x=0$时y的期望值；

β表示直线的斜率，称为回归系数，表示当x每变动一个单位时，y的平均变动值；

ε表示误差项。

11. 一元线性回归方程的拟合优度

一元线性回归方程的拟合优度就是它的判定系数R^2。对于一元线性回归模型还可以直接计算变量X与Y的相关系数r，平方后得到的就是拟合优度。

12. 检验回归方程是否显著

为了检验回归方程是否显著，需要构造用于检验的统计量。该统计量的构造应以回归平方和以及残差平方和为基础，同时考虑统计量的样本分布。

13. 回归系数的检验

回归系数的检验，实质上就是要检验自变量X对因变量Y的影响是否显著。在一元线性回归中，由于只有一个自变量，对各回归系数的显著性检验与对回归方程的总显著性检验在事实上是等价的。

■ 二、主要公式

1. 相关系数

总体相关系数记为ρ；样本相关系数记为r。

2. 简单相关系数的计算公式

简单相关系数的计算公式为

$$r = \frac{n\sum xy - \sum x \sum y}{\sqrt{n\sum x^2 - \left(\sum x\right)^2} - \sqrt{n\sum y^2 - \left(\sum y\right)^2}}$$

式中：

r表示简单相关系数；

x和y表示相关变量；

n表示变量样本容量。

3. 简单相关系数的检验

对于一个二元总体，假定它服从二元正态分布，可以采用t统计量进行检验，计算公式为

$$t = \frac{r\sqrt{n-2}}{\sqrt{1-r^2}} \sim t(n-2)$$

式中：

t表示简单相关系数检验统计量；

r表示简单相关系数；

$n-2$表示自由度。

相关系数的显著性检验(t检验法)目的是检验总体两变量间的线性相关性是否显著，步骤如下所述。

(1) 提出假设

$$H_0 : \rho = 0 \quad H_1 : \rho \neq 0$$

(2) 构造检验统计量

$$t = \frac{r\sqrt{n-2}}{\sqrt{1-r^2}} \sim t(n-2)$$

(3) 根据给定的显著性水平α，确定临界值$t_{\alpha/2}$

(4) 确定原假设的拒绝规则：若$|t| < t_{\alpha/2}(n-2)$，则接受H_0，表示总体两变量间线性相关性不显著；若$|t| \geq t_{\alpha/2}(n-2)$，则拒绝$H_0$，表示总体两变量间线性相关性显著。

(5) 计算检验统计量并做出决策。

4. 直线回归方程

在回归分析中，最简单、最基本的方程模型为一元线性回归模型。一元线性回归分析的总体回归模型也称为直线回归方程，表达式为

$$y = \beta_0 + \beta_1 x + u$$

式中：

x和y表示相关变量；

β_0表示回归直线在y轴上的截距，是当$x=0$时y的期望值；

β_1表示直线的斜率，称为回归系数，表示当x每变动一个单位时，y的平均变动值。

5. 样本回归方程

总体回归方程中的回归参数是未知的，必需利用样本数据去估计。用样本统计量代替回归方程中的未知参数，就得到样本回归方程

$$y_c = \alpha + \beta x$$

$$\begin{cases} \beta = \dfrac{n\Sigma xy - \Sigma x \Sigma y}{n\Sigma x^2 - (\Sigma x)^2} \\ \alpha = \dfrac{\Sigma y}{n} - \beta \dfrac{\Sigma x}{n} = \overline{y} - \beta \overline{x} \end{cases}$$

式中：

α表示回归直线在y轴上的截距，是当$x=0$时y的期望值；

β表示直线的斜率，称为回归系数，表示当x每变动一个单位时，y的平均变动值。

6. 判定系数R^2

一元线性回归方程的拟合优度就是它的判定系数R^2，计算公式为

$$R^2 = \frac{\sum(\hat{y_i} - \overline{y})^2}{\sum(y_i - \overline{y})^2} = \frac{\text{SSR}}{\text{SST}}$$

$$\text{SST=SSE+SSR}$$

式中：

R^2表示判定系数；

$\sum(\hat{y_i} - \overline{y})^2$ 表示回归平方和，记为SSR；

$\sum(y_i - \overline{y})^2$ 表示总的离差平方和，记为SST；

SSE表示残差平方和，即$\sum(y_i - \hat{y})^2$。

7. 统计量的构造

为了检验回归方程是否显著，需要构造用于检验的统计量。该统计量的构造应以回归平方和以及残差平方和为基础，同时考虑统计量的样本分布。一般采用下面的统计量

$$F = \frac{\text{SSR}/1}{\text{SSE}/(n-2)}$$

式中：

F表示构造用于检验回归方程显著性的统计量；

SSR表示回归平方和；

SSE表示残差平方和；

$n-2$表示自由度。

8. 回归系数显著性检验

回归系数显著性检验的基本步骤如下所述。

(1) 提出假设。$H_0: \beta=0$；$H_1: \beta \neq 0$

(2) 计算统计量，用t分布做t检验，相关表达式为

$$t = \frac{\beta}{\sqrt{\dfrac{\hat{\sigma}^2}{\sum x^2}}}$$

式中：$\hat{\sigma} = \sqrt{\dfrac{\sum (y_i - \hat{y})^2}{n-2}} = \sqrt{\dfrac{\sum u_t^2}{n-2}} = \sqrt{\dfrac{\text{SSE}}{n-2}}$ ，表示估计标准误差。

(3) 给定显著性水平α，确定临界值。

(4) 检验结果判断。如果计算的统计量的绝对值大于临界值，则拒绝原假设；反之，则接受原假设。

第二节　实验课题与参考答案

———— 实验一 ————

【实验名称】

利用Excel中的函数计算相关系数。

【实验目的】

熟悉Excel的基本操作。

训练利用Excel中的函数计算相关系数的操作方法。

【实验环境】

系统软件：Windows 2000、Windows 7、Windows 10或Windows XP。

应用软件：Excel 2000、Excel 2003、Excel 2007或Excel 2010。

【知识准备】

简单相关系数的计算公式为

$$r = \frac{n\sum xy - \sum x \sum y}{\sqrt{n\sum x^2 - (\sum x)^2} - \sqrt{n\sum y^2 - (\sum y)^2}}$$

在Excel中，提供计算两个变量之间相关系数的CORREL函数和PEARSON函数，这两个函数是等价的。

【实验资料】

对10家航空公司最近一年的航班正点率与顾客投诉次数进行调查后得到一些原始数据，如表7-1所示。

表7-1　10家航空公司航班正点率与顾客投诉次数原始数据

航空公司编号	1	2	3	4	5	6	7	8	9	10
航班正点率/%	81.8	76.6	76.6	75.7	73.8	72.2	71.2	70.8	91.4	68.5
投诉次数/次	21	58	85	68	74	93	72	122	18	125

【实验要求】

利用CORREL函数计算航班正点率和顾客投诉次数之间的相关系数。

【实验步骤】

打开Excel工作簿，将数据输入Excel空白工作表内，如图7-1所示。

图7-1　航班正点率和顾客投诉次数数据

(2) 单击任意一个空白单元格，执行"插入"菜单中的"函数"命令，在"或选择类别"下拉列表框中选择"统计"，然后在"选择函数"列表框中选择"CORREL"函数，如图7-2所示。

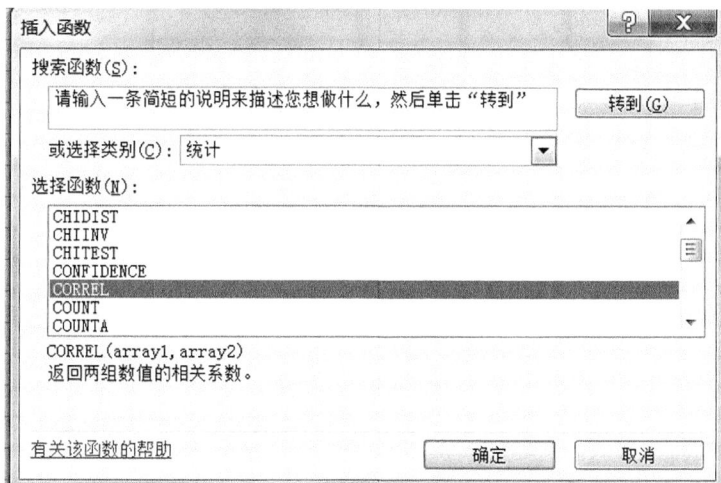

图7-2　插入函数对话框

(3) 单击"确定"按钮，弹出"函数参数"对话框。在"Array1"文本框中输入"Bl：K1"，在"Array2"文本框中输入"B2：K2"，即可在对话框下方显示计算结果为0.868 6，如图7-3所示。

206 统计学计算机实验教程——基于Excel软件

【参考答案】

计算结果如图7-3所示。

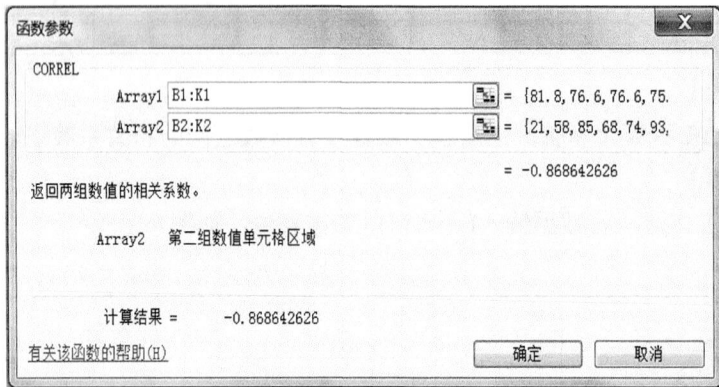

图7-3 CORREL函数及计算结果

—————— 实验二 ——————

【实验名称】

利用数据分析功能计算相关系数。

【实验目的】

熟悉Excel的基本操作。

训练利用Excel中的数据分析功能计算相关系数的操作方法。

【实验环境】

系统软件：Windows 2000、Windows 7、Windows 10或Windows XP。

应用软件：Excel 2000、Excel 2003、Excel 2007或Excel 2010。

【知识准备】

简单相关系数的计算公式为

$$r = \frac{n\sum xy - \sum x \sum y}{\sqrt{n\sum x^2 - \left(\sum x\right)^2} - \sqrt{n\sum y^2 - \left(\sum y\right)^2}}$$

除了函数外，Excel还具有数据分析功能，其中包含相关系数计算模块，据此可以计算相关系数。

【实验资料】

对10家航空公司最近一年的航班正点率与顾客投诉次数进行调查后得到一些原始数据，如表7-2所示。

表7-2 10家航空公司航班正点率与顾客投诉次数原始数据

航空公司编号	1	2	3	4	5	6	7	8	9	10
航班正点率/%	81.8	76.6	76.6	75.7	73.8	72.2	71.2	70.8	91.4	68.5
投诉次数/次	21	58	85	68	74	93	72	122	18	125

【实验要求】

利用Excel的数据分析功能计算航班正点率和顾客投诉次数之间的相关系数。

【实验步骤】

(1) 打开Excel工作簿，将数据输入Excel空白工作表内，如图7-4所示。

	A	B	C	D	E	F	G	H	I	J	K
1	航班正点率（%）	81.8	76.6	76.6	75.7	73.8	72.2	71.2	70.8	91.4	68.5
2	投诉次数（次）	21	58	85	68	74	93	72	122	18	125

图7-4 航班正点率和顾客投诉次数数据

(2) 在Excel中，执行"工具"菜单中的"数据分析"命令，在"数据分析"对话框中选择"相关系数"，如图7-5所示。

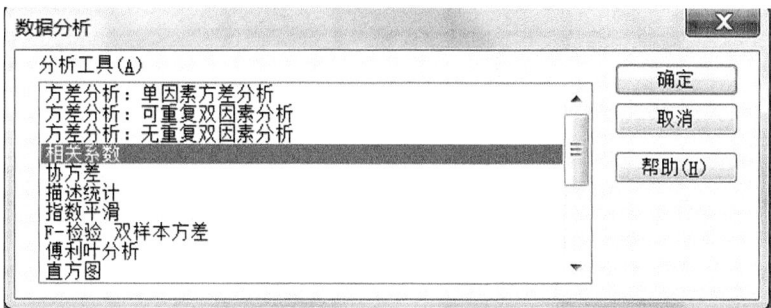

图7-5 数据分析对话框

(3) 单击"确定"按钮，弹出"相关系数"对话框，如图7-6所示。

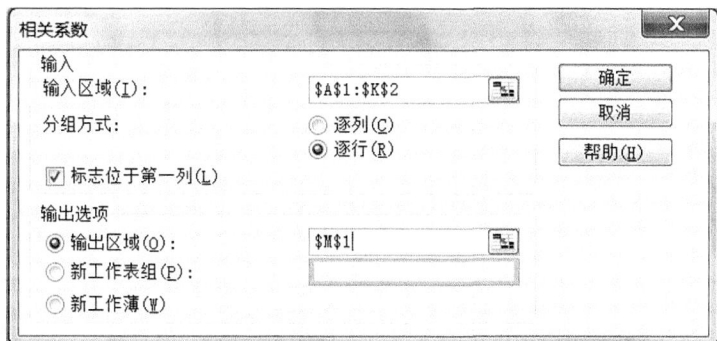

图7-6 相关系数对话框

(4) 如图7-6所示，在"输入区域"文本框中输入"$A$1：$K$2"，在"分组方式"中点选"逐行"单选按钮，勾选"标志位于第一列"复选框，点选"输出区域"单选按钮并在文本框中输入"$M$1"，单击"确定"按钮，输出结果如图7-7所示。

【参考答案】

计算结果如图7-7所示。

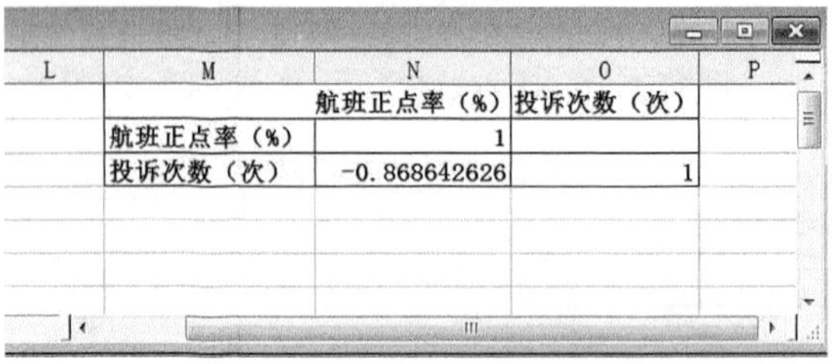

图7-7 相关系数计算结果

在输出结果中，航班正点率和投诉次数的自相关系数均为1，航班正点率和投诉次数的相关系数为-0.868 6，与利用函数计算的结果(见实验一)完全相同。

—— 实验三 ——

【实验名称】

相关系数的计算。

【实验目的】

熟悉Excel的基本操作。

训练计算相关系数的操作方法。

【实验环境】

系统软件：Windows 2000、Windows 7、Windows 10或Windows XP。

应用软件：Excel 2000、Excel 2003、Excel 2007或Excel 2010。

【知识准备】

相关系数是用来度量直线相关的方向与强度的指标，通常以r值来代表，相关系数的计算公式为

$$r = \frac{n\sum xy - \sum x \sum y}{\sqrt{n\sum x^2 - \left(\sum x\right)^2} - \sqrt{n\sum y^2 - \left(\sum y\right)^2}}$$

r值通常介于1和-1之间。r=0表示无直线相关；r=1表示完全正相关；r=-1表示完全负相关。

Excel提供相关系数的计算工具和CORREL函数，使相关系数的计算方便了很多。

【实验资料】

已知某城镇居民家庭人均收入和人均消费的资料，如表7-3所示。

表7-3 某城镇居民家庭人均收入和人均消费资料

年份	人均收入/元	人均消费/元
1998	802	685
1999	931	828
2000	1 089	916

(续表)

年份	人均收入/元	人均消费/元
2001	1 431	1 119
2002	1 568	1 261
2003	1 686	1 387
2004	1 925	1 544
2005	2 356	1 826
2006	3 027	2 336
2007	3 979	3 179
2008	4 283	3 893
2009	4 839	3 919
2010	5 160	4 186
2011	5 425	4 332
2012	5 854	4 616
2013	6 280	4 953
2014	6 860	5 309
合计	57 495	46 289

【实验要求】

(1) 计算居民家庭人均收入和人均消费之间的相关系数。

(2) 分析该城镇居民家庭人均收入和人均消费之间的关系。

【操作步骤】

(1) 打开一张空白的工作表，依次填入上述资料，从A1单元格开始，如图7-8所示。

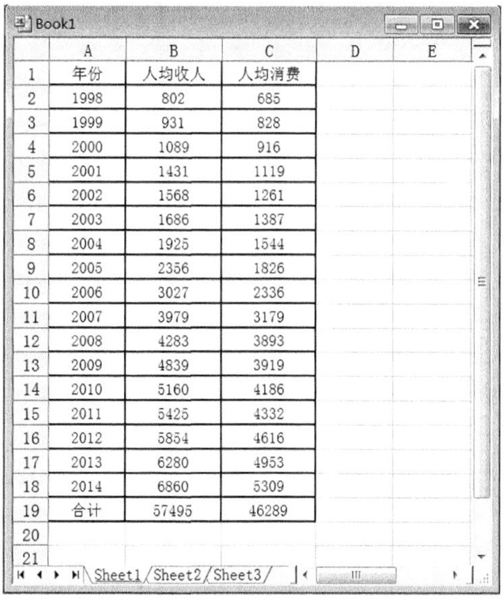

	A	B	C	D	E
1	年份	人均收入	人均消费		
2	1998	802	685		
3	1999	931	828		
4	2000	1089	916		
5	2001	1431	1119		
6	2002	1568	1261		
7	2003	1686	1387		
8	2004	1925	1544		
9	2005	2356	1826		
10	2006	3027	2336		
11	2007	3979	3179		
12	2008	4283	3893		
13	2009	4839	3919		
14	2010	5160	4186		
15	2011	5425	4332		
16	2012	5854	4616		
17	2013	6280	4953		
18	2014	6860	5309		
19	合计	57495	46289		
20					
21					

图7-8　居民家庭人均收入和人均消费数据

(2) 使用相关系数计算工具。具体方法：用鼠标选取“工具”→“数据分析”命令，打开"数据分析"对话框,选择"相关系数",确认后打开"相关系数"计算界面。在"输入区域"栏中输入"$B$1:$C$18","分组方式"选"逐列",勾选"标志位于第一行",在"输出选项"中选择"输出区域",并在"输出区域"栏中输入"$D$2"。填好的"相关系数"计算界面如图7-9所示。

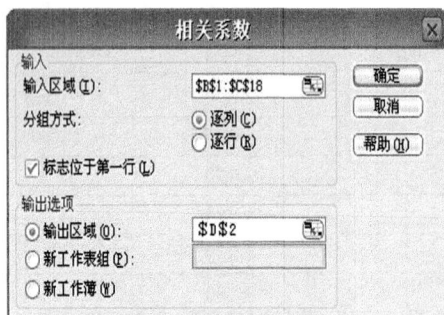

图7-9 相关系数计算界面

(3) 单击"确定"按钮,即完成操作。

【参考答案】

完成的计算结果如图7-10所示。

	A	B	C	D	E	F
1	年份	人均收入	人均消费		列 1	列 2
2	1998	802	685	列 1	1	
3	1999	931	828	列 2	0.996786	1
4	2000	1089	916			
5	2001	1431	1119			
6	2002	1568	1261			
7	2003	1686	1387			
8	2004	1925	1544			
9	2005	2356	1826			
10	2006	3027	2336			
11	2007	3979	3179			
12	2008	4283	3893			
13	2009	4839	3919			
14	2010	5160	4186			
15	2011	5425	4332			
16	2012	5854	4616			
17	2013	6280	4953			
18	2014	6860	5309			
19	合计	57495	46289			

图7-10 计算结果

根据图7-10可以看出,相关系数为0.996 786,非常接近1。因此,可以认为该城镇居民家庭人均收入和人均消费之间存在高度的直线正相关关系。

———— 实验四 ————

【实验名称】

使用图表功能建立回归直线方程。

【实验目的】

熟悉Excel的基本操作。

训练使用图表功能建立回归直线方程的操作方法。

【实验环境】

系统软件：Windows 2000、Windows 7、Windows 10或Windows XP。

应用软件：Excel 2000、Excel 2003、Excel 2007或Excel 2010。

【知识准备】

相关系数是用来度量直线相关的方向与强度的指标，通常以r值来表示，相关系数的计算公式为

$$r = \frac{n\sum xy - \sum x \sum y}{\sqrt{n\sum x^2 - \left(\sum x\right)^2} - \sqrt{n\sum y^2 - \left(\sum y\right)^2}}$$

r值通常介于1和−1之间。$r=0$表示无直线相关；$r=1$表示完全正相关；$r=-1$表示完全负相关。

一元线性回归方程的拟合优度就是它的判定系数R^2，计算公式为

$$R^2 = \frac{\sum (\hat{y}_i - \bar{y})^2}{\sum (y_i - \bar{y})^2} = \frac{\text{SSR}}{\text{SST}}$$

$$\text{SST=SSE=SSE}$$

式中：

R^2表示判定系数；

$\sum (\hat{y}_i - \bar{y})^2$表示回归平方和，记为SSR；

$\sum (y_i - \bar{y})^2$表示总的离差平方和，记为SST；

SSE表示残差平方和，即$\sum (y_i - \hat{y})^2$。

回归分析是一种非常有效的分析工具，Excel为回归分析提供了良好的基础，直接用于回归分析的工作表函数有15个。此外，"数据分析"加载宏中的"回归"工具，以及"图表功能"和"编辑"菜单下的"填充""序列""线性"等菜单命令也可供使用。

建立回归直线方程

$$y_c = \alpha + \beta x$$

由最小二乘法计算直线方程参数，公式为

$$\beta = \frac{n\sum xy - \sum x \sum y}{n\sum x^2 - \left(\sum x\right)^2}$$

$$\frac{\sum y}{n} - \beta \frac{\sum x}{n} = \bar{y} - \beta \bar{x}$$

式中：

α表示回归直线在y轴上的截距，是当$x=0$时y的期望值；

β表示直线的斜率，称为回归系数，表示当x每变动一个单位时，y的平均变动值。

本例通过图表功能求出回归直线方程的两个系数α和β。

【实验资料】

已知10家同类企业的生产性固定资产价值和工业总产值资料，如表7-4所示。

表7-4　生产性固定资产价值和工业总产值资料

工厂编号	生产性固定资产价值/万元	工业总产值/万元
1	318	524
2	910	1019
3	200	632
4	409	815
5	415	913
6	502	928
7	314	605
8	1 210	1 516
9	1 022	1 219
10	1 225	1 624

【实验要求】

(1) 计算相关系数。

(2) 建立回归直线方程。

(3) 估计生产性固定资产价值为1 100万元时的工业总产值。

【操作步骤】

(1) 打开空白的工作表，依次输入表7-14所列的资料，从A1单元格开始。

(2) 选择"插入"菜单，打开"图表"命令，在"图表向导-4步骤之1-图表类型"中选择"XY散点图"和第一个子图表类型，如图7-11所示。

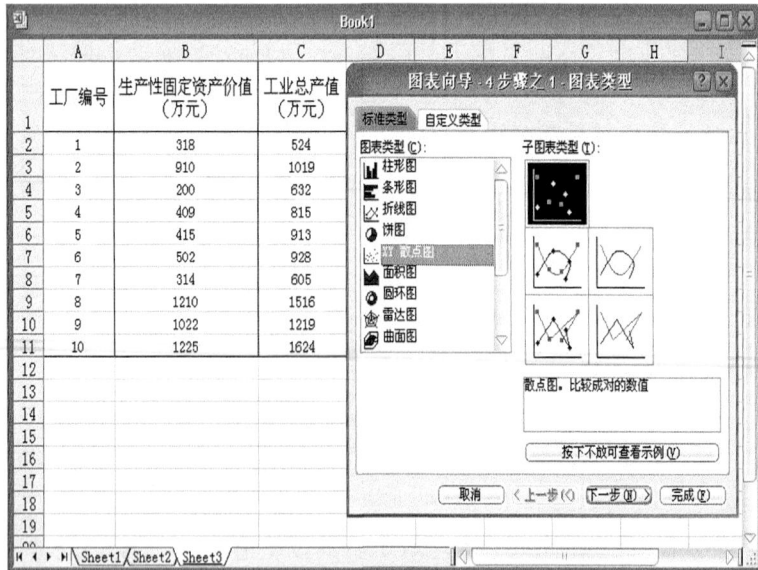

图7-11　图表向导界面

(3) 单击"下一步"，在"图表向导-4步骤之2-图表源数据"的"数据区域"栏中的"数据区域"中输入"$B$2：$C$11"，如图7-12所示。

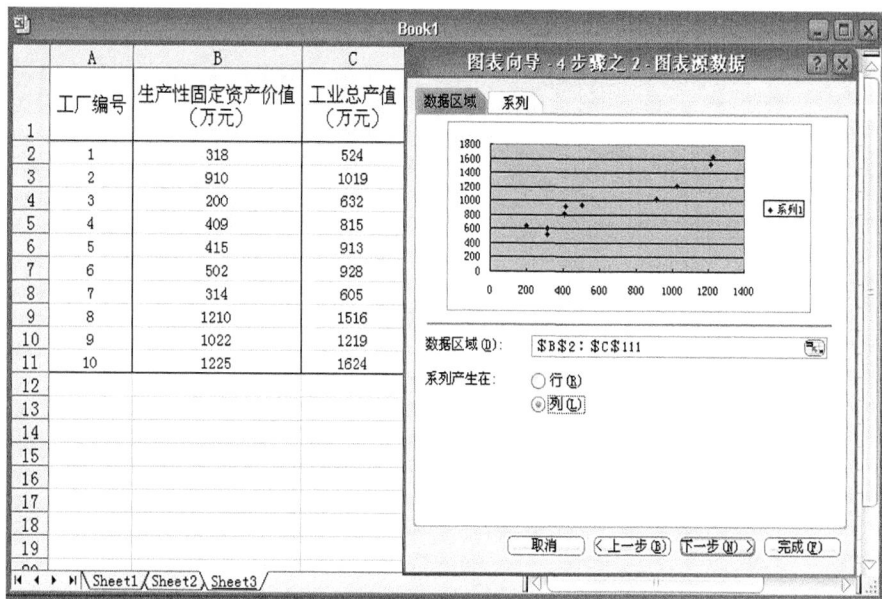

图7-12 源数据界面

(4) 单击"下一步"进入"图表向导-4步骤之3-图表选项"，可以在此调整图表的标题、图例、坐标轴等选项，如图7-13所示。

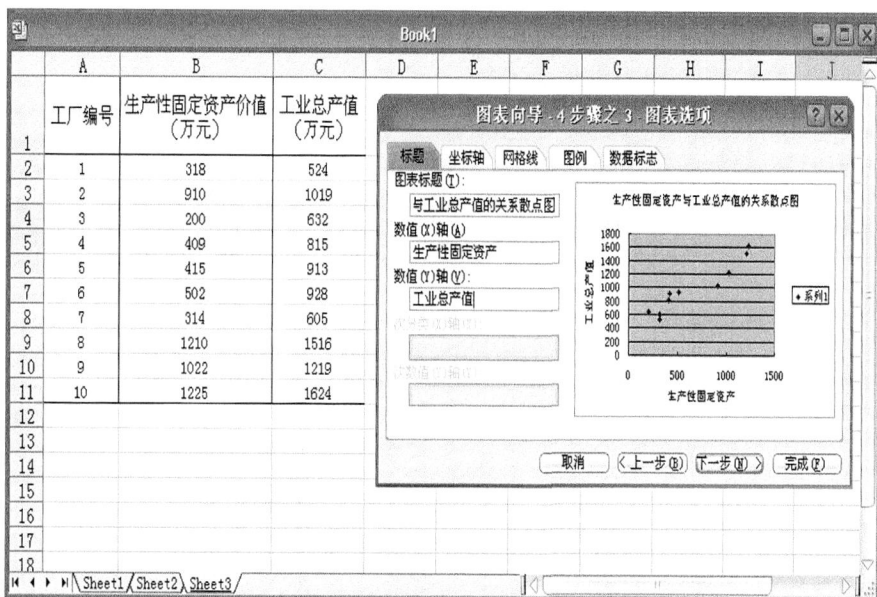

图7-13 图表选项界面

(5) 单击"下一步"，进入"图表向导-4步骤之4-图表位置"，选择"作为其中的对象插入"，单击"完成"，就得到了表示生产性固定资产价值与工业总产值的关系的散点图，如图7-14所示。

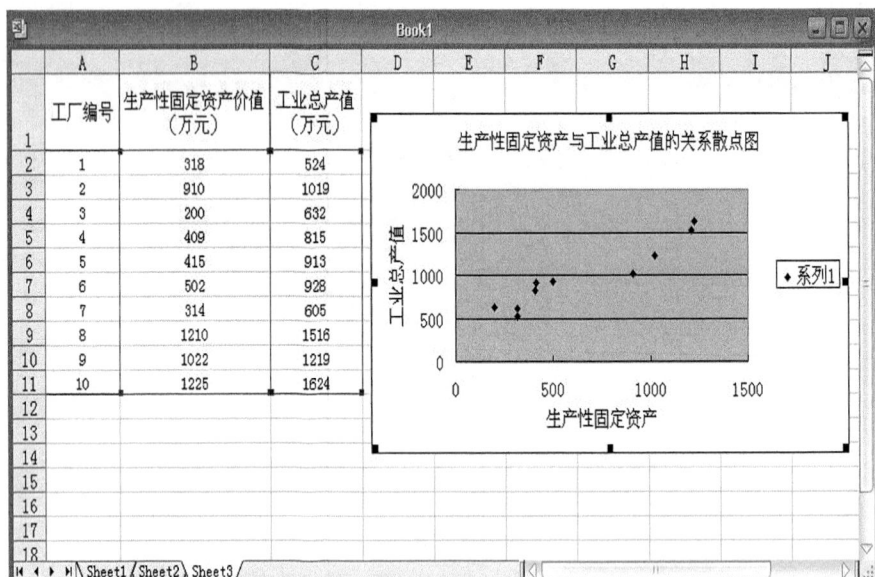

图7-14　散点图

(6) 右键单击散点图上的任意一个数据点，工作表菜单栏中即可出现"图表"菜单，打开"图表"菜单，选择"添加趋势线"菜单命令，打开"添加趋势线"对话框，先在"趋势预测/回归分析类型"中选择"线性"，然后，单击"选项"，勾选"显示公式"和"显示R平方值"两个选项栏，可以更改趋势线的名称，单击"确定"按钮，即得到α和β两个系数和r^2的值。

(7) 根据计算结果写出分析结论。

【参考答案】

完成的计算结果如图7-15所示。

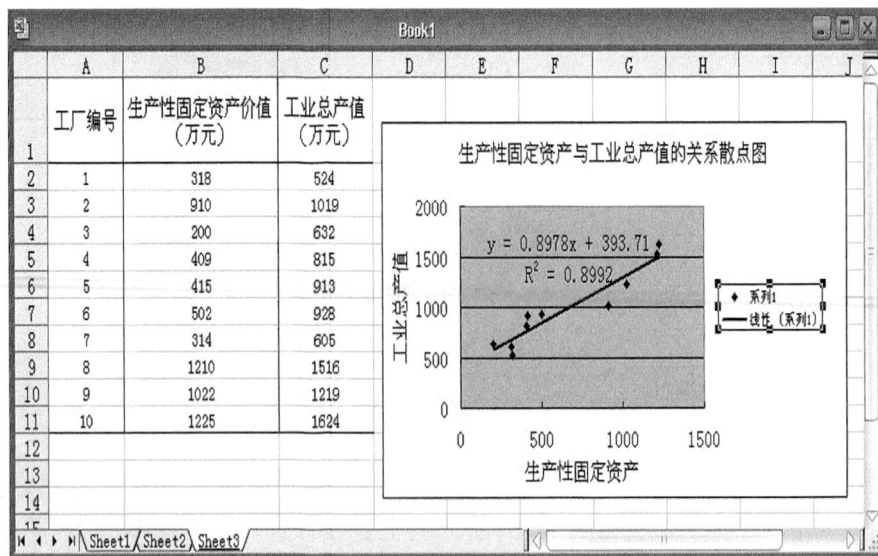

图7-15　计算结果

根据计算结果可知回归直线方程为

$$y_c=393.17+0.897\,8x$$

由于相关系数的判定系数为

$$R^2=0.899\,2$$

相关系数为

$$r=\sqrt{0.899\,2}=0.948\,2$$

计算结果表明，生产性固定资产价值和总产值间存在高度直线正相关关系。

当生产性固定资产价值为1 100万元时，工厂总产值的估计值为

$$y_c=393.17+0.897\,8\times1\,100=1\,382.8(万元)$$

——————— 实验五 ———————

【实验名称】

运用工作表函数建立回归直线方程。

【实验目的】

熟悉Excel的基本操作。

训练运用工作表函数建立回归直线方程的操作方法。

【实验环境】

系统软件：Windows 2000、Windows 7、Windows 10或Windows XP。

应用软件：Excel 2000、Excel 2003、Excel 2007或Excel 2010。

【知识准备】

相关系数是用来度量直线相关的方向与强度的指标，通常以r值来表示，相关系数的计算公式为

$$r=\frac{n\sum xy-\sum x\sum y}{\sqrt{n\sum x^2-\left(\sum x\right)^2}-\sqrt{n\sum y^2-\left(\sum y\right)^2}}$$

r值通常介于1和-1之间。$r=0$表示无直线相关；$r=1$表示完全正相关；$r=-1$表示完全负相关。

设直线方程为

$$y_c=\alpha+\beta x$$

由最小二乘法计算直线方程参数，公式为

$$\beta=\frac{n\sum xy-\sum x\sum y}{n\sum x^2-\left(\sum x\right)^2}$$

$$\frac{\sum y}{n}-\beta\frac{\sum x}{n}=\bar{y}-\beta\bar{x}$$

Excel为回归分析提供了良好的基础，直接用于回归分析的工作表函数有15个，本例主要使用LINEST函数计算回归直线方程。

【实验资料】

已知某市工业企业的生产性固定资产价值和月产量资料，如表7-5所示。

表7-5　生产性固定资产价值和月产量资料

序号	生产性固定资产价值/万元	月产量/万台
1	300	0.5
2	400	0.5
3	400	0.7
4	500	0.5
5	500	0.7
6	500	0.9
7	600	0.7
8	600	0.9
9	600	1.1
10	700	0.9
11	700	1.1
12	800	1.8

【实验要求】

(1) 计算生产性固定资产价值和月产量相关系数。

(2) 建立回归直线方程。

【操作步骤】

(1) 将表格内的资料输入一张空白的工作表内，输入时从A1单元格开始。

(2) 先选择"D2：E6"两列5行的单元格区域，用以存放计算结果。然后，单击"函数向导"，在统计类函数中找到LINEST函数，单击该函数名，打开LINEST函数的向导界面，在"Know_y's"栏中输入"C2：C13"，即 Y 的数据区域；在"Know_x's"栏中输入"B2：B13"，即 X 的数据区域。在"Const"栏中输入一个"1"或"true"表示 B 值要正常显示；在"Stats"栏中也输入一个"1"或"true"，表示需要同时输出相关的回归统计量。填好的 LINEST 函数向导界面如图7-16所示。

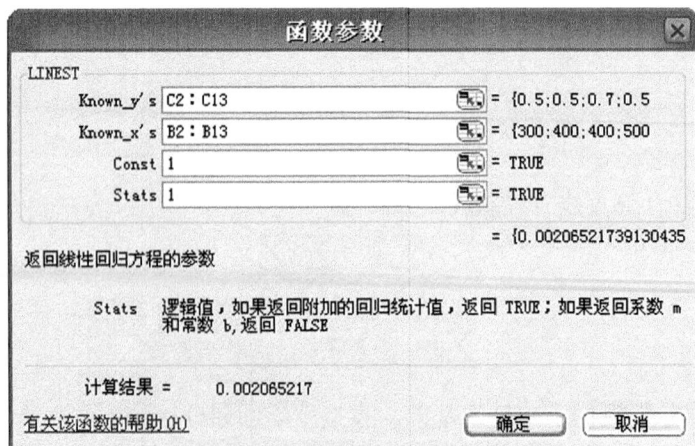

图7-16　LINEST 函数向导界面

(3) 由于输出的是一个2列5行的数组，要先按Shift+Ctrl键，然后按Enter键或单击对话框中的“确定”按钮，计算结果将输出到单元格“D2：E6”中。

设

$$y=\alpha+\beta x$$

计算结果中各个单元格对应值的含义如表7-6所示。

表7-6　单元格对应值的含义

回归直线的斜率(β)	回归直线的截距(α)
系数β的标准误差值	系数α的标准误差值
R^2 判定系数	y 估计值的标准误差
F统计值或观察值	自由度
回归平方和	残值平方和

(4) 可以使用其他函数计算有关的参数。如可以使用CORREL函数计算相关系数，形式为“=CORREL(Y数据区域，X数据区域)”；可以使用RSQ函数计算相关系数R^2即判定系数，形式为“=RSQ(Y数据区域，X数据区域)”；可以使用SLOPE函数计算回归直线方程的斜率β，形式为“=SLOPE(Y数据区域，X数据区域)”；可以使用INTERCEPT函数计算回归直线方程的截距α，形式为“=INTERCEPT(Y数据区域，X数据区域)”。

(5) 根据计算结果写出结论。

【参考答案】

完成的计算结果如图7-17所示。

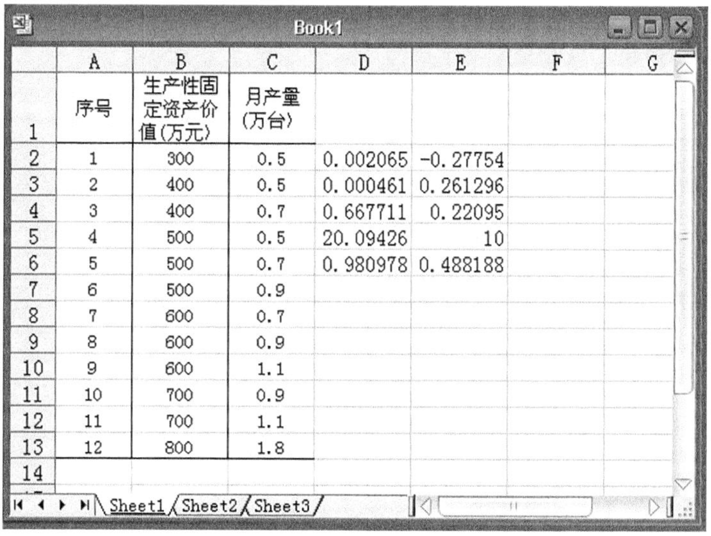

Book1

	A	B	C	D	E	F	G
1	序号	生产性固定资产价值(万元)	月产量(万台)				
2	1	300	0.5	0.002065	-0.27754		
3	2	400	0.5	0.000461	0.261296		
4	3	400	0.7	0.667711	0.22095		
5	4	500	0.5	20.09426	10		
6	5	500	0.7	0.980978	0.488188		
7	6	500	0.9				
8	7	600	0.7				
9	8	600	0.9				
10	9	600	1.1				
11	10	700	0.9				
12	11	700	1.1				
13	12	800	1.8				
14							

Sheet1 / Sheet2 / Sheet3

图7-17　计算结果

根据计算结果可知，回归直线方程为

$$y_c=-0.277\ 54+0.002\ 065x$$

相关系数为

$$r=\sqrt{0.667\ 711}=0.817\ 136$$

———————— 实验六 ————————

【实验名称】

运用回归工具建立回归直线方程。

【实验目的】

熟悉Excel的基本操作。

训练运用回归工具建立回归直线方程的操作方法。

【实验环境】

系统软件：Windows 2000、Windows 7、Windows 10或Windows XP。

应用软件：Excel 2000、Excel 2003、Excel 2007或Excel 2010。

【知识准备】

简单相关系数的计算公式为

$$r = \frac{n\sum xy - \sum x \sum y}{\sqrt{n\sum x^2 - \left(\sum x\right)^2} - \sqrt{n\sum y^2 - \left(\sum y\right)^2}}$$

式中：

r表示简单相关系数；

x和y表示相关变量；

n表示变量样本容量。

总体回归方程中的回归参数是未知的，必需利用样本数据来估计。用样本统计量代替回归方程中的未知参数，就得到样本回归方程

$$y_c = \alpha + \beta x$$

式中：

α表示回归直线在y轴上的截距，即当$x=0$时y的期望值；

β表示直线的斜率，称为回归系数，表示当x每变动一个单位时，y的平均变动值。

具体的表达式为

$$\begin{cases} \beta = \dfrac{n\Sigma xy - \Sigma x \Sigma y}{n\Sigma x^2 - (\Sigma x)^2} \\ \alpha = \dfrac{\Sigma y}{n} - \beta \dfrac{\Sigma x}{n} = \overline{y} - \beta \overline{x} \end{cases}$$

估计标准误差为

$$\hat{\sigma} = \sqrt{\frac{\sum (y_i - \hat{y})^2}{n-2}} = \sqrt{\frac{\sum u_t^2}{n-2}} = \sqrt{\frac{\text{SSE}}{n-2}}$$

式中：

$\hat{\sigma}$表示估计标准误差；

SSE表示残差平方和；

$n-2$表示自由度。

Excel的数据分析工具中有专门用于回归分析的"回归"工具，"回归"工具使用简

便，可以得到大量的统计数据。

【实验资料】

已知5名学生的学习时数和学习成绩的有关资料，如表7-7所示。

表7-7　学习时数和学习成绩资料

学生	学习时数	学习成绩
1	4	40
2	6	60
3	7	50
4	10	70
5	13	90

【实验要求】

(1) 建立回归直线方程。

(2) 计算估计标准误差。

(3) 对学习成绩的方差进行分解分析，并指出总误差平方和中有多少比重可以由回归方程来解释。

(4) 计算学习时数与学习成绩之间的相关系数。

【操作步骤】

(1) 打开Excel，将上述资料输入一张空白的工作表的"A1：C6"单元格范围内，选取"工具"→"数据分析"菜单命令，在"数据分析"对话框中选取"回归"工具。然后，打开"回归"工具界面。

(2) 在"回归"界面的"输入"对话框的"Y值输入区域"中输入"C1：C6"，即Y值的数据区域；在"X值输入区域"中输入X值的单元格区域"B1：B6"。由于输入的数据区域首行为项目名称，必须选中"标志"栏。本例中，回归直线方程的常数项不会等于零，因此，"常数为零"选项不要选。"置信度"栏默认值为95%，可以不作修改。在"回归"界面的"输出选项"中选择"新工作表组"，并把表名设置为"学习成绩回归分析表"。在"残差"栏和"正态分布"栏中勾选全部选项。这样，就可以给出所有的计算值。填制好的"回归"分析工具界面如图7-18所示。

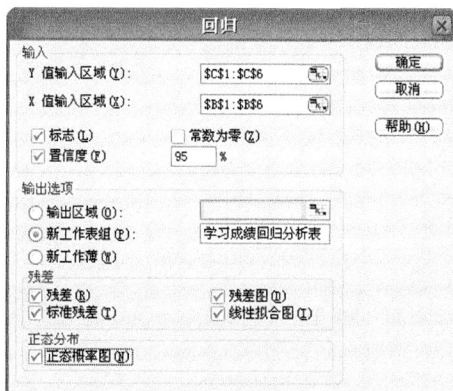

图7-18　回归分析工具界面

(3) 单击"确定"按钮后，Excel将提供5张报表和3张图表供分析使用，具体见图7-19和图7-20。

图7-19 回归结果、回归统计和方差分析表

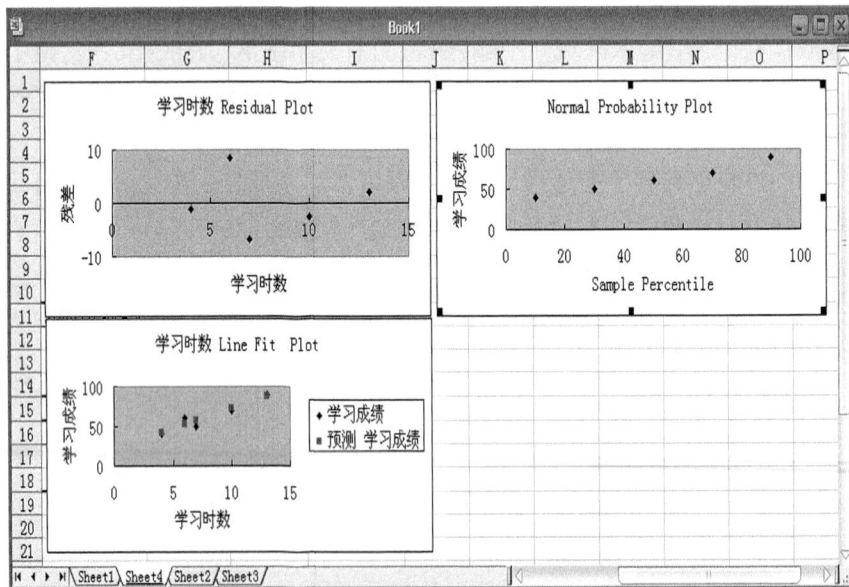

图7-20 回归结果、回归统计和方差分析图

【表格说明】

(1) 回归结果表。表的样式如表7-8所示。

表7-8 回归结果表

项目	Coefficients	标准误差	t Stat	P-value
Intercept	20.4	7.946 488	2.567 172	0.082 696
学习时数	5.2	0.923 76	5.629 165	0.011 089
	Lower 95%	Upper 95%	下限95.0%	上限95.0%
Intercept	−4.889 270	45.689 270 4	−4.889 270 4	45.689 270 4
学习时数	2.260 182	8.139 817 9	2.260 182 0	8.139 179 7

表7-8中,上半部分第1列是回归系数的名称,即截距和学习时数两项;第2列为系数栏,由此可以得出,回归直线方程式为

$$y_c=20.4+5.2x$$

第3列为系数α和β的标准误差;第4列是t检验值,用于假设检验,反映两个系数不为零的显著性;第5列是P值,即真值事实上为零的可能性。

表7-8下半部分各栏为根据各回归参数计算出的95%置信区间,它提供了一个上下限,所有可能系数的95%落在其间。

(2) 回归统计表。表的样式如表7-9所示。

表7-9 回归统计表

Multiple	0. 955 779
R Square	0. 913 513 5
Adjusted R Spuare	0. 884 684 7
标准误差	6. 351 972 6
观测值	5

表7-9的第1个数值是相关系数r;第2个数值是判定系数,即R^2;第3个数值是调整后的R^2;第4个数值是估计标准误差s_{xy};等5个数值是观测值。

(3) 方差分析表。表的样式如表7-10所示。

表7-10 方差分析表

项目	df	SS	MS	F	Significance F
回归分析	1	1 352	1 352		
残差	3	128	42.666 67	31.687 5	0.011 088 548
总计	4	1 480			

表7-10的第1列是自由度;第2列是分解呈现的方差;第3列是均方差,其中,MS=SS/df;表的第4列是F值;第5列是显著性F值。

(4) 其他报表分别为反映每个数据的残差的残差表和百分比排位表。另外,还会输出3张图表,即残差分布图、学习成绩与预计学习成绩的线性拟合图和正态分布概率图。

(5) 根据计算结果写出结论。

【参考答案】

根据计算结果得出如下结论。

根据回归结果表可以看出，回归直线方程为

$$y_c=20.4+5.2x$$

根据回归统计表可以得到估计的标准误差为6.351 972 6。

根据回归统计表可以得到

$$R^2=0.913\ 513\ 5$$

即

$$\frac{1\ 352}{1\ 480}=0.913\ 513\ 5$$

这表明，总误差平方和中有91.35%可以由回归方程来解释。

根据回归统计表可以得出学习时数与学习成绩之间的相关系数为0.955 779，这表明学习时数与学习成绩之间存在高度的直线正相关关系。

—————— 实验七 ——————

【实验名称】

用Excel进行相关与回归分析。

【实验目的】

熟悉Excel的基本操作。

训练运用数据分析及回归工具进行相关与回归分析的操作方法。

【实验环境】

系统软件：Windows 2000、Windows 7、Windows 10或Windows XP。

应用软件：Excel 2000、Excel 2003、Excel 2007或Excel 2010。

【知识准备】

简单相关系数的计算公式为

$$r=\frac{n\sum xy-\sum x\sum y}{\sqrt{n\sum x^2-\left(\sum x\right)^2}-\sqrt{n\sum y^2-\left(\sum y\right)^2}}$$

设直线方程

$$y_c=\alpha+\beta x$$

由最小二乘法计算直线方程参数，公式为

$$\beta=\frac{n\sum xy-\sum x\sum y}{n\sum x^2-\left(\sum x\right)^2}$$

$$\frac{\sum y}{n}-\beta\frac{\sum x}{n}=\bar{y}-\beta\bar{x}$$

一元线性回归方程的拟合优度就是它的判定系数R^2，计算公式为

$$R^2=\frac{\sum(\hat{y_i}-\bar{y})^2}{\sum(y_i-\bar{y})^2}=\frac{\text{SSR}}{\text{SST}}$$

$$SST=SSE+SSR$$

为了检验回归方程是否显著，需要构造用于检验的统计量。该统计量的构造应以回归平方和以及残差平方和为基础，同时考虑统计量的样本分布。一般采用下面的统计量

$$F = \frac{SSR/1}{SSE/(n-2)}$$

Excel的数据分析工具中有专门用于相关分析的工具和用于回归分析的回归工具，使用简便，可以得到大量的统计数据。

【实验资料】

已知某企业广告费支出与销售额数据资料，如表7-11所示。

表7-11　某企业广告费支出与销售额

万元

广告费用	6	7	8	4	5	2	3	9
销售额	50	58	70	40	60	30	37	80

【实验要求】

利用相关和回归分析方法分析该企业广告费用支出与销售额之间的关系。

【实验步骤】

(1) 打开Excel工作簿，把该企业的广告费支出与销售额数据输入工作表中的"A2：B9"单元格，如图7-21所示。

图7-21　某企业广告费支出与销售额数据

(2) 选择"工具"下拉菜单。

(3) 选择"数据分析"选项。

(4) 在分析工具中选择"相关系数"。

(5) 单击"确定"按钮后，出现对话框，如图7-22所示。

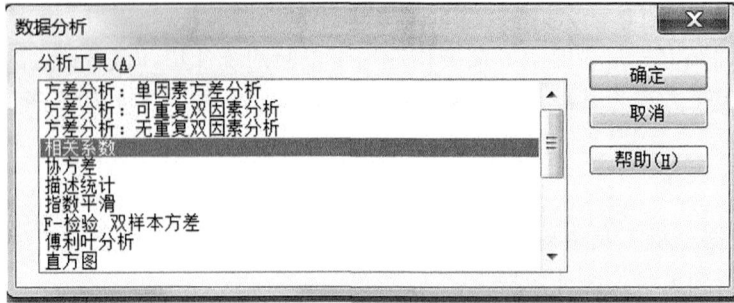

图7-22　数据分析对话框

（6）单击"确认"按钮后，在出现的对话框中的"输入区域"方框内输入"$A$2：$B$9"。在"输出选项"中选择"输出区域"，输入"$D$1"，如图7-23所示。

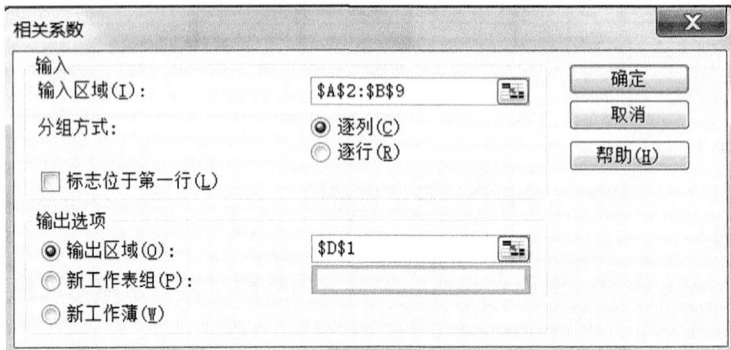

图7-23　相关分析输入输出区域

（7）单击"确定"按钮，得到相关系数矩阵，显示该企业广告费支出与销售额之间的相关系数为0.951 403，说明该企业广告费支出与销售额之间存在高度的正相关关系，如图7-24所示。

图7-24　该企业广告费支出与销售额之间的相关系数

（8）开始线性回归分析。选择"插入图表"，在"图表向导-4步骤之1-图表类型"中选"XY散点图"，在"子图表类型"中选第一种，如图7-25所示。

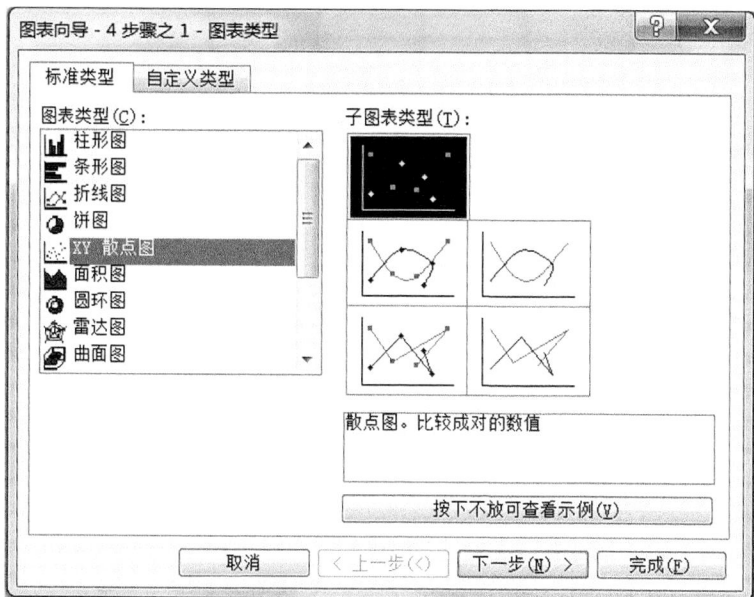

图7-25 图表类型对话框

(9) 单击"下一步",在"图表向导-4步骤之2"中选择"A2:B9"为数据区域,如图7-26所示。

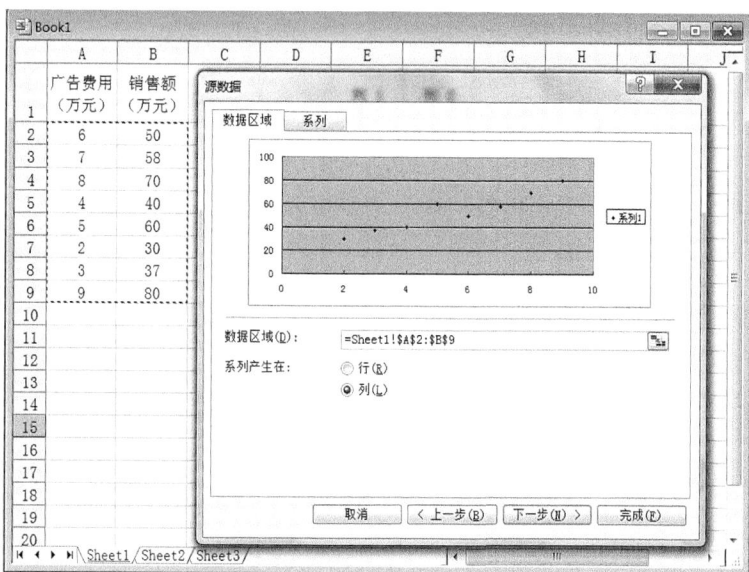

图7-26 源数据对话框

(10) 单击"下一步",在"图表向导-4步骤之3-图表选项"中输入标题名称文字,如图7-27所示。

(11) 单击"完成"按钮,得到该企业广告费支出与销售额散点图,如图7-28所示。

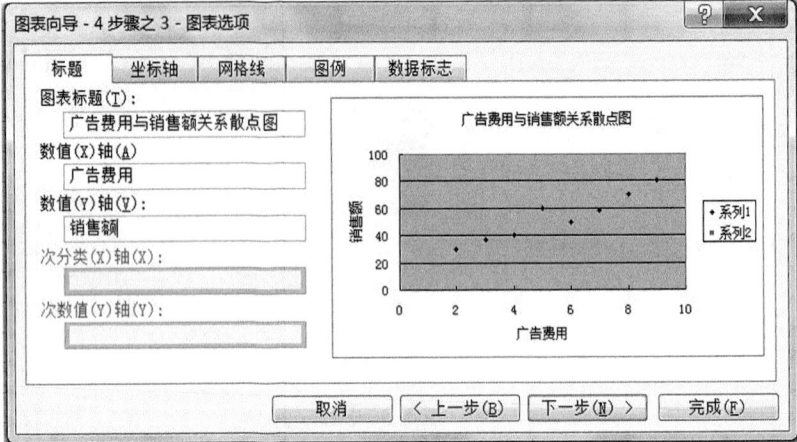

图7-27　图表选项对话框

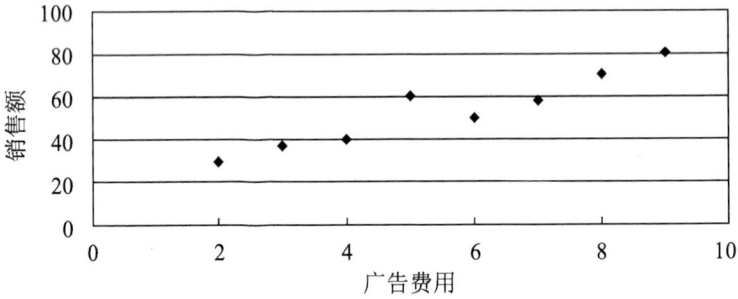

图7-28　广告费用与销售额关系散点图

(12) 插入回归线(趋势线)操作。在系列"数据点"的任一点上，单击鼠标左键，数据点出现记号，再选"图表""添加趋势线"；也可在图上数据处单击右键，选"添加趋势线"，如图7-29和图7-30所示。

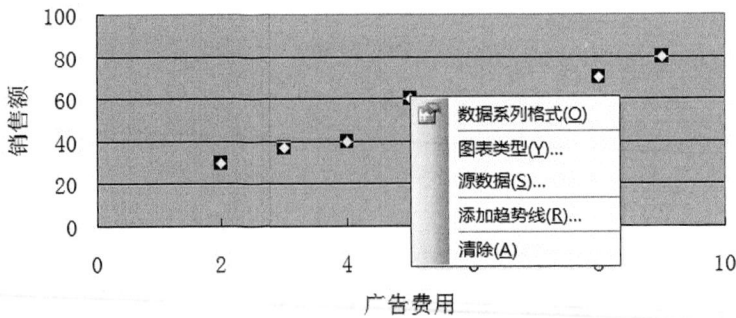

图7-29　插入回归线(趋势线)操作图

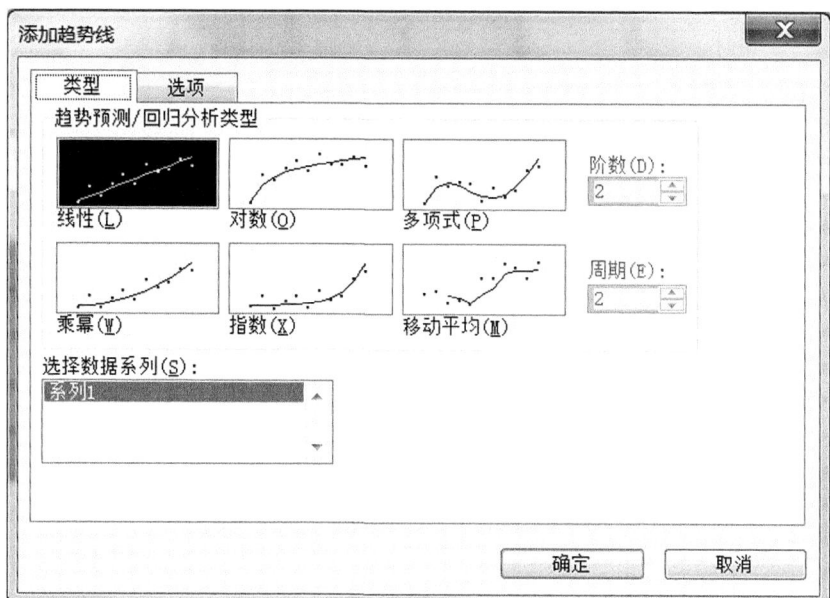

图7-30 添加趋势线对话框

(13) 选择"线性"回归线。

(14) 单击"添加趋势线"对话框中的"选项"选项卡，勾选"显示公式"及"显示R平方值"，如图7-31所示。

(15) 单击"确定"按钮，即可看到图上已出现较粗的预测线、回归方程及R平方值，如图7-32所示。

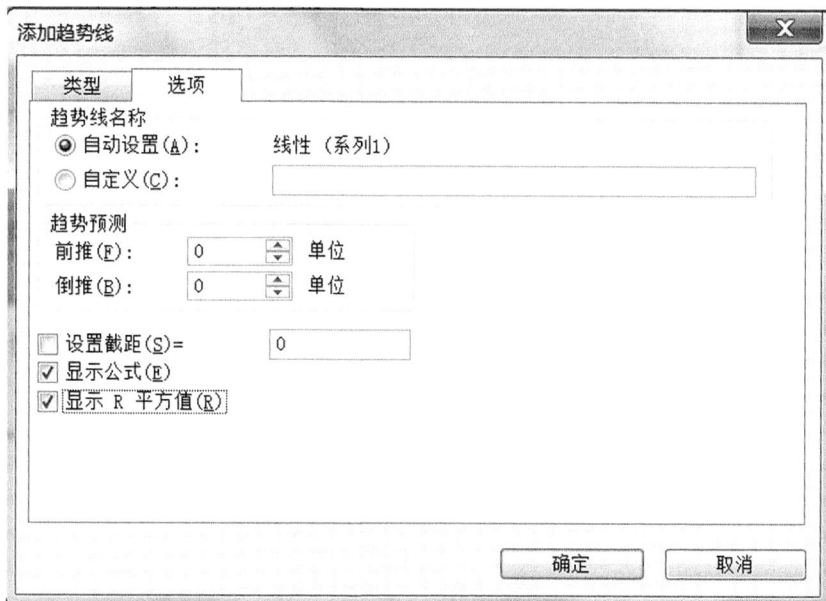

图7-31 添加趋势线对话框

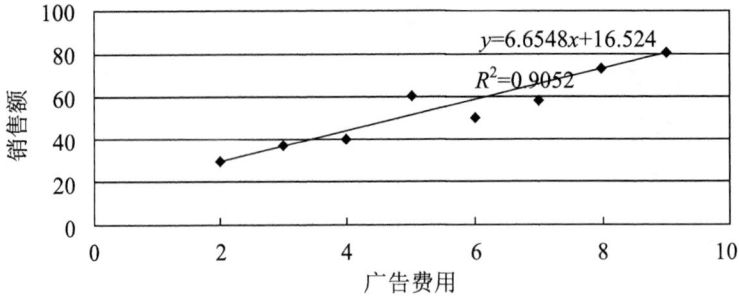

图7-32　广告费用与销售额回归趋势线

(16) 一元线性回归操作。选择"工具"下拉菜单。

(17) 选择"数据分析"选项。

(18) 在分析工具中选择"回归"，如图7-33所示。

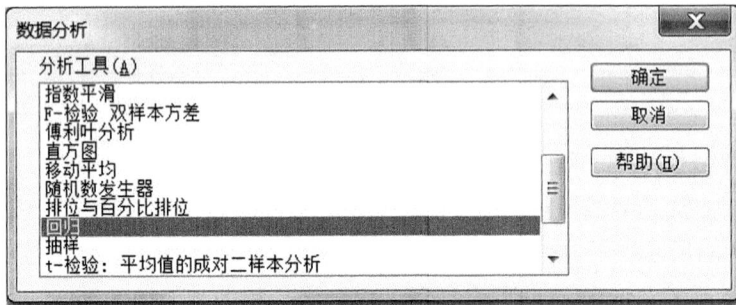

图7-33　数据分析对话框

(19) 在"回归"对话框中，在"Y值输入区域"输入"$B$1：$B$9"，在"X值输入区域"输入"$A$1：$A$9"，因包括列标题，故"标志"要打钩，把回归分析的结果输出到新的工作表中，此工作表名为"回归分析"，如图7-34所示。

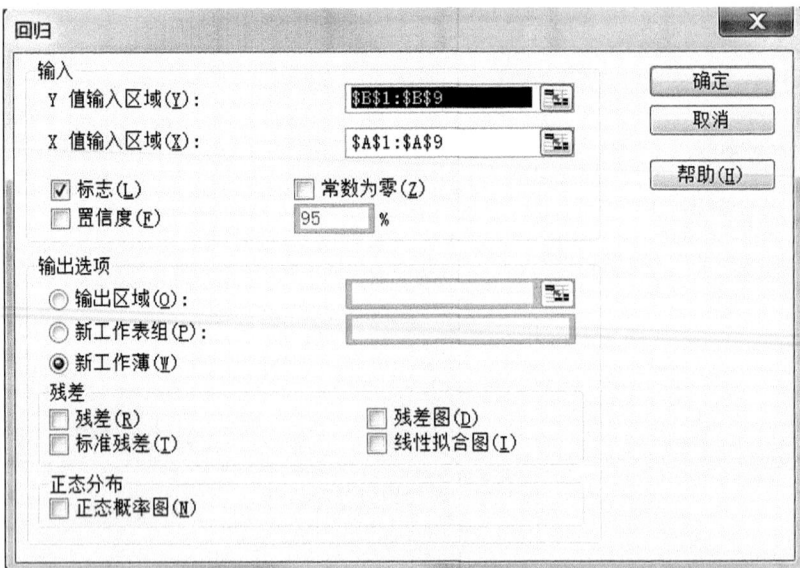

图7-34　回归分析对话框

(20) 单击“确定”按钮后，回归分析的摘要输出在新的工作表中，如图7-35所示。

【参考答案】

回归分析结果如图7-35所示。

	A	B	C	D	E	F	G	H	I
1	SUMMARY OUTPUT								
2									
3	回归统计								
4	Multiple R	0.951402882							
5	R Square	0.905167444							
6	Adjusted R Square	0.889362019							
7	标准误差	5.69896259							
8	观测值	8							
9									
10	方差分析								
11		df	SS	MS	F	ignificance F			
12	回归分析	1	1860.005952	1860.005952	57.2694117	0.00027657			
13	残差	6	194.8690476	32.4781746					
14	总计	7	2054.875						
15									
16		Coefficients	标准误差	t Stat	P-value	Lower 95%	Upper 95%	下限 95.0%	上限 95.0%
17	Intercept	16.52380952	5.239445623	3.15373242	0.01972112	3.70334796	29.34427109	3.70334796	29.3442711
18	广告费用（万元）	6.654761905	0.879369019	7.567655627	0.00027657	4.50302343	8.806500375	4.50302343	8.80650037

图7-35　回归分析结果

就回归分析摘要输出加以分析，判定系数R^2=0.905 167，表示解释能力强，相关程度高。回归的F统计量，指出回归的变异是否远大于残差的变异，F值显著时才代表这条回归线的预测效果要好于平均数，从输出表中可见F=0.000 277，约等于0，已经达到0.05的检验标准，所以可认为这条回归线是有效的。

回归方程为

$$y=16.52-6.65x$$

实验八

【实验名称】

应用散点图和趋势线进行一元线性回归分析。

【实验目的】

熟悉Excel的基本操作。

训练应用散点图和趋势线进行一元线性回归分析的操作方法。

【实验环境】

系统软件：Windows 2000、Windows 7、Windows 10或Windows XP。

应用软件：Excel 2000、Excel 2003、Excel 2007或Excel 2010。

【知识准备】

设直线方程

$$y_c=\alpha+\beta x$$

由最小二乘法计算直线方程参数，公式为

$$\beta=\frac{n\sum xy-\sum x\sum y}{n\sum x^2-(\sum x)^2}$$

$$\frac{\sum y}{n}-\beta\frac{\sum x}{n}=\overline{y}-\beta\overline{x}$$

一元线性回归方程的拟合优度就是它的判定系数R^2，计算公式为

$$R^2=\frac{\sum(\hat{y}_i-\overline{y})^2}{\sum(y_i-\overline{y})^2}=\frac{\text{SSR}}{\text{SST}}$$

$$\text{SST=SSE+SSR}$$

Excel的图表功能和数据分析工具中专门用于回归分析的回归工具，使用简便，可以得到需要的图表和大量的统计数据。

【实验资料】

对10家航空公司最近一年的航班正点率与顾客投诉次数进行调查得到原始数据，如表7-12所示。

表7-12　10家航空公司航班正点率与顾客投诉次数原始数据

航空公司编号	1	2	3	4	5	6	7	8	9	10
航班正点率/%	81.8	76.6	76.6	75.7	73.8	72.2	71.2	70.8	91.4	68.5
投诉次数/次	21	58	85	68	74	93	72	122	18	125

【实验要求】

应用相关图和趋势线确定航班正点率和顾客投诉次数的回归方程，并给出方程的拟合优度。

【实验步骤】

(1) 打开Excel工作簿，将数据输入Excel空白工作表内，如图7-36所示。

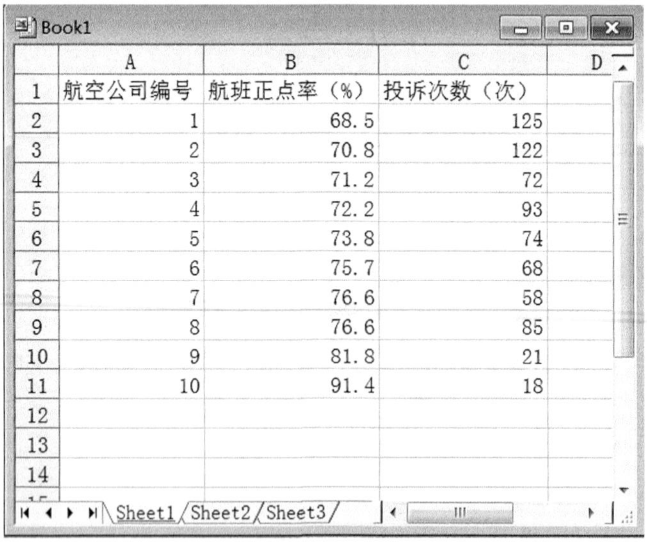

	A	B	C
1	航空公司编号	航班正点率（%）	投诉次数（次）
2	1	68.5	125
3	2	70.8	122
4	3	71.2	72
5	4	72.2	93
6	5	73.8	74
7	6	75.7	68
8	7	76.6	58
9	8	76.6	85
10	9	81.8	21
11	10	91.4	18

图7-36　航班正点率和顾客投诉次数数据

(2) 在Excel中，执行"插入"菜单中的"图表"命令，在弹出的"图表向导-4步骤之1-图表类型"对话框中，在"标准类型"选项卡中的"图表类型"列表框中选择"XY散点图"，在"子图表类型"中选择"散点图"，如图7-37所示。

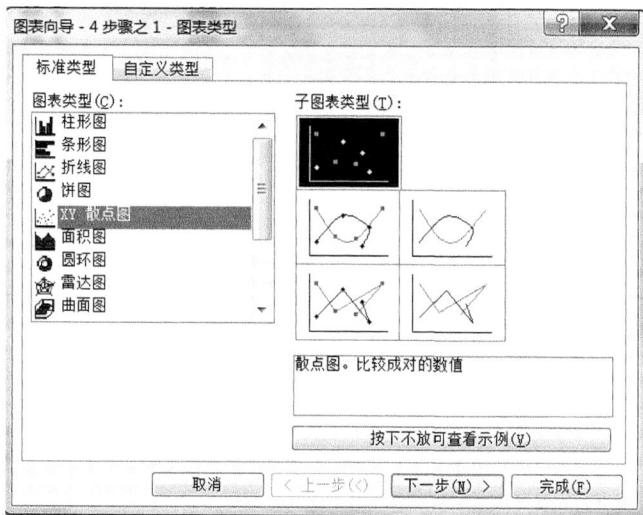

图7-37 图表类型选择

(3) 单击"下一步"按钮，在弹出的"源数据"对话框中，选择"数据区域"选项卡，单击"数据区域"文本框中的折叠按钮，按住左键选择"B2：C11"单元格区域，点选"系列产生在"中的"列"按钮，如图7-38所示。

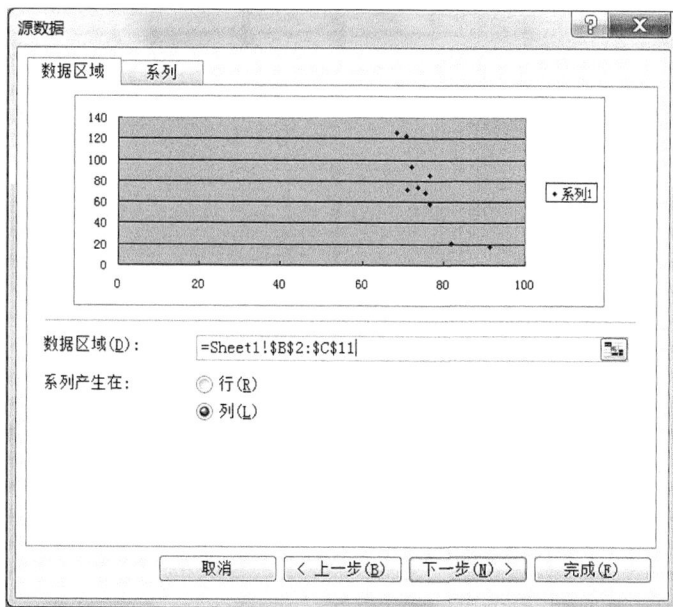

图7-38 "源数据"中的"数据区域"选项卡

(4) 在"源数据"对话框中选择"系列"选项卡，在"名称"文本框中输入"航班正点率和顾客投诉次数回归分析"。"X值"文本框中显示的是"B2：B11"单元格区域，

"Y值"文本框中显示的是"C2：C11"单元格区域，如图7-39所示。

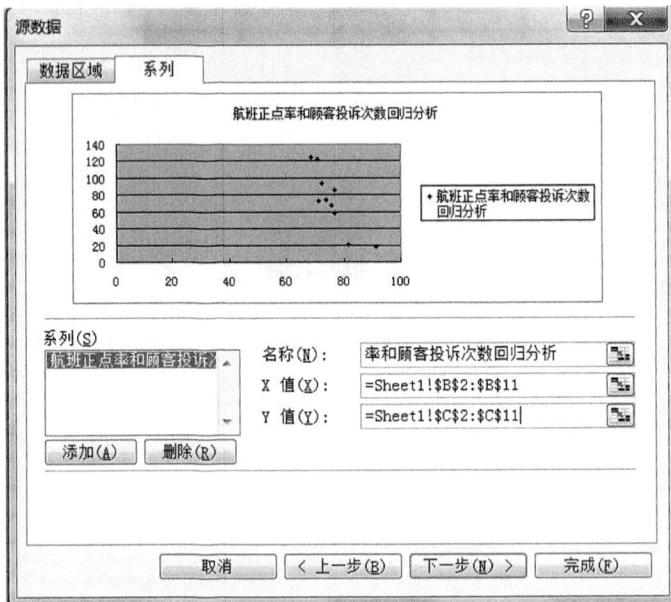

图7-39　"源数据"中的"系列"选项卡

(5) 单击"下一步"按钮，弹出"图表向导-4步骤之3-图表选项"对话框，在"数值(X)轴"文本框中输入"航班正点率(%)"，在"数值(Y)轴"文本框中输入"顾客投诉次数(次)"，如图7-40所示。

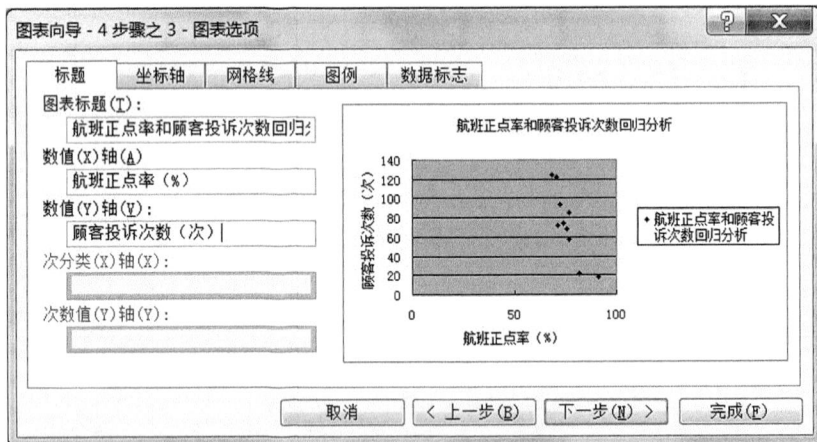

图7-40　"图表选项"中的"标题"选项卡

(6) 继续在"图表向导-4步骤之3-图表选项"对话框中，选择"网格线"选项卡，取消勾选"数值(y)轴"选项区域中的"主要网格线"复选框，取消网格线显示。选择"图例"选项卡，取消勾选"显示图例"复选框，如图7-41所示。

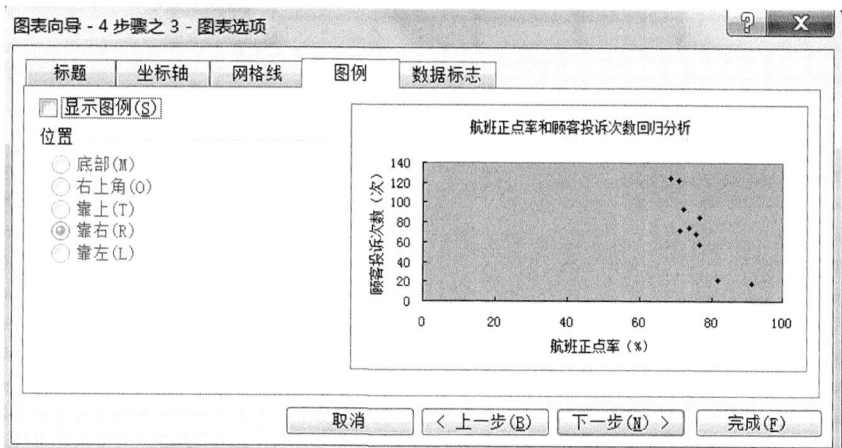

图7-41 "图表选项"中的"网格线""图例"选项卡

(7) 单击"下一步"按钮,在弹出的"图表向导-4步骤之4-图表位置"对话框中,点选"作为其中的对象插入"单选按钮,如图7-42所示。

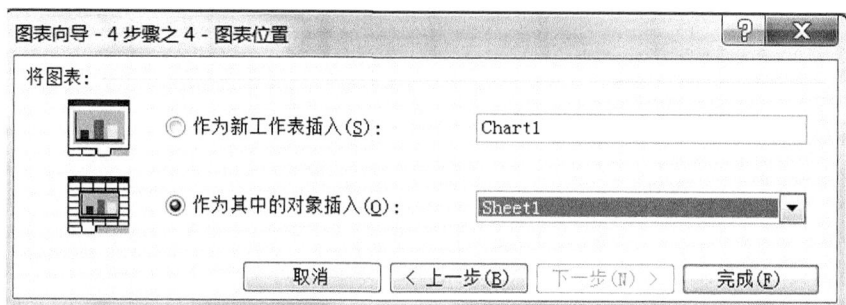

图7-42 图表位置选择

(8) 单击"完成"按钮,生成相关图,如图7-43所示。

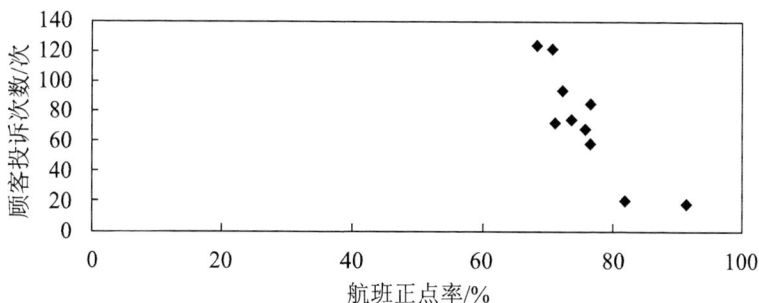

图7-43 生成的相关图

(9) 右击相关图中的蓝色散点,在弹出的快捷菜单中执行"添加趋势线"命令。在弹出的"添加趋势线"对话框中选择"类型"选项卡,在"趋势预测/回归分析类型"选项区域单击"线性"选项图标,如图7-44所示。

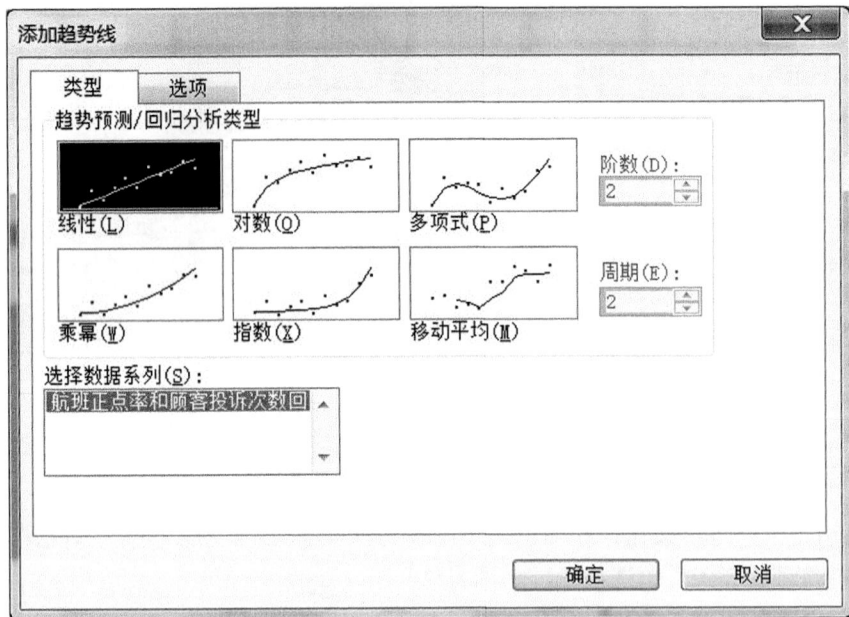

图7-44　添加趋势线的类型

(10) 选择"选项"选项卡，点选"自动设置"单选按钮，勾选"显示公式"和"显示R平方值"复选框，如图7-45所示。

(11) 单击"确定"按钮，得到最终的回归分析结果，如图7-46所示。

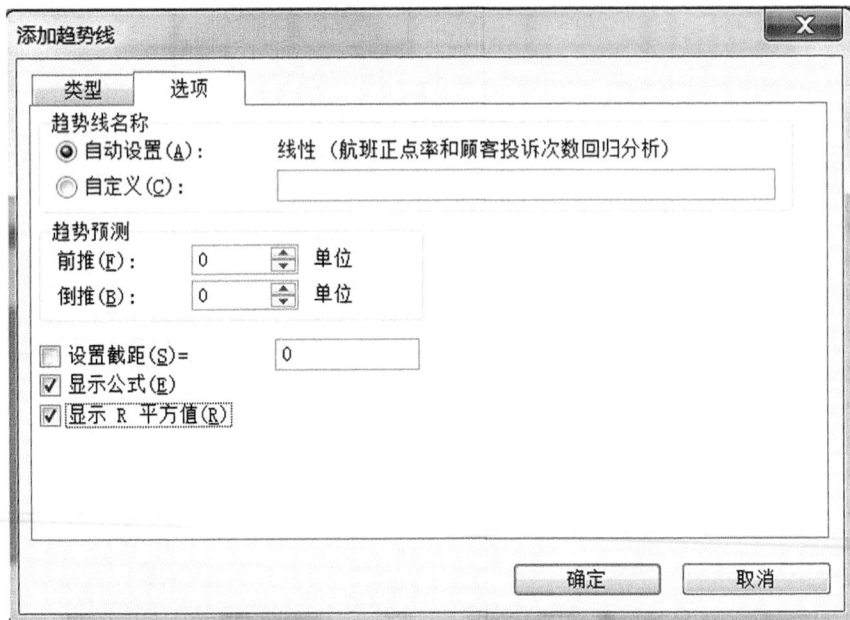

图7-45　"添加趋势线"中的"选项"选项卡

【参考答案】

回归分析结果如图7-46所示。

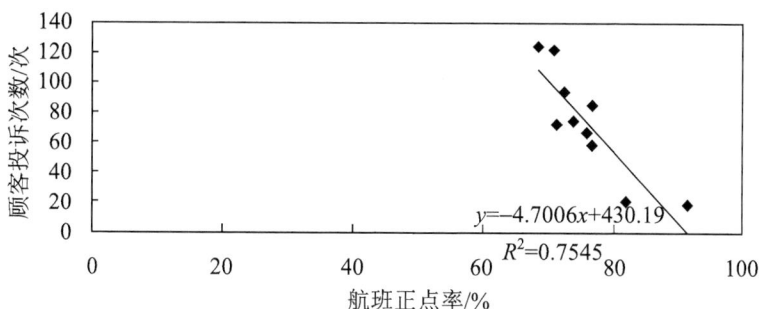

图7-46 回归分析结果

———— 实验九 ————

【实验名称】

应用回归分析宏进行一元线性回归分析。

【实验目的】

熟悉Excel的基本操作。

训练用回归分析宏进行一元线性回归分析的操作方法。

【实验环境】

系统软件：Windows 2000、Windows 7、Windows 10或Windows XP。

应用软件：Excel 2000、Excel 2003、Excel 2007或Excel 2010。

【知识准备】

相关的方程表达式为

$$y_c = \alpha + \beta x$$

$$\beta = \frac{n\sum xy - \sum x \sum y}{n\sum x^2 - (\sum x)^2}$$

$$\frac{\sum y}{n} - \beta\frac{\sum x}{n} = \bar{y} - \beta\bar{x}$$

Excel的数据分析工具中有专门用于回归分析的"回归"工具，使用简便。

【实验资料】

对10家航空公司最近一年的航班正点率与顾客投诉次数进行调查得到原始数据，如表7-13所示。

表7-13 10家航空公司航班正点率与顾客投诉次数原始数据

航空公司编号	1	2	3	4	5	6	7	8	9	10
航班正点率/%	81.8	76.6	76.6	75.7	73.8	72.2	71.2	70.8	91.4	68.5
投诉次数/次	21	58	85	68	74	93	72	122	18	125

【实验要求】

应用回归分析宏，对航班正点率和顾客投诉次数进行一元线性回归分析。

【实验步骤】

(1) 打开Excel工作簿，将数据输入Excel空白工作表内，如图7-47所示。

图7-47　航班正点率和顾客投诉次数数据

(2) 在Excel中，执行"工具"菜单中的"数据分析"命令，在"数据分析"列表框中选择"回归"，如图7-48所示。

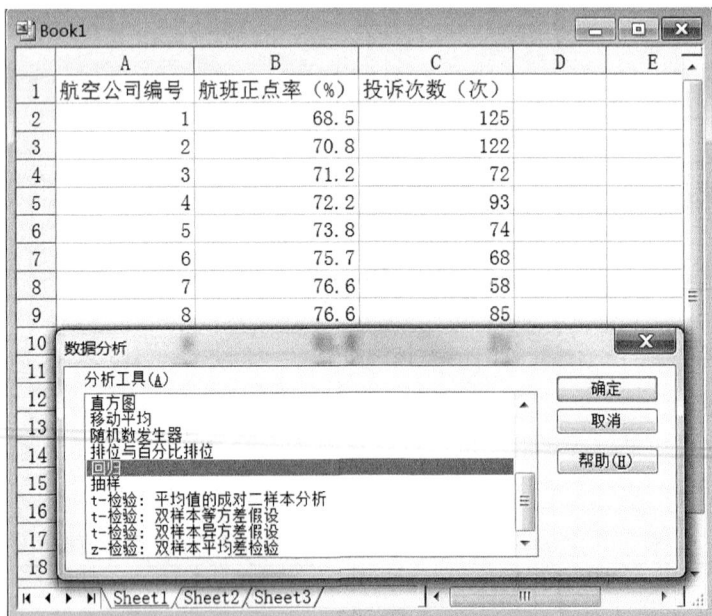

图7-48　数据分析对话框

(3) 单击"确定"按钮，弹出"回归"对话框。单击"Y值输入区域"文本框中的折叠按钮，按住左键选择"C2：C11"单元格区域；单击"X值输入区域"文本框中的折叠按钮，按住左键选择"B2：B11"单元格区域。在"输出选项"区域中点选"新工作表组"单选按钮，如图7-49所示。

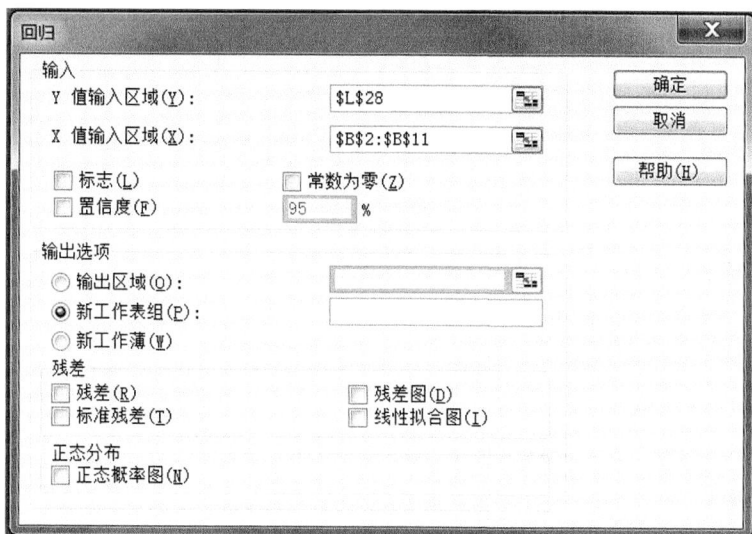

图7-49　回归分析对话框

(4) 单击"确定"按钮，可得到回归分析结果，如图7-50所示。

【参考答案】

分析结果如图7-50所示。

图7-50　回归分析结果

图7-50中的Excel回归结果包括以下3个部分。

第一部分是"回归统计"。反映整个回归方程拟合的情况，包括复相关系数、判定系数、调整的判定系数、回归标准差以及样本容量。其中，Multiple R是复相关系数，R Square

是判定系数，Adjusted R Square是调整的判定系数，标准误差指的是回归标准差，观测值指的是样本容量。

第二部分是"方差分析"。包括可解释的离差平方和、残差平方和、总离差平方和以及它们的自由度和由此计算出的F统计量和F统计量的显著性水平。其中，df是自由度，SS是平方和，MS是均方，F是F统计量，significance F是P值。

第三部分是回归系数的估计值及其估计标准误差、t统计量、t统计量的P值、回归系数估计值的上下界。其中，Intercept是截距，Coefficient是系数，t Stat是t统计量。

──────── 实验十 ────────

【实验名称】

利用Excel进行多元线性回归分析。

【实验目的】

熟悉Excel的基本操作。

训练利用Excel进行多元线性回归分析的操作方法。

【实验环境】

系统软件：Windows 2000、Windows 7、Windows 10或Windows XP。

应用软件：Excel 2000、Excel 2003、Excel 2007或Excel 2010。

【知识准备】

Excel的数据分析工具功能强大，有专门用于多元线性回归分析的回归工具。

【实验资料】

已知某企业近15年来的年销售额、销售人员数量与年广告费的数据，如表7-14所示。

表7-14　某企业年销售额、销售人员与年广告费数据表

年份	销售额/万元	销售人员/人	广告费/万元
2001	255	4	10
2002	323	6	13
2003	356	8	20
2004	387	10	22
2005	402	12	25
2006	456	9	26
2007	493	10	28
2008	535	10	30
2009	556	12	33
2010	635	15	35
2011	672	13	35
2012	732	17	34
2013	890	20	38
2014	995	22	40
2015	1 150	24	43

【实验要求】

利用Excel对该企业年销售额、销售人员数量与年广告费进行回归分析。

【实验步骤】

(1) 打开Excel工作簿，将数据输入Excel空白工作表内，如图7-51所示。

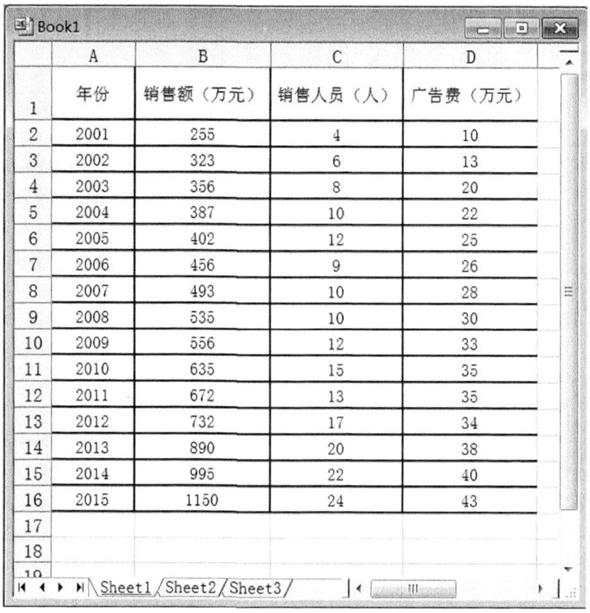

图7-51　该企业年销售额、销售人员与年广告费数据

(2) 在Excel中，执行"工具"菜单中的"数据分析"命令，在"数据分析"对话框中选择"回归"，如图7-52所示。

图7-52　数据分析对话框

(3) 单击"确定"按钮，弹出"回归"对话框。单击"Y值输入区域"文本框中的折叠按钮，按住左键选择"B2：B16"单元格区域；单击"X值输入区域"文本框中的折叠按钮，按住左键选择"C2：C16"单元格区域。在"输出选项"区域中点选"新工作表组"单选按钮，如图7-53所示。

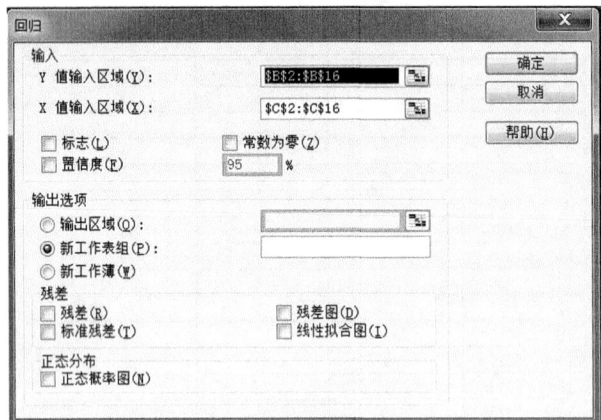

图7-53　回归分析对话框

(4) 单击"确定"按钮，得到回归分析结果，如图7-54所示。

【参考答案】

分析结果见图7-54。

图7-54　回归分析结果

图7-54显示的Excel回归结果与一元线性回归的组成部分相同，也包括3个部分。若要求输出残差、残差图和线性拟合图，则Excel输出结果中除了以上3个基本部分外，还包括所要求的内容。

可以直接根据回归结果得出回归方程$y=-6.846\,3+37.144\,0x_1+4.185\,3x_2$。

根据回归方程可知，当广告费一定时，销售人员每增加1人，年销售额平均增长37.144 0万元；当销售人员数量一定时，广告费每增加1万元，年销售额平均增长4.185 3万元。调整的判定系数为93.67%，表明在年销售额的变动中有93.67%可由销售人员数量和广告费两个因素的变动来解释。公司年销售额、销售人员数量与年广告费3个变量的复相关系数为0.972 5，表明销售人员数量与年广告费两个变量作为整体影响因素与年销售额之间存在高度的相关关系。

在进行回归分析时，默认的置信度为95%。于是，显著性水平$\alpha=5\%$。x_1系数的检验统计量$t=5.079\,0$，x_2系数的检验统计量$t=0.945\,7$。根据显著性水平和自由度查t分布表，得$t_{\alpha/2}(15-3)=t_{0.025}(12)=2.178\,8$。因为$5.079\,0>2.178\,8$，所以销售人员数量的回归系数在统计上是显著的，而广告费的回归系数在统计上不显著。

当显著性水平$\alpha=5\%$时，查F分布表得到$F_{0.05}(2,12)=3.89$，$F=104.617\,2>3.89$，表明二元线性回归模型有效。

第三节　模拟练习与参考答案

练习题一

【实验资料】

已知某市居民货币收入和消费品支出的资料，如表7-15所示。

表7-15　居民货币收入和购买消费品支出的资料

年份	货币收入/亿元	购买消费品支出/亿元
2006	11.6	10.4
2007	12.9	11.5
2008	13.7	12.4
2009	14.6	13.1
2010	14.4	13.2
2011	16.5	14.5
2012	18.2	15.8
2013	19.8	17.2

【实验要求】

(1) 计算居民货币收入和购买消费品支出的相关系数，判断相关关系的密切程度。

(2) 确定回归直线方程。

【参考答案】

相关系数计算界面如图7-55所示。居民货币收入和购买消费品支出的相关系数如图7-56所示。回归直线方程如图7-57所示。

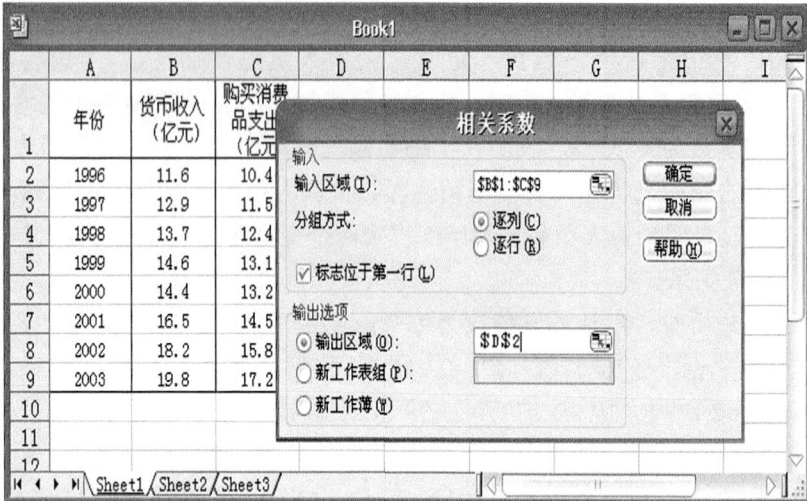

图7-55 相关系数计算界面

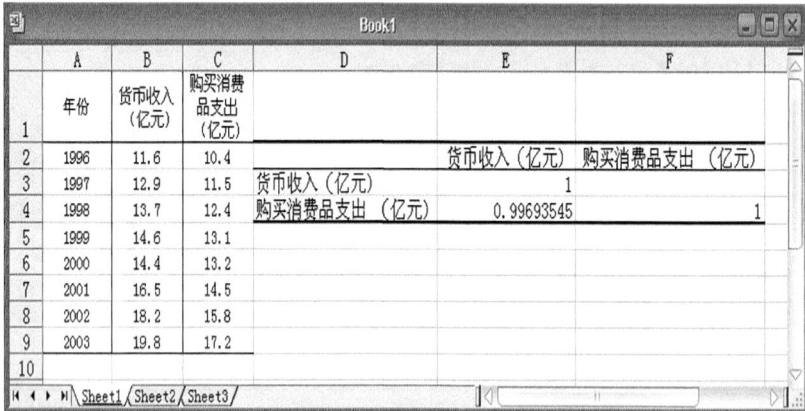

图7-56 居民货币收入和购买消费品支出的相关系数

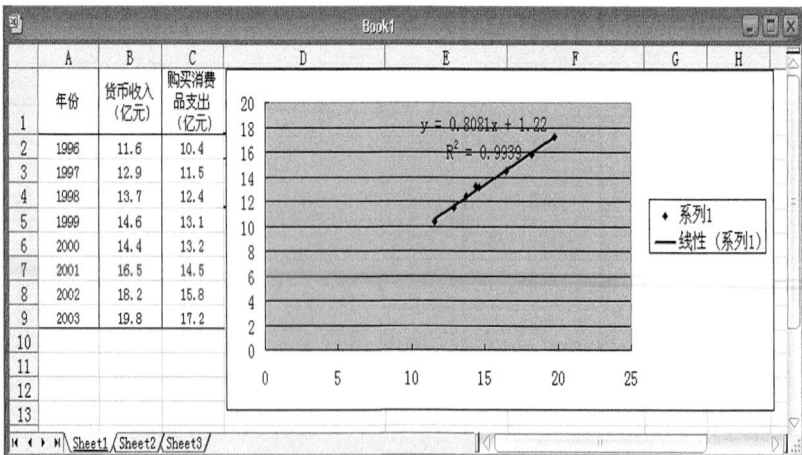

图7-57 回归直线方程

练习题二

【实验资料】

已知某市属20家工业企业的经济指标，如表7-16所示。

表7-16 20家工业企业的经济指标

企业编号	总产值/万元	销售利润/万元	全员劳动生产率/万元/人	可比产品成本降低率/%
1	170	4.1	0.9	2.1
2	200	7.5	1.1	2.0
3	140	8.1	0.8	3.0
4	2 000	10.6	2.2	3.1
5	900	18.1	1.5	4.3
6	400	21.8	1.2	4.2
7	420	25.0	1.3	4.5
8	180	26.0	1.0	4.3
9	1 200	40.0	2.0	5.3
10	230	51.0	1.1	5.3
11	500	52.5	1.3	5.0
12	660	55.7	1.4	6.0
13	1 500	57.5	2.1	6.2
14	960	60.0	1.5	7.0
15	590	66.5	1.3	6.3
16	1 680	79.0	2.2	8.1
17	2 210	90.1	2.4	6.5
18	790	90.8	1.5	8.5
19	2 600	97.2	2.5	8.9
20	750	99.8	1.5	9.2

【实验要求】

(1) 计算总产值。

(2) 计算全员劳动生产率。

(3) 计算可比产品成本降低率与销售利润的相关系数。

(4) 分析依存关系的紧密程度。

【参考答案】

总产值与销售利润的相关系数如图7-58所示。

全员劳动生产率与销售利润的相关系数如图7-59所示。

可比产品成本降低率与销售利润的相关系数如图7-60所示。

图7-58　总产值与销售利润的相关系数

图7-59　全员劳动生产率与销售利润的相关系数

	A	B	C	D	E	F
1	企业编号	可比产品成本降低率x	销售利润y			
2	1	2.1	4.1		可比产品成本降低率x	销售利润y
3	2	2.0	7.5	可比产品成本降低率x	1	
4	3	3	8.1	销售利润y	0.958008531	1
5	4	3.1	10.6			
6	5	4.3	18.1			
7	6	4.2	21.8			
8	7	4.5	25.0			
9	8	4.3	26.0			
10	9	5.3	40.0			
11	10	5.3	51			
12	11	5.0	52.5			
13	12	6.0	55.7			
14	13	6.2	57.5			
15	14	7	60			
16	15	6.3	66.5			
17	16	8.1	79			
18	17	6.5	90.1			
19	18	8.5	90.8			
20	19	8.9	97.2			
21	20	9.2	99.8			
22	合计	109.8	961.6			

图7-60　可比产品成本降低率与销售利润的相关系数

从以上计算结果可以看出：

总产值与销售利润的相关系数为0.519 2。

全员劳动生产率与销售利润的相关系数为0.548 5。

可比产品成本降低率与销售利润的相关系数为0.958。

根据判定相关关系紧密程度的4级划分依据可知：

$|r|<0.3$为无直线相关关系。

$0.3\leqslant|r|<0.5$为低度直线相关。

$0.5\leqslant|r|<0.8$为显著直线相关。

$0.8\leqslant|r|<1$为高度直线相关。

因而，本题中的总产值、全员劳动生产率与销售利润间存在显著的直线正相关关系，可比产品成本降低率与销售利润间存在高度直线正相关关系。

练习三

【实验资料】

已知某企业产品价格和销售量的历史资料，如表7-17所示。

表7-17　某企业产品价格和销售量资料

年份	平均价格/元/只(x)	销售量/万只(y)
2003	134	650.4
2004	134	758.4
2005	129	819.9
2006	131	1 051.7
2007	127	1 149.7
2008	125	1 388.1
2009	123	1 944.4
2010	123	2 534.0
2011	114	2 890.0
2012	89	3 576.0
2013	86	3 898.0

【实验要求】

根据该企业产品价格和销售量的历史资料，利用Excel拟合散点图对趋势线性质进行分析。

【参考答案】

某企业产品平均价格和销售量散点图如图7-61所示。

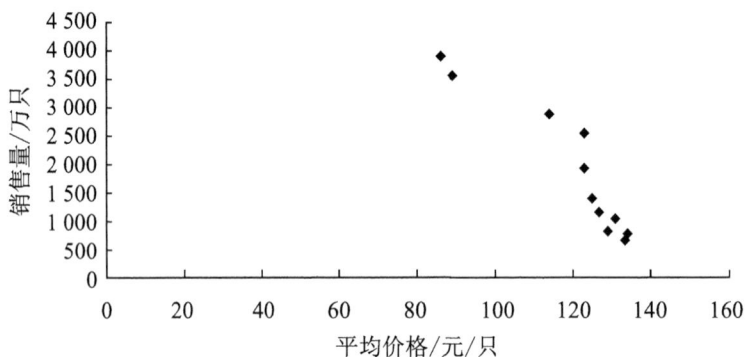

图7-61　某企业产品平均价格和销售量散点图

练习四

【实验资料】

已知2003—2013年11年间某产品价格和销售量的资料，如表7-18所示。

表7-18　2003—2013年某产品价格和销售量资料

年份	平均价格/元/只(x)	销售量/万只(y)
2003	134	650.4
2004	134	758.4
2005	129	819.9
2006	131	1 051.7
2007	127	1 149.7

(续表)

年份	平均价格/元/只(x)	销售量/万只(y)
2008	125	1 388.1
2009	123	1 944.4
2010	123	2 534.0
2011	114	2 890.0
2012	89	3 576.0
2013	86	3 898.0

【实验要求】

根据2003—2013年某产品价格和销售量的资料，利用Excel进行一元线性回归计算分析。

【参考答案】

某产品平均价格和销售量回归分析结果如图7-62所示。

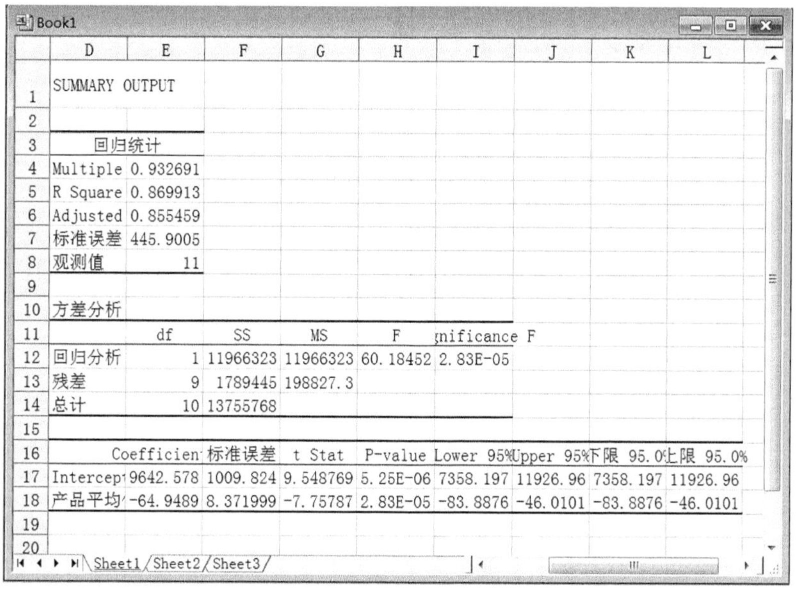

	D	E	F	G	H	I	J	K	L
1	SUMMARY OUTPUT								
2									
3	回归统计								
4	Multiple	0.932691							
5	R Square	0.869913							
6	Adjusted	0.855459							
7	标准误差	445.9005							
8	观测值	11							
9									
10	方差分析								
11		df	SS	MS	F	gnificance F			
12	回归分析	1	11966323	11966323	60.18452	2.83E-05			
13	残差	9	1789445	198827.3					
14	总计	10	13755768						
15									
16		Coefficien	标准误差	t Stat	P-value	Lower 95%	Upper 95%	下限 95.0%	上限 95.0%
17	Intercept	9642.578	1009.824	9.548769	5.25E-06	7358.197	11926.96	7358.197	11926.96
18	产品平均	-64.9489	8.371999	-7.75787	2.83E-05	-83.8876	-46.0101	-83.8876	-46.0101
19									
20									

图7-62 某产品平均价格和销售量回归分析结果

练习五

【实验资料】

已知某边远地区居民人均货币收入、手机平均价格与同期手机销售量的资料，如表7-19所示。

表7-19 居民人均货币收入、手机平均价格与同期手机销售量的资料

年份	手机销售量/千部(y)	人均货币收入/元(x_1)	手机平均价格/元/部(x_2)
2003	6 504	1 021	1 340
2004	7 584	1 053	1 340
2005	8 199	1 101	1 290

(续表)

年份	手机销售量/千部(y)	人均货币收入/元(x_1)	手机平均价格/元/部(x_2)
2006	10 517	1 139	1 310
2007	11 497	1 204	1 270
2008	13 881	1 310	1 250
2009	19 444	1 570	1 230
2010	25 340	1 935	1 230
2011	28 900	2 102	1 140
2012	35 760	2 287	1 489
2013	38 980	2 587	1 486

【实验要求】

利用Excel数据分析的“回归”分析工具进行二元线性回归模型分析。

【参考答案】

二元线性回归分析结果如图7-63所示。

Book2

	A	B	C	D	E	F	G	H	I
1	回归统计								
2	Multiple R	0.996721806							
3	R Square	0.993454358							
4	Adjusted R Square	0.991817948							
5	标准误差	1060.897806							
6	观测值	11							
7									
8	方差分析								
9		df	SS	MS	F	Significance F			
10	回归分析	2	1366572813	683286406.7	607.093633	1.83573E-09			
11	残差	8	9004033.243	1125504.155					
12	总计	10	1375576847						
13									
14		Coefficients	标准误差	t Stat	P-value	Lower 95%	Upper 95%	下限 95.0%	上限 95.0%
15	Intercept	-17823.16242	4179.002873	-4.264931842	0.00274297	-27459.96032	-8186.364523	-27459.96032	-8186.364523
16	人均收入	20.65750196	0.63407967	32.57871675	8.59024E-10	19.19531162	22.1196923	19.19531162	22.1196923
17	平均价格	3.137397229	3.357533053	0.934435247	0.377422069	-4.60508787	10.87988233	-4.60508787	10.87988233
18									

Sheet1 / Sheet2 / Sheet3

图7-63 二元线性回归分析结果

练习六

【实验名称】

单相关系数的测定。

【实验资料】

已知某商业企业10名营业员的工龄和月工资资料，如表7-20所示。

表7-20　10名营业员的工龄和月工资资料

职工编号	工龄/年	工资/元
1	4	3 400
2	4	3 460
3	5	3 900
4	6	4 240
5	7	4 580
6	8	4 920
7	8	4 920
8	9	5 240
9	9	5 240
10	10	5 580

【实验要求】

计算营业员工龄与工资的相关系数。

【参考答案】

10名营业员工龄和工资之间的相关系数如图7-64所示。

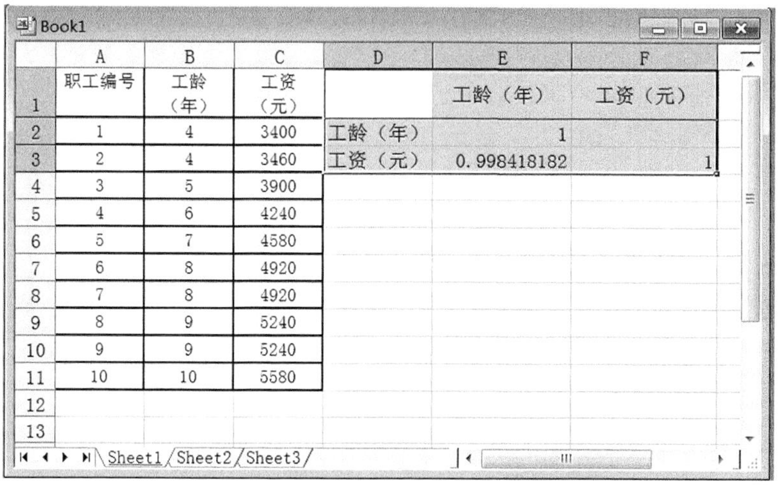

图7-64　10名营业员工龄和工资之间的相关系数

第八章 时间序列分析实验

第一节 知识要点与主要公式

■ 一、知识要点

1. 时间序列

将某一反映现象数量关系的统计指标在各个不同时间上的数值按时间先后顺序排列就形成了时间序列。任何时间序列，均由两个基本要素构成：一是该现象所属的时间；二是反映该现象在一定时间条件下数量特征的指标值。

2. 时间序列类型

时间序列按其统计指标的形式的不同，可分为总量指标时间序列、相对指标时间序列和平均指标时间序列三种类型。

总量指标时间序列根据反映现象的时间状况的不同，又可分为时期指标时间序列和时点指标时间序列。

3. 时间序列的水平指标

常用的时间序列水平指标有发展水平、平均发展水平、增长量、平均增长量等。

发展水平是时间序列中与其所属时间相对应的，反映某种现象发展变化所达到的规模、程度和水平的指标数值。

将一个时间序列各期发展水平加以平均而得到的平均数，叫平均发展水平，又称为序时平均数。

根据时间序列种类的不同，序时平均数的计算方法不尽相同，各种总量指标时间序列序时平均数的计算方法是计算相对指标时间序列和平均指标时间序列序时平均数的基础。

4. 时间序列的速度指标

时间序列的速度指标有发展速度、增长速度、平均发展速度、平均增长速度。

根据采用的基期的不同，发展速度可分为环比发展速度和定基发展速度。同一时间序列各期环比发展速度的连乘积，等于其相应时期的定基发展速度；两个相邻定基发展速度之比，等于相应报告期的环比发展速度。增长速度的计算公式为

$$增长速度 = 发展速度 - 100\%$$

平均发展速度是一定时期内各期环比发展速度的序时平均数，常用的计算方法有几何平均法和高次方程法。

5. 时间序列的变动

时间序列的变动可以看做4类因素所导致的变动叠加在一起的结果，即趋势变动、季节变动、循环波动和随机变动。一般根据计算模型对各变动成分进行测定。

6. 长期趋势分析

进行长期趋势分析的主要任务就是测定时间序列的趋势值，常用的方法有移动平均法和趋势模型法。

7. 季节变动的测定

季节变动的测定步骤：先求长期趋势值；然后从时间序列中剔除趋势和循环变动的影响，得到仅包含季节变动和随机变动的时间序列；最后消除随机变动的影响，得到季节指数。

8. 循环波动的测定

循环波动的测定可以借鉴季节变动的测定方法，从时间序列中剔除趋势变动、季节变动，再对此结果消除随机变动，从而得到反映循环波动影响程度的循环指数。

9. 时间序列的预测

时间序列的预测方法主要有移动平均法、指数平滑法、趋势外推法以及季节性时间序列的预测等。

■ 二、主要公式

1. 时期总量指标时间序列的序时平均数

时期总量指标时间序列的序时平均数因其连续性的特点，一般采用简单算术平均法计算，公式为

$$\bar{y} = \frac{y_1 + y_2 + \cdots + y_n}{n} = \frac{\sum y_t}{n}$$

式中：

$\bar{y}$ 表示序时平均数，即平均发展水平；

y_t 表示时间序列各期发展水平；

$t=1$，2，$\cdots$，n；

n 表示时间序列包含的时期数。

2. 时点总量指标时间序列的序时平均数

(1) 采用变动登记方式的，通过加权平均法计算，公式为

$$\bar{y} = \frac{y_1 f + y_2 f_2 + \cdots + y_n f_n}{f_1 + f_2 + \cdots + f_n} = \frac{\sum y_t f_t}{\sum f_t}$$

式中：

$\bar{y}$ 表示序时平均数，即平均发展水平；

y_t 表示时间序列各期发展水平；

$t=1$，2，$\cdots$，n；

f_t表示分别与各时期发展水平对应的时间距离。

(2) 采用逐日登记方式的，通过简单平均法计算，公式为

$$\bar{y} = \frac{y_1 + y_2 + \cdots + y_n}{n} = \frac{\sum y_t}{n}$$

式中：

$\bar{y}$表示序时平均数，即平均发展水平；

y_t表示时间序列各期发展水平；

$t=1$，2，$\cdots$，n；

n表示时间序列包含的时期数。

(3) 采用间断登记方式的(多数状况如此)，分以下两种状况计算。

第一，时间间隔相等的时间序列，采用首末折半法，公式为

$$\bar{y} = \frac{\dfrac{y_1}{2} + y_2 + y_3 + \cdots + y_{n-1} + \dfrac{y_n}{2}}{n-1}$$

式中：

$\bar{y}$表示序时平均数，即平均发展水平；

y_1，y_2，$\cdots$，y_n表示各期发展水平；

n表示时间序列包含的时期数。

第二，时间间隔不等的时间数列，采用两次平均法，公式为

$$\bar{y} = \frac{\dfrac{y_1 + y_2}{2} f_1 + \dfrac{y_2 + y_3}{2} f_2 + \cdots + \dfrac{y_{n-1} + y_n}{2} f_{n-1}}{f_1 + f_2 + \cdots + f_{n-1}}$$

式中：

$\bar{y}$表示序时平均数，即平均发展水平；

y_1，y_2，$\cdots$，y_n表示各期发展水平；

n表示时间序列包含的时期数；

f_1，f_2，$\cdots$，f_n表示分别与各相邻时期发展水平间隔对应的时间距离。

3. 相对数和平均数时间序列的序时平均数

相对数和平均数时间序列的序时平均数作为派生的时间数列，可以将其看做两个总量指标时间序列的对应项对比的结果，公式为

$$\bar{y} = \frac{\bar{a}}{\bar{b}}$$

式中：

$\bar{y}$表示由相对数时间序列或平均数时间序列计算的序时平均数；

$\bar{a}$表示分子时间序列的序时平均数；

$\bar{b}$表示分母时间序列的序时平均数。

只要求出分子和分母两个总量指标时间序列的序时平均数，然后按公式 $\bar{y} = \dfrac{\bar{a}}{\bar{b}}$ 计算，

其结果就是相对数和平均数时间序列的序时平均数。

4. 增长量

一般公式为

$$增长量=报告期水平-基期水平$$

有以下三种形式：

逐期增长量 $\Delta_y=y_t-y_{t-1}$

累计增长量 $\Delta_y=y_t-y_0$

年距增长量=报告期水平-上年同期水平

式中：

Δ_y 表示增长量；

y_t 表示时间序列各期发展水平；

$t=0$, 1, 2, …, n。

5. 平均增长量

平均增长量，即增长量的序时平均数，其公式为

$$\overline{\Delta}=\frac{1}{n}\sum\left(y_t-y_{t-1}\right)=\frac{y_t-y_0}{n}$$

式中：

$\overline{\Delta}$ 表示平均增长量；

y_t 表示时间序列各期发展水平；

$t=0$, 1, 2, …, n；

n 表示逐期增长量个数。

6. 发展速度

发展速度(动态相对数)是时间序列中两项发展水平的比值，公式为

$$发展速度=\frac{计算期水平}{基期水平}\times100\%$$

$$环比发展速度=\frac{计算期水平}{相邻的上一期水平}\times100\%$$

$$定基发展速度=\frac{计算期水平}{初始水平}\times100\%$$

$$年距发展速度=\frac{计算期水平}{上年同期水平}\times100\%$$

7. 环比发展速度与定基发展速度的关系

从以上定义中，我们可以看出环比发展速度的连乘积等于相应的定基发展速度；相邻两个定基发展速度之比等于对应的环比发展速度。增长速度，就是相应的发展速度-100%。

8. 增长水平与增长速度指标的结合运用计算

相关的计算公式为

$$每增长1\%的绝对值=\frac{增长量(逐期或累计)}{增长速度(环比或定基)\times100}=\frac{基期水平}{100}$$

这是一个既考察速度又兼顾水平的分析指标。

9. 平均发展速度和平均增长速度

平均发展速度的计算(几何法)公式为

$$\bar{a} = \sqrt[n]{\prod_{t=1}^{n} a_t} = \sqrt[n]{\frac{y_n}{y_0}}$$

式中:

$\bar{a}$表示平均发展速度;

a_t表示各时期环比发展速度;

y_n/y_0表示时间序列定基发展速度;

平均增长速度需要通过平均发展速度进行计算,公式为

平均增长速度=相应发展速度-100%

10. 线性趋势模型及其预测

直线趋势方程为

$$\hat{y}_t = \alpha + \beta t$$
$$\beta = \frac{n\sum ty - \sum y \sum t}{n\sum t^2 - (\sum t)^2}$$
$$\alpha = \frac{1}{n}\left(\sum y - \beta \sum t\right)$$

式中:

$\hat{y}_t$表示时间序列y_t的趋势值;

t表示时间序号;

α和β为直线趋势方程中的参数;

α表示趋势线在y轴上的截距,是当$t=0$时趋势值$\hat{y}_t$的数值;

β表示趋势线的斜率,是时间t变动一个单位时趋势值$\hat{y}_t$的平均变动数量。

11. 季节变动的测定

季节变动的测定(不考虑趋势的同期平均法)就是对不同年份的同一季节的观测值计算平均数,借以消除随机波动;再以其除以各时期观测值的总平均数,得到季节比率,公式为

$$季节指数(S) = \frac{同月(或季)平均数}{总月(或季)平均数} \times 100\%$$

12. 季节变动的调整

调整方法是将原时间序列除以相应的季节指数,公式为

$$\frac{Y}{S} = \frac{TCSI}{S} = TCI$$

式中:

Y表示时间序列的指标数值;

T表示长期趋势,也叫趋势变动,是指时间序列在较长时期中受基本因素影响表现出来的持续上升、持续下降或不变的总态势;

*C*表示循环变动，是指某种现象在较长时期中表现出来的有一定规律的大于一年的周期性波动；

*S*表示季节变动，是指时间序列在一年内受自然界季节更替影响而有规律的重复出现的周期性波动；

*I*表示不规则变动，也叫随机变动，是指现象在众多偶然因素的影响下所表现出来的不规则变动。

第二节　实验课题与参考答案

—————— 实验一 ——————

【实验名称】

利用Excel计算发展水平指标与发展速度指标。

【实验目的】

熟悉Excel的基本操作。

训练利用Excel计算发展水平指标与发展速度指标的操作方法。

【实验环境】

系统软件：Windows 2000、Windows 7、Windows 10或Windows XP。

应用软件：Excel 2000、Excel 2003、Excel 2007或Excel 2010。

【知识准备】

动态数列又称时间数列、时间序列，它是指某种社会经济现象在不同时间上的一系列统计指标值按时间先后顺序加以排列后形成的数列。因此，动态数列由两个基本要素构成：一是反映现象所属的时间；二是反映客观现象在不同时间的统计指标值。

动态数列按其指标表现形式有以下几种。

(1) 平均发展水平(序时平均数)，可以分别根据绝对数、相对数、平均数动态数列计算。这三种序时平均数的计算方法与特点各不相同。

时期动态数列平均发展水平的测算使用简单算术平均法，计算公式为

$$\bar{y} = \frac{y_1 + y_2 + \cdots + y_n}{n} = \frac{\sum y_t}{n}$$

式中：

$\bar{y}$表示序时平均数，即平均发展水平；

$y_1 + y_2 + \cdots y_n$表示各期发展水平；

n表示时间序列包含的时期数。

(2) 平均发展速度是概括说明在某一个时期内客观现象的一般发展、变化情况。它的计算方法有两种：一种是几何平均法(水平法)；另一种是方程式法(累计法)。

平均发展速度的计算公式(几何法)为

$$\bar{a} = \sqrt[n]{\prod_{t=1}^{n} a_t} = \sqrt[n]{\frac{y_n}{y_0}}$$

式中：

$\bar{a}$表示平均发展速度；

a_t表示各时期环比发展速度；

y_n/y_0表示时间序列定基发展速度。

【实验资料】

具体的实验资料如表8-1所示。

表8-1　我国2001—2010年GDP数据资料

年份	GDP/亿元
2001	109 655
2002	120 333
2003	135 823
2004	159 878
2005	184 937
2006	216 314
2007	265 810
2008	314 045
2009	340 903
2010	401 202

【实验要求】

(1) 计算发展水平指标。

(2) 计算发展速度指标。

【实验步骤】

(1) 打开Excel工作簿，将表8-1中的原始数据输入Excel空白表格，如图8-1所示。

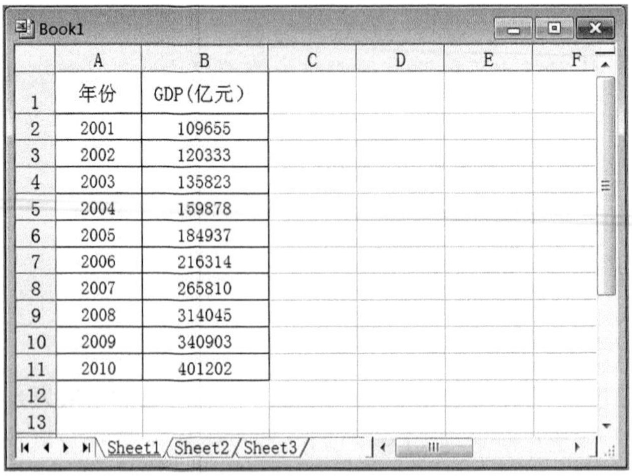

图8-1　我国2001—2010年GDP数据

(2) 计算逐期增长量，在C3单元格中输入公式"=B3-B2"，并拖曳将公式复制到"C3：C11"区域，如图8-2所示。

	A	B	C	D	E	F
1	年份	GDP（亿元）	逐期增长量			
2	2001	109655	—			
3	2002	120333	10678			
4	2003	135823	15490			
5	2004	159878	24055			
6	2005	184937	25059			
7	2006	216314	31377			
8	2007	265810	49496			
9	2008	314045	48235			
10	2009	340903	26858			
11	2010	401202	60299			
12						
13						

图8-2　逐期增长量计算表

(3) 计算累计增长量，在D3单元格中输入公式"=B3-$B$2"，并拖曳将公式复制到"D3：D11"区域，如图8-3所示。

	A	B	C	D	E	F
1	年份	GDP（亿元）	逐期增长量	累计增长量		
2	2001	109655	—			
3	2002	120333	10678	10678		
4	2003	135823	15490	26168		
5	2004	159878	24055	50223		
6	2005	184937	25059	75282		
7	2006	216314	31377	106659		
8	2007	265810	49496	156155		
9	2008	314045	48235	204390		
10	2009	340903	26858	231248		
11	2010	401202	60299	291547		
12						
13						

图8-3　累计增长量计算表

(4) 计算平均增长量(水平法)，在C14单元格中输入公式"(B11-B2)/10"，按Enter键，即可得到平均增长量，如图8-4所示。

图8-4 平均增长量(水平法)计算表

(5) 计算定基发展速度，在E3单元格中输入公式"=B3/$B$2"，并拖曳将公式复制到"E3：E11"区域，如图8-5所示。

图8-5 定基发展速度计算表

(6) 计算环比发展速度，在F3单元格中输入公式"=B3/B2"，并拖曳将公式复制到"F3：F11"区域，如图8-6所示。

图8-6　环比发展速度计算表

(7) 计算平均发展速度(水平法)，单击F14单元格，执行"插入"菜单中的"函数"命令，弹出"插入函数"对话框，选择统计函数中的"GEOMEAN"(返回几何平均值)函数，确定后，在数值区域中输入"F3：F11"，确定即可得到平均发展速度(水平法)计算结果，如图8-7所示。

【参考答案】

计算结果如图8-7所示。

图8-7　发展水平指标与发展速度指标的计算结果

实验二

【实验名称】

计算时期动态数列平均发展水平。

【实验目的】

熟悉Excel的基本操作。

训练使用简单算术平均法求时期动态数列平均发展水平的操作方法。

【实验环境】

系统软件：Windows 2000、Windows 7、Windows 10或Windows XP。

应用软件：Excel 2000、Excel 2003、Excel 2007或Excel 2010。

【知识准备】

动态数列又称时间数列，它是指某种社会经济现象在不同时间上的一系列统计指标值按时间先后顺序加以排列后形成的数列。因此，动态数列由两个基本要素构成：一是反映现象所属的时间；二是反映客观现象在不同时间的统计指标值。

动态数列按其指标表现形式可分为以下几种。

(1) 平均发展水平(序时平均数)，可以分别根据绝对数、相对数、平均数动态数列计算。这三种序时平均数的计算方法与特点各不相同。

(2) 发展速度与增长速度，它们分别是反映社会经济现象发展变化与增长程度的动态相对指标。两者既有联系又有区别，它们的联系用公式表示为

$$增长速度 = 发展速度-1(或100\%)$$

(3) 平均发展速度用以概括说明在某一个时期内客观现象的一般发展、变化情况。它的计算方法有两种：一种是几何平均法(水平法)；另一种是方程式法(累计法)。

(4) 本实验采用简单算术平均法求时期动态数列平均发展水平，其中，简单算术平均法的计算公式为

$$\overline{y} = \frac{y_1 + y_2 + \cdots + y_n}{n} = \frac{\sum y_t}{n}$$

【实验资料】

已知某企业2006年各月产量资料，如表8-2所示。

表8-2　2006年某企业各月的产量资料

月份	产量/件	月份	产量/件
1	4 200	7	5 000
2	4 400	8	5 200
3	4 600	9	5 400
4	4 820	10	5 400
5	4 850	11	5 500
6	4 900	12	5 600

【实验要求】

计算各季度平均月产量和全年平均月产量。

【操作步骤】

(1) 打开一张空白的Excel工作簿，将表8-2中的资料按列填入工作表中。在表的左边添加两列，将月份分成季度和年度；在表的右边也添加两列，用以计算季度和年度的月平均

产量，表格的样式如图8-8所示。

	A	B	C	D	E	F	G
1	年	季度	月份	产量（件）	季度平均月产量（件）	年度平均月产量（件）	
2	2006	第一季度	1	4200			
3			2	4400			
4			3	4600			
5		第二季度	4	4820			
6			5	4850			
7			6	4900			
8		第三季度	7	5000			
9			8	5200			
10			9	5400			
11		第四季度	10	5400			
12			11	5500			
13			12	5600			
14							

图8-8　计算工作表

(2) 计算季度平均月产量。具体方法：在E2单元格中输入公式“=AVERAGE(D2:D4)”，确定后向下填充到E11单元格，计算每一季度的月平均产量。函数“AVERAGE ( )”是Excel计算简单算术平均数常用的函数。

(3) 计算全年平均月产量。具体方法：在F2单元格中输入公式“=AVERAGE(E2:E13)”，计算全年平均月产量。

(4) 适当修正小数点和格式，完成全部操作。

【参考答案】

完成的计算结果表如图8-9所示。

	A	B	C	D	E	F	G
1	年	季度	月份	产量（件）	季度平均月产量（件）	年度平均月产量（件）	
2	2006	第一季度	1	4200	4400	4989.167	
3			2	4400			
4			3	4600			
5		第二季度	4	4820	4856.76		
6			5	4850			
7			6	4900			
8		第三季度	7	5000	5200		
9			8	5200			
10			9	5400			
11		第四季度	10	5400	5500		
12			11	5500			
13			12	5600			

图8-9　计算结果

实验三

【实验名称】

计算间隔相等的时点数列的序时平均数。

【实验目的】

熟悉Excel的基本操作。

训练计算间隔相等的时点数列的序时平均数的操作方法。

【实验环境】

系统软件：Windows 2000、Windows 7、Windows 10或Windows XP。

应用软件：Excel 2000、Excel 2003、Excel 2007或Excel 2010。

【知识准备】

(1) 间隔相等的间断时点数列。在计算间隔相等的间断时点数列的序时平均数时，采用"首末折半法"计算，其公式为

$$\bar{y} = \frac{\dfrac{y_1}{2} + y_2 + y_3 + \cdots + y_{n-1} + \dfrac{y_n}{2}}{n-1}$$

式中：

$\bar{y}$表示序时平均数，即平均发展水平；

y_1，y_2，$\cdots$，y_n表示各期发展水平；

n表示时间序列包含的时期数。

(2) 间隔不等的时点数列。在计算间隔不等的间断时点数列的序时平均数时，可以间隔长度为权数采用加权平均方法，其公式为

$$\bar{y} = \frac{\dfrac{y_1+y_2}{2}f_1 + \dfrac{y_2+y_3}{2}f_2 + \cdots + \dfrac{y_{n-1}+y_n}{2}f_{n-1}}{\sum f_{n-1}}$$

式中：

$\bar{y}$表示序时平均数，即平均发展水平；

y_n表示各期发展水平；

n表示时间序列包含的时期数；

f_{n-1}表示分别与各相邻时期发展水平间隔对应的时间距离。

【实验资料】

已知某公司2004—2007年各季度末工人人数的资料，如表8-3所示。

表8-3　某公司2004—2007年各季度末工人人数

年份 \ 季度	第1季度	第2季度	第3季度	第4季度	年总产值/万元
2003年	—	—	—	280	—
2004年	300	304	306	310	780
2005年	310	312	314	318	960
2006年	316	316	320	322	1 900
2007年	350	352	358	360	2 500

【实验要求】

(1) 计算该公司各年平均工人人数。

(2) 计算该公司各年平均工人劳动生产率。

(3) 分析该公司总产值的增长情况，并分析其增长的主要原因。

【实验步骤】

(1) 根据所给的资料，在空白工作表中编制一张计算工作表，在表上需要增加3列，其中一列为总产值，登记该企业每年的总产值，另外两列用于计算该公司各年平均工人人数和该公司各年平均工人劳动生产率。同时，还需要在表内标题行下增加一行，用于登记2003年第 4 季度末的工人人数。将各个季度的人数和企业总产值数据填入表中。编制完成的表格样式如图8-10所示。

图8-10　计算工作表

（2）计算各年的年平均工人人数。具体方法：选择G3单元格，输入公式"＝ROUNDUP(((SUM(B3：D3)+E2/2+E3/2)/4)，0)"，确定后依次向下填充到G6单元格，计算出各年的年平均工人人数。该公式使用了两个函数嵌套的方式，函数"ROUNDUP( )"是将计算结果向上进位，第二个参数为0，表示保留到整数。

(3) 计算年平均工人劳动生产率。具体方法：在H3单元格中输入公式"=F3/G3"，确定后向下填充到H6单元格，即完成年平均工人劳动生产率的计算。

(4) 适当调整各单元格的数字和表格边框线的格式及小数点位数，分析并列出该公司总产值增长的主要原因。

【参考答案】

完成的计算结果如图8-11所示。

图8-11　计算结果

从计算结果数据可以看出，该公司总产值是逐年增加的，其主要原因是工人劳动生产率的提高。虽然工人人数也有所增长，但是工人劳动生产率提高的幅度超过工人人数增长的幅度。

————————— 实验四 —————————

【实验名称】

计算时间序列发展速度指标。

【实验目的】

熟悉Excel的基本操作。

训练计算时间序列发展速度指标的操作方法。

【实验环境】

系统软件：Windows 2000、Windows 7、Windows 10或Windows XP。

应用软件：Excel 2000、Excel 2003、Excel 2007或Excel 2010。

【知识准备】

现象发展的速度指标包括发展速度、增长速度、平均发展速度和平均增长速度。

发展速度是以相对数的形式表现的动态分析指标，它是两个不同时期发展水平指标对比的结果，说明的是报告期水平是基期水平的百分之几或若干倍。根据基期的不同，可将其分为环比发展速度和定基发展速度。环比发展速度是报告期水平与前一期水平即基期水平之比，反映现象在前后两期的发展变化情况；定基发展速度是各报告期水平同某一固定基期水平的对比，说明现象在较长时期内发展的总速度。两者的关系是：各期环比发展速度的连乘积等于定基发展速度，用公式表示为

$$\frac{y_1}{y_0} \times \frac{y_2}{y_1} \times \frac{y_3}{y_2} \times \cdots \times \frac{y_n}{y_{n-1}} = \frac{y_n}{y_0}$$

增长量是以绝对数形式表示的速度分析指标，是两个不同时期的发展水平之差，计算公式为

$$增长量 = 报告期水平 - 基期水平$$

计算时，根据基期的不同可以分为逐期增长量和累计增长量。逐期增长量之和等于累计增长量，用公式表示为

$$(y_1-y_0)+(y_2-y_1)+(y_3-y_2)+\cdots+(y_n-y_{n-1})=y_n-y_0$$

式中：

y_n表示各时期发展水平；

y_n-y_{n-1}表示逐期增长量；

y_n-y_0表示累计增长量。

增长速度是反映现象数量增长程度的动态相对指标，由增长量对比基期水平或发展速度减1(或100%) 而得。

平均发展速度和平均增长速度统称为平均速度。平均速度是各个时期环比速度的平均数，说明社会经济现象在较长时期内速度变化的平均程度。平均发展速度是对各期环比发

展速度求平均的结果，其计算方法主要是几何平均法。用几何平均法计算平均发展速度的公式为

$$\bar{a}=\sqrt[n]{\prod_{t=1}^{n}a_t}=\sqrt[n]{\frac{y_n}{y_0}}$$

平均增长速度 = 平均发展速度−1(或100%)

平均增长速度有正负之分，分别表示逐期平均递增程度和逐期平均递减程度。

式中：

$\bar{a}$表示平均发展速度；

a_t表示各时期环比发展速度；

y_n/y_0表示时间序列定基发展速度。

【实验资料】

已知某商业企业2002—2007年的销售收入资料，如表8-4所示。

表8-4　某商业企业2002—2007年销售收入

年份	2002	2003	2004	2005	2006	2007
销售收入/万元	4 305	4 950	5 820	7 440	8 101.4	8 255

【实验要求】

(1) 计算2002—2007年的逐期和累计增长量、全期平均增长量。

(2) 计算2002—2007年的定基和环比发展速度、定基和环比增长速度。

(3) 计算2002—2007年销售收入增长1%的绝对值。

(4) 计算2002—2007年的年平均发展速度和平均增长速度。

(5) 说明以上各动态分析指标之间的关系。

【操作步骤】

(1) 因为需要计算的指标比较多，应该先编制一张计算工作表。

打开一张空白的Excel工作簿，编制一张空白的计算工作表，将企业销售收入资料填入表格，表格的样式如图8-12所示。

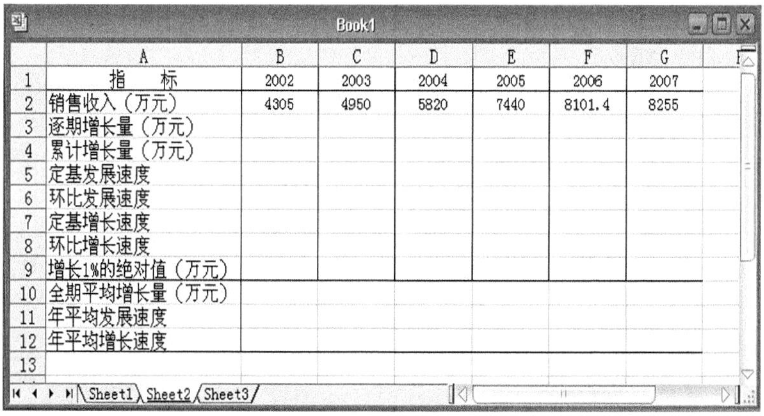

	A	B	C	D	E	F	G
1	指　标	2002	2003	2004	2005	2006	2007
2	销售收入（万元）	4305	4950	5820	7440	8101.4	8255
3	逐期增长量（万元）						
4	累计增长量（万元）						
5	定基发展速度						
6	环比发展速度						
7	定基增长速度						
8	环比增长速度						
9	增长1%的绝对值（万元）						
10	全期平均增长量（万元）						
11	年平均发展速度						
12	年平均增长速度						
13							

图8-12　计算工作表

(2) 计算逐期增长量。计算方法：在C3单元格中输入计算公式“=C2-B2”，确认后向右填充到G3单元格，计算出逐期增长量。

(3) 计算累计增长量。计算方法：在C4单元格中输入计算公式“=B4+C3”，确认后向右填充到 G4单元格，计算出累计增长量。

(4) 计算定基发展速度。计算方法：在B5单元格中输入计算公式“=B2/$B$2”，确认后向右填充到G5单元格，计算出定基发展速度，并将单元格格式调整为保留两位小数的百分比形式。

(5) 计算环比发展速度。计算方法：在C6单元格中输入计算公式“=C2/B2”，确认后向右填充到G6单元格，计算出环比发展速度，并将单元格格式调整为保留两位小数的百分比形式。

(6) 计算定基增长速度。计算方法：在C7单元格中输入计算公式“=C5-100%”，确认后向右填充到G7单元格，计算出定基增长速度，并将单元格格式调整为保留两位小数的百分比形式。

(7) 计算环比增长速度。计算方法：在C8单元格中输入计算公式“=C6-100%”，确认后向右填充到G8单元格，计算出环比增长速度，并将单元格格式调整为保留两位小数的百分比形式。

(8) 计算增长1%的绝对值。计算方法：在C9单元格中输入计算公式“=B2/100”，确认后向右填充到G9单元格，计算出增长1%的绝对值。

(9) 计算年平均增长量。计算方法：在B10单元格中输入计算公式“=G4/5”，确认后即计算出年平均增长量。

(10) 计算年平均发展速度。计算方法：在B11单元格中输入计算公式“=POWER((G2/B2), 1/5)”，计算出年平均发展速度，并将单元格格式调整为保留两位小数的百分比形式。

(11) 计算年平均增长速度。计算方法：在B12单元格中输入计算公式“=B11-100%”，计算出年平均增长速度，并将单元格格式调整为保留两位小数的百分比形式，完成计算过程，计算结果如图8-13所示。

(12) 进一步说明各项指标之间的关系。

【参考答案】

计算结果如图8-13所示。

Book1

	A	B	C	D	E	F	G	H
1	指　标	2002	2003	2004	2005	2006	2007	
2	销售收入（万元）	4305	4950	5820	7440	8101.4	8255	
3	逐期增长量（万元）	—	645	870	1620	661.4	153.6	
4	累计增长量（万元）	—	645	1515	3135	3796.4	3950	
5	定基发展速度	100.00%	114.98%	135.19%	172.82%	188.19%	191.75%	
6	环比发展速度	—	114.98%	117.58%	127.84%	108.89%	101.90%	
7	定基增长速度	—	14.98%	35.19%	72.82%	88.19%	91.75%	
8	环比增长速度	—	14.98%	17.58%	27.84%	8.89%	1.90%	
9	增长1%的绝对值（万元）	—	43.05	49.5	58.2	74.4	81.01	
10	全期平均增长量（万元）	790						
11	年平均发展速度	113.91%						
12	年平均增长速度	13.91%						
13								

Sheet1 / Sheet2 / Sheet3

图8-13　计算结果

【分析说明】

各动态分析指标之间的关系如下所述。

(1) 累计增长量等于各期逐期增长量之和。

(2) 增长速度等于发展速度减1。

(3) 定基发展速度等于各期环比发展速度的连乘积。

(4) 前期水平除以100，等于本期增长1%的绝对值。

(5) 逐期增长量除以该期环比增长速度，等于本期增长1%的绝对值。

(6) 计算平均发展速度，可对各期环比发展速度的连乘积，用环比发展速度的项数为次数开方；或者是对动态数列最末水平与最初水平之比，用减1的动态数列项数为次数开方求得。

(7) 平均增长速度等于平均发展速度减1。

───────── 实 验 五 ─────────

【实验名称】

计算年平均发展速度和年平均增长速度。

【实验目的】

熟悉Excel的基本操作。

训练计算年平均发展速度和年平均增长速度的操作方法。

【实验环境】

系统软件：Windows 2000、Windows 7、Windows 10或Windows XP。

应用软件：Excel 2000、Excel 2003、Excel 2007或Excel 2010。

【知识准备】

平均发展速度和平均增长速度统称为平均速度。平均速度是各个时期环比速度的平均数，说明社会经济现象在较长时期内速度变化的平均程度。平均发展速度是对各期环比发展速度求平均的结果，其计算方法主要是几何平均法。用几何平均法计算平均发展速度的公式为

$$\bar{a} = \sqrt[n]{\prod_{t=1}^{n} a_t} = \sqrt[n]{\frac{y_n}{y_0}}$$

平均增长速度 = 平均发展速度−1(或100%)

平均增长速度有正负，分别表示逐期平均递增程度和平均递减程度。

在求出年平均发展速度和年平均增长速度后，还可以进一步进行预测，一般可以使用Excel的"单变量求解"工具来解答。"单变量求解"就是通过调整其他单元格的数值为某一单元格寻求一个特定值。在"目标单元格"编辑框中，输入待求解公式所在单元格的引用；在"目标值"编辑框中，输入所需的结果；在"可变单元格"编辑框中，输入待调整数值所在单元格的引用，此单元格必须由"目标单元格"框指定的单元格的公式引用。单击"确定"按钮后，就可以得到计算结果。

【实验资料】

已知企业A和企业B在2009—2014年间的总产值资料，如表8-5所示。

表8-5　A、B企业总产值

万元

年份	甲市	乙市
2009	31 900	48 200
2010	32 900	49 400
2011	34 000	50 400
2012	36 200	51 400
2013	38 000	52 420
2014	40 000	53 460

【实验要求】

(1) 计算A、B企业年平均发展速度和年平均增长速度。

(2) 试分析如果A企业年平均发展速度不变，再过多少年，A企业可以赶上B企业。

(3) 试分析如果B企业年平均发展速度不变，A企业欲在6年内赶上B企业，2014年以后的年平均发展速度应为多少。

【实验步骤】

(1) 打开一张空白的Excel工作簿，编制一张空白的计算工作表，将A、B企业总产值资料填入表格，在表格的下方添加两行，用以计算年平均发展速度和年平均增长速度。表格的样式如图8-14所示。

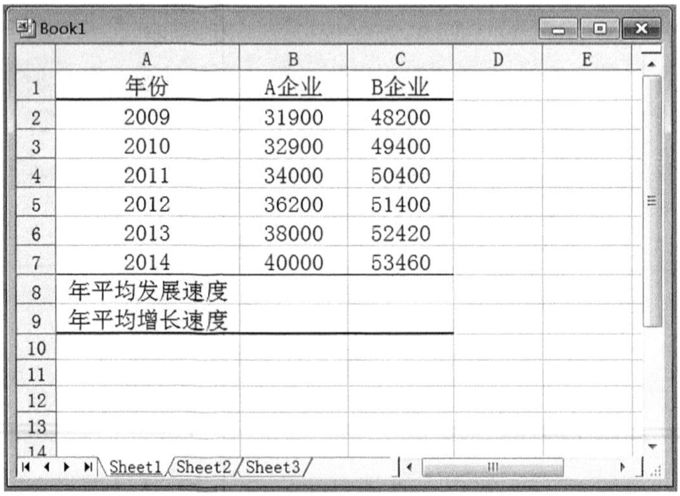

	A	B	C
1	年份	A企业	B企业
2	2009	31900	48200
3	2010	32900	49400
4	2011	34000	50400
5	2012	36200	51400
6	2013	38000	52420
7	2014	40000	53460
8	年平均发展速度		
9	年平均增长速度		

图8-14　计算工作表

(2) 先计算A、B企业的年平均发展速度。具体方法：在B8单元格中输入公式“=POWER(B7/B2，1/5)”，然后向右填充到C8单元格，计算出A、B企业的年平均发展速度。

(3) 计算A、B企业的年平均增长速度。具体方法：在B9单元格中输入公式“=B8-

1"，然后向右填充到D9单元格，计算出A、B企业的年平均增长速度。

(4) 在表格下方的A11单元格中，输入"需要几年赶上B企业"几个字，表示后面的单元格用于计算从2014年开始，A企业赶上B企业所需的年数。

(5) 在表格下方的A13单元格中，输入"6年平均发展速度"几个字，表示后面的单元格用于计算从2014年开始，A企业要在6年内赶上B企业所要求的年平均发展速度。

数据分析工作表如图8-15所示。

图8-15 数据分析工作表

(6) 计算从2014年开始，A企业赶上B企业所需的年数。在B11单元格中输入一个任意数字，如输入"1"。在C11单元格中输入公式"=B7*POWER(B8，$B$11)"，在C12单元格中输入公式"=C7*POWER(C8，$B $11)"，在D11单元格中输入公式"=C12-C11"，即方程式

$$53\ 460\times(102.1\%)^x-40\ 000(104.63\%)^x=0$$

在B11单元格中输入的"1"代表方程中的"x"，利用Excel的"单变量求解"工具就可以得到这个方程的解。

(7) 使用"工具"菜单选择"单变量求解"工具，在"单变量求解"工具的界面(见图8-16)中输入有关数据。其中，在"目标单元格"栏输入"D11"，表示上述方程式的左边；在"目标值"栏中输入一个"0"，表示当x值满足A企业赶上B企业所需的年数时，A、B企业的总产值相等，即A、B企业总产值相减等于0；在"可变单元格"栏中输入"$B $11"，表示需要的年数。单击"确定"按钮，就可以得到方程的解。

图8-16 单变量求解界面一

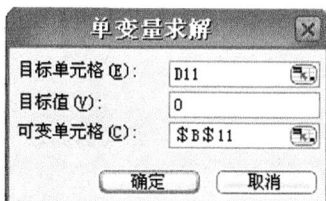

(8) 计算从2014年开始，A企业要在6年内赶上B企业所应达到的年平均发展速度，采用同样的方法进行计算。在B13单元格中输入一个任意数字，如输入"1"。在C13单元格中输入公式"=B7* POWER(B13，6)"，在C14单元格中输入公式"=C7*POWER(C8，6)"，在D13单元格中输入公式"=C14-C13"。有关的方程式为

$$40\ 000 \times (\bar{x})^6 = 53\ 460 \times (102.1\%)^6$$

(9) 使用"工具"菜单选择"单变量求解"工具，在"单变量求解"工具的界面(见图8-17)中输入有关数据。其中，在"目标单元格"栏中输入"D13"，在"目标值"栏中输入一个"0"，在"可变单元格"栏中输入"$B$13"，即表示应达到的年平均发展速度。单击"确定"按钮，就可以得到方程的解。

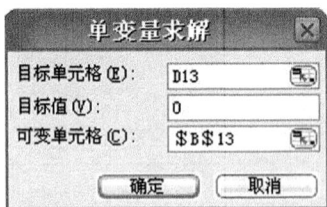

图8-17　单变量求解界面二

【参考答案】

完成的计算结果如图8-18所示。

	A	B	C	D	E
1	年份	A企业	B企业		
2	2009	31900	48200		
3	2010	32900	49400		
4	2011	34000	50400		
5	2012	36200	51400		
6	2013	38000	52420		
7	2014	40000	53460		
8	年平均发展速度	104.63%	102.09%		
9	年平均增长速度	4.63%	2.09%		
10					
11	需要几年赶上B企业	11.81977	68291.11	0	
12			68291.11		
13	6年平均发展速度	1.071498	60535.1	0	
14			60535.1		
15					
16					
17					

图8-18　计算结果

【分析说明】

从计算结果可以看出：

(1) A企业年平均发展速度为104.63%，年平均增长速度为4.63%；B企业年平均发展速度为102.09%，年平均增长速度为2.09%。A企业总产值虽然低于B企业，但是发展速度较快。

(2) A企业赶上B企业所需的年数为11.82年≈12年，即在A、B企业的平均发展速度保持不变的情况下，A企业需要约12年才能赶上B企业。

(3) 从2014年开始，A企业要在6年内赶上B企业，其年平均发展速度应达到107.15%，即在B企业年平均发展速度保持不变的情况下，A企业需要从2014年开始的6年内保持7.15%的年平均增长速度，才能赶上B企业。

──── 实验六 ────

【实验名称】

移动平均法的预测应用。

【实验目的】

熟悉Excel的基本操作。

训练应用移动平均法进行预测的操作方法。

【实验环境】

系统软件：Windows 2000、Windows 7、Windows 10或Windows XP。

应用软件：Excel 2000、Excel 2003、Excel 2007或Excel 2010。

【知识准备】

依据长期观测数据，测定现象长期趋势，可以预测其未来的走向，一般可以采用线性趋势法、移动平均法和指数平滑法。这里我们重点介绍移动平均法。

移动平均法采用逐期递推移动，计算一系列移动的序时平均数作为时间上的趋势值。移动平均法的计算公式为

$$\overline{Y} = \frac{Y_t + Y_{t-1} + \cdots + Y_{t-n+1}}{n}$$

式中：

$\overline{Y}$表示移动序时平均趋势值；

Y_t表示参与移动平均的观测数据；

n表示参与移动平均的观测数据个数。

【实验资料】

已知某旅游风景区2005—2015年接待的游客数据，如表8-6所示。

表8-6　某旅游风景区接待游客数据

年份	游客人数/万人
2005	310
2006	322
2007	331
2008	365
2009	352
2010	378
2011	390
2012	380

(续表)

年份	游客人数/万人
2013	405
2014	398
2015	426

【实验要求】

利用Excel的移动平均法预测游客数量。

【实验步骤】

(1) 打开Excel工作簿，输入某旅游风景区2005—2015年接待的游客数据，在A列输入年份，在B列输入游客人数，如图8-19所示。

图8-19　某旅游风景区接待游客数据

(2) 执行"工具"菜单中的"数据分析"命令，在"数据分析"对话框中选择"移动平均"，如图8-20所示。

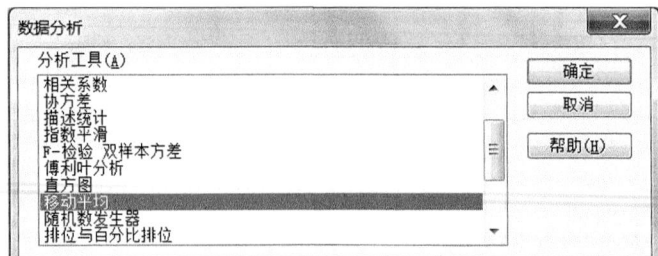

图8-20　数据分析对话框

(3) 单击"确定"按钮，弹出"移动平均"对话框，在该对话框中，单击"输入区域"文本框中的折叠按钮，按住左键选择"B2：B12"区域。在"间隔"文本框中输入"3"，表示使用3步移动平均法。单击"输出区域"文本框中的折叠按钮，单击C2单元格，显示"$C$2"，表示将输出区域的左上角单元格定义为"$C$2"。勾选"图表输出"和"标准误差"复选框，如图8-21所示。

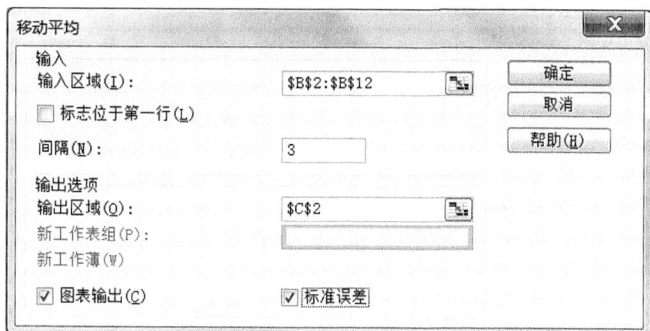

图8-21　移动平均对话框

(4) 单击"确定"按钮，便可得到移动平均预测结果，如图8-22所示。

【参考答案】

移动平均预测结果见图8-22。

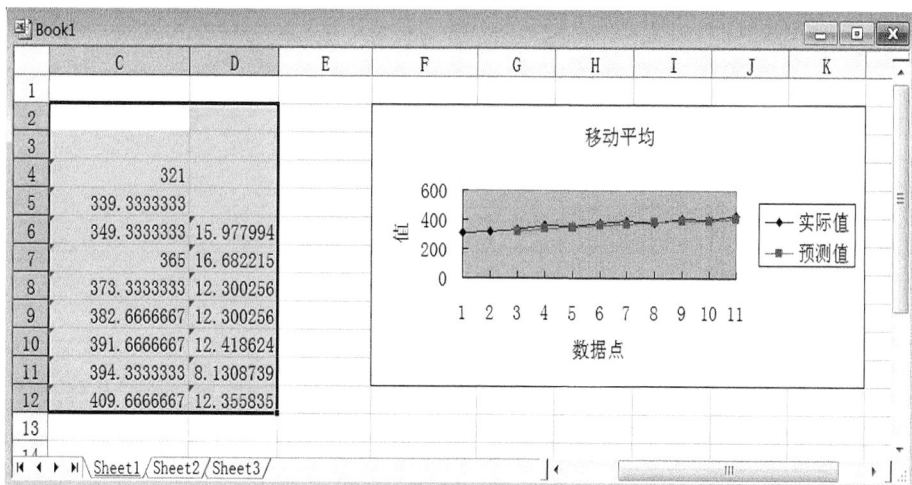

图8-22　移动平均预测结果

在图8-22中，"C4：C12"对应的数据即为3步移动平均的预测值，单元格区域"D6：D12"中的数值为标准误差。

实验七

【实验名称】

指数平滑法的预测应用。

【实验目的】

熟悉Excel的基本操作。

训练应用指数平滑法进行预测的操作方法。

【实验环境】

系统软件：Windows 2000、Windows 7、Windows 10或Windows XP。

应用软件：Excel 2000、Excel 2003、Excel 2007或Excel 2010。

【知识准备】

依据长期观测数据，测定现象长期趋势，可以预测其未来的走向，一般可以采用线性趋势法、移动平均法和指数平滑法。

指数平滑法是利用过去时间序列的加权平均值作为下一期的预测值。指数平滑法的计算公式为

$$F_{t+1} = \alpha Y_t + (1-\alpha)F_t$$

式中：

α表示平滑指数；

Y_t表示实际值；

F_t表示预测值。

式中，α等于平滑指数，介于0和1之间，较小的α值产生较平滑的曲线，较大的α值产生较不平滑的曲线。

【实验资料】

已知某旅游风景区2005—2015年接待的游客数据，如表8-7所示。

表8-7 某旅游风景区接待游客数据

年份	游客人数/万人
2005	310
2006	322
2007	331
2008	365
2009	352
2010	378
2011	390
2012	380
2013	405
2014	398
2015	426

【实验要求】

利用Excel的指数平滑法预测游客数量。

【实验步骤】

(1) 打开Excel工作簿，输入某旅游风景区2005—2015年接待的游客数据，在A列输入年份，在B列输入游客人数，如图8-23所示。

第八章 时间序列分析实验 275

图8-23 某旅游风景区接待游客数据

(2) 执行"工具"菜单中的"数据分析"命令，在"数据分析"对话框中选择"指数平滑"，如图8-24所示。

图8-24 数据分析对话框

(3) 单击"确定"按钮，弹出"指数平滑"对话框。在该对话框中，单击"输入区域"文本框中的折叠按钮，按住左键选择"B2：B12"区域。在"阻尼系数"文本框中输入"0.5"(注：阻尼系数应输入$1-\alpha$对应的数值)。单击"输出区域"文本框中的折叠按钮，单击C2单元格，显示"$C$2"，表示将输出区域左上角的单元格定义为"$C$2"。勾选"图表输出"和"标准误差"复选框，如图8-25所示。

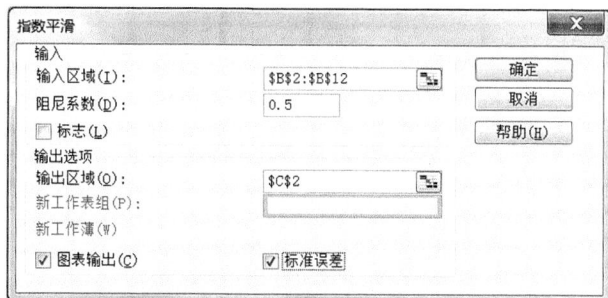

图8-25 指数平滑对话框

(4) 单击"确定"按钮，便可得到指数平滑预测结果，如图8-26所示。

【参考答案】

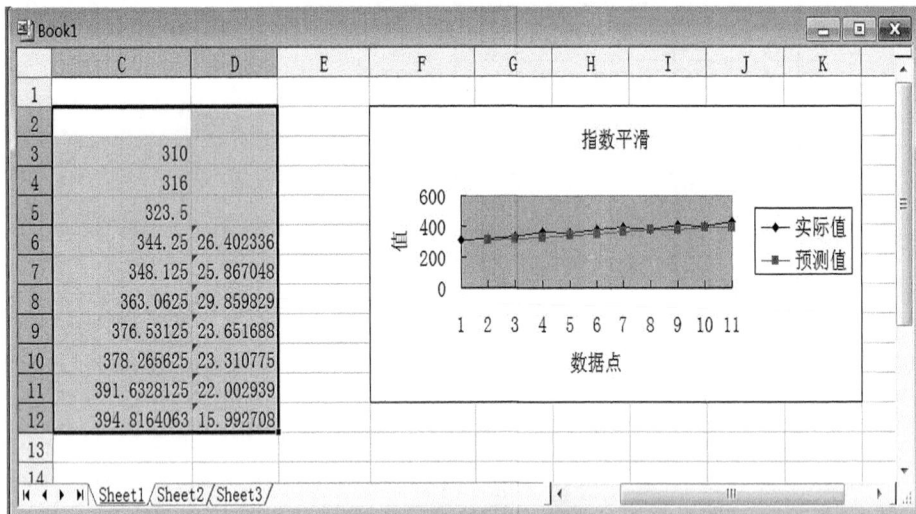

图8-26 指数平滑预测结果

在图8-26中，"C3：C12"对应的数值即指数平滑的预测值，单元格区域"D6：D12"中的数值为标准误差。

实验八

【实验名称】

测定长期趋势的移动平均法和指数平滑法的应用。

【实验目的】

熟悉Excel的基本操作。

训练利用移动平均法和指数平滑法测定长期趋势的操作方法。

【实验环境】

系统软件：Windows 2000、Windows 7、Windows 10或Windows XP。

应用软件：Excel 2000、Excel 2003、Excel 2007或Excel 2010。

【知识准备】

依据长期观测数据，测定现象长期趋势，可以预测其未来的走向，一般可以采用线性趋势法、移动平均法和指数平滑法。

(1) 线性趋势法利用回归技术，将时间视为自变量X定义而成，将在下一章讨论。

(2) 移动平均法采用逐期递推移动，计算一系列移动的序时平均数作为时间上的趋势值。移动平均法的计算公式为

$$\overline{Y} = \frac{Y_t + Y_{t-1} + \cdots + Y_{t-n+1}}{n}$$

(3) 指数平滑法利用过去时间序列的加权平均值作为下一期的预测值。指数平滑法的

计算公式为

$$F_{t+1}=\alpha Y_t+(1-\alpha)F_t$$

式中，α等于平滑指数，介于0和1之间，较小的α值产生较平滑的曲线，较大的α值产生较不平滑的曲线。

【实验资料】

已知某商业企业2013年1—10月份的销售收入资料，如表8-8所示。

表8-8　某商业企业2013年1—10月份的销售收入

月份	销售收入/万元
1	230
2	236
3	241
4	246
5	252
6	257
7	262
8	276
9	281
10	286

【实验要求】

(1) 判断该商业企业销售收入的发展趋势是否接近直线形。

(2) 用移动平均法(3期移动的平均)预测11月份的销售收入。

(3) 用指数平滑法(α=0.7)预测11月份的销售收入。

【实验步骤】

(1) 使用Excel的图表功能可以直观地看出该商业企业销售收入的发展趋势。打开一个空白的工作簿，将以上资料分两列填入表内，如图8-27所示。

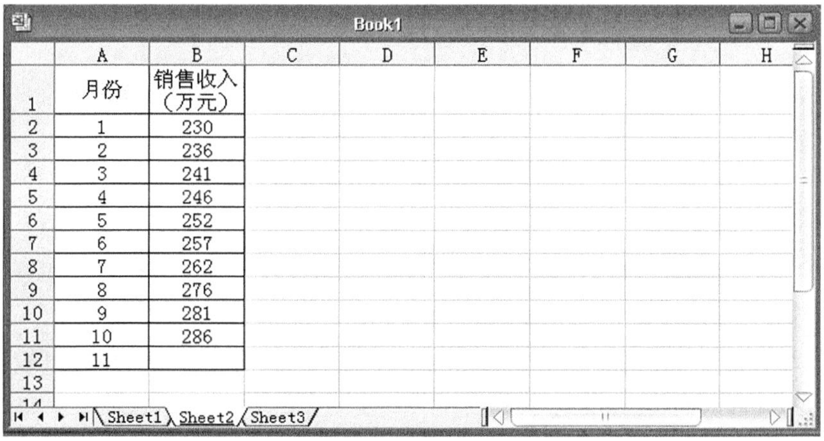

	A	B
1	月份	销售收入（万元）
2	1	230
3	2	236
4	3	241
5	4	246
6	5	252
7	6	257
8	7	262
9	8	276
10	9	281
11	10	286
12	11	

图8-27　计算工作表

(2) 使用Excel的图表工具观测数据是否近乎直线。具体方法：用鼠标单击"图表向导"图标打开"图表向导"，在"图表向导-4步骤之1"中选择"折线图"；在"图表向导-4步骤之2"中输入数据范围"$B$1：$B$12"，选择系列产生在"列"；"图表向导-4步骤之3"和"图表向导-4步骤之4"中的各项不用修改，使用默认值即可，确定后即可得到数据图像，如图8-28所示。从图8-28中可以看出数据呈直线形。

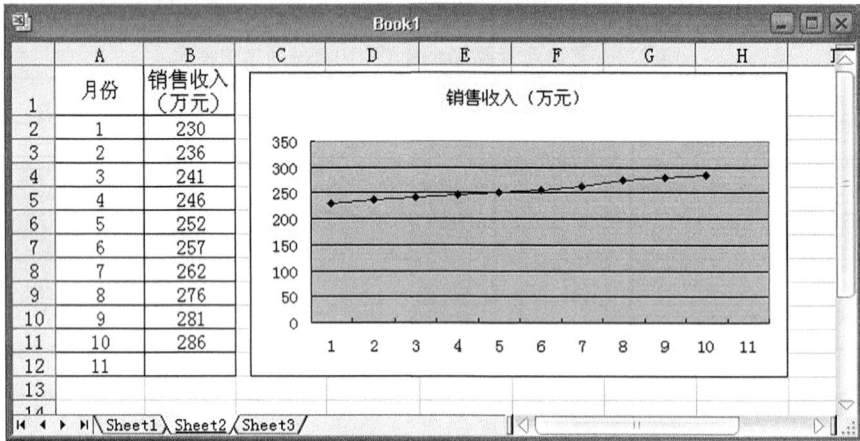

图8-28　数据图像

(3) 移动平均分析。具体方法：使用鼠标选取"工具"→"数据分析"命令，打开"数据分析"对话框，选择"移动平均"，确认后即可打开"移动平均"计算界面。"输入区域"为"$B$1：$B$11"，勾选"标志位于第一行"，间隔为"3"，"输出区域"为"$C$3"。下面有两个选项，"图表输出"和"标准误差"，如果选上，在产生移动平均数据系列的同时，还会产生移动平均数据图表和标准差系列。填好的"移动平均"计算界面如图8-29所示。从计算结果中可找出利用移动平均法预测的11月份销售收入。

图8-29　移动平均计算界面

(4) 指数平滑法分析。具体方法：使用鼠标选取"工具"→"数据分析"命令，打开"指数平滑"对话框，选择"指数平滑"，确认后即可打开"指数平滑"计算界面。输入区域为"$B$1：$B$11"，"阻尼系数"定为"0.7"($\alpha=0.7$)，勾选"标志"，输出区域为"$C$3"。填好的"指数平滑"计算界面如图8-30所示。从计算结果中可以找出利用移动平均法预测的11月份销售收入。

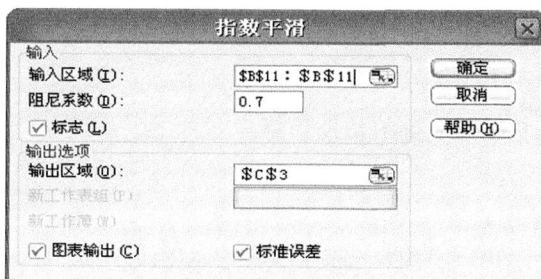

图8-30　指数平滑计算界面

【参考答案】

从计算结果中可以看出，采用移动平均法得到的11月份的预计销售收入为281万元。采用指数平滑法得到的11月份预计销售收入为265.37万元。计算结果如图8-31、图8-32所示。

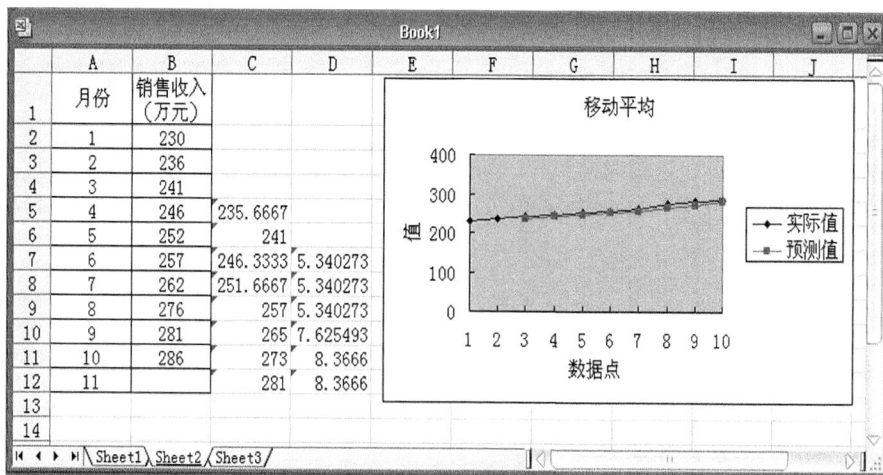

图8-31　移动平均法计算结果及图像

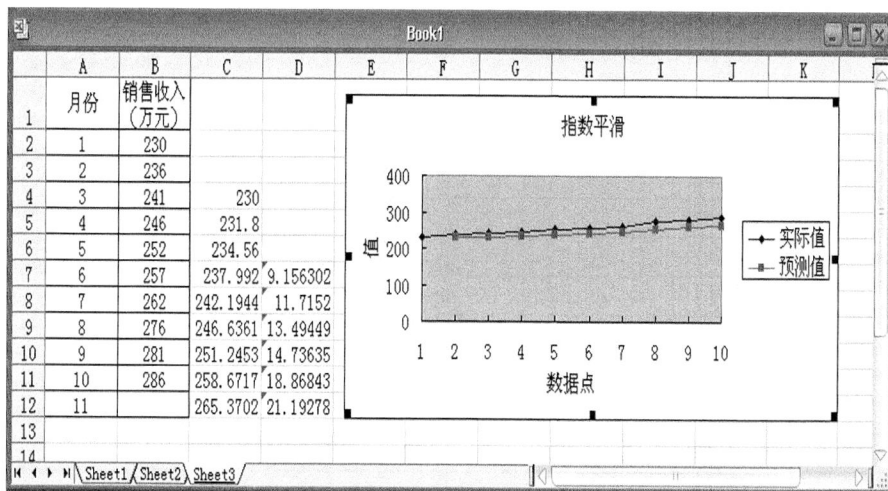

图8-32　指数平滑法计算结果及图像

实验九

【实验名称】

利用移动平均法计算时间序列的长期趋势。

【实验目的】

熟悉Excel的基本操作。

训练利用移动平均法计算时间序列长期趋势的操作方法。

【实验环境】

系统软件：Windows 2000、Windows 7、Windows 10或Windows XP。

应用软件：Excel 2000、Excel 2003、Excel 2007或Excel 2010。

【知识准备】

测定长期趋势的方法主要有时距扩大法、序时平均法、移动平均法和直线趋势方程拟合法。

采用移动平均法时，对时间数列的各项数值按照一定的时距进行逐期移动，计算出一系列序时平均数，形成一个派生的平均数时间数列，以此削弱不规则变动的影响，显示原数列的长期趋势。

移动平均法采用逐期递推移动，可以是奇数项逐期递推移动，也可以是偶数项逐期递推移动(偶数项移动平均后，需要两项移正平均)，最后计算一系列移动的序时平均数作为时间上的趋势值。移动平均法的计算公式为

$$\overline{Y} = \frac{Y_t + Y_{t-1} + \cdots + Y_{t-n+1}}{n}$$

移动平均法的步骤如下所述。

(1) 确定移动时距。一般应选择奇数项进行移动平均，若原数列呈周期性变动，应选择现象的变动周期作为移动的时距长度。

(2) 计算各移动平均值，并将其编制成时间数列。

【实验资料】

已知某市2000—2010年的游客数据，如表8-9所示。

表8-9　某市2000—2010年的游客数据

年份	游客人数/万人
2000	310
2001	322
2002	331
2003	365
2004	352
2005	378
2006	390
2007	380
2008	405
2009	398
2010	426

【实验要求】

利用Excel分别计算某市2000—2010年的游客人数的三项和四项移动平均数。

【实验步骤】

(1) 打开Excel工作簿，输入某市2000—2010年的游客人数数据，在A列输入年份，在B列输入游客人数，如图8-33所示。

图8-33　某市2000—2010年的游客人数数据表

(2) 计算三项移动平均数。选中C3单元格，执行"插入"菜单中的"函数"命令，在弹出的"插入函数"对话框中选择统计函数中的"AVERAGE"函数，单击"确定"按钮，弹出"函数参数"对话框，如图8-34所示。

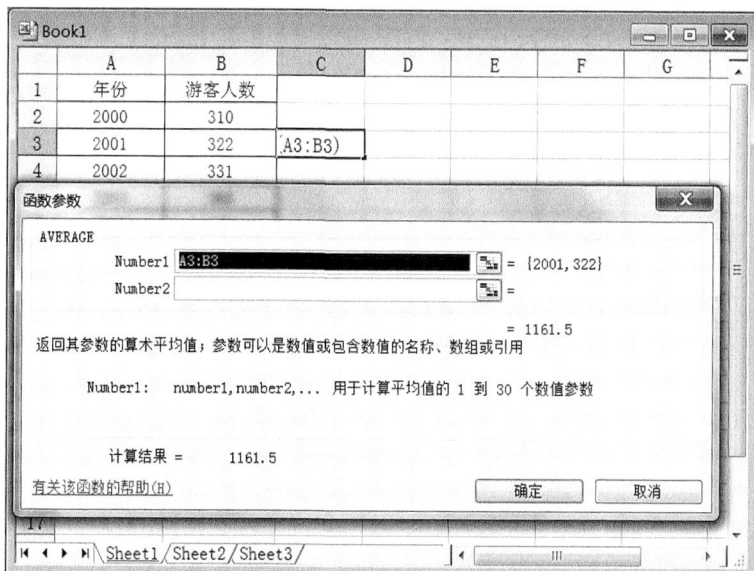

图8-34　函数参数对话框一

(3) 在弹出的"函数参数"对话框中单击"Number1"文本框中的折叠按钮，按住左键选择"B2：B4"单元格区域，如图8-35所示。

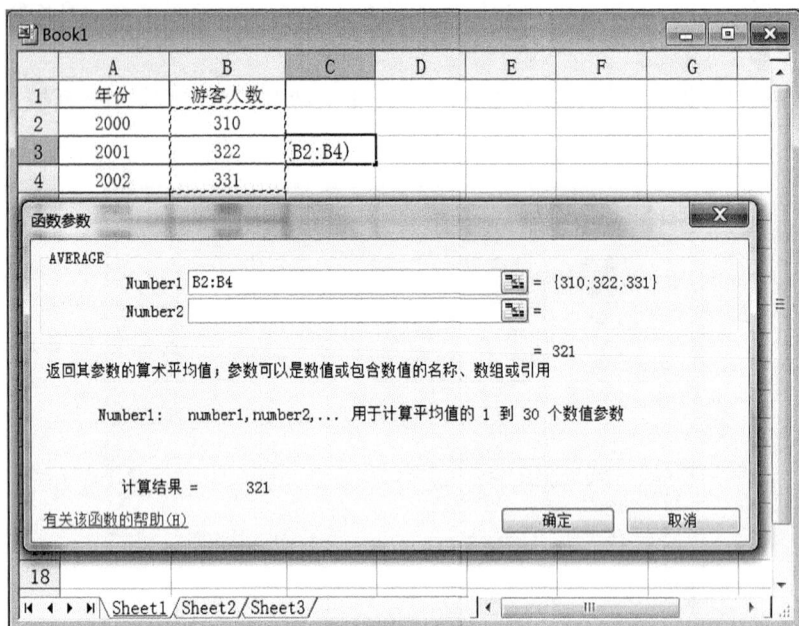

图8-35 函数参数对话框二

(4) 单击"确定"按钮即可得到2001年所对应的长期趋势值。用鼠标拖曳将公式复制到"C4：C11"区域，即可得到该时间序列的三项移动平均数，如图8-36所示。

图8-36 三项移动平均数计算结果

(5) 计算四项移动平均数，选中D3单元格，执行"插入"菜单中的"函数"命令，在弹出的"插入函数"对话框中选择"AVERAGE"函数，单击"确定"按钮。

(6) 在弹出的"函数参数"对话框中单击"Number1"文本框中的折叠按钮，按住左键选择"B2：B5"单元格区域，单击"确定"按钮即可得到2002年所对应的长期趋势值。用鼠标拖曳将公式复制到“D4：D10”区域，即可得到该时间序列的四项移动平均数，如图8-37所示。

	A	B	C	D	E	F
1	年份	游客人数	三项移动平均	四项移动平均		
2	2000	310				
3	2001	322	321	332		
4	2002	331	339	343		
5	2003	365	349	357		
6	2004	352	365	371		
7	2005	378	373	375		
8	2006	390	383	388		
9	2007	380	392	393		
10	2008	405	394	402		
11	2009	398	410			
12	2010	426				
13						
14						

图8-37　四项移动平均数计算结果

(7) 由于移动平均项数是偶数，需要再进行二项移正平均。选中E4单元格，执行“插入”菜单中的“函数”命令，在弹出的“插入函数”对话框中选择“AVERAGE”函数，单击“确定”按钮。在弹出的“函数参数”对话框中单击“Number1”文本框中的折叠按钮，按住左键选择“D3：D4”单元格区域，单击“确定”按钮即可得到2002年所对应的长期趋势值。用鼠标拖曳将公式复制到“E5：E10”区域，可得到该时间序列的二项移正平均数，即该时间序列的趋势值，如图8-38所示。

【参考答案】

利用移动平均法计算长期趋势的结果如图8-38所示。

	A	B	C	D	E	F
1	年份	游客人数	三项移动平均	四项移动平均	二项移正平均	
2	2000	310	—	—	—	
3	2001	322	321	332	—	
4	2002	331	339	343	337	
5	2003	365	349	357	350	
6	2004	352	365	371	364	
7	2005	378	373	375	373	
8	2006	390	383	388	382	
9	2007	380	392	393	391	
10	2008	405	394	402	398	
11	2009	398	410			
12	2010	426				
13						
14						
15						
16						

图8-38　利用移动平均法计算长期趋势的结果

—————— 实验十 ——————

【实验名称】

利用趋势预测法进行时间序列预测。

【实验目的】

熟悉Excel的基本操作。

训练利用趋势预测法进行时间序列预测的操作方法。

【实验环境】

系统软件：Windows 2000、Windows 7、Windows 10或Windows XP。

应用软件：Excel 2000、Excel 2003、Excel 2007或Excel 2010。

【知识准备】

依据长期观测数据，测定现象长期趋势，可以预测其未来的走向，一般可以采用线性趋势法、移动平均法和指数平滑法。

(1) 线性趋势法是利用回归技术，将时间视为由自变量X定义而成，将在下一章讨论。

(2) 移动平均法采用逐期递推移动，计算一系列移动的序时平均数作为时间上的趋势值。移动平均法的计算公式为

$$\overline{Y} = \frac{Y_t + Y_{t-1} + \cdots + Y_{t-n+1}}{n}$$

(3) 指数平滑法利用过去时间序列的加权平均值作为下一期的预测值。指数平滑法的计算公式为

$$F_{t+1} = \alpha Y_t + (1-\alpha)F_t$$

式中，α等于平滑指数，介于0和1之间，较小的α值产生较平滑的曲线，较大的α值产生较不平滑的曲线。

【实验资料】

已知某旅游风景区2005—2015年接待的游客数据，如表8-10所示。

表8-10 某旅游风景区接待游客数据

年份	时间变量t	游客人数/万人
2005	1	310
2006	2	322
2007	3	331
2008	4	365
2009	5	352
2010	6	378
2011	7	390
2012	8	380
2013	9	405
2014	10	398
2015	11	426

【实验要求】

利用Excel的趋势预测法预测2016年的游客数量。

【实验步骤】

(1) 打开Excel工作簿，输入某旅游风景区2005—2015年接待的游客数据，在A列输入年份，在B列输入时间变量t，在C列输入游客人数，如图8-39所示。

图8-39 某旅游风景区接待游客数据

(2) 选中C13单元格，执行"插入"菜单中的"函数"命令，在弹出的"插入函数"对话框中的"或选择类别"下拉列表框中选择"统计"，在"选择函数"列表框中选择"FORECAST"(预测)函数，如图8-40所示。

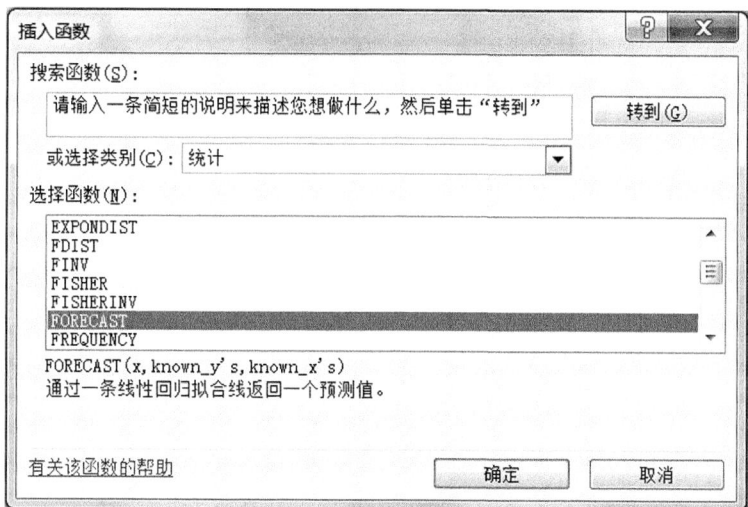

图8-40 插入函数对话框

(3) 单击"确定"按钮，在弹出的"函数参数"对话框中单击"X"文本框中的折叠按钮，选择C13单元格；单击"Know_y's"文本框中的折叠按钮，按住左键选择"C2：

C12"区域；单击"Know_x's"文本框中的折叠按钮，按住左键选择"B2：B12"区域，如图8-41所示。

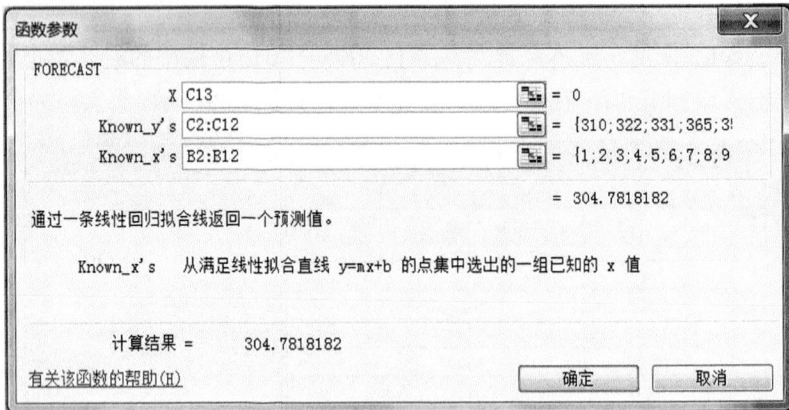

图8-41　函数参数对话框

(4) 单击"确定"按钮，预测结果出现在C12单元格中，如图8-42所示。

【参考答案】

趋势预测结果如图8-42所示。

图8-42　趋势预测结果

── 实验十一 ──

【实验名称】

利用Excel计算季节变动。

【实验目的】

熟悉Excel的基本操作。

训练同期平均法和趋势剔除法的操作方法。

【实验环境】

系统软件：Windows 2000、Windows 7、Windows 10或Windows XP。

应用软件：Excel 2000、Excel 2003、Excel 2007或Excel 2010。

【知识准备】

测定季节变动的主要方法是同期平均法和趋势剔除法，根据这两种方法计算的季节指数越大，说明"季节越旺"；季节指数越小，说明"季节越淡"；季节指数等于1，则说明没有季节变动。

移动平均法采用逐期递推移动，计算一系列移动的序时平均数作为时间上的趋势值。移动平均法的计算公式为

$$\overline{Y} = \frac{Y_t + Y_{t-1} + \cdots + Y_{t-n+1}}{n}$$

【实验资料】

已知某商业企业2012—2015年商品销售量数据资料，如表8-11所示。

表8-11　2012—2015年商品销售量

年份	季度	销售量
2012	1	3.6
	2	2.9
	3	4.8
	4	5.3
2013	1	4.6
	2	4.0
	3	5.6
	4	6.2
2014	1	4.8
	2	4.4
	3	6.3
	4	6.6
2015	1	5.1
	2	4.7
	3	6.8
	4	7.2

【实验要求】

基于Excel利用同期平均法和趋势剔除法计算季节指数。

【实验步骤】

(1) 打开Excel工作簿，输入某商业企业2012—2015年商品销售量数据，在A列输入年份，在B列输入季度，在C列输入销售量，如图8-43所示。

Book1

	A	B	C
1	年份	季度	销售量
2	2012	1	3.6
3		2	2.9
4		3	4.8
5		4	5.3
6	2013	1	4.6
7		2	4
8		3	5.6
9		4	6.2
10	2014	1	4.8
11		2	4.4
12		3	6.3
13		4	6.6
14	2015	1	5.1
15		2	4.7
16		3	6.8
17		4	7.2

图8-43　某商业企业2012—2015年商品销售量

(2) 计算趋势值，在D3单元格中输入公式“=SUM (C2：C5)/4”，并通过拖曳将公式复制到“D4：D15”区域，可得到该时间序列的四项移动平均数，如图8-44所示。

Book1

	A	B	C	D
1	年份	季度	销售量	四项移动平均
2	2012	1	3.6	
3		2	2.9	4.15
4		3	4.8	4.40
5		4	5.3	4.68
6	2013	1	4.6	4.88
7		2	4	5.10
8		3	5.6	5.15
9		4	6.2	5.25
10	2014	1	4.8	5.43
11		2	4.4	5.53
12		3	6.3	5.60
13		4	6.6	5.68
14	2015	1	5.1	5.80
15		2	4.7	5.95
16		3	6.8	
17		4	7.2	

图8-44　四项移动平均计算结果

(3) 在E4单元格中输入公式“=(D3+D4)/2”，并通过拖曳将公式复制到“E5：E15”区域，即求该时间序列的二项移正平均数，可得到该时间序列的趋势值T，如图

8-45所示。

	A	B	C	D	E	F
1	年份	季度	销售量	四项移动平均	趋势值(T)	
2	2012	1	3.6	—	—	
3		2	2.9	4.15	—	
4		3	4.8	4.40	4.28	
5		4	5.3	4.68	4.54	
6	2013	1	4.6	4.88	4.78	
7		2	4	5.10	4.99	
8		3	5.6	5.15	5.13	
9		4	6.2	5.25	5.20	
10	2014	1	4.8	5.43	5.34	
11		2	4.4	5.53	5.48	
12		3	6.3	5.60	5.56	
13		4	6.6	5.68	5.64	
14	2015	1	5.1	5.80	5.74	
15		2	4.7	5.95	5.88	
16		3	6.8	—	—	
17		4	7.2	—	—	

图8-45　二项移正平均计算结果

(4) 剔除长期趋势，即计算Y/T。在F4单元格中输入公式“=C4/E4”，并通过拖曳将公式复制到“F5：F15”区域，所得结果如图8-46所示。

	A	B	C	D	E	F	G
1	年份	季度	销售量	四项移动平均	趋势值(T)	剔除长期趋势Y/T	
2	2012	1	3.6	—	—		
3		2	2.9	4.15	—		
4		3	4.8	4.40	4.28	1.1228	
5		4	5.3	4.68	4.54	1.1680	
6	2013	1	4.6	4.88	4.78	0.9634	
7		2	4	5.10	4.99	0.8020	
8		3	5.6	5.15	5.13	1.0927	
9		4	6.2	5.25	5.20	1.1923	
10	2014	1	4.8	5.43	5.34	0.8993	
11		2	4.4	5.53	5.48	0.8037	
12		3	6.3	5.60	5.56	1.1326	
13		4	6.6	5.68	5.64	1.1707	
14	2015	1	5.1	5.80	5.74	0.8889	
15		2	4.7	5.95	5.88	0.8000	
16		3	6.8	—	—		
17		4	7.2	—	—		

图8-46　趋势剔除法季节变动计算结果

(5) 重新排列“F4：F15”中的数据，使同季的数据位于一列，共排成4列，如图8-47所示。

年份	第一季度	第二季度	第三季度	第四季度
2012	—	—	101228	1.168
2013	0.9634	0.802	1.0937	1.1923
2014	0.8993	0.8037	1.1326	1.1707
2015	0.8889	0.8	—	—

图8-47　消除趋势变动的时间数列

(6) 计算各年同季平均数，在B25单元格中输入公式“=SUM(B22：B24)/3”，在C25单元格中输入公式“=SUM(C22：C24)/3”，在D25单元格中输入公式“=SUM(D21：D23)/3”，在E25单元格中输入公式“=SUM(E21：E23)/3”，如图8-48所示。

年份	第一季度	第二季度	第三季度	第四季度
2012	—	—	1.1228	1.168
2013	0.9634	0.802	1.0937	1.1923
2014	0.8993	0.8037	1.1326	1.1707
2015	0.8889	0.8	—	—
各季平均	0.9172	0.8019	1.1164	1.1770

图8-48　各季度平均计算结果

(7) 计算调整系数，4个季度平均数之和应是400%，在F25单元格中输入公式“=SUM(B25：E25)”，结果不等于4，应调整。在B26单元格中输入公式“=4/$F$25”，并通过拖曳将公式复制到“C26：E26”区域，如图8-49所示。

年份	第一季度	第二季度	第三季度	第四季度	
2012	—	—	1.1228	1.168	
2013	0.9634	0.802	1.0937	1.1923	
2014	0.8993	0.8037	1.1326	1.1707	
2015	0.8889	0.8	—	—	
各季平均	0.9172	0.8019	1.1164	1.1770	4.012466667
调整系数	0.996893	0.996893	0.996893	0.996893	

图8-49　调整系数计算结果

(8) 计算季节指数，在B27单元格中输入公式“=B25*B26”，并通过拖曳将公式复制到“C27：E27”区域，即得到季节指数，如图8-50所示。

【参考答案】

应用趋势剔除法的计算结果如图8-46所示。

应用同期平均法的计算结果如图8-50所示。

	A	B	C	D	E	F
20	年份	第一季度	第二季度	第三季度	第四季度	
21	2012	—	—	1.1228	1.168	
22	2013	0.9634	0.802	1.0937	1.1923	
23	2014	0.8993	0.8037	1.1326	1.1707	
24	2015	0.8889	0.8	—	—	
25	各季平均	0.9172	0.8019	1.1164	1.1770	4.012466667
26	调整系数	0.996893	0.996893	0.996893	0.996893	
27	季节指数	0.914350	0.799409	1.1128981	1.1733431	

图8-50　同期平均法季节指数计算结果

实验十二

【实验名称】

同期平均法和趋势剔除法的应用。

【实验目的】

熟悉Excel的基本操作。

训练同期平均法和趋势剔除法的操作方法。

【实验环境】

系统软件：Windows 2000、Windows 7、Windows 10或Windows XP。

应用软件：Excel 2000、Excel 2003、Excel 2007或Excel 2010。

【知识准备】

测定季节变动的主要方法是同期平均法和趋势剔除法，根据这两种方法计算的季节指数越大，说明“季节越旺”；季节指数越小，说明“季节越淡”；季节指数等于1，则说明没有季节变动。

移动平均法采用逐期递推移动，计算一系列移动的序时平均数作为时间上的趋势值。移动平均法的计算公式为

$$\overline{Y}=\frac{Y_t+Y_{t-1}+\cdots+Y_{t-n+1}}{n}$$

【实验资料】

已知某食品加工企业2012—2015年食品加工价值数据，如表8-12所示。

表8-12　2012—2015年食品加工价值数据

万元

季度 年份	一季度	二季度	三季度	四季度
2012	67	104	136	76
2013	72	110	135	82
2014	74	115	142	88
2015	78	179	211	95

【实验要求】

采用趋势剔除法计算季节指数，进行季节调整、季节变动分析。

【实验步骤】

(1) 打开Excel工作簿，将原始数据输入工作表中的“A2：A17”以及“B2：B17”区域中，具体如图8-51所示。

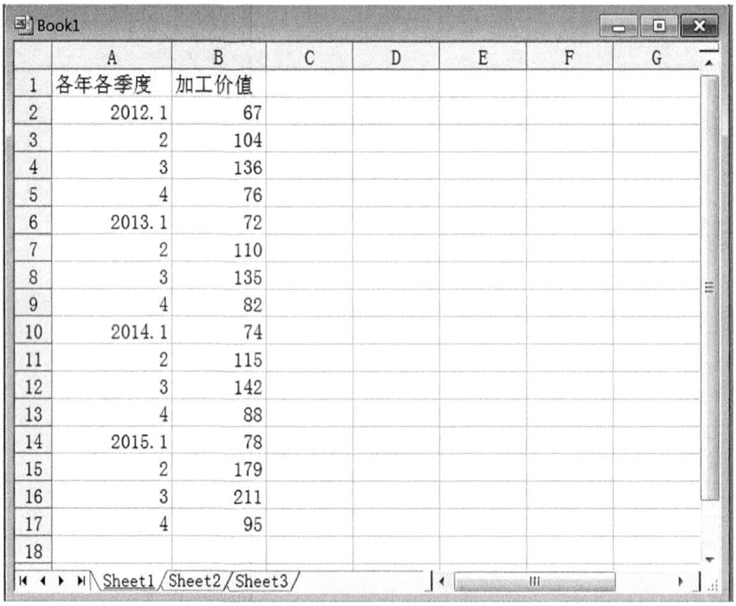

	A	B
1	各年各季度	加工价值
2	2012.1	67
3	2	104
4	3	136
5	4	76
6	2013.1	72
7	2	110
8	3	135
9	4	82
10	2014.1	74
11	2	115
12	3	142
13	4	88
14	2015.1	78
15	2	179
16	3	211
17	4	95

图8-51　食品加工价值工作表

(2) 计算四项移动平均数。在C3单元格中输入公式“=AVERAGE(B2：B5)”，确定后用鼠标拖曳填充柄，将公式复制到“C4：C15”单元格，C列四项移动平均计算结果如图8-52所示。

	A	B	C	D	E
1	各年各季度	加工价值	四项移动平均值		
2	2012.1	67			
3	2	104	95.75		
4	3	136	97		
5	4	76	98.5		
6	2013.1	72	98.25		
7	2	110	99.75		
8	3	135	100.25		
9	4	82	101.5		
10	2014.1	74	103.25		
11	2	115	104.75		
12	3	142	105.75		
13	4	88	121.75		
14	2015.1	78	139		
15	2	179	140.75		
16	3	211			
17	4	95			

图8-52　四项移动平均计算结果

(3) 计算移动平均值趋势值(中心化移动平均数)。计算移动平均值趋势值(中心化移动平均数)也就是对C列的结果进行一次二项移动平均。在D4单元格中输入公式“=AVERAGE(C3：C4)”，确定后用鼠标拖曳填充柄，将公式复制到“D5：D15”单元格，D列趋势值的计算结果如图8-53所示。

	A	B	C	D	E	F	G
1	各年各季度	加工价值	四项移动平均值	趋势值			
2	2012.1	67					
3	2	104	95.75				
4	3	136	97	96.375			
5	4	76	98.5	97.75			
6	2013.1	72	98.25	98.375			
7	2	110	99.75	99			
8	3	135	100.25	100			
9	4	82	101.5	100.875			
10	2014.1	74	103.25	102.375			
11	2	115	104.75	104			
12	3	142	105.75	105.25			
13	4	88	121.75	113.75			
14	2015.1	78	139	130.375			
15	2	179	140.75	139.875			
16	3	211					
17	4	95					

图8-53　D列趋势值计算结果

(4) 将实际值除以相应的趋势值。在E4单元格中输入公式“=B4/D4”，确定后用鼠标拖曳填充柄，将公式复制到“E5：E15”单元格，E列值计算结果如图8-54所示。

Book1

	A	B	C	D	E	F	G
1	各年各季度	加工价值	四项移动平均值	趋势值	B4/D4		
2	2012.1	67					
3	2	104	95.75				
4	3	136	97	96.375	1.4111543		
5	4	76	98.5	97.75	0.7774936		
6	2013.1	72	98.25	98.375	0.7318933		
7	2	110	99.75	99	1.1111111		
8	3	135	100.25	100	1.35		
9	4	82	101.5	100.875	0.8128872		
10	2014.1	74	103.25	102.375	0.7228327		
11	2	115	104.75	104	1.1057692		
12	3	142	105.75	105.25	1.3491686		
13	4	88	121.75	113.75	0.7736264		
14	2015.1	78	139	130.375	0.5982742		
15	2	179	140.75	139.875	1.279714		
16	3	211					
17	4	95					

Sheet1 / Sheet2 / Sheet3

图8-54　E列值计算结果

(5) 计算同季平均值。在F2单元格中输入公式“=(E6+E10+E14)/3”，在F3单元格中输入公式“=(E7+Ell+E15)/3”，在F4单元格中输入公式“=(E4+E8+E12)/3”，在F5单元格中输入公式“= (E5+E9+E13)/3”，F列值计算结果如图8-55所示。

Book1

	A	B	C	D	E	F	G
1	各年各季度	加工价值	四项移动平均值	趋势值	B4/D4	同季平均	
2	2012.1	67				0.684333399	
3	2	104	95.75			1.165531457	
4	3	136	97	96.375	1.4111543	1.370107664	
5	4	76	98.5	97.75	0.7774936	0.788002405	
6	2013.1	72	98.25	98.375	0.7318933		
7	2	110	99.75	99	1.1111111		
8	3	135	100.25	100	1.35		
9	4	82	101.5	100.875	0.8128872		
10	2014.1	74	103.25	102.375	0.7228327		
11	2	115	104.75	104	1.1057692		
12	3	142	105.75	105.25	1.3491686		
13	4	88	121.75	113.75	0.7736264		
14	2015.1	78	139	130.375	0.5982742		
15	2	179	140.75	139.875	1.279714		
16	3	211					
17	4	95					

Sheet1 / Sheet2 / Sheet3

图8-55　F列值计算结果

(6) 计算总平均值。在G2单元格中输入公式“=AVERAGE(E4：EI5)”，G列值计算结果如图8-56所示。

Book1

	A	B	C	D	E	F	G
1	各年各季度	加工价值	四项移动平均值	趋势值	B4/D4	同季平均	总平均值
2	2012.1	67				0.684333399	1.001993731
3	2	104	95.75			1.165531457	
4	3	136	97	96.375	1.4111543	1.370107664	
5	4	76	98.5	97.75	0.7774936	0.788002405	
6	2013.1	72	98.25	98.375	0.7318933		
7	2	110	99.75	99	1.1111111		
8	3	135	100.25	100	1.35		
9	4	82	101.5	100.875	0.8128872		
10	2014.1	74	103.25	102.375	0.7228327		
11	2	115	104.75	104	1.1057692		
12	3	142	105.75	105.25	1.3491686		
13	4	88	121.75	113.75	0.7736264		
14	2015.1	78	139	130.375	0.5982742		
15	2	179	140.75	139.875	1.279714		
16	3	211					
17	4	95					

Sheet1 / Sheet2 / Sheet3

图8-56　G列值计算结果

(7) 计算季节指数。具体方法：将同季平均值除以总平均值，在H2单元格中输入公式“=F2/G2”，确定；在H3单元格中输入公式“=F3/G2”，确定；在H4单元格中输入公式“=F4/G2”，确定；在H5单元格中输入公式“=F5/G2”，确定；在H6单元格中输入公式“=F2/G2”，确定；在H7单元格中输入公式“=F3/G2”，确定；在H8单元格中输入公式“=F4/G2”，确定；在H9单元格中输入公式“=F5/G2”，确定；在H10单元格中输入公式“=F2/G2”，确定；在H11单元格中输入公式“=F3/G2”，确定；在H12单元格中输入公式“=F4/G2”，确定；在H13单元格中输入公式“=F5/G2”，确定；在H14单元格中输入公式“=F2/G2”，确定；在H15单元格中输入公式“=F3/G2”，确定；在H16单元格中输入公式“=F4/G2”，确定；在H17单元格中输入公式“=F5/G2”，确定。H列值计算结果如图8-57所示。

Book1

	A	B	C	D	E	F	G	H
1	各年各季度	加工价值	四项移动平均值	趋势值	B4/D4	同季平均	总平均值	季节指数
2	2012.1	67				0.684333399	1.001993731	0.682971737
3	2	104	95.75			1.165531457		1.163212324
4	3	136	97	96.375	1.4111543	1.370107664		1.367381472
5	4	76	98.5	97.75	0.7774936	0.788002405		0.786434466
6	2013.1	72	98.25	98.375	0.7318933			0.682971737
7	2	110	99.75	99	1.1111111			1.163212324
8	3	135	100.25	100	1.35			1.367381472
9	4	82	101.5	100.875	0.8128872			0.786434466
10	2014.1	74	103.25	102.375	0.7228327			0.682971737
11	2	115	104.75	104	1.1057692			1.163212324
12	3	142	105.75	105.25	1.3491686			1.367381472
13	4	88	121.75	113.75	0.7736264			0.786434466
14	2015.1	78	139	130.375	0.5982742			0.682971737
15	2	179	140.75	139.875	1.279714			1.163212324
16	3	211						1.367381472
17	4	95						0.786434466

Sheet1 / Sheet2 / Sheet3

图8-57　H列值计算结果

(8) 进行季节变动的调整，即消除季节变动。在I2单元格中输入公式“=B2/H2”，确定后用鼠标拖曳填充柄，将公式复制到“I3：I17”单元格，I列值如图8-58所示。

【参考答案】

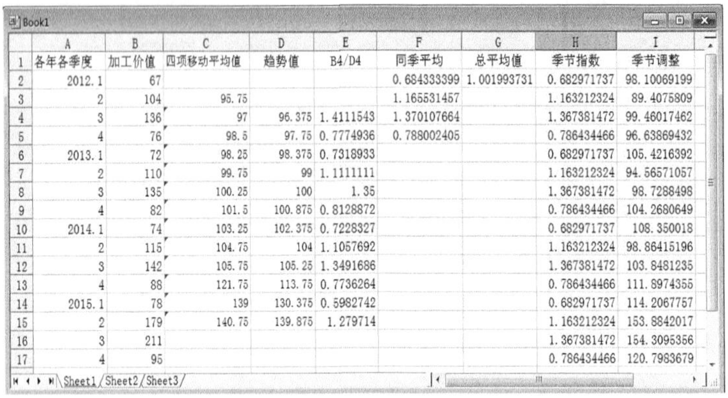

	A	B	C	D	E	F	G	H	I
1	各年各季度	加工价值	四项移动平均值	趋势值	B4/D4	同季平均	总平均值	季节指数	季节调整
2	2012.1	67				0.684333399	1.001993731	0.682971737	98.10069199
3	2	104	95.75			1.165531457		1.163212324	89.4075809
4	3	136	97	96.375	1.4111543	1.370107664		1.367381472	99.46017462
5	4	76	98.5	97.75	0.7774936	0.788002405		0.786434466	96.63869432
6	2013.1	72	98.25	98.375	0.7318933			0.682971737	105.4216392
7	2	110	99.75	99	1.1111111			1.163212324	94.56571057
8	3	135	100.25	100	1.35			1.367381472	98.7288498
9	4	82	101.5	100.875	0.8128872			0.786434466	104.2680649
10	2014.1	74	103.25	102.375	0.7228327			0.682971737	108.350018
11	2	115	104.75	104	1.1057692			1.163212324	98.86415196
12	3	142	105.75	105.25	1.3491686			1.367381472	103.8481235
13	4	88	121.75	113.75	0.7736264			0.786434466	111.8974355
14	2015.1	78	139	130.375	0.5982742			0.682971737	114.2067757
15	2	179	140.75	139.875	1.279714			1.163212324	153.8842017
16	3	211						1.367381472	154.3095356
17	4	95						0.786434466	120.7983679

图8-58　I列季节变动及调整计算结果

第三节　模拟练习与参考答案

练习题一

【实验资料】

已知某公司2007年各月份职工人数资料，如表8-13所示。

表8-13　某公司2007年各月职工人数

日期	1月1日	2月1日	4月1日	6月1日	9月1日	12月1日	12月31日
在册职工人数/人	326	330	335	408	414	412	412

【实验要求】

计算2007年该公司的平均职工人数。

【参考答案】

练习题一答案如图8-59所示。

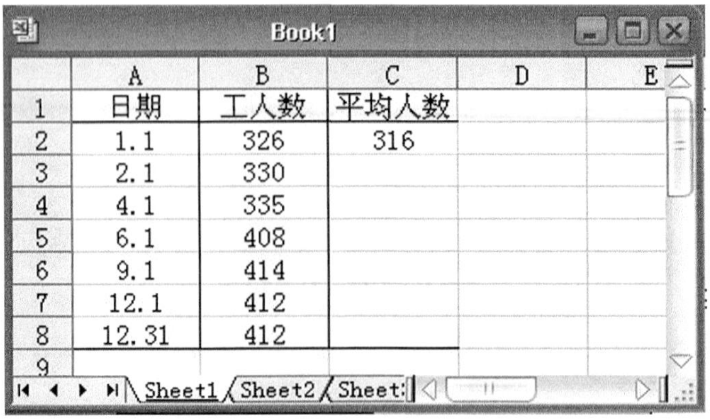

	A	B	C	D	E
1	日期	工人数	平均人数		
2	1.1	326	316		
3	2.1	330			
4	4.1	335			
5	6.1	408			
6	9.1	414			
7	12.1	412			
8	12.31	412			

图8-59　练习题一答案

练习题二

【实验资料】

已知某企业产品生产情况资料，如表8-14所示。

表8-14　某企业产品生产情况

项目\年份	产量/万吨	增长量		发展速度/%		增长速度/%		增长1%的绝对值
		累计	逐期	定基	环比	定基	环比	
2006	250.0	—	—	100.0	—	—	—	—
2007		15.0						
2008							5.5	
2009								
2010					112.0			3.1
2011			5.0					
2012	400.0							

【实验要求】

计算表8-14中各空格的动态分析指标，并填入空格中。

【参考答案】

练习题二答案如图8-60所示。

	A	B	C	D	E	F	G	H	I
1	年份	产　量	增长量		发展速度（%）		增长速度（%）		增长1%的
2		（万吨）	累积	逐期	定基	环比	定基	环比	绝对值
3	2006	250	—	—	100	—	—	—	—
4	2007	265	15	15	105	106	6	6	2.5
5	2008	279.6	29.6	14.6	111.8	105.5	11.8	5.5	2.7
6	2009	310	60	30.4	124	110.9	24	10.9	2.8
7	2010	347.2	79.2	37.2	138.9	112	38.9	12	3.1
8	2011	352.2	102.2	5	140.88	101.4	40.9	1.4	3.5
9	2012	400	150	47.8	160	113.6	60	13.6	3.5
10									
11									

图8-60　练习题二答案

练习题三

【实验资料】

已知某企业8月份工人人数变动资料，如表8-15所示。

表8-15　某企业8月份工人人数

日期	8月1日	8月6日	8月17日	8月25日	8月31日
实有工人数/人	405	408	416	410	410

【实验要求】

计算8月份平均每日工人数。

【参考答案】

该企业8月份平均每日工人数为410人。

参考理论公式为

$$\bar{y} = \frac{\sum yf}{\sum f} = \frac{405 \times 5 + 408 \times 11 + 416 \times 8 + 410 \times 7}{31}$$

$$= 410(\text{人})$$

练习题四

【实验资料】

已知某商业企业9—12月各月末的商品库存额，如表8-16所示。

表8-16　某商业企业商品库存额

日期	9月30日	10月31日	11月30日	12月31日
库存额/万元	150	160	180	175

【实验要求】

计算第4季度平均商品库存额。

【参考答案】

该商业企业第四季度平均商品库存额为167.5万元。

参考理论公式为

$$\bar{y} = \frac{\dfrac{y_1}{2} + y_2 + \cdots + y_{n-1} + \dfrac{y_n}{2}}{n-1}$$

$$= \frac{\dfrac{150}{2} + 160 + 180 + \dfrac{175}{2}}{4-1} = 167.5(\text{万元})$$

练习题五

【实验资料】

已知某企业仓库年库存量资料，如表8-17所示。

表8-17　某企业仓库年库存量

时间	1月初	4月初	7月初	12月末
库存量/吨	200	245	360	205

【实验要求】

计算该企业全年的月平均库存量。

【参考答案】

该企业全年的月平均库存量为272.5吨。

参考理论公式为

$$\bar{y} = \frac{\dfrac{y_1 + y_2}{2} f_1 + \dfrac{y_2 + y_3}{2} f_2 + \cdots + \dfrac{y_{n-1} + y_n}{2} f_{n-1}}{f_1 + f_2 + \cdots + f_{n-1}}$$

第八章　时间序列分析实验 **299**

$$=\frac{\frac{200+245}{2}\times3+\frac{245+360}{2}\times3+\frac{360+205}{2}\times6}{12}=272.5(吨)$$

练习题六

【实验资料】

已知某企业工业增加值和月末人数资料，如表8-18所示。

表8-18　企业工业增加值和月末人数

月份	三	四	五	六	七
工业增加值/万元	11.0	12.6	14.6	16.3	18.0
月末全员人数/人	2 000	2 000	2 200	2 200	2 300

【实验要求】

(1) 该企业第二季度各月的劳动生产率。

(2) 该企业第二季度的月平均劳动生产率。

(3) 该企业第二季度的劳动生产率。

【参考答案】

(1) 第二季度各月的劳动生产率：

四月份为6 300.0(元/人)；

五月份为6 952.4(元/人)；

六月份为7 409.1(元/人)。

(2) 该企业第二季度的月平均劳动生产率为6 904.76(元/人)。

参考理论公式为

$$\bar{y}=\frac{\bar{a}}{\bar{b}}=\frac{10\,000\times(12.6+14.6+16.3)/3}{(\frac{2\,000}{2}+2\,000+2\,200+\frac{2\,200}{2})/(4-1)}$$

$$=6\,904.76(元/人)$$

(3) 该企业第二季度的劳动生产率为20 714.28(元/人)。

参考理论公式为

$$y=\frac{\sum a}{\bar{b}}=\frac{(12.6+14.6+16.3)\times10\,000}{(\frac{2\,000}{2}+2\,000+2\,200+\frac{2\,200}{2})/(4-1)}$$

$$=20\,714.28(元/人)$$

练习题七

【实验资料】

已知某地区2010—2015年社会消费品零售总额情况，如表8-19所示。

表8-19 某地区社会消费品零售总额

年份	2000	2001	2002	2003	2004	2005
零售总额/万元	29 153	31 135	34 153	37 595	40 911	45 842

【实验要求】

计算社会消费品零售总额平均发展速度和平均增长速度。

【参考答案】

(1) 平均发展速度为109%。

参考理论公式为

$$\bar{a} = \sqrt[n]{\frac{y_n}{y_0}} = \sqrt[5]{\frac{45\ 842}{29\ 153}} = \sqrt[5]{1.5725} = 1.09 = 109\%$$

(2) 平均增长速度为9%。

参考理论公式为

$$\bar{a} - 1 = 109\% - 100\% = 9\%$$

练习题八

【实验资料】

已知我国1993—2005年的GDP资料,如表8-20所示。

表8-20 我国1993—2005年GDP资料

亿元

年份	t	GDP (y)
1993	1	35 334
1994	2	49 198
1995	3	60 794
1996	4	71 177
1997	5	78 973
1998	6	84 402
1999	7	89 677
2000	8	99 215
2001	9	109 655
2002	10	120 333
2003	11	135 823
2004	12	159 878
2005	13	182 321
合计	91	1 275 780

【实验要求】

依据上述资料建立直线趋势方程。

【参考答案】

直线趋势方程为

$$\hat{y} = 22\ 595.3 + 10\ 791.66t$$

练习题九

【实验资料】

已知工业总产值时间数列资料，如表8-21所示。

表8-21 工业总产值数据资料

时间序号	工业总产值/亿元	时间序号	工业总产值/亿元
1	477.9	25	645.7
2	397.2	26	562.4
3	507.3	27	695.7
4	512.2	28	712
5	527.0	29	723.1
6	545.0	30	743.2
7	494.7	31	678
8	502.5	32	676
9	536.5	33	703
10	533.5	34	685.3
11	553.6	35	703.3
12	543.9	36	722.4
13	518.6	37	681.9
14	460.9	38	567.6
15	568.7	39	737.7
16	570.5	40	739.6
17	590	41	759.6
18	604.8	42	794.8
19	564.9	43	719
20	575.9	44	734.8
21	613.9	45	776.2
22	614	46	782.5
23	646.7	47	816.5
24	655.3	48	847.4

【实验要求】

根据以上资料进行移动间隔为3个月(即一个季度跨度)的移动平均分析。

【参考答案】

三项移动平均结果如表8-22所示。

表8-22 三项移动平均结果

时间序号	三项移动平均值	时间序号	三项移动平均值
1	—	25	621.1
2	460.8	26	634.6
3	472.2	27	656.7
4	515.5	28	710.3
5	528.1	29	726.1
6	522.2	30	714.8
7	514.1	31	699.1
8	511.2	32	685.7
9	524.2	33	688.1
10	541.2	34	697.2
11	543.7	35	703.7
12	538.7	36	702.5
13	507.8	37	657.3
14	516.1	38	662.4
15	533.4	39	681.6
16	576.4	40	745.6
17	588.4	41	764.7
18	586.6	42	757.8
19	581.9	43	749.5
20	584.9	44	743.3
21	601.3	45	764.5
22	624.9	46	791.7
23	638.7	47	815.5
24	649.2	48	—

练习题十

【实验资料】

已知某企业连续6年各年销售收入资料，如表8-23所示。

表8-23 某企业连续6年各年销售收入资料

时间序号	销售收入/万元
1	200
2	297
3	220
4	235
5	277
6	270

【实验要求】

根据表8-23的资料进行指数平滑分析，平滑系数$\alpha=0.5$。

【参考答案】

指数平滑分析结果如图8-61所示。

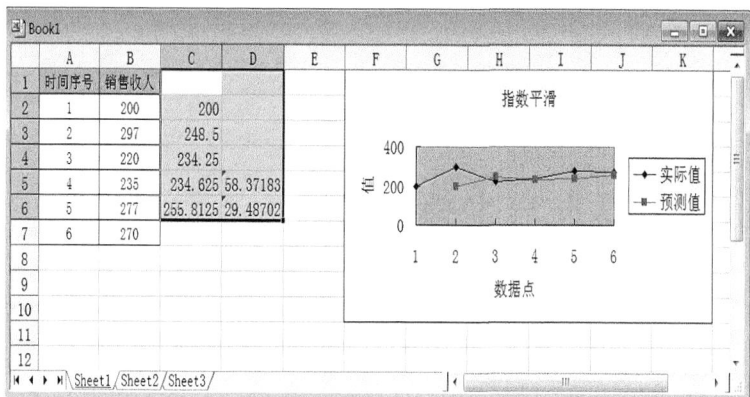

图8-61 指数平滑分析结果

练习题十一

【实验资料】

已知某产品季度销售量资料，如表8-24所示。

表8-24 某产品季度销售量资料

季度 年份	一季度	二季度	三季度	四季度	全年
2011	13.1	13.9	7.9	8.6	43.5
2012	10.8	11.5	9.7	11.0	43.0
2013	14.6	17.5	16.0	18.2	66.3
2014	18.4	20.0	16.9	18.0	73.3

【实验要求】

根据表8-24的资料进行季节变动分析。

【参考答案】

季节变动分析结果如图8-62所示。

图8-62 季节变动分析结果

第九章　统计指数分析实验

第一节　知识要点与主要公式

■ 一、知识要点

1. 统计指数

统计指数也称经济指数，是一种特殊的相对数，是一种综合反映复杂现象数量对比关系的统计分析指标。指数通常是指不同时间的现象水平的对比，它表明现象在时间上的变动情况。指数是解决多种不能直接相加的事物动态对比的分析工具。

2. 指数的性质

指数的性质有相对性、综合性、比较性、平均性、代表性。

3. 指数的作用

指数能综合反映复杂现象总体变动的方向和程度；利用指数体系可对现象的总变动进行因素分析，能够反映现象变化的长期趋势。

4. 指数的分类

根据指数化指标的性质，可分为质量指标指数和数量指标指数；根据指数的考察范围和计算方法，可分为个体指数和总指标指数；根据指数的对比性质，可分为动态指数和静态指标指数。

5. 综合指数

综合指数是总指数的基本形式，它是将因不能同度量而无法加总再对比的复杂现象的经济变量，通过另一个叫做同度量因素的变量转换成可以相加总的总量指标，然后进行对比所得到的用于说明复杂现象综合变动的相对数。综合指数的特点：两个价值总量指标对比形成的指数，将其中被研究因素以外的所有因素固定下来，仅观察被研究因素的变动情况。

6. 综合指数的基本编制原理

编制综合指数的基本方式是"先综合，后对比"，并选择同度量因素，解决复杂现象总体指数化指标不能直接加总(不同度量)的问题。综合指数的编制特点也是先综合后对比。编制综合指数必须明确指数化指标和同度量因素，指数化指标是被测定的因素，同度量因素也称权数，作为同度量因素的指标固定在哪个时期上，不是固定不变的。

(1) 为了解决复杂现象总体的指数化指标不能直接加总的问题，必须引入一个媒介因素，使其转化为相应的价值总量形式。

(2) 为了在对比过程中单纯反映指数化指标的变动或差异程度，必须将前面引入的同度量因素固定起来，具体为：

数量指标综合指数的编制——采用基期的质量指标作为同度量因素。

质量指标综合指数的编制——采用报告期的数量指标作为同度量因素。

7. 平均数指数

平均数指数的编制特点是从个体指数出发，先对比后平均。平均数指数有算术平均数指数和调和平均数指数两种形式。算术平均数指数一般用基期总值来加权；调和平均数指数一般用报告期总值来加权。

8. 指数的因素分析

指数的因素分析是指对现象总变动中各个因素变动的影响程度，用连锁替代法从相对数和绝对数两个方面进行分析。利用综合指数体系，可以分析现象总变动中的数量因素和质量因素的影响。相对数分析是从各个指数的计算结果来分析；绝对数分析是从各个指数分子与分母指标之差来分析。

9. 平均指标指数

平均指标指数用于测定总体平均指标的变动情况。分析总平均数指数的变动，需要计算以下3种指数。

(1) 可变构成指数。

(2) 固定构成指数。

(3) 结构影响指数。

利用上述3种指数的相互联系，可以分析现象总体平均指标变动受各组平均水平和各组结构变动的影响程度。

■ 二、主要公式

1. 拉氏指数

拉氏指数将同度量因素固定在基期水平上，故又称基期加权综合指数，公式为

$$L_p = \frac{\sum p_1 q_0}{\sum p_0 q_0}, L_q = \frac{\sum q_1 p_0}{\sum q_0 p_0}$$

式中：

p表示质量指标；

q表示数量指标；

1表示报告期；

0表示基期。

2. 帕氏指数

帕氏指数将同度量因素固定在计算期水平上，故又称计算期加权综合指数，公式为

$$P_p = \frac{\sum p_1 q_1}{\sum p_0 q_1}, P_q = \frac{\sum q_1 p_1}{\sum q_0 p_1}$$

式中：

p表示质量指标；

q表示数量指标；

1表示报告期；

0表示基期。

3. 加权算术平均指数

加权算术平均指数适用于测定数量指标综合指数的变形，公式为

$$\overline{K}_q = \frac{\sum k_q q_0 p_0}{\sum q_0 p_0}$$

式中：

$\overline{K}_q$表示加权算术平均指数；

k_q表示数量指标个体指数；

p表示质量指标；

q表示数量指标；

0表示基期。

4. 加权调和平均指数

加权调和平均指数适用于测定质量指标综合指数的变形情况，公式为

$$\overline{K}_p = \frac{\sum q_1 p_1}{\sum \dfrac{1}{k_p} q_1 p_1}$$

式中：

$\overline{K}_q$表示加权调和平均指数；

k_q表示质量指标个体指数；

p表示质量指标；

q表示数量指标；

1表示报告期。

5. 固定权数平均指数

固定权数平均指数的计算公式为

$$\overline{K} = \frac{\sum KW}{\sum W}$$

式中：

$\overline{K}$表示固定权数平均指数；

K表示个体(类)指数；

W表示固定权数。

6. 两因素个体指数的因素分析

两因素个体指数因素分析的指数体系为

$$\frac{q_1 p_1}{q_0 p_0} = \frac{q_1 p_0}{q_0 p_0} \times \frac{q_1 p_1}{q_1 p_0}$$

$$q_1 p_1 - q_0 p_0 = (q_1 p_0 - q_0 p_0) + (q_1 p_1 - q_1 p_0)$$

式中：

p 表示质量指标；

q 表示数量指标；

1 表示报告期；

0 表示基期。

7. 多因素个体指数的因素分析

多因素个体指数因素分析的指数体系为

$$\frac{a_1 b_1 c_1}{a_0 b_0 c_0} = \frac{a_1 b_0 c_0}{a_0 b_0 c_0} \times \frac{a_1 b_1 c_0}{a_1 b_0 c_0} \times \frac{a_1 b_1 c_1}{a_1 b_1 c_0} = \frac{a_1}{a_0} \times \frac{b_1}{b_0} \times \frac{c_1}{c_0}$$

$$a_1 b_1 c_1 - a_0 b_0 c_0 = (a_1 b_0 c_0 - a_0 b_0 c_0) + (a_1 b_1 c_0 - a_1 b_0 c_0) + (a_1 b_1 c_1 - a_1 b_1 c_0)$$

$$= (a_1 - a_0) b_0 c_0 + (b_1 - b_0) a_1 c_0 + (c_1 + c_0) a_1 b_1$$

式中：

a、b、c 表示各因素指标；

1 表示报告期；

0 表示基期。

8. 总体指数的两因素分析

两因素总体指数体系为

$$\frac{\sum p_1 q_1}{\sum p_0 q_0} = \frac{\sum q_1 p_0}{\sum q_0 p_0} \times \frac{\sum p_1 q_1}{\sum p_0 q_1}$$

$$\sum p_1 q_1 - \sum p_0 q_0 = (\sum q_1 p_0 - \sum q_0 p_0) + \left(\sum p_1 q_1 - \sum p_0 q_1\right)$$

式中：

p 表示质量指标；

q 表示数量指标；

1 表示报告期；

0 表示基期。

9. 总体指数的多因素分析

多因素总体指数体系为

$$\frac{\sum a_1 b_1 c_1}{\sum a_0 b_0 c_0} = \frac{\sum a_1 b_0 c_0}{\sum a_0 b_0 c_0} \times \frac{\sum a_1 b_1 c_0}{\sum a_1 b_0 c_0} \times \frac{\sum a_1 b_1 c_1}{\sum a_1 b_1 c_0}$$

$$\sum a_1 b_1 c_1 - \sum a_0 b_0 c_0 = \left(\sum a_1 b_0 c_0 - \sum a_0 b_0 c_0\right) + \left(\sum a_1 b_1 c_0 - \sum a_1 b_0 c_0\right) + \left(\sum a_1 b_1 c_1 - \sum a_1 b_1 c_0\right)$$

式中：

a、b、c表示各因素指标；

1表示报告期；

0表示基期。

10. 平均指标变动的因素分析

平均指标指数体系为

$$\frac{\sum x_1 f_1}{\sum f_1} / \frac{\sum x_0 f_0}{\sum f_0} = \left(\frac{\sum x_1 f_1}{\sum f_1} / \frac{\sum x_0 f_1}{\sum f_1}\right) \times \left(\frac{\sum x_0 f_1}{\sum f_1} / \frac{\sum x_0 f_0}{\sum f_0}\right)$$

可变构成指数＝固定构成指数×结构影响指数

$$\frac{\sum x_1 f_1}{\sum f_1} - \frac{\sum x_0 f_0}{\sum f_0} = \left(\frac{\sum x_1 f_1}{\sum f_1} - \frac{\sum x_0 f_1}{\sum f_1}\right) + \left(\frac{\sum x_0 f_1}{\sum f_1} - \frac{\sum x_0 f_0}{\sum f_0}\right)$$

式中：

x表示各组变量值；

f表示各组频数；

$f / \sum f$表示各组频率，即各组结构；

1表示报告期；

0表示基期。

第二节　实验课题与参考答案

———————— 实验一 ————————

【实验名称】

利用Excel编制总指数。

【实验目的】

熟悉Excel的基本操作。

训练总指数编制的操作方法。

【实验环境】

系统软件：Windows 2000、Windows 7、Windows 10或Windows XP。

应用软件：Excel 2000、Excel 2003、Excel 2007或Excel 2010。

【知识准备】

统计指数是用以反映复杂现象总体数量变动状况的相对数，它具有综合平均的性质。

单位成本总指数的计算公式为

$$单位成本总指数 = \frac{\sum p_1 q_1}{\sum p_0 q_1}$$

产品产量总指数的计算公式为

$$产品产量总指数=\frac{\sum q_1p_0}{\sum q_0p_0}$$

式中：

p为单位成本；

p_0为基期单位成本；

p_1为报告期单位成本；

q为产品产量；

q_0为基期产品产量；

q_1为报告期产品产量。

【实验资料】

已知某企业甲、乙、丙3种产品的生产情况，如表9-1所示。

表9-1　某企业3种产品的生产数据

产品	单位	基期单位成本p_0	基期产量q_0	报告期单位成本p_1	报告期产量q_1
甲	万件	8	20	6	24
乙	万吨	10	8	8	11
丙	万吨	20	4	17	6
合计	—	—	—	—	—

【实验要求】

以基期单位成本p为同度量因素计算产量综合指数。

【实验步骤】

(1) 打开Excel工作簿，输入甲、乙、丙3种产品的生产数据资料，并在G1单元格中输入p_0q_0，在H1单元格中输入p_0q_1，如图9-1所示。

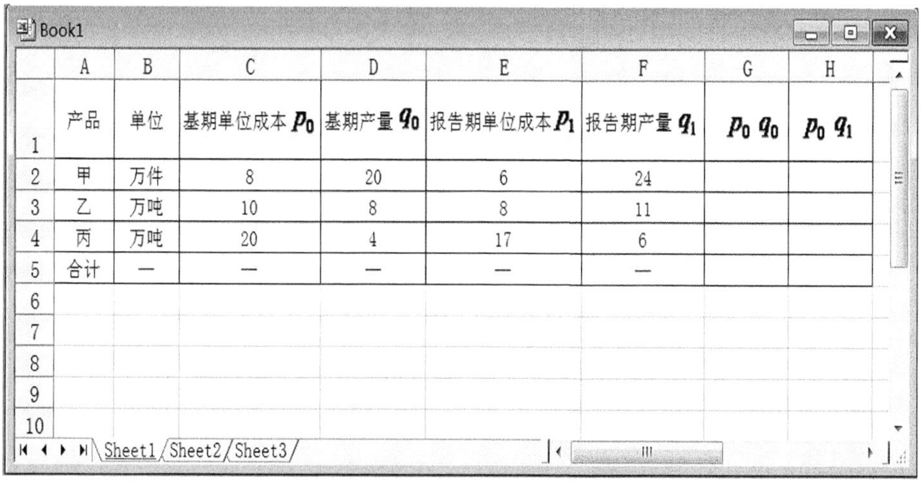

	A	B	C	D	E	F	G	H
1	产品	单位	基期单位成本p_0	基期产量q_0	报告期单位成本p_1	报告期产量q_1	p_0q_0	p_0q_1
2	甲	万件	8	20	6	24		
3	乙	万吨	10	8	8	11		
4	丙	万吨	20	4	17	6		
5	合计	—	—	—	—	—		
6								
7								
8								
9								
10								

图9-1　利用Excel计算总指数资料

(2) 计算各个p_0q_0。在G2单元格中输入公式“=C2*D2”，并用鼠标拖曳将公式复制到

"G2：G4"区域。

(3) 计算各个p_0q_1。在H2单元格中输入公式"=C2*F2"，并用鼠标拖曳将公式复制到"H2：H4"区域。

(4) 计算$\sum p_0q_0$和$\sum p_0q_1$。选中"G2：G4"区域，单击工具栏中的"$\sum$"按钮，在G5单元格中出现该列的求和值。选中"H2：H4"区域，单击工具栏中的"$\sum$"按钮，在H5单元格中出现该列的求和值。

(5) 计算生产量综合指数$I_q = \dfrac{\sum p_0q_1}{\sum p_0q_0}$。在C8单元格中输入公式"=H5/G5"，确定后便可得到生产量综合指数，如图9-2所示。

【参考答案】

生产量综合指数计算结果如图9-2所示。

	A	B	C	D	E	F	G	H
1	产品	单位	基期单位成本 p_0	基期产量 q_0	报告期单位成本 p_1	报告期产量 q_1	p_0q_0	p_0q_1
2	甲	万件	8	20	6	24	160	192
3	乙	万吨	10	8	8	11	80	110
4	丙	万吨	20	4	17	6	80	120
5	合计	—	—	—	—	—	320	422
6								
7								
8	生产量综合指数		1.31875					
9								
10								
11								

图9-2　生产量综合指数计算结果

—— 实验二 ——

【实验名称】

价格综合指数和销售量综合指数的编制。

【实验目的】

熟悉Excel的基本操作。

训练编制综合指数的操作方法。

【实验环境】

系统软件：Windows 2000、Windows 7、Windows 10或Windows XP。

应用软件：Excel 2000、Excel 2003、Excel 2007或Excel 2010。

【知识准备】

统计指数是用以反映复杂现象总体数量变动状况的相对数，它具有综合平均的性质。

商品物价总指数的计算公式为

$$商品物价总指数=\frac{\sum p_1q_1}{\sum p_0q_1}$$

商品销售量总指数的计算公式为

$$商品销售量总指数=\frac{\sum q_1p_0}{\sum q_0p_0}$$

式中：

p为销售单价；

p_0为基期销售单价；

p_1为报告期销售单价；

q为销售数量；

q_0为基期销售数量；

q_1为报告期销售数量。

【实验资料】

已知某粮油连锁店2014年和2015年3种商品的零售价格和销售量资料，如表9-2所示。

表9-2　某粮油连锁店三种商品的价格和销售量

商品名称	销售量/千克		单价/元	
	2014年	2015年	2014年	2015年
A	1 200	1 500	8.2	8.3
B	1 500	2 000	8.0	8.1
C	500	600	18.2	19.5

【实验要求】

分别以基期销售量和零售价格为权数，计算3种商品的价格综合指数和销售量综合指数。

【实验步骤】

(1) 打开Excel工作簿，将相关数据输入Excel工作表中，如图9-3所示。

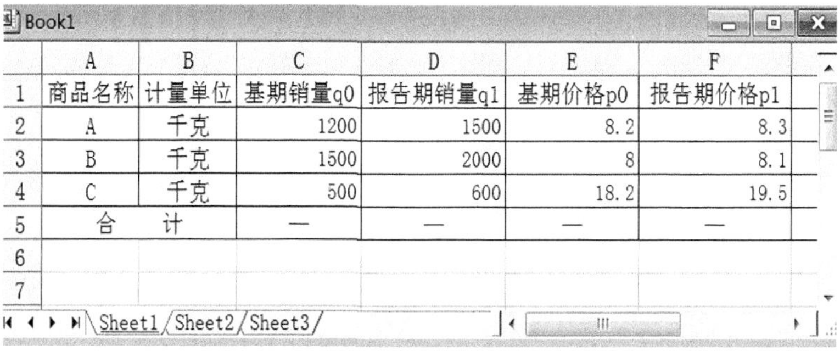

Book1

	A	B	C	D	E	F
1	商品名称	计量单位	基期销量q0	报告期销量q1	基期价格p0	报告期价格p1
2	A	千克	1200	1500	8.2	8.3
3	B	千克	1500	2000	8	8.1
4	C	千克	500	600	18.2	19.5
5	合　计		—	—	—	—
6						
7						

Sheet1 Sheet2 Sheet3

图9-3　计算工作表

(2) 计算3种商品的销售额p_0q_0，在G2单元格中输入“=C2*E2”，确定后用鼠标拖曳填充柄将公式复制到“G3：G4”区域。

(3) 计算3种商品的销售额p_1q_1，在H2单元格中输入“=D2*F2”，确定后用鼠标拖曳填充柄将公式复制到“H3：H4”区域。

(4) 计算3种商品的销售额p_0q_1，在I2单元格中输入“=C2*F2”，确定后用鼠标拖曳填充柄将公式复制到“I3：I4”区域。

(5) 计算3种商品的销售额p_1q_0，在J2单元格中输入“=F2*C2”，确定后用鼠标拖曳填充柄将公式复制到“J3：J4”区域。

(6) 计算各列销售额合计$\sum p_0q_0$、$\sum p_1q_1$、$\sum p_0q_1$、$\sum p_1q_0$。具体操作方法：选定“G2：G4”区域，单击工具栏上的求和按钮，在G5单元格中将出现该列的求和值。其余各项采用同样的操作方法。

(7) 计算价格综合指数和销售量综合指数。在C8单元格中输入“=J5/G5”，在C9单元格中输入“=15/G5”，便可以分别得到价格综合指数和销售量综合指数。

【参考答案】

总指数计算结果如图9-4所示。

Book1

	A	B	C	D	E	F	G	H	I	J
1	商品名称	计量单位	基期销量q0	报告期销量q1	基期价格p0	报告期价格p1	p0q0	p1q1	p0q1	p1q0
2	A	千克	1200	1500	8.2	8.3	9840	12450	12300	9960
3	B	千克	1500	2000	8	8.1	12000	16200	16000	12150
4	C	千克	500	600	18.2	19.5	9100	11700	10920	9750
5	合　计		—	—	—	—	30940	40350	39220	31860
6										
7										
8	价格综合指数		1.02973497							
9	销售量综合指数		1.26761474							
10										
11										
12										
13										
14										
15										

Sheet1 / Sheet2 / Sheet3

图9-4　总指数计算结果

实验三

【实验名称】

物价指数的编制。

【实验目的】

熟悉Excel的基本操作。

训练编制物价指数的操作方法。

【实验环境】

系统软件：Windows 2000、Windows 7、Windows 10或Windows XP。

应用软件：Excel 2000、Excel 2003、Excel 2007或Excel 2010。

【知识准备】

统计指数是用以反映复杂现象总体数量变动状况的相对数，它具有综合平均的性质。

商品物价总指数的计算公式为

$$商品物价总指数=\frac{\sum p_1q_1}{\sum p_0q_1}$$

商品销售量总指数的计算公式为

$$商品销售量总指数=\frac{\sum q_1p_0}{\sum q_0p_0}$$

式中：

p为销售单价；

p_0为基期销售单价；

p_1为报告期销售单价；

q为销售数量；

q_0为基期销售数量；

q_1为报告期销售数量。

【实验资料】

已知某市蔬菜、猪肉、鲜蛋以及水产品价格调整前后的资料，如表9-3所示。

表9-3 主要食品价格调整前后资料

商品名称	调整前		调整后	
	销售单价/元/千克	销售量/万吨	销售单价/元/千克	销售量/万吨
蔬菜	1.6	5.00	1.8	5.20
猪肉	12.8	4.46	14.0	5.52
鲜蛋	4.4	1.20	4.8	1.15
水产品	8.5	1.15	10.0	1.30

【实验要求】

(1) 计算各种商品零售物价个体指数。

(2) 计算4种商品物价和销售量的总指数。

(3) 计算由于每种商品和全部商品价格变动使该市居民增加支出的金额。

【实验步骤】

(1) 打开一个Excel工作簿，选择一张空白的工作表，将上述资料填入表中，并在表的右边加上4列，用以计算各种商品的个体指数和计算需要使用的各个参数，具体样式如图9-5所示。

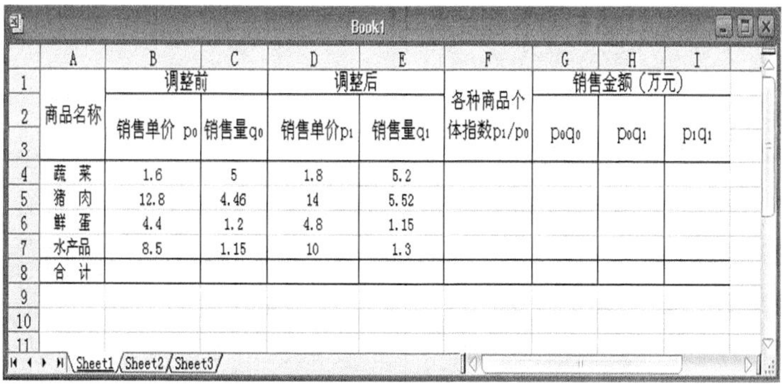

	A	B	C	D	E	F	G	H	I
1	商品名称	调整前		调整后		各种商品个体指数p1/p0	销售金额（万元）		
2–3		销售单价 p0	销售量q0	销售单价p1	销售量q1		p0q0	p0q1	p1q1
4	蔬 菜	1.6	5	1.8	5.2				
5	猪 肉	12.8	4.46	14	5.52				
6	鲜 蛋	4.4	1.2	4.8	1.15				
7	水产品	8.5	1.15	10	1.3				
8	合 计								

图9-5 计算工作表

(2) 计算各种商品零售物价个体指数。计算方法：在F4单元格中输入计算公式"=D4/B4"，确定后依次向下填充到F7单元格，并调整数字格式为百分号和保留两位小数。

(3) 计算p_0q_0，即按基期销售单价和基期销售量计算销售总额。计算方法：在G4单元格中输入计算公式"=B4*C4"，确定后依次向下填充到G7单元格。

(4) 计算p_0q_1，即按基期销售单价和报告期销售量计算销售总额。计算方法：在H4单元格中输入计算公式"=B4*E4"，确定后依次向下填充到H7单元格。

(5) 计算p_1q_1，即按报告期销售单价和报告期销售量计算销售总额。计算方法：在I4单元格中输入计算公式"=D4*E4"，确定后依次向下填充到I7单元格。

(6) 计算各指标的汇总数。计算方法：在G8单元格中输入公式"=SUM(G4：G7)"，计算p_0q_0的合计数，确认后，向右填充到I8单元格，计算其他各列的汇总数。计算完成的表格如图9-6所示。

商品名称	调整前		调整后		各种商品个体指数p_1/p_0	销售金额（万元）		
	销售单价p_0	销售量q_0	销售单价p_1	销售量q_1		p_0q_0	p_0q_1	p_1q_1
蔬 菜	1.6	5	1.8	5.2	112.50%	8.00	8.32	9.36
猪 肉	12.8	4.46	14	5.52	109.38%	57.09	70.66	77.28
鲜 蛋	4.4	1.2	4.8	1.15	109.09%	5.28	5.06	5.52
水产品	8.5	1.15	10	1.3	117.65%	9.78	11.05	13.00
合 计	—	—	—	—	—	80.14	95.09	105.16

图9-6　统计指数计算过程

(7) 根据计算资料进一步计算物价总指数和销售量总指数，以及物价变动对居民支出的影响。具体方法：在上述计算表的下方，空一行编制一份简单的计算分析表，用以计算分析有关指标，表的样式如图9-7所示。

指标名称	指标	比重
四种商品物价总指数		
四种商品销售量总指数		
全部商品价格变动居民增加支出		
蔬菜价格的变动增加支出		
猪肉价格的变动增加支出		
鲜蛋价格的变动增加支出		
水产品价格的变动增加支出		

图9-7　统计指数计算分析

(8) 计算有关的指标。计算方法：在B11单元格中输入计算"四种商品物价总指数"的计算公式"=I8/H8"；在B12单元格中输入计算"四种商品销售量总指数"的计算公式"=H8/G8"；在B13单元格中输入计算"全部商品价格变动居民增加支出"的计算公式

"=(I8-H8)*1000"。由于销售量的单位是"吨",计算绝对值指标时要乘以1000。在B14单元格中输入计算"蔬菜价格的变动增加支出"的计算公式"=(I4-H4)*1000",然后,依次向下填充到B17单元格,分别计算因蔬菜、猪肉、鲜蛋、水产品的价格变动影响居民支出的数额。

(9) 计算"全部商品价格变动居民增加支出"中各项商品所占的比重。计算方法:在C14单元格中输入公式"=B14/$B$13",计算蔬菜价格变动增加的支出在全部商品价格变动增加的支出中的比重,然后,依次向下填充到C17单元格,分别计算猪肉、鲜蛋、水产品的价格变动增加的支出在全部商品价格变动增加的支出中的比重。

(10) 根据计算结果,写出实验结论。

【参考答案】

完成的计算结果如图9-8所示。

	A	B	C	D
10	指标名称	指标	比重	
11	四种商品物价总指数	1.105946196	—	
12	四种商品销售量总指数	1.186454213	—	
13	全部商品价格变动居民增加支出	10074.00	—	
14	蔬菜价格的变动增加支出	1040	10.32%	
15	猪肉价格的变动增加支出	6624	65.75%	
16	鲜蛋价格的变动增加支出	460	4.57%	
17	水产品价格的变动增加支出	1950	19.36%	

图9-8　计算结果

【分析说明】

由图9-8可知:

四种商品物价总指数=1.106。

四种商品销售量总指数=1.186。

全部商品价格变动使该市居民增加支出的金额=10 074万元。

其中,蔬菜价格的变动增加支出的金额=1 040万元。

猪肉价格的变动增加支出的金额=6 624万元。

鲜蛋价格的变动增加支出的金额=460万元。

水产品价格的变动增加支出的金额=1 950万元。

通过分析可以看出,猪肉的价格变动影响最大,占居民增加支出总金额的65.75%;其次是水产品,占居民增加支出总金额的19.36%。

实验四

【实验名称】

物价指数的编制。

【实验目的】

熟悉Excel的基本操作。

训练编制物价指数的操作方法。

【实验环境】

系统软件：Windows 2000、Windows 7、Windows 10或Windows XP。

应用软件：Excel 2000、Excel 2003、Excel 2007或Excel 2010。

【知识准备】

个体指数的计算公式为

$$k_q = q_1/q_0, k_p = p_1/p_0$$

式中：

k_q表示销售量个体指数；

k_p表示销售价格个体指数；

p表示销售价格；

q表示销售量；

1表示报告期；

0表示基期。

产品销售额总指数的计算公式为

$$\frac{\sum p_1 q_1}{\sum p_0 q_0} = \frac{\sum k_p k_q p_0 q_0}{\sum p_0 q_0}$$

式中：

k_q表示销售量个体指数；

k_p表示销售价格个体指数；

p表示销售价格；

q表示销售量；

1表示报告期；

0表示基期。

产品销售价格总指数的计算公式为

$$\frac{\sum p_1 q_1}{\sum p_0 q_1} = \frac{\sum k_p k_q p_0 q_0}{\sum k_q p_0 q_0}$$

式中：

k_q表示销售量个体指数；

k_p表示销售价格个体指数；

p表示销售价格；

q表示销售量；

1表示报告期；

0表示基期。

【实验资料】

已知某企业生产销售3种商品，资料如表9-4所示。

表9-4　3种商品销售资料

产品名称	单位	2006年销售额	2007年销售量比2006年增长的百分比	2007年价格为2006年的百分比
甲	吨	80	2.0	100
乙	件	90	3.5	102
丙	台	120	4.0	96

【实验要求】

计算3种产品销售额总指数，并用相对数和绝对数分析销售量变动和销售价格变动对销售额变动的影响。

【实验步骤】

(1) 打开一个Excel工作簿，选择一张空白的工作表，根据已知资料编制计算工作表，计算有关数据，表的样式如图9-9所示。

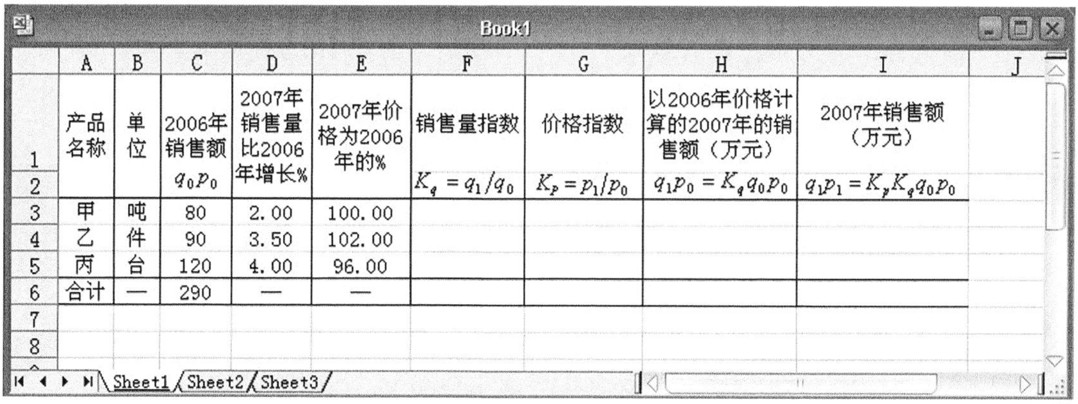

	A	B	C	D	E	F	G	H	I	J
1	产品名称	单位	2006年销售额	2007年销售量比2006年增长%	2007年价格为2006年的%	销售量指数	价格指数	以2006年价格计算的2007年的销售额（万元）	2007年销售额（万元）	
2			q_0p_0			$K_q=q_1/q_0$	$K_p=p_1/p_0$	$q_1p_0=K_qq_0p_0$	$q_1p_1=K_pK_qq_0p_0$	
3	甲	吨	80	2.00	100.00					
4	乙	件	90	3.50	102.00					
5	丙	台	120	4.00	96.00					
6	合计	—	290	—	—					
7										
8										

图9-9　计算工作表

(2) 计算销售量指数。计算方法：在F3单元格中输入公式“=C3*(1+D3/100)/C3”，确定后，向下填充到F5单元格，计算各产品的销售量指数。

(3) 计算价格指数。计算方法：在G3单元格中输入公式“=E3/100”，确定后向下填充到G5单元格，计算各产品的价格指数。

(4) 计算以2006年价格计算的2007年销售额。计算方法：在H3单元格中输入公式“=F3*C3”，确定后向下填充到H5单元格，计算各产品按2006年价格计算的2007年的销售额。

(5) 计算2007年销售额。计算方法：在I3单元格中输入公式“=C3*F3*G3”，确定后向下填充到I5单元格，计算各产品2007年的销售额。在完成上述基本计算后，在H3单元格内输入公式“=SUM(H3：H5)”，在I3单元格内输入公式“=SUM(I3：I5)”，计算按2006年价格计算的2007年销售额及2007年销售额的合计数。在计算工作表的下方，再编制一张用于分析计算的小表格，表格的样式如图9-10所示。

Book1

	A	B	C	D	E	F	G	H	I
1	产品名称	单位	2006年销售额	2007年销售量比2006年增长%	2007年价格为2006年的%	销售量指数	价格指数	以2006年价格计算的2007年销售额（万元）	2007年销售额（万元）
2			p_0q_0			$K_q=q_1/q_0$	$K_p=p_1/p_0$	$q_1p_0=K_qq_0p_0$	$q_1p_1=K_pK_qq_0p_0$
3	甲	吨	80	2.00	100.00	102.00%	100.00%	81.6	81.6
4	乙	件	90	3.50	102.00	103.50%	102.00%	93.15	95.013
5	丙	台	120	4.00	96.00	104.00%	96.00%	124.8	119.808
6	合计	—	290	—	—	—	—	299.55	296.421
7									
8		项目	相对数	绝对数					
9		销售量变动影响							
10		物价变动影响							
11		销售额变动影响							
12									
13									

Sheet1 Sheet2 Sheet3

图9-10 数据计算分析表

(6) 计算销售量变动对销售额的影响。先计算相对指标，计算方法：在C9单元格中输入公式 “=H6/C6”；然后计算影响的绝对额，计算方法：在D9单元格中输入公式“=H6-C6”，确定后完成销售量变动影响的计算。

(7) 计算价格变动对销售额的影响。先计算相对指标，计算方法：在C10单元格中输入公式 “=I6/H6”；然后计算影响的绝对额，计算方法；在D10单元格中输入公式“=I6-H6”，确定后完成价格变动影响的计算。

(8) 计算总的销售额变动的影响。先计算相对指标，计算方法：在C11单元格中输入公式“=I6/C6”；然后计算影响的绝对额，计算方法：在D11单元格中输入公式“=I6-C6”，确定后完成销售额变动影响的计算。

(9) 根据计算结果进行分析。

【参考答案】

完成的计算结果如图9-11所示。

Book1

	A	B	C	D	E	F	G	H	I
1	产品名称	单位	2006年销售额	2007年销售量比2006年增长%	2007年价格为2006年的%	销售量指数	价格指数	以2006年价格计算的2007年销售额（万元）	2007年销售额（万元）
2			p_0q_0			$K_q=q_1/q_0$	$K_p=p_1/p_0$	$q_1p_0=K_qq_0p_0$	$q_1p_1=K_pK_qq_0p_0$
3	甲	吨	80	2.00	100.00	102.00%	100.00%	81.6	81.6
4	乙	件	90	3.50	102.00	103.50%	102.00%	93.15	95.013
5	丙	台	120	4.00	96.00	104.00%	96.00%	124.8	119.808
6	合计	—	290	—	—	—	—	299.55	296.421
7									
8		项目	相对数	绝对数					
9		销售量变动影响	103.29%	9.55					
10		物价变动影响	98.96%	-3.13					
11		销售额变动影响	102.21%	6.42					
12									

Sheet1 Sheet2 Sheet3

图9-11 计算结果

【分析说明】

根据图9-11的资料，得到如下分析结果。

产品销售额总指数=102.21%，即2007年销售额比2006年销售额增长2.21%。

增加的绝对额=6.42(万元)。

价格变动的影响程度：价格总指数=98.96%，即由于价格变动使得2007年销售额比2006年降低了1.04%，影响的绝对额=-3.13(万元)。

销售量变动的影响程度：销售量总指数=103.29%，即由于销售量变动使得2007年销售额比2006年增加了3.29%，影响的绝对额=9.55(万元)。

实验五

【实验名称】

平均指数的编制。

【实验目的】

熟悉Excel的基本操作。

训练编制平均指数的操作方法。

【实验环境】

系统软件：Windows 2000、Windows 7、Windows 10或Windows XP。

应用软件：Excel 2000、Excel 2003、Excel 2007或Excel 2010。

【知识准备】

依据"先综合后对比"的方式编制平均指数的基本程序：首先，通过对比计算个体指数；然后，将个体指数加以平均得到总指数。

1. 加权算术平均指数

加权算术平均指数适用于数量指标综合指数的变形，计算公式为

$$\overline{K}_q = \frac{\sum k_q q_0 p_0}{\sum q_0 p_0}$$

式中：

$\overline{K}_q$表示加权算术平均指数；

k_q表示数量指标个体指数；

p表示质量指标；

q表示数量指标；

0表示基期。

2. 加权调和平均指数

加权调和平均指数适用于质量指标综合指数的变形，计算公式为

$$\overline{K}_p = \frac{\sum q_1 p_1}{\sum \frac{1}{k_p} q_1 p_1}$$

式中：

$\overline{K}_q$表示加权调和平均指数；

k_p表示质量指标个体指数；

p表示质量指标；

q表示数量指标；

1表示报告期。

【实验资料】

已知某企业生产情况的统计资料，如表9-5所示。

表9-5　某企业3种产品的生产数据

产品	单位	基期产量q_0	报告期产量q_1	基期总成本p_0q_0
甲	万件	20	24	160
乙	万吨	8	11	80
丙	万吨	4	6	80
合计	—	—	—	320

【实验要求】

以基期总成本为同度量因素编制产量平均指数。

【实验步骤】

(1) 打开Excel工作簿，输入甲、乙、丙3种产品的生产数据资料，并在F1单元格中输入“$k_q=\frac{q_1}{q_0}$”，在G1单元格中输入“$k_qp_0q_0$”，如图9-12所示。

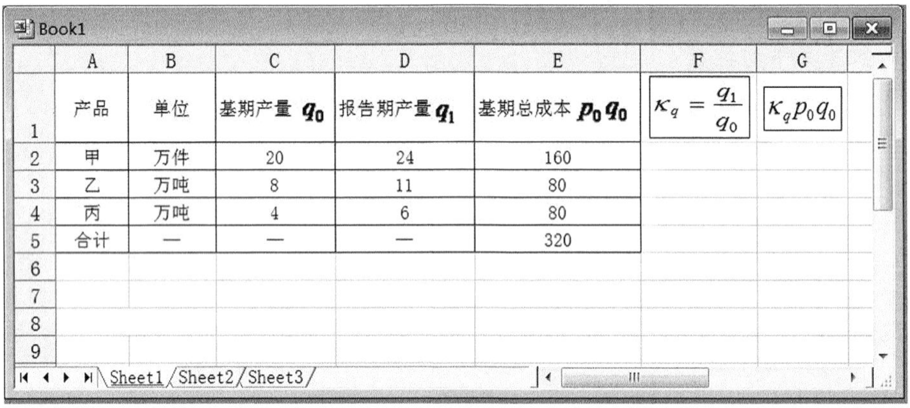

	A	B	C	D	E	F	G
1	产品	单位	基期产量 q_0	报告期产量 q_1	基期总成本 p_0q_0	$k_q=\frac{q_1}{q_0}$	$k_qp_0q_0$
2	甲	万件	20	24	160		
3	乙	万吨	8	11	80		
4	丙	万吨	4	6	80		
5	合计	—	—	—	320		

图9-12　利用Excel计算平均指数资料

(2) 计算个体指数$k_q=\frac{q_1}{q_0}$。在F2单元格中输入公式“= D2/C2”，并用鼠标拖曳将公式复制到“F2：F4”区域。

(3) 计算$k_qp_0q_0$并求和。在G2单元格中输入公式“=F2*E2”，并用鼠标拖曳将公式复制到“G2：G4”区域。选中“G2：G4”区域，单击工具栏中的“∑”按钮，在G5单元格中出现该列的求和值。

(4) 计算生产量平均指数。在C8单元格中输入公式“=G5/E5”，即得到所求的值，如图9-13所示。

【参考答案】

计算结果如图9-13所示。

	A	B	C	D	E	F	G
1	产品	单位	基期产量 q_0	报告期产量 q_1	基期总成本 p_0q_0	$K_q=\frac{q_1}{q_0}$	$K_qp_0q_0$
2	甲	万件	20	24	160	1.2	492
3	乙	万吨	8	11	80	1.375	110
4	丙	万吨	4	6	80	1.5	120
5	合计	—	—	—	320	—	422
6							
7							
8	生产量平均指数		1.31875				
9							
10							

图9-13　计算结果

实验六

【实验名称】

平均指数的编制。

【实验目的】

熟悉Excel的基本操作。

训练编制平均指数的方法。

【实验环境】

系统软件：Windows 2000、Windows 7、Windows 10或Windows XP。

应用软件：Excel 2000、Excel 2003、Excel 2007或Excel 2010。

【知识准备】

依据“先综合、后对比”的方式编制平均指数的基本程序：首先，通过对比计算个体指数；然后，将个体指数加以平均得到总指数。

1. *加权算术平均指数——适用于数量指标综合指数的变形*

加权算术平均指数的计算公式为

$$\overline{K}_q=\frac{\sum k_q q_0 p_0}{\sum q_0 p_0}$$

式中：

$\overline{K}_q$表示加权算术平均指数；

k_q表示数量指标个体指数；

p表示质量指标；

q表示数量指标；

0表示基期。

2.加权调和平均指数——适用于质量指标综合指数的变形

加权调和平均指数的计算公式为

$$\overline{K}_p = \frac{\sum q_1 p_1}{\sum \frac{1}{k_p} q_1 p_1}$$

式中：

$\overline{K}_p$表示加权调和平均指数；

k_p表示质量指标个体指数；

p表示质量指标；

q表示数量指标；

1表示报告期。

【试验资料】

已知某企业生产3种产品的有关资料，如表9-6所示。

表9-6　某企业生产3种产品的有关数据

商品名称	计量单位	总成本/万元		个体成本指数 p_1/p_0	个体产量指数 q_1/q_0
		基期 $p_0 q_0$	报告期 $p_1 q_1$		
甲	件	200	220	1.14	1.03
乙	台	50	50	1.05	0.98
丙	箱	120	150	1.20	1.10

【实验要求】

编制3种产品的单位成本总指数和产量总指数。

【实验步骤】

(1) 打开Excel工作簿，将第一行行高增大并设置自动换行，然后将相关数据输入Excel工作表中，如图9-14所示。

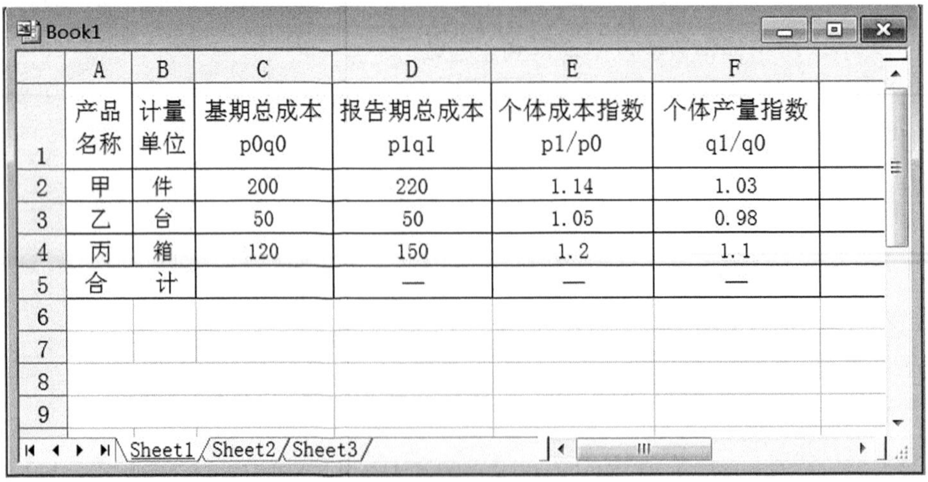

图9-14　计算工作表

(2) 在G2单元格中输入公式"=C2*E2"，确定后用鼠标拖曳填充柄，将公式复制到"G3：G4"区域。

(3) 在H2单元格中输入公式"=F2*C2"，确定后用鼠标拖曳填充柄，将公式复制到"H3：H4"区域。

(4) 在C5、G5和H5单元格中分别作求和运算。

(5) 计算单位成本指数和产量总指数，在D8、D9单元格中分别输入公式"=G5/C5"和"=H5/C5"，即得到所求的值。

【参考答案】

加权平均数指数计算结果如图9-15所示。

	A	B	C	D	E	F	G	H
1	产品名称	计量单位	基期总成本 p0q0	报告期总成本 p1q1	个体成本指数 p1/p0	个体产量指数 q1/q0	(p1/p0)p0q0	(q1/q0)p0q0
2	甲	件	200	220	1.14	1.03	228	206
3	乙	台	50	50	1.05	0.98	52.5	49
4	丙	箱	120	150	1.2	1.1	144	132
5	合	计	370		—	—	424.5	387
6								
7								
8	单位成本总指数			1.147297297				
9	产量总指数			1.045945946				
10								

图9-15　加权平均数指数计算结果

实验七

【实验名称】

劳动生产率指数的编制。

【实验目的】

熟悉Excel的基本操作。

训练编制劳动生产率指数的方法。

【实验环境】

系统软件：Windows 2000、Windows 7、Windows 10或Windows XP。

应用软件：Excel 2000、Excel 2003、Excel 2007或Excel 2010。

【知识准备】

1. 总平均劳动生产率指数，即可变构成指数

相关的计算公式为

$$可变构成指数 = \frac{\sum T_1 q_1}{\sum T_1} / \frac{\sum T_0 q_0}{\sum T_0}$$

2. 总平均劳动生产率变动对总产值影响的绝对金额

相关的计算公式为

$$绝对金额 = (\frac{\sum T_1 q_1}{\sum T_1} - \frac{\sum T_0 q_0}{\sum T_0})\sum T_1$$

3. 个别劳动生产率水平的变动对总平均劳动生产率的影响，即固定构成指数

相关的计算公式为

$$固定构成指数 = \frac{\sum q_1 T_1}{\sum T_1} / \frac{\sum q_0 T_1}{\sum T_1}$$

4. 个别劳动生产率水平的变动对总平均劳动生产率影响的绝对金额

相关的计算公式为

$$绝对金额 = (\frac{\sum q_1 T_1}{\sum T_1} - \frac{\sum q_0 T_1}{\sum T_1})\sum T_1$$

5. 工人人数比重的变动对总平均劳动生产率的影响，即结构影响指数

相关的计算公式为

$$结构影响指数 = \frac{\sum q_0 T_1}{\sum T_1} / \frac{\sum q_0 T_0}{\sum T_0}$$

6. 工人人数比重的变动对总平均劳动生产率影响的绝对金额

相关的计算公式为

$$绝对金额 = (\frac{\sum q_0 T_1}{\sum T_1} - \frac{\sum q_0 T_0}{\sum T_0})\sum T_0$$

【实验资料】

已知甲、乙企业2006年和2007年的总产值和工人人数资料，如表9-7所示。

表9-7　总产值与工人人数资料

企业	2006年		2007年	
	总产值/万元	工人数/人	总产值/万元	工人数/人
甲	250	50	825	150
乙	200	100	120	50

【实验要求】

(1) 计算总平均劳动生产率指数。

(2) 对总平均劳动生产率变动及对总产值的影响进行分析。

【实验步骤】

(1) 打开Excel工作簿，首先，将上述资料填制到计算工作表中，以备进一步计算，计算工作表的样式如图9-16所示。

图9-16 计算工作表

(2) 计算2006年的工人劳动生产率。计算方法：在D3单元格中输式公式"=B3/C3"，然后依次向下填充到D5单元格，计算出2006年甲、乙两企业及总的工人劳动生产率。

(3) 计算2007年的工人劳动生产率。计算方法：在G3单元格中输入公式"=E3/F3"，然后依次向下填充到G5单元格，计算出2007年甲、乙两企业及总的工人劳动生产率。

(4) 计算以2006年工人劳动生产率为基础的2007年总产值。计算方法：在H3单元格中输入公式"=D3*F3"，然后依次填充到H4单元格，在H5单元格中输入公式"=SUM(H3: H4)"，计算出以 2006 年工人劳动生产率为基础的2007年总产值。

(5) 经过整理后的表格如图9-17所示。

图9-17 数据整理工作表

(6) 根据计算结果，作进一步分析，先在计算表下面编制一张小的分析计算表，填入有关指标名称，如图9-18所示。

图9-18 数据分析计算表

(7) 计算总平均劳动生产率。计算方法：在B7单元格中输入公式"=G5/D5"，计算出总平均劳动生产率。

(8) 计算总平均劳动生产率变动影响的总产值。计算方法：在B8单元格中输入公式"=(G5-D5)*F5"，计算出总平均劳动生产率变动影响的总产值。

(9) 计算固定构成指数。计算方法：在B9单元格中输入公式"=G5/(H5/F5)"，计算出固定构成指数。

(10) 计算各个劳动生产率变动影响的总产值。计算方法：在B10单元格中输入公式"=(G5-H5)/ F5*F5"，计算出各个劳动生产率变动影响的总产值。

(11) 计算结构影响指数。计算方法：在B11单元格中输入公式"=(H5/F5)/D5"，计算出结构影响指数。

(12) 计算人员结构变动影响的总产值。计算方法：在B12单元格中输入公式"=((H5/F5)-D5)* F5"，计算出人员结构变动影响的总产值。

(13) 根据计算结果写出分析结论。

【参考答案】

计算结果如图9-19所示。

	A	B	C	D
5	合计	450	150	3
6				
7	总平均劳动生产率指数	157.50%		
8	总平均劳动生产率变动对总产值的影响	345.0		
9	固定构成指数	111.18%		
10	劳动生产率变动影响的总产值	95.0		
11	结构影响指数	141.67%		
12	人员结构变动影响的总产值	250.0		
13				
14				

图9-19　计算结果

【分析说明】

从计算结果中可以看出：总平均劳动生产率指数=157.50%；总平均劳动生产率变动影响的总产值=345万元；固定构成指数=111.18%；劳动生产率变动影响的总产值=95万元；结构影响指数=141.67%；人员结构变动影响的总产值=250万元。

以上各指数的关系为

$$157.50\% = 111.18\% \times 141.67\%$$

$$345万元 = 95万元 + 250万元$$

以上分析表明，甲、乙两企业总平均劳动生产率从每人30 000元提高到47 250元，增长57.5%，增加总产值345万元。其中，由于各企业工人劳动生产率水平综合提高11.18%，增加总产值95万元；由于各企业工人人数所占比重的变动促使总平均劳动生产率提高了41.67%，增加总产值250万元。

实验八

【实验名称】

固定权数平均数指数的编制。

【实验目的】

熟悉Excel的基本操作。

训练编制固定权数平均数指数的操作方法。

【实验环境】

系统软件：Windows 2000、Windows 7、Windows 10或Windows XP。

应用软件：Excel 2000、Excel 2003、Excel 2007或Excel 2010。

【知识准备】

固定权数平均数指数的公式为

$$\bar{K} = \frac{\sum KW}{\sum W} \text{ 或 } \bar{K} = \sum \left(K \frac{W}{\sum W} \right)$$

式中：

K表示个别商品指数；

W表示个别商品的各项固定权数。

【实验资料】

已知某地副食品调价前后的肉禽蛋等商品的平均价格及权数资料，如表9-8所示。

表9-8　调整前后副食品价格表

商品名称	平均零售价格/元/千克		权数
	调整前	调整后	
鲜猪肉	11.2	12.8	40
熟猪肉	14.1	15.2	6
兔肉	15.8	16.2	5
香肠	18.6	19.4	4
肉松	24.0	24.9	2
牛肉	13.6	14.2	1
肉脯	32.8	34.6	3
羊肉	14.8	15.6	1
活鸡	11.2	12.2	2
活鸭	13.4	13.6	4
鸡蛋	5.6	5.8	2
鸭蛋	6.2	6.9	18
皮蛋	5.8	6.1	6
咸蛋	5.7	6.0	5
活鹅	14.8	15.3	1

【实验要求】

根据表9-8的资料，计算肉禽蛋类零售价格固定权数的平均数指数。

【实验步骤】

(1) 打开Excel工作簿，选择一个空白的工作表，将表9-8的资料填制到计算工作表中，以备进一步计算。

(2) 在工作表的右边加上3列，一列为指数K，用于计算各个商品的个别零售物价指数；第二列为权重比，用于计算各个固定权数在总权数中的比重；第三列为KW，即个别商品指数乘以该商品的固定权数；最后，计算加权平均数指数。计算工作表的样式如图9-20所示。

(3) 计算各种商品的个别价格指数。计算方法：在E3单元格中输入计算公式"=C3/B3"，确定后依次向下填充到F17单元格，计算出各种商品的个别价格指数。

商品名称	平均零售价格(元/千克)		权数 W	指数 K (%)	权重比 (%)	KW
	调整前	调整后				
鲜猪肉	11.2	12.8	40			
熟猪肉	14.1	15.2	6			
兔肉	15.8	16.2	5			
香肠	18.6	19.4	4			
肉松	24	24.9	2			
牛肉	13.6	14.2	1			
肉脯	32.8	34.6	3			
羊肉	14.8	15.6	1			
活鸡	11.2	12.2	2			
活鸭	13.4	13.6	4			
鸡蛋	5.6	5.8	2			
鸭蛋	6.2	6.9	18			
皮蛋	5.8	6.1	6			
咸蛋	5.7	6	5			
活鹅	14.8	15.3	1			
合计						

图9-20 计算工作表

(4) 计算各种商品的权重比。计算方法：在D18单元格中求和，在F3单元格中输入计算公式"=D3/\$D\$18"，确定后依次向下填充到F17单元格，计算出各种商品固定权数在总权数中所占的比重。

(5) 计算各种商品的个别价格指数与权重比的乘积。计算方法：在G3单元格中输入计算公式"=E3*G3"，确定后依次向下填充到G17单元格，在G18单元格中输入公式"=SUM(G3：G17)"，确定，最终计算出全部商品固定权数的平均数指数。

(6) 根据要求将单元格的格式调整为百分数并保留两位小数。

【参考答案】

经过计算，得到全部商品固定权数的平均数指数为109.77%，完成的计算结果如图9-21所示。

	B	C	D	E	F	G
1	平均零售价格(元/千克)		权数 W	指数 K (%)	权重比 (%)	KW
2	调整前	调整后				
3	11.2	12.8	40	114.29%	40.00%	45.71%
4	14.1	15.2	6	107.80%	6.00%	6.47%
5	15.8	16.2	5	102.53%	5.00%	5.13%
6	18.6	19.4	4	104.30%	4.00%	4.17%
7	24	24.9	2	103.75%	2.00%	2.08%
8	13.6	14.2	1	104.41%	1.00%	1.04%
9	32.8	34.6	3	105.49%	3.00%	3.16%
10	14.8	15.6	1	105.41%	1.00%	1.05%
11	11.2	12.2	2	108.93%	2.00%	2.18%
12	13.4	13.6	4	101.49%	4.00%	4.06%
13	5.6	5.8	2	103.57%	2.00%	2.07%
14	6.2	6.9	18	111.29%	18.00%	20.03%
15	5.8	6.1	6	105.17%	6.00%	6.31%
16	5.7	6	5	105.26%	5.00%	5.26%
17	14.8	15.3	1	103.38%	1.00%	1.03%
18			100			109.77%
19						

图9-21 计算结果

实验九

【实验名称】

总体指数的两因素分析。

【实验目的】

熟悉Excel的基本操作。

训练总体指数的两因素分析的操作方法。

【实验环境】

系统软件：Windows 2000、Windows 7、Windows 10或Windows XP。

应用软件：Excel 2000、Excel 2003、Excel 2007或Excel 2010。

【知识准备】

总体指数的两因素分析是将总指数分解为拉氏数量指数和帕氏质量指数之乘积，其分析顺序是：假定数量指标先变化，质量指标后变化，即

$$\sum q_0 p_0 \xrightarrow{q\text{变化}} \sum q_1 p_0 \xrightarrow{p\text{变化}} \sum q_1 p_1$$

指数体系的完整分析框架(包括相对数分析和绝对数分析)为

$$\frac{\sum p_1 q_1}{\sum p_0 q_0} = \frac{\sum q_1 p_0}{\sum q_0 p_0} \times \frac{\sum p_1 q_1}{\sum p_0 q_1}$$

$$\sum p_1 q_1 - \sum p_0 q_0 = (\sum q_1 p_0 - \sum q_0 p_0) + (\sum p_1 q_1 - \sum p_0 q_1)$$

式中：

p表示质量指标；

q表示数量指标；

1表示报告期；

0表示基期。

【实验资料】

已知某企业甲、乙、丙3种产品的生产情况，如表9-9所示。

表9-9 某企业3种产品的生产数据

产品	单位	基期单位成本p_0	基期产量q_0	报告期单位成本p_1	报告期产量q_1
甲	万件	8	20	6	24
乙	万吨	10	8	8	11
丙	万吨	20	4	17	6
合计	—	—	—	—	—

【实验要求】

依据表9-9的数据资料，利用Excel进行总体指数的两因素分析。

【实验步骤】

(1) 打开Excel工作簿，输入甲、乙、丙3种产品的生产数据资料，并在G1单元格中输入"p_0q_0"，在H1单元格中输入"p_0q_1"，在I1单元格中输入"p_1q_1"，如图9-22所示。

(2) 计算各个p_0q_0和$\sum p_0q_0$。在G2单元格中输入公式"=C2*D2"，并用鼠标拖曳将公式复制到"G2：G4"区域。选定"G2：G4"区域，单击工具栏中的"$\sum$"按钮，在G5单元格中出现该列的求和值。

(3) 计算各个p_0q_1和$\sum p_0q_1$。在H2单元格中输入公式"=C2*F2"，并用鼠标拖曳将公式复制到"H2：H4"区域。选中"H2：H4"区域，单击工具栏中的"$\sum$"按钮，在H5单元格中出现该列的求和值。

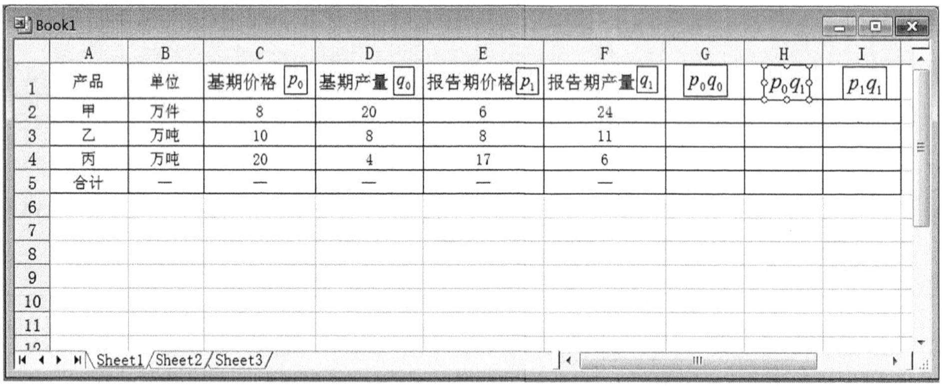

图9-22 利用Excel进行因素分析资料

(4) 计算各个p_1q_1和$\sum p_1q_1$。在I2单元格中输入公式"=E2*F2"，并用鼠标拖曳将公式复制到"I2：I4"区域。选中"I2：I4"区域，单击工具栏中的"$\sum$"按钮，在I5单元格中出现该列的求和值。

(5) 计算总产值指数。在C8单元格中输入公式"=I5/G5"，即求得总产值指数。

(6) 计算产量指数。在C9单元格中输入公式"=H5/G5"，即求得产量指数。

(7) 计算单位价格指数。在C10单元格中输入公式"=I5/H5"，即求得单位价格指数。

【参考答案】

利用Excel进行因素分析的计算结果如图9-23所示。

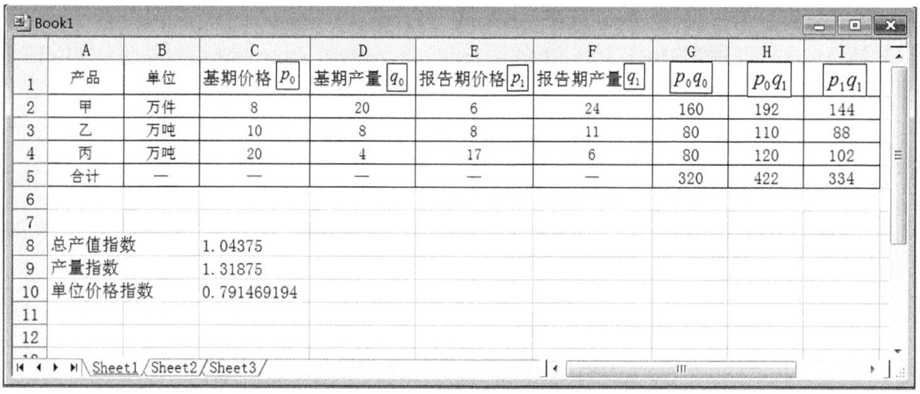

	A	B	C	D	E	F	G	H	I
1	产品	单位	基期价格 p_0	基期产量 q_0	报告期价格 p_1	报告期产量 q_1	p_0q_0	p_0q_1	p_1q_1
2	甲	万件	8	20	6	24	160	192	144
3	乙	万吨	10	8	8	11	80	110	88
4	丙	万吨	20	4	17	6	80	120	102
5	合计	—	—	—	—	—	320	422	334
6									
7									
8	总产值指数		1.04375						
9	产量指数		1.31875						
10	单位价格指数		0.791469194						
11									
12									

图9-23　利用Excel进行因素分析的计算结果

实验十

【实验名称】

多因素指数分析。

【实验目的】

熟悉Excel的基本操作。

训练多因素指数分析连环替代法的操作方法。

【实验环境】

系统软件：Windows 2000、Windows 7、Windows 10或Windows XP。

应用软件：Excel 2000、Excel 2003、Excel 2007或Excel 2010。

【知识准备】

连环替代法就是在被分析指标的因素结合式中，根据各因素的性质以及相互之间的联系和计算程序，按一定的顺序用连乘积的形式排列起来，再将各因素的基期数字顺次用报告期数字替代，有几个因素就要进行几次替代，每次替代的结果与上次替代的结果相比，就可以得出该因素的影响作用。

企业原材料费用总额指数可以用下面的公式表示

原材料费用总额指数=产量指数×原材料单耗量指数×原材料单价指数

$$\frac{\sum q_1m_1p_1}{\sum q_0m_0p_0}=\frac{\sum q_1m_0p_0}{\sum q_0m_0p_0}\times\frac{\sum q_1m_1p_0}{\sum q_1m_0p_0}\times\frac{\sum q_1m_1p_1}{\sum q_1m_1p_0}$$

原材料费用总额受各因素变动影响的绝对值可以用下面的公式表示

$$\sum q_1m_1p_1-\sum q_0m_0p_0=(\sum q_1m_0p-\sum q_0m_0p_0)+(\sum q_1m_1p_0-\sum q_1m_0p_0)$$
$$+(\sum q_1m_1p_1-\sum q_1m_1p_0)$$

式中：

q、m、p表示各因素指标；

1表示报告期；

0表示基期。

【实验资料】

已知某企业3种产品2006、2007年的有关产量、每吨产品原材料消耗和原材料价格的资料，如表9-10所示。

表9-10　某企业产品产量、原材料消耗及价格资料

产品名称	产量/吨		材料名称	产品原材料单耗/吨		原材料单价/元/吨	
	2006年	2007年		2006年	2007年	2006年	2007年
甲	10 000	15 000	A	0.50	0.48	350	340
乙	5 000	6 000	B	0.80	0.78	100	120
丙	2 000	4 000	C	0.25	0.20	900	840

【实验要求】

计算该企业原材料费用总额的变动情况，并对该变动情况进行因素分析。

【实验步骤】

(1) 打开Excel工作簿，选择一个空白的工作表，将上述资料填制在表中，在表的右方添加4列，用以计算按不同标准计算的原材料费用总额，编制的表格样式如图9-24所示。

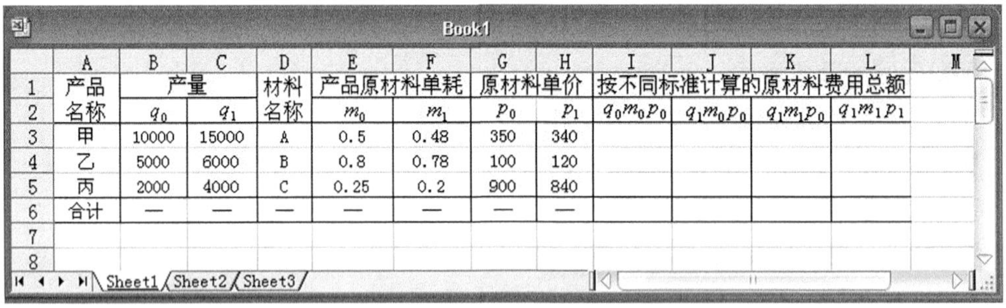

	A	B	C	D	E	F	G	H	I	J	K	L
1	产品	产量		材料	产品原材料单耗		原材料单价		按不同标准计算的原材料费用总额			
2	名称	q_0	q_1	名称	m_0	m_1	p_0	p_1	$q_0m_0p_0$	$q_1m_0p_0$	$q_1m_1p_0$	$q_1m_1p_1$
3	甲	10000	15000	A	0.5	0.48	350	340				
4	乙	5000	6000	B	0.8	0.78	100	120				
5	丙	2000	4000	C	0.25	0.2	900	840				
6	合计	—	—	—	—	—	—	—				

图9-24　计算工作表

(2) 计算基期原材料费用总额。计算方法：在I3单元格内输入公式“=B3*E3*G3”，并依次向下填充到I5单元格。

(3) 计算按报告期产量、基期材料单耗和基期单价计算的原材料费用总额。计算方法：在J3单元格内输入公式“=C3*E3*G3”，并依次向下填充到J5单元格。

(4) 计算按报告期产量、报告期材料单耗和基期单价计算的原材料费用总额。计算方法：在K3单元格内输入公式“=C3*F3*G3”，并依次向下填充到K5单元格。

(5) 计算报告期原材料费用总额。计算方法：在L3单元格内输入公式“=C3*F3*H3”，并依次向下填充到L5单元格。

(6) 计算各个合计数，在I6单元格中输入计算公式“=SUM(I3：I5)”，然后向右填充到L6单元格，计算结果如图9-25所示。

图9-25　计算结果

(7) 在表9-25下方，新建一个数据分析工作表，表格的样式如图9-26所示。

图9-26　数据分析工作表

(8) 计算总体影响的相对指数。计算方法：在B9单元格中输入公式"=L6/I6"，计算出总体影响的相对指数。

(9) 计算产量影响的相对指数。计算方法：在B10单元格中输入公式"=J6/I6"，计算出产量影响的相对指数。

(10) 计算单耗影响的相对指数。计算方法：在B11单元格中输入公式"=K6/J6"，计算出单耗影响的相对指数。

(11) 计算单价影响的相对指数。计算方法：在B12单元格中输入公式"=L6/K6"，计算出单价影响的相对指数。

(12) 计算各项因素的增长百分比。计算方法：在C9单元格中输入公式"=B9-100%"，确定后向下填充到C12单元格，计算出各项因素的增长百分比。

(13) 计算总体影响的绝对数。计算方法：在D9单元格中输入公式"=L6-I6"，计算出总体影响的绝对数。

(14) 计算产量影响的绝对数。计算方法：在D14单元格中输入公式"=J6-I6"，计算出产量影响的绝对数。

(15) 计算单耗影响的绝对数。计算方法：在D11单元格中输入公式"=K6-J6"，计算出单耗影响的绝对数。

(16) 计算单价影响的绝对数。计算方法：在D12单元格中输入公式"=L6-K6"，计算出单价影响的绝对数。

(17) 写出分析结论。

【参考答案】

数据分析结果如图9-27所示。

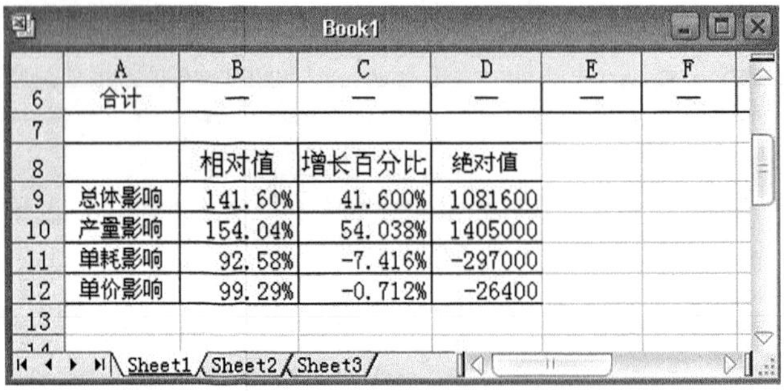

	A	B	C	D	E	F
6	合计	—	—	—	—	—
7						
8		相对值	增长百分比	绝对值		
9	总体影响	141.60%	41.600%	1081600		
10	产量影响	154.04%	54.038%	1405000		
11	单耗影响	92.58%	-7.416%	-297000		
12	单价影响	99.29%	-0.712%	-26400		
13						

图9-27 数据分析结果

【分析说明】

(1) 相对数分析。以上计算结果表明，该企业2007年原材料支出的总额比2006年增长21.60%，这是产品产量增长54.04%、单位产品原材料消耗量下降7.42%和原材料单价下降0.71%这3个因素共同影响的结果，即

$$\frac{\sum q_1m_1p_1}{\sum q_0m_0p_0}=\frac{\sum q_1m_0p_0}{\sum q_0m_0p_0}\times\frac{\sum q_1m_1p_0}{\sum q_1m_0p_0}\times\frac{\sum q_1m_1p_1}{\sum q_1m_1p_0}$$

$$154.04\%\times 92.58\%\times 99.29\%=141.60\%$$

(2) 绝对值分析。该企业2007年原材料支出的总额比2006年多了1 801 600元，这是产品产量增长多支出1 405 000元、单位产品原材料消耗量下降减少支出297 000元和原材料单价下降减少支出26 400元这3个因素共同影响的结果，即

$$\sum q_1m_1p_1-\sum q_0m_0p_0=(\sum q_1m_0p-\sum q_0m_0p_0)+(\sum q_1m_1p_0-\sum q_1m_0p_0)$$
$$+(\sum q_1m_1p_1-\sum q_1m_1p_0)$$

$$1\ 405\ 000+(-297\ 000)+(-26\ 400)=1\ 081\ 600(\text{元})$$

第三节 模拟练习与参考答案

练习题一

【实验名称】

综合指数的编制。

【实验资料】

已知某工业制造企业3种产品的产量以及生产每种产品的钢材消耗量资料，如表9-11所示。

表9-11 三种产品的产量及钢材消耗数据表

产品名称	钢材单耗/吨			产量/台		
	2013年	2014年		2013年	2014年	
		计划	实际		计划	实际
A	2.5	2.0	1.8	100	120	136
B	3.5	3.0	2.5	110	140	168
C	4.5	4.0	3.6	120	160	160

【实验要求】

(1) 计算2014年钢材单耗计划完成指数。

(2) 计算2014年产品产量计划完成指数。

(3) 2014年与2013年相比，分析钢材单耗变动情况并计算由于钢材单耗降低而节约的用钢量。

(4) 2014年与2013年相比，分析产品产量变动情况并计算由于钢材产量增加而增加的用钢量。

【参考答案】

练习题一答案如图9-28所示。

Book1

	A	B	C	D	E	F	G
1	产品名称	刚才消耗总量（吨）			实际产量计算的计划消耗量（吨）	13年单号计算的14年消耗量（吨）	
2		2013年	2014年				
3			计划	实际			
4		p_0q_0	p_nq_n	p_1q_1	p_nq_1	p_0q_1	
5	A	250	240	244.8	272	340	
6	B	385	420	420	504	588	
7	C	540	640	576	640	720	
8	合计	1175	1300	1240.8	1416	1648	
9							
10	（1）14年单耗计划完成指数				87.63%		
11	（2）14年产品产量计划完成指数				108.92%		
12	（3）全部钢材单耗变动情况				75.29%		
13	节约的钢材数量				407.2（吨）		
14	（4）产品产量变动情况				140.26%		
15	增加的钢材数量				473（吨）		
16							
17							

Sheet1 Sheet2 Sheet3

图9-28 练习题一答案

练习题二

【实验名称】

平均指数的编制。

【实验资料】

已知某商业企业3种商品基期、报告期的销售量和价格资料，如表9-12所示。

表9-12 某商业企业基期、报告期的销售量和价格资料

商品	计量单位	销售量		销售量个体指数 $k_q = q_1/q_0$	基期销售额/元 $q_0 p_0$	眼告期销售额/元 $q_1 p_1$
		q_0	q_1			
甲	公斤	50	62.5	125	1 000	875
乙	套	75	90	120	750	720
丙	件	100	115	115	500	575
合计		—	—	—	2 250	2 170

【实验要求】

(1) 计算全部商品的销售总额指数。

(2) 计算全部商品的物价总指数。

(3) 计算全部商品的销售量总指数。

(4) 分析以上3种指数的经济联系。

【参考答案】

(1) 全部商品的销售总额指数=96.44%。

(2) 全部商品的物价总指数=79.63%。

(3) 全部商品的销售量总指数=121.11%。

(4) 总差额=−80元，价格差额=−555元，销售量差额=475元。显然由于全部商品的价格水平下降10.37%，使得销售额减少555元；由于全部商品的销售量增加21.11%，使得销售额增加475元；价格和销售量变动的共同作用，使得销售额下降了80元。

练习题三

【实验名称】

平均指数的编制。

【实验资料】

已知某商店3种商品基期、报告期的销售量和价格资料，如表9-13所示。

表9-13 某商店基期、报告期的销售量和价格资料

商品	计量单位	价格		价格个体指数/% $k_p = p_1/p_0$	基期销售额/元 $q_0 p_0$	报告期销售额/元 $q_1 p_1$
		p_0	p_1			
甲	米	10	10	100	5 000	6 000
乙	千克	5	4	80	2 500	2 000
丙	件	20	22	110	3 000	30 800
合计					37 500	38 800

【实验要求】

(1) 计算全部商品的销售总额指数。

(2) 计算全部商品的物价总指数。

(3) 计算全部商品的销售量总指数。

(4) 分析以上3种指数的经济联系。

【参考答案】

(1) 全部商品的销售总额指数=103.47%。

(2) 全部商品的物价总指数=106.3%。

(3) 全部商品的销售量总指数=97.33%。

(4) 总差额=1 300元，价格差额=2 300元，销售量差额=-1 000元。显然由于全部商品的价格水平上升6.3%，使得销售额增加2 300元；由于全部商品的销售量减少2.67%，使得销售额减少1 000元；价格和销售量变动的共同作用，使得销售额增加了1 300元。

练习题四

【实验名称】

两因素指数因素分析。

【知识准备】

总体指数的两因素分析是将总指数分解为拉氏数量指数和帕氏质量指数之乘积，其分析顺序：假定数量指标先变化，质量指标后变化，即

$$\sum q_0 p_0 \xrightarrow{q变化} \sum q_1 p_0 \xrightarrow{p变化} \sum q_1 p_1$$

指数体系的完整分析框架(包括相对数分析和绝对数分析)为

$$\frac{\sum p_1 q_1}{\sum p_0 q_0} = \frac{\sum q_1 p_0}{\sum q_0 p_0} \times \frac{\sum p_1 q_1}{\sum p_0 q_1}$$

$$\sum p_1 q_1 - \sum p_0 q_0 = \left(\sum q_1 p_0 - \sum q_0 p_0\right) + \left(\sum p_1 q_1 - \sum p_0 q_1\right)$$

【实验资料】

已知某商业企业的有关资料，如表9-14所示。

表9-14　某商业企业的价格和销售量数据

商品名称	计量单位	商品单价/元		商品销售量	
		基期	报告期	基期	报告期
皮鞋	双	22.0	19.8	120	120
服装	件	11.0	11.0	200	240
单帽	顶	4.0	3.8	110	132

【实验要求】

(1) 计算全部商品的销售总额指数。

(2) 计算全部商品的物价总指数。

(3) 计算全部商品的销售量总指数。

(4) 分析以上3种指数的经济联系。

【参考答案】

(1) 全部商品的销售总额指数=104.5%。

(2) 全部商品的物价总指数=96%。

(3) 全部商品的销售量总指数=110%。

(4) 总差额=237.6元，价格差额=-290.4元，销售量差额=528元。显然由于全部商品的

价格水平下降4%，使得销售额减少290.4元；由于全部商品的销售量增加10%，使得销售额增加528元；价格和销售量变动的共同作用，使得销售额增加了237.6元。

练习题五

【实验名称】

两因素指数因素分析。

【知识准备】

总体指数的两因素分析是将总指数分解为拉氏数量指数和帕氏质量指数之乘积，其分析顺序：假定数量指标先变化，质量指标后变化，即

$$\sum q_0 p_0 \xrightarrow{q\text{变化}} \sum q_1 p_0 \xrightarrow{p\text{变化}} \sum q_1 p_1$$

指数体系的完整分析框架(包括相对数分析和绝对数分析)为

$$\frac{\sum p_1 q_1}{\sum p_0 q_0} = \frac{\sum q_1 p_0}{\sum q_0 p_0} \times \frac{\sum p_1 q_1}{\sum p_0 q_1}$$

$$\sum p_1 q_1 - \sum p_0 q_0 = \left(\sum q_1 p_0 - \sum q_0 p_0\right) + \left(\sum p_1 q_1 - \sum p_0 q_1\right)$$

【实验资料】

已知5种商品的价格和销售量资料，如表9-15所示。

表9-15　5种商品的价格和销售量资料

商品类别	计量单位	商品价格/元		销售量	
		基期p_0	计算期p_1	基期q_0	计算期q_1
大米	百千克	300.0	360.0	2 400	2 600
猪肉	千克	18.0	20.0	84 000	95 000
食盐	500克	1.0	0.8	10 000	15 000
服装	件	100.0	130.0	24 000	23 000
电视	台	4 500	4 300.0	510	612

【实验要求】

对表9-15中的5种商品进行销售额变动影响因素分析。

【参考答案】

计算结果表明，由于5种商品的销售量增长8.97%，使销售额增加了62.2万元；由于价格上涨12.05%，又使销售额增加了91.06万元；两者共同影响的结果是销售额增长22.09%，即增加了153.26万元。

实验题六

【实验名称】

平均指标变动的因素分析。

【知识准备】

在总体分组条件下对平均指标变动的因素进行分解，则有

$$\bar{x} = \frac{\sum xf}{\sum f} = \sum x \frac{f}{\sum f}$$

式中：

x表示各变量值；

f表示各组频数；

$f/\sum f$表示各组频率，即各组结构。

即总体平均水平同时受各组水平和各组结构两因素影响。

用指数体系和因素分析的思想，构造平均指标变动所形成的指数体系为

可变构成指数=结构影响指数×固定构成指数

$$\frac{\sum x_1 f_1}{\sum f_1} / \frac{\sum x_0 f_0}{\sum f_0} = \left(\frac{\sum x_1 f_1}{\sum f_1} / \frac{\sum x_0 f_1}{\sum f_1} \right) \times \left(\frac{\sum x_0 f_1}{\sum f_1} / \frac{\sum x_0 f_0}{\sum f_0} \right)$$

可变构成指数=固定构成指数×结构影响指数

平均指标指数体系的绝对数形式为

$$\frac{\sum x_1 f_1}{\sum f_1} - \frac{\sum x_0 f_0}{\sum f_0} = \left(\frac{\sum x_1 f_1}{\sum f_1} - \frac{\sum x_0 f_1}{\sum f_1} \right) + \left(\frac{\sum x_0 f_1}{\sum f_1} - \frac{\sum x_0 f_0}{\sum f_0} \right)$$

式中：

x表示各变量值；

f表示各组频数；

$f/\sum f$表示各组频率，即各组结构；

1表示报告期；

0表示基期。

【实验资料】

已知某公司所属3个商场的职工人数和工资资料，如表9-16所示。

表9-16 职工人数和工资资料

商场	平均工资/元		职工人数/人	
	x_0	x_1	f_0	f_1
甲	310	350	150	180
乙	440	480	120	150
丙	470	530	200	180
合计	411.28	451.76	470	510

【实验要求】

对该公司总平均工资水平的变动情况进行分析。

【参考答案】

$$综合影响：\begin{cases} 109.84\% = 98.40\% \times 111.63\% \\ 40.48元 = -6.57元 + 47.05元 \end{cases}$$

计算结果表明，由于各商场人员结构的变化使公司总平均工资下降了1.6%，减少了6.57元；而由于各商场平均工资提高了11.63%，又使公司总平均工资增加了47.05元；两者共同影响的结果是公司总平均工资提高了9.84%，增加了40.48元。

练习题七

【实验名称】

多因素指数体系分析。

【知识准备】

对总体现象进行多因素分析，要依据总体现象的特点对各因素进行排序。如对产品原材料消耗额进行因素分析，可按下述方式分解

$$消耗额=产量\times 单位产品消耗量\times 原材料价格$$

$$abc=a\times b\times c$$

依据连锁替换法，对其进行因素分析的程序是

$$\sum a_0b_0c_0 \xrightarrow{a变化} \sum a_1b_0c_0 \xrightarrow{b变化} \sum a_1b_1c_0 \xrightarrow{c变化} \sum a_1b_1c_1$$

据此，得到相对数和绝对数的多因素分析指数体系

$$\frac{\sum a_1b_1c_1}{\sum a_0b_0c_0}=\frac{\sum a_1b_0c_0}{\sum a_0b_0c_0}\times\frac{\sum a_1b_1c_0}{\sum a_1b_0c_0}\times\frac{\sum a_1b_1c_1}{\sum a_1b_1c_0}$$

$$\sum a_1b_1c_1-\sum a_0b_0c_0=$$
$$\left(\sum a_1b_0c_0-\sum a_0b_0c_0\right)+\left(\sum a_1b_1c_0-\sum a_1b_0c_0\right)+\left(\sum a_1b_1c_1-\sum a_1b_1c_0\right)$$

【实验资料】

已知某商业企业销售量、价格和利润率资料，如表9-17所示。

表9-17　某商业企业销售量、价格和利润率资料

产品名称	计量单位	销售量		价格/万元		利润率/%	
		a_0	a_1	b_0	b_1	c_0	c_1
甲	件	150	160	3.5	3.2	11	16
乙	台	250	250	1.8	1.76	30	35
丙	辆	5 000	5 500	0.031	0.029	8	7
合计							

【实验要求】

依据商业企业销售量、价格和利润率资料，对影响其利润总额的变动因素进行分析。

【参考答案】

计算结果表明，由于商品销售量的提高使利润总额提高了12.48%，增加了5.09万元；而由于商品价格下降使利润总额下降了4.36%，减少了49.16万元；又由于利润率的提高使利润总额提高了22.88%，增加了46.01万元；三者共同影响的结果是利润总额提高了20.44%，增加了41.94万元。

参考文献

[1] 戴维·M. 莱文(David M. Levine)，戴维·F. 斯蒂芬(David F. Stephan)，蒂莫西·C. 克莱比尔(Timothy C. Krehbiel). 以EXCEL为决策工具的商务统计[M]. 张建同，刘文驰，译. 北京：机械工业出版社，2009.

[2] 何剑，等. 统计综合实验[M]. 大连：东北财经大学出版社，2014.

[3] 冯叔民，屈超. 全程互动统计学及其实验——基于EXCEL与SPSS软件[M]. 大连：东北财经大学出版社，2015.

[4] 顾晓安，朱建国. 统计学实务[M]. 上海：立信会计出版社，2005.

[5] 朱建中，邵建利. 统计应用软件——EXCEL和SAS[M]. 上海：上海财经大学出版社，2002.

[6] 曾五一，朱平辉. 统计学在经济管理领域的应用[M]. 北京：机械工业出版社，2010.

[7] 贾俊平. 统计学[M]. 2版. 北京：清华大学出版社，2007.

[8] 葛新权，王斌. 应用统计[M]. 北京：社会科学文献出版社，2006.

[9] 宋延山，尉雪波，吴风庆. 应用统计学——以EXCEL为分析工具[M]. 成都：西南财经大学出版社，2006.

[10] 王庆石，卢兴普. 统计学案例教材[M]. 大连：东北财经大学出版社，1999.

[11] 张建同，孙昌言. 以Excel和SPSS为工具的管理统计[M]. 2版. 北京：清华大学出版社，2008.

[12] 赵振伦. 统计学——理论·实务·案例[M]. 上海：立信会计出版社，2005.

后 记

　　本书的编写基于本校经济、管理类各专业学生统计学课程计算机实验的教案，原教案搜集并参考了许多相关专家学者所编写的教材的相关内容，在形成本书过程中又经精心挑选，保留了具有实际应用价值、适合课堂计算机实验操作的成功实验课题。

　　本书是为本科经济、管理类各专业学生学习统计学课程而设计的基于Excel的统计学课程计算机实验教程，也可以作为经济、管理等领域从事定量分析的工作者的参考书。

　　本书在编写过程中得到清华大学出版社编辑施猛老师的多方帮助和支持，在此表示衷心的感谢！